Ame... s

Aus dem Schwedischen von Else v. Hollander-Lossow

Zusammenfassung der Bände:
›Kati in Amerika‹, ›Kati in Italien‹ und
›Kati in Paris‹
Titel der Originalausgaben:
Kati i Amerika, Kati pa Kaptensgatan, Kati i Paris
Illustriert von Werner Labbé

Von Astrid Lindgren sind außerdem bei dtv junior lieferbar:
Rasmus, Pontus und der Schwertschlucker, Band 7005
Madita, Band 7021
Kerstin und ich, Band 7358
Britt-Mari erleichtert ihr Herz, Band 7412

In der Reihe dtv junior Lesebär:
Nils Karlsson-Däumling (große Druckschrift), Band 7553
Polly hilft der Großmutter (große Druckschrift), Band 7597
Der Räuber Fiolito (große Druckschrift), Band 75010
Die Kinder im Dschungel (große Druckschrift), Band 75012

Ungekürzter Text
Oktober 1976
16. Auflage November 1995
Deutscher Taschenbuch Verlag GmbH & Co. KG, München
Lizenzausgabe mit freundlicher Genehmigung des
Friedrich Oetinger Verlages, Hamburg
Umschlaggestaltung: Klaus Meyer
Umschlagbild: Helmi Haslreiter
Gesetzt aus der Garamond 10/11·
Gesamtherstellung: Ebner Ulm
Printed in Germany · ISBN 3-423-07239-3

Inhalt

Kati in Amerika

Kapitel 1

Eigentlich war Jan schuld. Daß ich nach Amerika fuhr, meine ich. Ich hatte sein ewiges Gerede satt, wie merkwürdig alles in den Staaten wäre. Also beschloß ich, selbst hinzufahren und mir die Sache anzusehen.

Jan war in Amerika. Eine ganze Woche, oder sagen wir, um nicht ungerecht zu sein, vierzehn Tage. Dann kam er heim und war der große Amerikakenner. Oh, er könnte eine Doktorarbeit schreiben über die amerikanische Gesellschaft, die amerikanische Architektur, amerikanische Geschäftsmethoden, amerikanisches Essen und amerikanische Frauen. Besonders über amerikanische Frauen. Es war unglaublich, was er alles in sich aufgenommen hatte, während er da umherstreifte – übrigens waren es vielleicht auch vier Wochen. Wenn man eine empfängliche Natur ist, so ist man es eben.

Ich will nicht behaupten, daß ich übermäßig romantisch bin. Aber wenn man mir eine Vorlesung über amerikanische Architektur hält, während ich einen Mondscheinspaziergang mache, dann habe ich nur den einen Wunsch: ein kleines, einsames Tier im Walde zu sein.

Jan ist Architekt. Glaubt er. Ich glaube es nicht. Solche kleinen scheußlichen, viereckigen Häuser, wie er zeichnet, könnte ich auch an einem Nachmittag zurechtstutzen.

Manchmal bilde ich mir ein, daß ich in Jan verliebt bin. Er selbst ist fest überzeugt, um nicht zu sagen unerträglich sicher, daß es der Fall ist.

Während Jan aus Leibeskräften loslegte, wie es drüben in Amerika wäre, ließ ich meistens »alles zu einem Ohr hinein und zum andern hinausgehen«, wie meine Tante zu sagen pflegt. Aber manchmal konnte ich es doch nicht lassen, mich mit ihm zu kabbeln.

»Lieber Jan«, sagte ich, »das wissen doch alle Menschen. Alle Menschen sind doch in Amerika gewesen. Warum reist du nicht lieber nach Emmaboda? Dort ist keine Ratte gewesen, soviel ich weiß. Ein weißer Fleck auf der Karte. Dorthin mußt du reisen, sage ich. Dann kannst du nach

Hause kommen und den großen Hörsaal der Bürgerschule mieten und einer verwunderten Welt erzählen, wie das Leben in Emmaboda ist.«

Da sagte Jan, Frauen müßten liebreizend sein, und ich wäre nur neidisch, weil ich selbst nie in dem großen Lande im Westen gewesen wäre.

Vielleicht hatte er recht. Eines schönen Tages hätte ich mich wohl in einer Vitrine im Reichsmuseum wiedergefunden: »Das einzige bekannte schwedische Exemplar, das nie einen Fuß auf amerikanischen Boden gesetzt hat.« Alle Menschen fuhren ja dorthin. Es war wohl fast eine Schande, die Freiheitsstatue nur auf Ansichtskarten gesehen zu haben.

Also je längere Vorträge Jan hielt, und je mehr ich es satt hatte, sie anzuhören, um so mehr wurde ich von der Begierde verzehrt, selber Amerika aus der Nähe zu sehen. Und ich freute mich wie ein Kind bei dem Gedanken, was *ich* Jan erzählen würde, wenn ich heimkehrte. Ich würde ihn in eine Ecke drängen und mit ihm über Amerika sprechen, bis es ihm zum Halse herauskäme.

Insgesamt kränkte es mich etwas, daß Jan die amerikanischen Mädchen immer als solche Wunder an Schönheit und Reiz hinstellte. Ihre Figur, ihre Art, sich zu kleiden, ihr Make-up – o boy! Ich finde, er hätte sagen können, er fände, daß ich auch reizend wäre. Aber das tat er nicht. »Du bist nicht hübsch, aber du bist eigenartig«, sagte er. Und mit so einem soll man beinahe jeden Abend im Tiergarten umherlaufen!

Nein, Kati, rasch nach Amerika, sagte ich mir. Man brauchte ja bloß sein ansehnliches Bankkonto abzuheben und sich auf den Weg machen.

Nichts weiter? O doch. Man mußte zunächst mit der Tante sprechen. Bei meiner Tante wohne ich, seit ich als kleines Kind elternlos wurde. Und wenn meine Tante zu bestimmen hätte, so säße ich noch immer mit Eimer und Schaufel auf einem Sandhaufen im Park und buddelte. Tante wird in mir immer ein kleines, liebes, hilfloses Kind sehen, auch wenn ich schon längst eine gesetzte Matrone bin mit einer ansehnlichen

Menge Bartwarzen und einer Stimme, die eine ganze Kompanie einschüchtern kann.

Ich ahnte also, daß es einen harten Kampf mit der Tante geben würde. Sie hat keine Sympathie für das große Land im Westen und überhaupt nicht für irgendein anderes Land. Sie weiß Bescheid! Sobald ein junges Mädchen den Fuß auf fremden Boden setzt, gleich steht hinter der Ecke ein kleiner heimtückischer Mädchenhändler bereit. In teuflischer Bosheit überwältigt er sein Opfer und führt es einem Schicksal zu, das schlimmer ist als der Tod. Und Tante hat doch Mama auf dem Totenbett versprochen, sich meiner anzunehmen.

Aber schließlich bin ich jetzt doch endlich mündig, wenn Tante das auch noch nicht begriffen hat. Und ich habe ein paar Tausender von meinen Eltern geerbt. Es ist ausschließlich das Verdienst der Tante, daß dieses Geld am Tage meiner Volljährigkeit noch vorhanden ist. Ich selbst habe im Laufe der Jahre die ausgezeichnetsten Vorschläge gemacht, es anzulegen. Ein Motorrad mit Beiwagen war mein heißester Traum als Vierzehnjährige, und ich konnte nie begreifen, wie ein Mensch so verstockt und verblendet sein konnte wie Tante. Sie weigerte sich hartnäckig, einzusehen, daß ein Motorrad eine so vorteilhafte Geldanlage ist, wie Bankiers sie nachts erträumen. Es nützte nichts, daß ich mich großzügig erbot, Tantes Ausbildung als Motorradfahrerin zu bestreiten, bis ich selber achtzehn wäre und einen Führerschein bekommen konnte. Ebenso störrisch war sie, als ich eine Kleinigkeit für eine sechsreihige Ziehharmonika ausgeben wollte, mit der ich viele ihrer einsamsten Stunden zu verschönen gedachte. Statt dafür dankbar zu sein, sagte sie nur: nee, nee, das Geld solle auf der Bank stehen bleiben. Ich würde es gut gebrauchen können, wenn ich von einer unglücklichen Ehe, unversorgten Drillingen, einem chronischen Nierenleiden infolge zu dünner Unterkleidung, Pestilenz und einigen anderen Unglücksfällen betroffen würde, die mir drohten.

Jetzt aber wollte ich nach Amerika reisen. Als Tante begriff, daß es mir Ernst war, weinte sie ein paar vereinzelte Schauer und redete den ganzen Abend davon, welches Glück es sei, daß meine armen Eltern beizeiten dahingegangen seien. Als ich mich jedoch nicht erweichen ließ, ging sie tief gekränkt zu Bett. Am nächsten Morgen kam sie mit übernächtigtem Gesicht zu mir und sagte: Wenn ich mich durchaus ins Verderben stürzen müsse, so sei es ihre Pflicht, mitzustürzen. Außerdem habe sie einen Bruder in Chicago und habe sich immer danach gesehnt, ihn wiederzusehen. Tante wollte mit nach Amerika!

Ich schnappte nach Luft. Es war, als hätte meine Amerikareise mit einem Schlage Glanz und Duft verloren. Da war man hier umhergegangen, hatte seine Blicke zum Himmel erhoben und gerufen: »Ich will hinaus! Ich will hinaus!« Es war nicht so leicht, sich plötzlich umzustellen und jetzt zu rufen: »Meine Tante und ich wollen hinaus!« Und all die lustigen kleinen Reiseabenteuer, die ich hatte erleben wollen, um sie nach der Rückkehr den Mädchen im Büro anschaulich zu schildern und auch anderen, die sich nicht wehren konnten! Ich konnte mir so gut vorstellen, wie es klingen würde. »Ihr hättet mich sehen sollen, wie ich zwischen New York und Chicago die Autos anhielt, es war verdammt lustig!« Denn natürlich gedachte ich, per »Anhalter« zu fahren. Bisher ist wohl noch kein Mensch in Amerika gewesen, ohne sich ein Auto für die Fahrt durch die große Salzwüste heranzuwinken. Aber mit der Tante ein Auto anhalten?

Ich habe Familiensinn, sicherlich, aber man kann doch nicht bestreiten, daß eine Tante mit Knopfstiefeln ein ernsthaftes Hindernis ist, wenn man am Wegrand steht und mit blitzenden Augen und erhobenem Daumen die Brummer zu bewegen sucht, ihre Fahrt zu verlangsamen. Aber Tante trägt Knopfstiefel, wenn sie sich feinmacht. Handgearbeitete. Aus Chevreau. Vom Anfang des Jahrhunderts oder so ungefähr. Damit ist das meiste über Tante gesagt. Hinter dem strengen Äußeren und den barschen Worten ist sie furchtbar lieb, und ich bete sie an. Aber es wäre mir lieber gewesen, sie wäre in unserer kleinen Zweizimmerwohnung in der Kapitänstraße geblieben und ich hätte sie aus gebührender Entfernung, mit dem Atlantischen Ozean zwischen uns, anbeten können. Jetzt aber hatte sie es anders beschlossen,

und wer bin ich, daß ich es wagen sollte, mich gegen eine Naturkraft aufzulehnen? Mit einem Seufzer faßte ich die Tante unter und ging mit ihr zum Paßbüro.

Hier mußten die Knopfstiefel ausgezogen werden, weil man Tantes genaue Größe messen wollte. Sie erbot sich freilich, beim Messen die Knie etwas krumm zu machen, ungefähr so viel, wie die Absätze ausmachten, aber das ging nicht. Wütend knöpfte Tante die Stiefel auf, mit vielen bitteren Worten über das umständliche Schweden. Zu gegebener Zeit bekamen wir die Pässe. Unsere Paßfotos waren genauso schön, wie solche Bilder zu sein pflegten. Ich sah aus wie Herodes vor dem Kindermord und Tante wie eine Verbrecherin, die eine neue Tat ausbrütet. Ich dachte bei mir: Wenn man uns für diese Pässe das Visum gibt, so ist es nicht übel. Vor allem, weil man ja, wenn man ein Visum für Amerika haben will, erklären muß, daß man nicht den Plan hat, den amerikanischen Präsidenten zu ermorden. Ha, dachte ich, der amerikanische Gesandte braucht ja nur einen Blick auf diese Fotos zu werfen, um zu begreifen, daß die Tante und ich sofort zum Weißen Haus stürzen und den Präsidenten mit unseren bloßen Händen erwürgen werden. Aber merkwürdig genug – wir bekamen das Visum. Und die Devisenstelle erlaubte uns in Gnaden, einen kleinen Geldbetrag in klingende harte Valuta umzuwechseln. Wenn wir nicht allzu üppig lebten, ich meine, wenn wir uns nicht darauf versteiften, ausgerechnet jeden einzigen Tag essen zu wollen, würden unsere Dollars sicher eine ganze Woche reichen. Tante leckte den Daumen an und zählte das kleine, dünne Bündel Dollarnoten durch. Sie sah George Washington fest in die Augen und sagte: »Es ist gut, wenn man in Chicago einen Bruder hat.«

Ich hatte zu Jan kein Wort von meinen Plänen gesagt. Da ging er umher, das unschuldige Lamm, und phantasierte von amerikanischer Architektur, während ich meine Maßnahmen ergriff. Ich dachte, es sollte eine kleine Überraschung für ihn werden, denn ich hatte immer das Gefühl, daß dieses wunderbare Amerika für ihn am schönsten ohne mich war.

Wir wollen nicht davon sprechen, was für ein Geschrei es

im Büro gab, als ich dort die Neuigkeit verkündete. Alle Mädchen drängten sich um meine Schreibmaschine, an der ich saß und ein Gesicht zu machen versuchte, als wolle ich nur einen kleinen Abstecher in die Umgegend unternehmen.

»O Kati«, schrie Barbara, »es ist doch nicht dein Ernst, daß du nach Amerika fahren willst, wo die Millionäre wachsen? Sei nett und pflücke mir auch einen!«

»Aber ja«, sagte ich tröstend, »ich bringe eine ganze Handvoll mit, da könnt ihr um sie losen.«

Nun mußte ich nur noch den Chef bewegen, mir Urlaub zu geben. Es war ganz einfach. Ich fragte ihn so nebenbei, ob das Büro auf eine so gute Stenotypistin wie mich verzichten könne oder ob er wolle, daß ich nach ein paar Monaten wieder zurückkäme.

»Zurückkommen? Ich verstehe nicht«, sagte er und sah ganz verwirrt aus.

»Aus Amerika«, sagte ich, »ich will nämlich dort hinreisen.«

Und nachdem er eine kleine Weile überlegt hatte, war er froh und dankbar, daß ich nach der Rückkehr meine segensreiche Tätigkeit in seinem bescheidenen Kontor fortsetzen wollte.

An einem stillen Aprilabend ging ich mit Jan am nördlichen Mälarufer entlang und sah, wie die Lichter sich im Wasser spiegelten. Wir gingen weiter bis zum Rathaus, das seinen wunderbar schönen Turm zu einem blauen Abendhimmel mit gleitenden Aprilwolken erhob.

»Oh«, sagte ich, »oh, wie schön das Rathaus ist!«

Dem stimmte Jan zu. Von ganzem Herzen. Dann schwieg er eine lange Weile. Und endlich sagte er: »Eigentlich ist es sehr schade, daß du das Empire State Building nicht gesehen hast.«

Aber da sagte ich: »Sei ganz ruhig, lieber Jan. Ich *werde* das Empire State Building sehen. Etwa am Donnerstag. Ich fliege nämlich nach New York.«

KAPITEL 2

Jener Pfarrer, der gesagt hat, es wäre Sünde, zu schwimmen, denn wenn es die Absicht gewesen wäre, daß wir schwimmen sollten, so hätte Gott uns Schwimmhäute zwischen den Zehen gegeben, jener Pfarrer war sicherlich ein Seelenverwandter der Tante, nehme ich an. Sie hat genau dieselbe Einstellung zum Fliegen. Es ist Gotteslästerung in so einer Blechbüchse in die Luft emporzusteigen, findet Tante. Aber nun hatte sie ja von Anfang an resigniert und eingesehen, daß es hoffnungslos war, mich lebend in das Land der Väter zurückzubringen. Und da konnte es ja einerlei sein, ob wir in den Atlantischen stürzten oder ob der Tod als Befreier käme, während wir in dem von Gefahren erfüllten Amerika umherirrten. Mochte das Schicksal es entscheiden.

Als Marie Antoinette auf dem Henkerkarren auf dem Wege zur Guillotine durch Paris fuhr, mag ihr ungefähr ebenso zumute gewesen sein wie Tante, als sie in dem eleganten Bus der Fluggesellschaft durch die Stadt zum Flugplatz Bromma fuhr. Mit weit aufgerissenen Augen starrte sie durch das Fenster und überflog mit den Blicken die lieben Straßen und Häuser, als wäre sie überzeugt, sie nie mehr wiederzusehen.

Und als wir nach Bromma kamen und den Flugplatz sehen konnten, stieß sie ein kleines, jämmerliches Stöhnen aus. Ich schlug ihr tröstend auf die Schulter, obwohl ich mich selbst, offen gestanden, ziemlich bänglich fühlte. Aber da stand Jan, Gott sei Dank. Da stand er mit einem Veilchenstrauß in der Hand, und ich hatte ihn wohl nie so gern gehabt wie in diesem Augenblick. Jan, der so viele harte Worte über das närrische und abenteuerlustige Mädchen gesagt hatte! Er hatte ja natürlich recht! Ich klammerte mich an ihn und wünschte leidenschaftlich, ich wäre so vernünftig gewesen, daheim zu bleiben. Aber jetzt war es zu spät.

Ich rappelte mich bald wieder auf, glücklicherweise. Als wir erst im Flugzeug saßen und es mit mächtigem Dröhnen über den Flugplatz hinbrauste, sich emporhob und immer höher stieg, gerade durch die sonnenbeleuchteten Wolken hindurch, und Jan und das Büro und Stockholm und alles tief unten zurückblieben, da fühlte ich mich wie ein Schulmädchen am ersten Tage der Sommerferien.

Ich glaubte nicht, daß Tante sich geradezu als Schulmädchen fühlte. Sie klopfte skeptisch gegen die Wand, um festzustellen, wie stabil das Flugzeug war, und dann sagte sie: »Ich bin froh, daß ich mein Testament gemacht habe.« Ich sagte, sie müsse versuchen, etwas mehr air-minded zu werden. Unser tüchtiger Pilot würde ganz gebrochen sein, wenn er sie hörte. Aber da sagte Tante, wenn sie bald im Atlantischen läge, wäre es ganz einerlei, wie air-minded sie sei, und sie möchte dem Piloten raten, die Sache völlig ruhig zu nehmen, sonst würde sie ihm hinterher als Gespenst erscheinen.

Ich versuchte, mir die Tante als ein kleines, böses Gespenst mit Knopfstiefeln vorzustellen, das in dunklen Herbstnächten wie ein zweiter Fliegender Holländer über dem Atlantischen umherirrte, wurde aber in meinen Überlegungen durch die reizende Stewardeß unterbrochen, die das Mittagessen brachte.

»Du mußt jedenfalls zugeben«, sagte ich überredend zu Tante, »daß es lustiger ist, in zweitausend Meter Höhe kalte Hühnchen zu essen, als sich zu Hause in der Kapitänstraße rote Rüben mit Speck einzuverleiben, was du sonst jetzt getan hättest.«

Es gelang mir, ihr eine halbe Zustimmung zu entreißen, und damit mußte ich mich begnügen.

Oh, es war herrlich zu fliegen! Meine Lebensgeister stiegen, so daß sie mindestens tausend Meter höher waren als das Flugzeug selbst.

»Daß du nicht mit dem Schiff fährst?«, hatten alle Menschen zu mir gesagt. »Das ist doch so bezaubernd.«

Und ich hatte regelmäßig geantwortet: »Ja, es ist kolossal bezaubernd. Aber nur für Leute, die wirklich Spaß dran haben, sich zu übergeben.«

Ich blickte auf den Atlantischen hinab, als wir die norwegische Küste hinter uns gelassen hatten. Kleine Spielzeugboote bahnten sich geduldig dort ihren Weg. Ich dachte an Christoph Columbus, und mir wurde warm ums Herz. Wie hatte er es nur wagen können! Um alles in der Welt, wie hatte er es wagen können! So viele Meilen und aber Meilen Wasser, bis in die Unendlichkeit, und dann nicht wissen, was dahinter war!

»Du mußt zugeben, daß die Männer etwas Wildes und Abenteuerliches an sich haben«, sagte ich zu Tante.

»Wer will sich denn jetzt wieder scheiden lassen?« fragte sie.

Ich versuchte, ihr zu erklären, daß ich an Columbus dächte und was für ein Glück es für die Menschheit sei, daß nicht *ich* Columbus wäre, denn ich würde nach einem Tage umgekehrt sein. Voll Seekrankheit und Reue wäre ich vor Isabella von Spanien getreten und hätte gesagt: Nein, es gäbe wohl kein Amerika, oder jedenfalls wäre es besser, mit der Entdeckung bis zum neunzehnten Jahrhundert zu warten, wenn der Schiffsverkehr ordentlich in Gang gekommen wäre, oder noch besser bis zum zwanzigsten Jahrhundert, wenn man dorthin fliegen könnte.

O ja, die Männer sind ein wildes, abenteuerliches, herrliches Geschlecht! Warum entdecken wir Frauen nie neue Erdteile?

»Eigentlich ist es recht kläglich, bloß eine Frau zu sein«, klagte ich der Tante.

Sie versuchte, mich zu trösten.

»Du mußt bedenken«, sagte sie, »daß wir Frauen die Männer zu ihren großen Taten anregen.«

Da saß sie in ihren pathetischen Knopfstiefeln, das Haar in einem lächerlich kleinen Dutt im Nacken, und Gott möge mir verzeihen, aber ich dachte bei mir selbst: die großen Taten, zu denen *sie* die Männer angeregt hätte, wären bestimmt nicht umfangreicher, als daß sie bequem auf einem Daumennagel Platz hätten.

Aber ich liebte sie gerade so, wie sie war, mit Knopfstiefeln und allem, ja, ich liebte alle Menschen. Wenn man bedenkt, was für eine Sammlung netter und liebenswürdiger Leute ich als Reisegefährten bekommen hatte! Besonders ein Amerikaner gefiel mir. Wir plauderten eine Weile miteinander, obwohl die Tante die ganze Zeit aussah wie: »Aha, der Mädchenhändler . . .*schon!*«

Das mit dem Turm zu Babel war schon ein großes Unglück für die Menschheit. Wenn man sich vorstellt, daß man dasitzt und gestopft voll ist von geistreichen Dingen, die man anbringen möchte! Und dann kann man als einziges ein in regelmäßigen Zwischenräumen wiederkehrendes »I see« oder »Is that so« herausquetschen.

Ich hätte Mr. Healey meine unverfängliche Meinung über das Weltall auseinandersetzen mögen, aber ich fühlte sofort, daß es sich nicht lohnte, es auch nur zu versuchen. All meine englischen Kenntnisse waren wie weggeblasen. Ich erinnerte mich nur an einen einzigen Satz aus meinem englischen Lesebuch: »Can you tell me the nearest way to the Scandinavian Bank?« Und so lustig es auch gewesen wäre, mit dieser Frage Mr. Healey gerade ins Gesicht zu springen, beschloß ich jedenfalls doch, es zu unterlassen und statt dessen mit den Augen zu blitzen und zu funkeln und Mr. Healey reden zu lassen. Herren sind ja meistens sehr zufrieden, wenn sie ihre eigene Stimme hören können. Mr. Healey tröstete mich übrigens damit, daß ich mit meinem englischen Wortschatz in Amerika ausgezeichnet zurechtkommen würde. Wie behauptet würde, sagte Mr. Healey, brauchte man nicht mehr als vier Sätze zu können: »Good Morning – ham and egg – I love you – good night!«

»Is that so«, sagte ich mit peinlicher Einförmigkeit.

Nun, eigentlich wäre es wohl eine furchtbare Übertreibung, behauptete Mr. Healey. Man käme wohl nicht aus mit nur good morning, ham and egg. I love you, good night. Man müsse auch Baseball sagen können, popcorn und Coca Cola.

»I see«, sagte ich.

Dann allmählich kam die Nacht. Schwarz und beängstigend umgab sie uns da draußen. Wir jagten durch einen dunklen, endlosen Raum, ich hatte das Gefühl, wir wären ganz allein im Universum, Tante und ich und Mr. Healey und all die andern, die in derselben kleinen, gebrechlichen Schale eingeschlossen waren.

Ich bin überzeugt, daß es unter meinen Vorfahren jenseits der Urzeit eine Krabbe gegeben haben muß. Sicherlich eine sehr achtbare und prächtige kleine Krabbe, aber doch immerhin. Ich kann mich so ausgezeichnet wie eine Krabbe zusammenrollen, und das ist ein ungeheurer Vorteil, wenn man im Flugzeug schlafen soll. Als ich all die anderen in ihren nach hinten zurückgelehnten Sesseln sitzen und, als sie schlafen wollten, vergeblich versuchen sah, die Beine irgendwo unterzubringen, ringelte ich mich behaglich unter der Decke zusammen, voll Dankbarkeit gegen meinen Krabben-Urahn, der mich gelehrt hatte, zusammengefaltet zu liegen mit schön vorgeschobenem Po, die Knie ans Kinn gezogen. Ich schlief ein – und plötzlich waren wir in Keflavik.

Meine Vorstellungen von Island waren immer etwas nebelhaft. Natürlich wußte ich im Innersten, daß es grundfalsch war, aber ich hatte dennoch gewissermaßen so eine kleine Hoffnung gehegt, daß irgend jemand im Stil von Egil Skallagrimsson dastehen und mit großem Getöse gegen den Schild schlagen würde, wenn ich aus dem Flugzeug kletterte. Aber keineswegs. Die Isländer, die ich sah, wirkten ebenso prosaisch wie die »Jubilare der Woche« in der Wochenzeitschrift. Und der einzige, der Lärm machte, war Tante, denn sie war endlich glücklich eingeschlafen, und jetzt war sie geweckt worden, um eine halbe Stunde aufrecht auf dem Flugplatz von Keflavik zu sitzen. Alle Flugplätze, die ich gesehen habe, sind ungefähr ebenso ausgelassen lustig wie ein Kleinbahnhof an einem Novembersonntag bei Regen, und Keflavik war keine Ausnahme. Egil Skallagrimsson wohnte vermutlich nicht in Keflavik, denn dann hätte er sicher rasch den Weg hierhergefunden, darauf möchte ich wetten. Nein, Island war nicht so recht das, was ich mir vorgestellt hatte.

Nur wenn ich das Wort »Konur« auf der Tür zur Damentoilette sah, hatte ich einen gewissen herben Geschmack von Vorzeit im Munde.

O New York! O Metropolis!

»Es gibt nur eine Großstadt in der Welt«, sagte Mr. Healey, als wir über La Guardia schwebten und die Millionen und aber Millionen Lichter der Stadt unter uns sahen. »Dort unten liegt sie.«

Ich wollte zuerst sagen: »Is that so?«, besann mich aber. »Nun, aber Chicago?« sagte ich.

»Chicago ist eine große Kleinstadt«, sagte Mr. Healey. Ich beobachtete die Tante, als sie zum erstenmal die Knopfstiefel auf amerikanischen Boden setzte. Sie warf aufmerksame Blicke um sich, wahrscheinlich um nicht gleich auf der Stelle von einem Gangster oder Wildwest-Cowboy überrumpelt zu werden.

Ein kleiner, freundlicher, weißhaariger Mann sah unsere Pässe nach. Dabei ging mir zum erstenmal auf, daß ein Amerikaner durchaus nicht dasselbe ist wie ein Schwede. »Sie werden die Staaten an meinem Geburtstag wieder verlassen«, sagte er, als er festgestellt hatte, wie lange unser Visum währte. Ich kann mir schwer vorstellen, daß ein schwedischer Paßkontrolleur seinen Geburtstag damit in Zusammenhang gebracht hätte. Und als der kleine Mann mir meinen Paß zurückgab, sah er mir treuherzig in die Augen und sagte: »Beten Sie für mich!«

Bisher hat noch kein schwedischer Beamter mich aufgefordert, für ihn zu beten. Und doch bin ich überzeugt, daß es not täte.

Ich stand am Fenster unseres Hotelzimmers, mehrere Stunden später, und blickte über das unglaubliche New York hin, während Tante geschäftig auspackte. Ich zitterte vor Aufregung, nicht nur, weil ich in New York war. Nein, das war es gar nicht. Aber irgendwo hinter all diesen Steinmassen lag das gewaltige Amerika. Es war das Land, das die Indianerhelden meiner Kindheit mit ihrem Blute getränkt hatten. Sitting Bull hatte dort einmal seinen letzten bitteren Kampf gekämpft. Dort war die unendliche Prärie, wo einstmals die Büffelherden umherstreiften und die Präriewagen sich hartnäckig nach dem Goldland im Westen durchkämpften. Dort waren felsige Berge und der Mississippi, o ja, der Mississippi! Ob wohl Huck Finn mit seiner Flotte noch immer in sternenklaren Nächten den Strom entlangglitt?

Ich atmete tief auf.

Und irgendwo weit in der Ferne lag auch das Land, das einstmals den blauäugigen, flachshaarigen schwedischen Emigranten aufgenommen hatte, als er so hoffnungsvoll mit seinem gestreiften Mantelsack in der Faust daherkam und sogleich anfangen wollte, mit dem Taschenmesser Gold zu schneiden. O Mutter Amerika, streng warst du wohl gegen ihn im Anfang, aber immerhin . . .

Ich holte noch tiefer Luft.

»Was ist dir?« sagte Tante. »Ist dir nicht wohl?«

Ich starrte sie wütend an. Denn wenn ich etwas verabscheue, so ist es, unterbrochen zu werden, wenn ich gerade Amerika in mein Herz schließe.

KAPITEL 3

»Das einfache Leben« ist eines meiner Lieblingsbücher. Denn ich bin ein schwaches Wesen und brauche Henry David Thoreau als moralische Stütze. Angenommen, ich möchte einen Pelz haben oder so etwas Ähnliches, und ich möchte ihn nicht nur so haben, daß ich stumpfsinnig denke: »Wenn ich doch einen Pelz hätte«, sondern es wäre ein glühendes, verzehrendes, alles verschlingendes Verlangen, das jede wache Minute erfüllte und mich im Schlaf zum Schluchzen brächte, dann hülfe nur eines, nämlich sich zu Henry Davids Füßen niederzulassen und ein Philosoph zu werden, der nur wenig braucht. Natürlich, wenn man kein Geld hat, um sich einen Pelz zu kaufen. Aber das hat man nicht. Was man hat, ist ein schändlich kleines Monatsgehalt und eine Tante, die den Mund zusammenzieht, sobald man nur eine Andeutung macht, daß man sein väterliches Erbe anrühren möchte. Und da kommt man eben zu keinem Pelz. In solchen Fällen ist der alte Henry David unschätzbar. Er hat mir oft geholfen, wenn ich vor dem Schaufenster stand und das Verlangen, zu besitzen, aus den dunkelsten Winkeln der Seele hervorquellen fühlte. Nachdem ich eine Weile mit mir selbst gekämpft hatte, hüllte ich mich fester in den Philosophenmantel, knuffte Herrn Thoreau in die Seite und sagte: »Du hast recht. Kein wahrer Philosoph braucht einen Pelz für 900 Kronen, um seine Blöße zu bedecken.« Und dann bin ich weitergegangen, gestärkt und geläutert. Aber das eine ist sicher: in der Fifth Avenue in New York nützt das nichts. Es nützte nichts, daß ich mir lange Sätze aus dem »Einfachen Leben« vorsagte. Nicht vor *solchen* Schaufenstern. Dort gab es alles, was einen ins Verderben locken konnte. Juwelen, Pelze, entzückende Kleider, Parfüms, alles, alles. Nein, ein stoischer Philosoph konnte man nicht werden, das war ganz unmöglich. Andererseits aber brauchte man nur einen Blick in seine Geldtasche zu werfen, wo die Dollarnoten so vereinzelt raschelten, um sehr merkwürdig ernüchtert zu werden. Ich konnte es jedenfalls nicht unterlassen, in eines der weltberühmten Juweliergeschäfte zu gehen und nach einem Ring mit einem großen Smaragd zu fragen. Ich bin sehr für Smaragde. Habe sie immer geliebt. (Von ferne.) Ich deutete mit leidenschaftlichem Zeigefinger auf den Ring.

»Wie teuer?« sagte ich.

»39 000 Dollars«, sagte der elegante Herr hinter dem Ladentisch.

»I see«, sagte ich.

Dann ging ich, nachdem ich beteuert hatte, daß ich mir die Sache überlegen würde. (Ich überlege noch immer.) Und dann lief ich weiter von Fenster zu Fenster. Tante lief lange mit, aber schließlich wurde sie müde und schleppte sich ins Hotel, warf die Knopfstiefel in eine Ecke und erklärte, jeder Zehnagel wäre blau angelaufen, und übrigens wäre es ein großer Fehler, daß wir nach Amerika gereist wären.

In New York begann es, Frühling zu werden. Man konnte es tatsächlich spüren, obwohl man bis zum Zentralpark gehen mußte, um einen grünen Halm zu finden. Aber die Sonne flutete über die Straßen, und wenn man den Kopf so weit nach hinten beugte, daß ein unvermuteter Regenschauer einem die Nasenlöcher bis zum Rande gefüllt hätte, dann sah man hoch über den Wolkenkratzern von Manhattan ein Stück ganz blauen Himmel.

Ich glaube, Mr. Healey hatte recht. Es gibt wohl nur eine Großstadt in der Welt, und das ist New York. Sie benahm einem irgendwie den Atem. Das hatte nichts mit den Wolkenkratzern zu tun, wenigstens nicht so sehr. Nein, es waren die Menschen, all die sieben, acht, neun Millionen, die sich um einen herum drängten. Die Bevölkerung von Stockholm kam mir vor, wie die eines Dorfes im Vergleich mit der erstaunlichen Galerie, die New York aufweisen konnte. Erstaunlich, ja! Aber in New York erregte nichts Erstaunen. Nur bei mir und Tante. Besonders bei Tante. Ich weiß nicht, wie man aussehen und wie man gekleidet sein und sich benehmen müßte, um die Ureinwohner von New York dahin zu bringen, zusammenzufahren und die Augen aufzureißen. Es machte mir einen unmäßigen Spaß, auf den Straßen umherzuwandern, den Leuten ins Gesicht zu starren und mir auszurechnen, zu welcher Kategorie von Menschen eine bestimmte Frau gehörte, welches Milieu sie hervorgebracht hatte und wie in Gottes Namen sie mit einem solchen Hut losgehen konnte! Wie kann man von kühnen Hüten reden! Kühne Frauen, würde ich lieber sagen. Ich wette mit jedem, wer es auch sein mag, daß man in keiner anderen Stadt der Erde eine solche Sammlung von häßlichen, reichen, alten Weibern mit richtigen Gespensterhüten finden könnte. Sie

saßen scharenweise in den Lunchrestaurants und schwatzten miteinander. Ihre Gesichter waren verwelkt, aber ihre Hüte blühten reich und prunkend.

»Dein Hut ist wie ein Traum«, hörte ich einmal so ein Schreckgespenst zu einem anderen sagen.

Sicher, dachte ich, sicher hat die Putzmacherin den Hut in einem Traum geschaffen, aber sie hatte wohl vor dem Schlafengehen etwas Unverdauliches gegessen.

Ja, die Menschen in New York waren faszinierend. Sie waren so verschiedenartig. Für einen, der alles in allem nicht mehr als *einen* Neger gesehen hat, war Haarlem ein richtiges Abenteuer. Eine weiße Frau dürfe nicht allein dort hingehen, war mir gesagt worden. Aber eine weiße Frau mit anhängender Tante geht praktisch ruhig überallhin.

Früher habe ich immer gedacht, neugeborene kleine Ferkel wären die süßesten aller Geschöpfe, aber das ist falsch.

Negerkinder sind süßer. Da saßen fünf kohlschwarze kleine Exemplare in einer Reihe auf einer Treppe, alle schweigend und genießerisch am Daumen lutschend. Sie waren unwiderstehlich. Tante mußte mich fast mit Gewalt weiterziehen.

In Chinatown waren wir auch, Tante und ich, obwohl Tante glaubt, daß Chinesen gefährlicher sind als irgend etwas anderes, und mich aufrichtig bedauerte, weil ich in die Klauen eines *chinesischen* Mädchenhändlers fallen und den Rest meines Lebens in einer Opiumhöhle verbringen müßte. Von zwei Übeln wählt man das kleinere, und es schien, als ob Tante in diesem Falle einen gewöhnlichen Mädchenhändler mit weißer Hautfarbe als etwas ganz Prächtiges ansah, als einen Ehrenmann, den man zum Kirchenvorsteher machen und in die Stadtverordnetenversammlung wählen müßte. Das sind nun einmal die Rassenvorurteile.

Tante starrte all die sanftäugigen, freundlichen Chinesen, denen wir bei unserer Wanderung durch die schlecht erleuchteten Straßen von Chinatown begegneten, mißtrauisch an. Und wenn sie einen armen kleinen Chinesenjüngling zu sehen bekam, der friedlich schlafend auf den Treppenstufen vor einem Haus lag, zuckte sie zusammen, als hätte sich urplötzlich vor ihren empörten Füßen eine Lasterhöhle aufgetan. Eigentlich glaubte ich, sie hätte es am liebsten so gemacht wie jener Seemann, der gefragt wurde, ob es nicht gefährlich sei, in den unheimlichen Vierteln von Port Said umherzugehen. Ach nein, es wär gar nicht gefährlich. Keine Spur. Wenn man nur eine kleine Vorsichtsmaßnahme anwendete – nämlich mitten auf der Straße zu gehen mit einer Eisenstange in der Faust, um alle, denen man begegnete, niederzuschlagen.

Aber da Tantes Zehen immer blauer wurden (wenigstens behauptete sie es selbst), war ich bei meinen Entdeckungsfahrten mehr und mehr auf meine eigene Gesellschaft angewiesen. Tante saß im Hotelzimmer und schrieb lange Episteln an eine Verwandte in der Wasastadt. Zuweilen las sie mir ausgewählte Stücke daraus vor – und da bekam Amerika wahrhaftig etwas zu denken. Mencken und Sinclair Lewis konnten ruhig die Zuchtrute aus der Hand legen, da Tante die Gesellschaftskritik übernommen hatte. Ihr ernstester Einwand gegen Amerika war, soviel ich verstand, hauptsächlich der, daß es nicht genauso wäre wie Schweden.

Ich überließ es der Tante, in Frieden und Ruhe ihre Geißelhiebe auszuteilen, und widmete mich dem Volksleben. Jeden Morgen, wenn ich in der Frühlingssonne auf die Straße trat, fühlte ich denselben kleinen erwartungsvollen Schauer. Zuallererst ging ich in meinen »Drugstore« an der Ecke, trank Kaffee und schwatzte mit Mike, der hinter der Theke stand und Schinken, Eier und Pfannkuchen briet, daß es nur so zischte. Ich sagte oft zu Tante, wenn sie allzu heftig die Geißel über Amerika schwang: man möge über die Amerikaner sagen, was man wolle, aber man müsse ihnen jedenfalls zugute halten, daß sie eine so treffliche Einrichtung wie einen Drugstore erfunden hätten. Wenn ich Amerikaner wäre und nach Europa käme, so würde ich, glaube ich, den Drugstore am meisten von allem vermissen.

Mein Drugstore an der Ecke war ein außerordentlich gemütlicher Platz, und Mike kam mir bald wie ein Kindheitsfreund vor. Ich liebte es, auf meinem hohen Stuhl vor seiner Theke zu hocken und die morgenfrischen New Yorker zu

betrachten, die ein und aus gingen und eine Tasse Kaffee und etwas Schinken und Ei zu sich nahmen – aber mit welcher Geschwindigkeit! Ich liebte Mikes wunderbares Eis. Ich ging gern in dem Laden umher und kaufte all den Kleinkram, den ich brauchte. Und es gefiel mir, wenn Mike mir beim Weggehen zurief: »Nehmen Sie sich auch in acht!« Das sagt man in Stockholm nie in einem Laden.

Und dann wanderte ich mit frischem Mut hinaus in das Volksgewimmel auf den Avenues von Manhattan. Manhattan, diese schmale, kleine Insel, wo die Wolkenkratzer einander fast in den Hudson stoßen. Man bekam beinahe Alpdrücken, wenn man einen hastigen Überschlag zu machen versuchte, wie hoch der Preis für den Quadratmeter sein mochte – einen teureren Grund und Boden gibt es wohl nicht in der Welt. Und es konnte einen krank machen, wenn man an Peter Minuit dachte, der im siebzehnten Jahrhundert die ganze Insel von den Indianern für vierundzwanzig Dollars kaufte. Daß man damals nicht dort war! Ich hätte ohne Zögern sechsundzwanzig geboten.

Die amerikanischen Mädchen betrachtete ich mit weitgeöffneten Augen. Waren sie wirklich alle so hübsch und gut gewachsen und bezaubernd, wie Jan mir eingetrichtert hatte? Ja, viele waren es, aber sicher nicht alle. Man hatte ja gedacht, sie sähen alle miteinander aus wie Esther Williams, und man stellte mit einer gewissen Befriedigung fest, daß sie es nicht taten. Einige hatten auch hier kurze Beine, eine schlechte Haut und zu viele Kilo. Ich schickte Jan übermütig eine Ansichtskarte: »Haha, es gibt auch hier ›Zweite Wahl‹ unter den Mädchen.«

Die »Zweite Wahl«, das sind die Unansehnlichen, die Übersehenen, die Niegeküßten, mit denen mein Herz solches Mitleid hat. Ein amerikanisches Mädchen »zweiter Wahl« zu sein, ist wohl noch schlimmer, als der schwedischen Art anzugehören, weil in Amerika ja das Aussehen so viel bedeutet und der Vergleich mit der großen Horde unglaublich schöner Mitschwestern doch einen besonders bösen Minderwertigkeitskomplex schaffen muß, meint man. Andererseits hat das amerikanische Mauerblümchen größere Möglichkeiten, etwas für sein Aussehen zu tun. Schönheitsinstitute und Charmeschulen stehen massenhaft bereit, solche Wesen ganz und gar umzuwandeln. Wenn man den Reklameprospekten dieser Charmeschulen glauben darf, so ist das im Handumdrehen geschehen. Man steckt das Mädchen zweiter Wahl in so eine Schule, und heraus kommt ein Geschöpf, das imstande zu sein scheint, während der Kaffee aufgebrüht wird, eine alte solide Ehe zu zerstören.

Mir kam ein Gedanke. Warum sollte ich mir nicht auch etwas amerikanischen »glamour« zulegen, da ich nun doch einmal hier war! Ich habe immer gefunden, mein Aussehen wäre einige Grade zu sehr »Waldmägdelein«! Und jetzt hatte ich die Chance meines Lebens, dem abzuhelfen. Wie würde Jan sich freuen, wenn er hörte, wie ich mich verschönert hätte! Ich sah ein, daß es nicht so leicht sein würde. Mit dieser Nase mußte ich ja ein wirklicher Prüfstein für eine Schönheitsexpertin sein. Aber das half nichts. Da ich mich nun einmal entschlossen hatte, ein raffinierter Typ zu werden, mochte die Expertin einmal in die Hände spucken und loslegen, wenn das Rohmaterial auch nicht gerade so war, daß man sich vor Entzücken auf die Knie schlug.

Der Tante sagte ich nichts. Sie war sich bestimmt nicht darüber klar, daß es die Pflicht einer Frau ist, schön zu sein, wenn auch ein guter Teil harter Valuta dabei draufgeht. Ich schlich mich zu meiner ersten Gesichtsbehandlung so scheu und zitternd wie ein Einbrecher zu seinem ersten kleinen Geldschrank. Und mir war nicht viel besser zumute, nachdem ich mich in dem bequemen Sessel niedergelassen und meine Visage einer rothaarigen Schönheit mit kalten Augen überlassen hatte. *Sie* war kein Waldmägdelein. Wahrscheinlich war sie direkt aus dem Asphalt emporgewachsen, und wenn sie jemals einen Wald gesehen hatte, so mußte es im Kino gewesen sein. »Was verwenden Sie gewöhnlich zur Reinigung des Gesichts?« fragte sie, und man hörte ihr an, daß sie die Antwort erwartete: »Eine Wurzelbürste!«

Ich murmelte etwas Undeutliches von Seife und Wasser, aber ehe ich weitere entehrende Enthüllungen machen konnte, hatte sie mein Gesicht mit etwas vollgeschmiert, was unwillkürlich die Gedanken auf Moschus und Ambra und wilde, verbrecherische Liebe in Pariser Boudoirs lenkte. Ich fühlte mich äußerst ermuntert, dies mußte ja etwas Gutes werden. Ich spielte mit dem angenehmen Gedanken, wie teuflisch schön ich werden und was die Tante zu ihrer funkelnagelneuen Nichte sagen würde. Da bekam ich ohne vorhergehende Warnung ein brühheißes Tuch mitten aufs Gesicht. Die Rothaarige drückte mir die Nase zusammen, um sicher zu sein, daß die Atmungstätigkeit ganz aufhören würde. Ich dachte erschrocken, sie wäre wohl ungewöhnlich leicht gereizt und hätte sich in den Kopf gesetzt, mich auf möglichst qualvolle Weise umzubringen. Da verschwand sie. Ich saß einsam da, bis ich mich zu fragen begann, ob ich vielleicht auch einbalsamiert werden sollte. Das Leintuch auf dem Gesicht schien darauf hinzudeuten. Ich fühlte mich schon halbwegs wie eine Mumie, als die Rothaarige wieder auftauchte, bewaffnet mit einem kleinen, unheimlichen Eisstück, das sie vergnügungssüchtig über alle Hügel und Täler meines Gesichts gleiten ließ. Da hielt ich die Zeit für gekommen, zu Repressalien überzugehen, aber die Rothaarige massierte und vibrierte und klopfte mich, daß ich keine Gelegenheit dazu hatte. In rascher Folge kamen dann neue Cremes und Gesichtswasser und Packungen.

Nach mehreren Stunden eifriger Arbeit sagte die Rothaarige, ich wäre jetzt fertig. Mein Himmel, wie war ich schön! Obwohl ich natürlich das Gesicht nicht richtig bewegen konnte. Die Haut um den Mund straffte sich, wenn ich lachen wollte, aber es gab ja immerhin so viel Trauriges zu bedenken, daß man ernst bleiben konnte. Ja, gewiß war ich schön! Ich hatte Mascara an den Wimpern und Teig auf dem Gesicht und das Haar in den wunderbarsten Locken oben auf dem Kopf, und der Mund war so rot wie ein Haltsignal.

Wild vor Triumph, schrieb ich schleunigst eine Ansichtskarte an Jan. »Lieber Jan«, schrieb ich, »Du würdest Deinen Augen nicht trauen, wenn Du mich jetzt nach einer eben vorgenommenen Schönheitsbehandlung sehen würdest. Amerikanisiert bis über die Augenbrauen!«

Ich bekam umgehend mit Luftpost Antwort: »Erhalte Dir Deinen frischen, schwedischen Typ«, schrieb das Rindvieh. So sind die Männer!

Aber zu der Zeit lag mein ganzer amerikanischer »glamour« schon im Hotel im Waschbecken. Denn Tante sagte: »Wasch dich!« Das heißt, sie schrie es, daß man es über das ganze untere Manhattan hörte. Dann hielt sie eine lange

Predigt, daß alle wirkliche Schönheit von innen komme. Nun ja, ich sah ja selbst ein, daß meine innere Schönheit, wenn sie die kompakte Schönheit meines Gesichts durchdringen wollte, mindestens einen Büchsenöffner nötig hätte . . . Ich stolperte in das Badezimmer.

Fünf Minuten später stand ich vor dem Spiegel und betrachtete düster meinen frischen, schwedischen Typ, aus dem hier und da die innere Schönheit hervorsah.

Kapitel 4

In meiner grünsten Jugend war ich sehr schüchtern und unerhört überzeugt, daß meine Nase nicht so war, wie sie sein müßte. Jan sagt, man könne dies schwer glauben, wenn man sähe, wie grenzenlos großmäulig ich heutzutage sei. Aber es war Tatsache. Besonders neuen Menschen gegenüber hatte ich es schwer. Ich wurde völlig verwirrt und unglücklich, und mir brach der kalte Schweiß aus, wenn ich gezwungen war, mit Leuten zu sprechen, die ich nicht näher kannte. Einen Raum betreten, in dem lauter unbekannte Menschen saßen, die einen nur anstarrten – ich glaube, wenn ich hätte wählen dürfen, so wäre ich lieber zu Daniel in die Löwengrube gegangen. Aber eines Tages las ich in einer Zeitung, daß man versuchen müsse, solche Hemmungen zu überwinden. Man müsse sich nur üben. Sobald man einen armen unbekannten Mitmenschen sähe, der einem nichts Böses getan hätte, müßte man sich in eine muntere Unterhaltung mit dem Betreffenden stürzen. In Straßenbahnen zum Beispiel. Ja, Straßenbahnen wären ein ausgezeichneter Ort, um Hemmungen zu beseitigen.

Eines Sonntagnachmittags beschloß ich, eine Stunde für eine solche Übung anzuwenden. Ich bestieg eine gutbesetzte Bahn am Marktplatz, aber immerfort wünschte ich heftig, es möchte anfangen, Feuer vom Himmel zu regnen, damit ich mit den Hemmungen noch eine Weile Aufschub hätte. Vergebens! Alles war genauso, wie es in einer schwedischen

Straßenbahn zu sein pflegt: eine Ansammlung von mürrisch dreinschauenden Menschen, von denen kein einziger sich nach einer munteren Unterhaltung mit mir zu sehnen schien. Es war wahrhaftig kein leichtes Unternehmen, auf das ich mich eingelassen hatte, aber das konnte nichts helfen! Auf der Bank, mir gegenüber, saß eine sehr feine, schwarzgekleidete alte Dame. Sie erkor ich zu meinem ersten Opfer. Ich schluckte heftig und wollte gerade eine muntere Bemerkung über das Wetter machen, als etwas ganz Erschreckendes geschah. Ohne vorhergehende Warnung öffnete die alte Dame den Mund und schrie: »Kuckuck! Kuckuck!« Laut und deutlich! Wie ein Kuckuck.

Ein Ruck ging durch die ganze Straßenbahn. Und daß ich an dem Schrecken nicht gestorben bin, verstehe ich noch heute nicht. Ich dachte verwirrt, es müßten wohl unnatürliche kräftige Hemmungen sein, die sie überwinden wollte. Da öffnete die alte Dame wieder den Mund und stieß wieder einen lauten Kuckucksruf aus.

Mir begann klarzuwerden, daß sie wohl nur zufällig Sonntagsurlaub von einer Nervenklinik hatte, obwohl sie so normal und ehrenwert aussah.

Man mag sagen, was man will, wir Schweden sind ein starkes und beherrschtes Geschlecht. Der erste Ruck des Erstaunens, der durch den Wagen ging, verebbte rasch. Bei einigen der Fahrgäste konnte man einen etwas verletzten Gesichtsausdruck wahrnehmen, weil sie in ihren tiefen Gedanken gestört worden waren. Aber die meisten hatten ihre gewöhnliche, völlig gleichgültige, etwas mürrische Miene wieder angenommen. Wir fuhren um ganz Östermalm herum, und die Dame stieß immer triumphierender ihren Kuckucksruf aus. Und keiner verzog eine Miene! Alle sahen aus, als könne man sich keine üblichere und geeignetere Beschäftigung für eine alte Dame an einem Sonntagnachmittag denken, als um die Stadt herumzufahren und wie ein Kuckuck zu rufen.

Ich bekam jedenfalls den starken Eindruck, daß diese Straßenbahn für mich nicht der richtige Ort war, gegen Hemmungen vorzugehen. Man darf trotz allem das Beherrschungsvermögen der Leute nicht überschätzen. Zuerst eine kuckucksrufende Dame und dann ich, die eine muntere Unterhaltung begann, das hätte eine Panik geben können! Ich stieg an der Odeonstraße aus mit wohlerhaltenen Hemmungen. Und das letzte, was ich hörte, als der Wagen weiterfuhr, war ein frohes, jubelndes »Kuckuck!«

Wie komme ich dazu, dies nach so langer Zeit zu erzählen? Ja, ich muß nämlich immer denken, wie es gewesen wäre, wenn die reizende Dame in einem New Yorker Autobus Kuckuck gerufen hätte. Welch ein Aufstand wäre das geworden! Was für ein Jubel! Sie hätte sicher ebenso großen Erfolg gehabt wie ich, als ich auf der Fifth Avenue den Schuh verlor.

Das war so. Ich wollte einen Bus nach dem Washingtonplatz nehmen, weil ich das vielbesprochene Greenwich Village sehen wollte, das New Yorker Künstlerviertel. Ich kam in einem wirklichen Sprinter-Tempo im selben Augenblick an, als der Bus abfahren wollte. Gerade als er sich in Bewegung setzte, machte ich einen richtigen Weitsprung, und ich kam mit. Aber nicht mein linker Schuh! Er blieb auf dem Asphalt liegen, ein braunes, verlassenes Ding, und ich entfernte mich mit jeder Sekunde weiter von ihm.

Ach, ach, ach, gab das ein Entzücken in dem Bus! Wie viele fröhliche Scherze über das Aschenbrödel. Wenn ich in Schweden mit einem bis auf einen dünnen Nylonstrumpf unbekleideten Fuß in einem Bus oder einer Straßenbahn gestanden hätte, so würden meine Mitpassagiere sicherlich nur unangenehm berührt ausgesehen haben, wenn sie überhaupt darauf reagiert hätten. Anders war es in meinem amerikanischen Bus. Alle fanden es *so* reizend, daß ich nur einen Schuh hatte.

Ich versuchte, es auch reizend zu finden. Aber eine wirkliche Begeisterung vermochte ich nicht aufzubringen. Und was sollte ich machen? Es gab, soweit ich mir denken konnte, nur zwei Möglichkeiten, entweder mit dem Bus weiterzufahren, bis ich verendete, oder an der nächsten Haltestelle auszusteigen und auf einem Bein zu dem Schuh zurückzuhüpfen. Auf einem Bein die Fifth Avenue entlang-

hüpfen – man mußte schon einen ungeheuer entwickelten Sinn für Humor haben, um dies besonders lustig zu finden. Jedenfalls wenn man selber diejenige war, die hüpfen mußte.

»Armes kleines Aschenbrödel«, sagten die Leute im Bus. Da rief plötzlich jemand: »Der Prinz! Da kommt der Prinz!«

Ja, da kam er. Obwohl: für Aschenbrödels Prinz war er reichlich kahlköpfig. Aber ach, mit oder ohne Haar war er ein lieblicher Anblick, wie er in einem dunkelroten Cadillac jetzt neben dem Bus dahinfuhr und eifrig mit meinem Schuh winkte.

An der nächsten Haltestelle winkte ich meinen munteren Mitpassagieren zum Abschied zu und hinkte, so würdig ich konnte, aus dem Bus. Der Prinz hatte sein Auto angehalten und reichte mir freundlich lächelnd meinen so schmerzlich vermißten Pumps.

»Kann ich Sie irgendwohin fahren?« fragte er. Er sah wirklich sehr nett und ungefährlich aus, aber ich antwortete doch: »Nein, danke!«

»Oh, Sie brauchen keine Angst zu haben«, sagte er. »Meine Mama hat mich gelehrt, auch gegen unbekannte Damen höflich zu sein.«

»Meine Tante hat mich auch allerhand gelehrt«, sagte ich.

»All right«, entgegnete der Prinz, »you are a good girl!«
Und damit schickte er sich an, davonzufahren. »Übrigens«,
sagte er, als er gerade starten wollte, »aus welchem Lande
kommen Sie?«

Mein neuerworbener amerikanischer Akzent war offenbar
nicht so formvollendet, wie ich angenommen hatte. »Aus
Schweden«, sagte ich nicht ohne Stolz.

»Aha, eine Skandinavierin«, meinte er und nickte anerkennend.

Und dann plötzlich blitzten seine blauen Augen auf. »Da
können Sie natürlich kochen?«

Kochen! Ich dachte flüchtig an den falschen Hasen, den ich
so gründlich verbrannt hatte, als ich das letztemal meine
kulinarischen Fertigkeiten ausprobierte.

»Nja«, sagte ich zögernd.

»Natürlich können Sie kochen«, entschied mein kahlköpfiger Freund. »Wir hatten einmal ein Mädchen aus Schweden
– und was hat die für Fleischklöße gemacht!« Und dann
erzählte er seine Leidensgeschichte. Er hatte an diesem Abend
zwölf Personen zu Gast, und Köchin und Hausmädchen
waren heute früh auf und davon. Er hatte den ganzen
Vormittag versucht, Ersatz zu bekommen, aber vergebens!
Ich war seine einzige Hoffnung. Armer Mann! Es wäre ein
schlechter Lohn für den großen Dienst, den er mir erwiesen
hatte, ihm das Mittagessen zu verbrennen. Und das sagte ich
auch. Das Licht in seinen Augen erlosch wieder. Da fiel mir
etwas ein.

»Die Tante«, sagte ich. »Meine Tante kann kochen, daß
man sich den Mund leckt, wenn man es ißt.«

Er fuhr vor Freude in die Höhe. »Wo ist dieser Engel von
Tante?« rief er. »Und was macht sie?«

Ich brachte es nicht über mich, zu erzählen, daß der kleine
Engel im Hotel saß und in Amerikas Pelz die Läuse suchte.

»Führen Sie mich zu ihr«, rief er noch eifriger.

»Meinetwegen«, sagte ich, »aber auf Ihre eigene Gefahr!«

Wir fuhren zum Hotel. Ich bat Mr. Bates – so hieß mein
neuerworbener Freund –, in der Halle zu warten, während
ich hinaufging und die Tante holte.

Sie saß wie gewöhnlich am Schreibtisch und kaute ärgerlich am Federhalter.

»Tante«, sagte ich ohne Umschweife, »unten sitzt ein kahlköpfiger Herr. Er möchte, daß du mitkommst und Fleischklöße für ihn machst.«

Die Tante ist und bleibt eine Frau der Überraschungen. »Das kann ich ja tun«, sagte sie sanft.

KAPITEL 5

»Ha«, sagte die Tante, als wir eine Weile später in Mr. Bates' Auto saßen, »ha, ich werde ihnen zeigen, wie man kocht! Kein Mensch in diesem Lande hat eine Ahnung von dieser Kunst.«

»Aber denke an die Apfelpastete«, widersprach ich, denn ich hätte mein Erstgeburtsrecht für eine solche Pastete verkauft.

»Ach . . .«, die Tante zischte wie eine Natter, »das beweist nichts. Bedenke, wie sie Fleisch behandeln.«

Ein Glück, daß Mr. Bates, das arme Herzchen, nicht verstand, was wir sagten. Er saß da so zufrieden und lotste das Auto durch das Gewimmel des New Yorker Nachmittagsverkehrs und war so glücklich darüber, das Kochproblem gelöst zu haben. Jetzt würden seine Gäste schwedische Kochkunst sehen. Und das kleine Aschenbrödel würde servieren. Alles würde glänzend gehen, und Frau Bates würde so zufrieden sein. Seine Frau sei etwas nervös, vertraute er uns an, aber darum dürften wir uns nicht kümmern.

O nein, wir gedachten, uns um gar nichts zu kümmern. Tante und ich fühlten uns beide so aufgemuntert. Es wirkte auf Tante, als hätte sie eigens deshalb den Sprung über den Atlantischen gewagt, um das Vergnügen zu haben, Fleischklöße zu machen. Alles andere, was wir in Amerika unternommen hatten, war wertlos. Man könnte meinen, es wäre bedeutend billiger gewesen, daheim in der Kapitänstraße Fleischklöße zu machen, aber ich will Tantes Glück nicht durch diesen Hinweis trüben. Ich selbst freute mich auf die eingehenden sozialen Studien, die ich in der Batesschen Hütte machen würde. Nach einstündiger Fahrt waren wir vor dieser Hütte angelangt. Das heißt, so sehr Hütte war es gerade nicht. Es war eine Prachtvilla mit einem riesigen Garten.

»Aufgepaßt«, flüsterte ich der Tante zu, als wir durch das Tor fuhren. »Hier scheinen wir das erste seltene Exemplar der soviel besprochenen amerikanischen Millionäre getroffen zu haben. Nur ein wirklicher großer Moneymaker kann es sich leisten, so zu wohnen.«

»Ach, das kann mit Hypotheken bis über den Schornstein belastet sein«, flüsterte die Tante zurück. Nur um zu beweisen, daß es ihr nicht imponierte.

Mr. Bates fuhr den Cadillac in die Garage. Da standen noch zwei Autos. Ich fragte mich, wie lange es dauern wird, bis die Beine der Amerikaner absterben und abfallen. Und ich bezweifle, daß sie es überhaupt merken. Höchstens vielleicht, weil sie einen Fuß brauchen, um damit den Gashebel zu bedienen. Im übrigen aber kann ich mir nicht vorstellen, wozu sie Beine haben.

Mr. Bates führte uns die große Treppe zu der weißen Prachtvilla hinauf. Wir blieben auf der obersten Stufe stehen. Von drinnen hörte man wildes Geschrei.

»Sieh einer an«, sagte ich zu mir selbst, »jetzt wird man das amerikanische Familienleben studieren können. Es scheint recht gemütlich zu sein.«

»Meine Frau ist etwas nervös«, versicherte Mr. Bates. Er hatte zweifellos recht. Wenigstens wenn das schreiende Wesen, das, als wir hereinkamen, im Wohnzimmer auf dem Sofa lag, mit Frau Bates identisch war. Ein Buch, dessen Titel in großen schwarzen Buchstaben gedruckt war, lag neben ihr auf den Boden geschleudert. »Wach auf und lebe«! Gerade das hatte Frau Bates offenbar getan. Aber ich frage mich, ob sie die Mahnung des Buches nicht etwas mißverstanden hat. Ich glaube nicht, daß die Verfasserin sich vorgestellt hat, daß es so ein tolles Leben sein sollte.

War dies etwa die Große Amerikanische Mutter, von der man so viel gehört hatte?

Frau Bates verstummte urplötzlich, als sie uns gewahrte, erhob sich und kam uns, erfreut und liebenswürdig lächelnd, entgegen.

»Beg your pardon«, sagte sie zu der Tante. »Haben Sie nicht auch manchmal das Gefühl, daß Sie laut schreien müssen?«

»Ja, als ich zwei Jahre alt war«, murmelte die Tante, »und da bekam ich Prügel.«

Aber das sagte sie auf Schwedisch, und Frau Bates hielt es für eine Zustimmung.

»Nicht wahr«, sagte sie, »es erleichtert kolossal. Wenigstens geht es mir so, daß ich dann und wann laut schreien muß, wenn ich nicht jemand ermorden will! Und es wäre doch viel schlimmer, wenn ich das täte«, fügte sie mit einem sonnigen Lächeln hinzu.

Das konnte niemand bestreiten. Mr. Bates warf eine kleine Erklärung ein, warum wir hier wären. »Swedish cooking« – würde das nicht »marvellous« sein? Das fand Frau Bates auch. Sie schlug in vollem Entzücken die kleinen, molligen, kindlichen Hände zusammen. Sie hatte gerade im Klub anrufen und dort für ihre Gäste einen Tisch bestellen wollen.

Die Tante und ich mußten das Haus besichtigen. Es war das erste amerikanische Haus, das ich in Wirklichkeit sah, und ich war so gespannt, ob es wirklich so ein volantgeschmücktes cosy corner wäre, wie die immer sind, in denen Myrna Loy zu sitzen pflegt, um dort eine sophistische Unterhaltung mit William Powell zu führen. Ja, gewiß, es gab hier eine Menge Chintz und Volants und Rüschen und Firlefanz, aber ich fand es gemütlich. Vielleicht würde man sich, wenn man hier für immer wohnte, nach einer strengeren Einrichtung sehnen – ich weiß es nicht. Manches war vielleicht etwas reichlich gesucht. Besonders das Schlafzimmer in Hellblau und Rosa mit Volants in allen Ecken, wie eine Bonbonniere. Sicher eine passende Umgebung für liebliche junge Frauen in Spitzennégligés, aber große, kräftige, schweigsame, kahlköpfige Männer von Mr. Bates' Kaliber würden bestimmt keinen Schaden nehmen, wenn man hier und da ein paar Meter Rüschen entfernte.

Aber die Betten, die amerikanischen Betten! Die waren wirklich ein Loblied wert. Breit, herrlich. Natürlich im Kolonialstil wie die meisten Möbel, die ich sah. Amerika hat seine romantische Kolonialzeit nie vergessen können, ja ja, ich habe mancherlei darüber gehört, während ich durch den Tiergarten trabte.

Und dann die Küche, sie konnte einen wahnsinnig machen vor Neid. Ich glaube nicht eine Minute, daß alle amerikanischen Küchen solche Wunderwerke der Technik sind, wie man sie im Kino sieht, aber hier war jedenfalls eine. Mit der Abwaschmaschine und ungeheurem Kühlschrank und all den übrigen elektrischen Apparaten, die ein gewitztes Männerhirn ersinnen kann, um die Frauen in der Küche festzuhalten.

Frau Bates, die keineswegs der Typ Frau war, den man sich am Herd stehend und Kinder zur Welt bringend vorstellt, war dennoch sehr stolz auf ihre Küche und führte, von unserer Bewunderung angespornt, alle Finessen vor. Sogar Tante war überwältigt. Was nicht hinderte, daß sie (nachdem Frau Bates sich zurückgezogen hatte, um sich zum Dinner schön zu machen und vielleicht, was weiß ich, noch ein paarmal zu schreien) umherlief und in allen Schubladen und Schränken suchte, während sie leise murmelte: »Alles hat hier keine Ordnung.«

Denn jetzt wollten wir unser »Swedish cooking« beginnen. Sehr viel war in dieser Richtung nicht zu machen, denn das Menü war festgelegt: Austernsuppe, Roastbeef, Eis. Aber schwedische Fleischklöße sollten sie doch bekommen, auf Hölzchen aufgespießt, als Zubiß zu den Schnäpsen, die Mr. Bates jetzt in der Bar zu mischen begann.

»O Tante, was meinst du, wie es gehen wird?« klagte ich. »Ich habe doch noch nie bei einem Dinner serviert. Glaubst du, es schadet etwas, wenn ich irgend jemandem einen Fleischkloß in den steifen Kragen fallen lasse?«

»Ach was«, sagte Tante, »meine Fleischklöße sind gut, wo man sie auch hat.«

Dann kam Frau Bates die Treppe heruntergerauscht in tief ausgeschnittenem Silberlamé, aus dem ein paar massive Schultern und Arme hervorsahen. Es klingelte an der Tür, und ich hatte vollauf damit zu tun, zu öffnen und die Gäste zu empfangen. Sie strömten in das Wohnzimmer, wo Mr. Bates sich mit den Schnäpsen auf sie stürzte, während er ihnen auf den Rücken klopfte, daß ihre Eingeweide sich gelöst hätten, wären die Männer Angehörige einer weniger abgehärteten Nation als der amerikanischen gewesen, die seit langem an das rauhe Goldgräberleben gewöhnt ist.

Nach dem ersten Schnaps sah es anders aus als in Schweden. Hier stand man nicht an den Wänden und glotzte sich an, wie angenehme Gewohnheit es bei uns daheim vorschreibt. Zum großen Teil war das wohl Schuld oder Verdienst – wie man es nun ausdrücken will – der Getränke. Wenn alle Gäste auf nüchternen Magen drei, vier Schnäpse trinken, muß ja die Stimmung unmittelbar bis an die Decke gehen, von wo sie dann langsam und planmäßig mit fortschreitender Mahlzeit, bei der nur Eiswasser gereicht wurde, wieder absank. Ich zeichnete nachher für Tante auf dem Küchentisch Kurven, um ihr den Unterschied der Stimmung bei einem amerikanischen Dinner und bei einem schwedischen klarzumachen.

Die amerikanische Kurve stieg – infolge der Schnäpse! – steil an und sank langsam bis zum Ende des Dinners. Das heißt, die gleichgültigen Gesichter wurden schnell vergnügt und langsam wieder langweilig. Die schwedische Kurve begann mit mürrischen Gesichtern, die sich aufhellten und gegen Schluß des Dinners strahlten. Die Kurve blieb oben.

Tante sagte: »Wo der Wein eingeht, fliegt der Verstand hinaus und wirft oft große Fuhren um.« Sie gab ferner der Hoffnung Ausdruck, *ich* würde nie Schnäpse trinken und die Stimmung bei meinen Dinners, falls ich welche geben sollte, würde in der folgenden Kurve verlaufen: Sie zeichnete eine waagerechte Linie, und ich malte gelangweilte Gesichter an den Anfang und das Ende. Beide gleich.

»Da werden es bei mir ja urlustige Veranstaltungen werden«, bemerkte ich bescheiden.

Aber man stelle sich vor: ich konnte servieren, ohne größere Böcke zu schießen. Nur als ich mit dem Eis hereinkam, machte Frau Bates ein ganz erschrockenes Gesicht.

»Den Kaffee«, flüsterte sie.

Der Kaffee mußte *vor* dem Nachtisch serviert werden! Ich lief in die Küche und unterrichtete Tante hiervon. Sie sagte nichts, aber ihrer Miene war anzumerken, daß sie damit Amerika endgültig dem Untergang preisgegeben sah.

Soziale Studien . . . ja, weiß der Himmel, die machte ich! Dicht über den Köpfen der Gäste. Einen besseren Aussichtspunkt kann niemand haben, schwöre ich, als wenn man sich mit einer Platte voll Roastbeef über sein Studienobjekt beugt. Man ist wie eine Wochenschau. Sieht alles und hört alles. Sieht, wie die Leute essen. Wie sie beim Essen nicht Messer und Gabel gleichzeitig benutzen. Nein, erst wird das Fleisch geschnitten, dann wird das Messer auf den Teller gelegt und die Gabel in die rechte Hand genommen und dann stopft man wie ein kleines Kind alles in sich hinein. Welch ein Glück, daß man das bemerkt hat, ehe man selbst als Gast bei einem Dinner teilnahm! Man wäre ja ein völlig gesellschaftlicher Fehlschlag geworden, wenn man sich hätte einfallen lassen, auf die Art und Weise zu essen, die man seit Kindesbeinen als wohlerzogen anzusehen gelernt hatte.

Man hört auch alles. Hört, worüber die Leute reden. Es war offenbar kein bloßer Witz, daß Amerikaner über

Money-making reden. Sie taten es tatsächlich. Wenigstens die Herren. Die Damen schwatzten über ihre Mitschwestern, hier wie daheim in Grönköping.

Amerikas Unglück ist die Rastlosigkeit seiner Frauen, habe ich irgendwo gelesen. Ich weiß nicht, ob es zutrifft. Aber diese Art von reichen, beschäftigungslosen Frauen, die um diese Tafel saßen, wirkte, als ob ihre Nerven nicht ganz in Ordnung wären. Ich hätte keinesfalls vor Verwunderung das Roastbeef fallen lassen, wenn sie auch angefangen hätten, laut zu schreien.

Tante und ich tranken, nachdem die Gäste gegangen waren, in der Küche Kaffee. Herr und Frau Bates kamen heraus und dankten uns für unsern wunderbaren Einsatz und gaben jedem von uns acht Dollar. Und wenn man auch einen Bruder in Chicago hat, so sind acht Dollar doch immerhin acht Dollar.

Ob wir nicht so freundlich sein wollten, noch ein paar Tage zu bleiben, fragte Frau Bates. Bis sie eine neue Köchin und ein neues Hausmädchen gefunden hätte. Keine grobe Arbeit! Dazu kam eine Negerin, die alles erledigte.

»Aber gewiß«, sagte Tante. Und Frau Bates war froh und dankbar. Auch Herr Bates. Dann gingen sie. Aber vermutlich fielen Frau Bates die unangenehmen Erfahrungen mit der früheren Köchin und dem Hausmädchen ein, denn sie drehte sich in der Tür um und drohte schelmisch mit dem Zeigefinger.

»Please remember«, sagte sie, »ich liebe es nicht, nachts fremde Männer im Hause zu haben.«

»Fehlte auch noch!« murmelte die Tante, als Frau Bates gegangen war. »In ihren Jahren! So eine alte Person!«

KAPITEL 6

Wenn ich einmal eine Tochter bekomme und das arme Kind nicht das holdselige Äußere seiner Mutter geerbt hat, wenn also meine Tochter eine Vogelscheuche wird, dann werde ich

44

ihr sanft den Kopf streicheln und sagen: »Liebes Kind, danke deinem Schöpfer, daß du nicht in Amerika lebst!«

Zu dieser Überzeugung war ich schon in einem sehr frühen Stadium meines Aufenthaltes in Amerika gekommen, und ich wurde darin bestärkt, nachdem ich die furchtbare amerikanische Einrichtung des »Dating«, der Verabredungen, kennengelernt hatte. Das heißt: furchtbar ist diese Einrichtung für Vogelscheuchen.

Ist es nicht immer schwierig, ein junges Mädchen zu sein, auf welchem Fleck der Erdkugel man sich auch befindet? Wahrhaftig, das ist es. Wie könnte es anders sein, wenn überall die jungen Männer, diese Kronen der Schöpfung, darüber entscheiden, ob das Leben des jungen Mädchens eine glühende Hölle oder ein Jubellied oder vielleicht nur ganz allgemein etwas trübselig sein soll? Daß es einem gelungen ist, die Schulbälle der frühen Jugend ohne größere Narben in der Seele zu überstehen, gehört zu den ewigen Rätseln. Wenn man sich vorstellt, daß man da aufgereiht sitzt und mit klopfendem Herzen darauf wartet, daß irgendein pickeliger Jüngling sich unser erbarmt und uns auf den Hühneraugen herumtritt nach den Klängen von »One meat ball«. (Bis man das Gefühl hat, überhaupt keine Füße mehr zu haben. Nur noch einen meat-ball, wo der Fuß sitzen müßte!) Hat der pickelige Jüngling jemals begriffen, was es für ein Gefühl ist, so ganz seinem Wohlwollen ausgeliefert zu sein? Hat er begriffen, daß man dasaß und immer älter wurde im direkten Verhältnis zu der Schnelligkeit, mit der er auf das ungewöhnlich fesche Mädchen am Nebentisch zusteuerte? Nein, das hat er nicht begriffen. Wann begreifen Männer jemals irgend etwas? Wilde Hoffnung, heftige Verzweiflung, heimlicher Triumph und plötzliche Selbstmordgedanken – o, wie vieles konnte nicht durch eine reine Jungmädchenseele bei einem einzigen Tanzabend brausen. Man sah ja die ganze Zeit ein, wie wahnsinnig es war, daß pickelige Jünglinge eine solche Macht haben sollten, aber das änderte nichts.

Und dennoch! Welch ein Idyll im Vergleich mit dem, was die amerikanischen Mädchen durchmachen müssen. Das amerikanische Mädchen hat ein untrügliches Barometer, an dem sie unmittelbar den Grad ihrer Beliebtheit oder ihren Mangel an Beliebtheit beim andern Geschlecht ablesen kann. Sie braucht nur die Anzahl der »Dates«, der Verabredungen, zu zählen, das heißt: wie oft und von wie vielen sie zum Tanz oder zu andern Lustbarkeiten eingeladen wird. Jetzt wendet vielleicht jemand ein: Aber so ist es doch in Schweden auch! Nein, nicht in dieser Art. In Schweden bedeutet es jedenfalls nicht, daß man in schlechten Ruf kommt, wenn man am Samstagabend nicht eingeladen ist.

Ich sah ein Bild in einem amerikanischen Witzblatt. Der Hausherr hat den Telefonhörer in der Hand, die junge Tochter steht weinend daneben, und ihre Mutter sagt vorwurfsvoll zum Vater: »Wie *konntest* du sagen, daß sie an einem Samstagabend zu Hause sitzt!«

So schlimm ist es offenbar, wenn man diesen Abend nicht lange vorher vergeben hat. Das einzige, was das arme junge Mädchen in einer solchen Situation tun kann, ist offenbar, sich rasch für den Diakonissenberuf zu entscheiden. Richtig beliebt ist man nicht, wenn man nicht unter mehreren Kavalieren die Wahl hat.

Dann gibt es weitere Möglichkeiten zu Demütigungen im Verlaufe eines »Date«. Dank einer andern speziell amerikanischen Erfindung. Angenommen, es ist einem mit Schweiß und Mühe gelungen, einen Mann dahin zu bringen, einen auf eine Tanzerei mitzunehmen. Man schwebt mit ihm auf die Tanzfläche hinaus und ist glücklich und froh . . . denkt ihr! Nein, richtig froh kann ein Mädchen nie sein! Denn jetzt wird erwartet, daß irgendein anderer Herr plötzlich dem Kavalier auf die Schulter klopft und darum bittet, die entzückende Dame für eine Weile übernehmen zu dürfen. Aber angenommen, daß niemand dies tut! Angenommen, daß der eigene Kavalier sich bis ins Unendliche mit einem herumschleppen muß, bis man sieht, daß aus seinen Augen Haß zu sprühen beginnt. Einer schlimmeren Schande kann man kaum ausgesetzt sein. Als Mauerblümchen dazusitzen und vergebens darauf zu warten, aufgefordert zu werden, ist ja im Vergleich hierzu das reine Kinderspiel – denn man weiß, daß man wie ein Mühlstein einem Manne am Halse hängt, der einen unter keiner Bedingung loswerden kann. Und dann die ganze Zeit die bezaubernden Mitschwestern wie Schmetterlinge von einem Kavalier zum andern flattern zu sehen.

Immerhin . . . auch ich habe ein »Date« gehabt, auch ich bin geflattert! Aber es ist vielleicht am besten, alles von Anfang an zu erzählen, von dem Augenblick an, da Tante und ich eines Morgens unsere himmelblauen Augen in dem Zimmer der Köchin beziehungsweise des Hausmädchens der Familie Bates aufschlugen, am Tage nach dem Dinner. Tante galoppierte munter in die Küche hinunter und nahm die Tagesarbeit in Angriff. Frau Bates mußte Apfelsinensaft, Kaffee und geröstetes Brot ans Bett gebracht bekommen und Herr Bates Schinken, Eier, Maisflocken und Waffeln ins Eßzimmer, und als ich ihnen das serviert hatte, mußte ich im Wohnzimmer staubsaugen.

Ich war mitten dabei, als ich heftiges Hupen draußen hörte. Ich warf einen Blick durch die Fenster. Ein kleines cremefarbenes Sportauto kam die Auffahrt heraufgeschossen. Es hielt vor der Freitreppe. Jemand sprang heraus. Miß Amerika war es, die heraussprang. Da stand sie, breitbeinig und lachend, in einem roten Gabardinekleid, das sich zu dem cremefarbenen Auto gut machte. Und in der nächsten Sekunde stürmte das entzückende Wesen mit Lärm, Gepolter und lauten Rufen nach Daddy und Mammi durchs Haus. Da man schnell kombiniert, dachte man sich sofort, daß dies das junge Fräulein Marion Bates sein mußte, das, wie Frau Bates mir erzählt hatte, in einem Internat war, aber jeden Samstag nach Hause kam, um bei den Eltern Wochenende zu feiern. Ja, das war Daddys kleiner Liebling, der jetzt gekommen war, ohne Frage – man merkte es an den Freudenrufen, die er ausstieß, als er sie zu sehen bekam. Tante und ich wurden gerufen und vorgestellt – Touristen aus Schweden, die sich in engelhafter Güte herabließen, sich unter diesem Dach aufzuhalten und etliche kleinere Arbeiten auszuführen. Fräulein Bates erfuhr von meinem verlorenen Schuh und lachte laut und lustig.

Aber am Nachmittag hatte sie ein Telefongespräch, und da lachte sie nicht mehr. Da verwandelte sie sich in eine Elektra, deren Klagerufe das ganze Haus füllten. Denn konnte man sich ein so gemeines Pech denken! Gloria war plötzlich krank geworden. Ich hatte keine Ahnung, wer Gloria war, aber ich fand es auch bedauerlich, daß sie unpäßlich war. »Natürlich muß sie ausgerechnet am Samstag krank werden!« sagte Marion Bates verdrießlich. Gerade, wo Marion ein so reizendes »Double Date« arrangiert hatte. Bill und Bob würden in ihren Autos kommen und Marion und Gloria abholen, und dann würden alle vier zusammen in einen Country Club fahren und dort mit einer ganzen Schar von jungen Leuten aus dem gemeinsamen Bekanntenkreise essen. Und das alles sollte nun zerplatzen dank Glorias verwünschten Mandeln, die man hätte herausnehmen sollen als sie klein war. Wo sollte man in aller Eile für Bob eine Partnerin finden, die etwas taugte. Eifrige telefonische Anfragen nach allen Richtungen ergaben nur entmutigende Resultate.

»Kannst du nicht bei Phyllis anrufen?« schlug Frau Bates vor. »Sie ist sicher frei.«

Marion warf ihrer Mutter einen zornigen Blick zu.

»Was hat dir Bob getan, wenn ich fragen darf?« sagte sie. »Warum soll er mit Phyllis gestraft werden?«

Frau Bates seufzte. Die Unterhaltung entspann sich am Teetisch, und ich konnte nicht vermeiden, beim Servieren das meiste zu hören.

Plötzlich sah Marion mich an. »Was für Tänze tanzt ihr in Schweden?« sagte sie.

Ich konnte ihrer Miene ansehen, was sie dachte: Walzer und vielleicht in Ausnahmefällen eine Polka, wenn es richtig ausgelassen zuging.

Ich versuchte, ihr zu erklären, daß ich keinen größeren Unterschied in der Tanzausübung zu beiden Seiten des Atlantischen sehen könne.

Das Radio spielte gerade mit voller Kraft – das Radio spielt in Amerika immer mit voller Kraft –, und es war Tanzmusik. Marion fuhr in die Höhe und faßte mich um die Taille. Wir tanzten schweigend miteinander, während Frau Bates uns sprachlos anstarrte.

»Sie tanzt wie ein Engel«, sagte Marion und ließ mich los. »Liebe Kati, komm heute abend mit in den Klub!« So ging es zu. So bekam ich mein erstes amerikanisches »Date«. Obwohl ich kein Tanzkleid hatte, sondern ein grünes Tüllgewand von Marion leihen mußte. Und obwohl Tante auf Grund des Kinsey-Reports das ganze Unternehmen äußerst verhängnisvoll fand.

Aber ich freute mich. Und Marion war auch froh. Endlich kamen Bill und Bob. Bob sollte ja mein Kavalier sein, und ich beobachtete ihn gespannt, um zu sehen, ob ich ein ebenso harter Schlag für ihn war, wie die arme Phyllis es gewesen wäre. Aber es machte nicht den Eindruck. Er überreichte mir mit strahlendem Lächeln mein »corsage«. Ein »corsage« ist der kleine Blumenstrauß, den ein Kavalier seiner Dame mitbringt. Mein Strauß bestand aus kleinen rosa Rosenknospen, was zu dem grünen Tüll ganz reizend aussah.

Oh, wie sich das pflichtvergessene Hausmädchen an diesem Abend amüsierte! Schon als wir im Auto auf den Parkplatz fuhren und ich die erleuchteten Fenster des Klubhauses sah und die Musik hörte, die herausdrang, wenn jemand die Tür öffnete, schon da fühlte ich, daß dieser Abend einer von denen werden würde, an die man sich noch erinnert, wenn man schon hochgradig verkalkt und altersschwach ist.

Es gibt Klubs und Klubs. Aber dieser war schon einer von den eleganteren. Wir bekamen einen Tisch ganz dicht an der Balustrade, die die Tanzfläche umgab. In derselben Minute, als ich mich dort niederließ, beschloß ich, mich zu amüsieren. Und das tat ich.

Wenn man ein richtig gesuchter Dating-Partner werden will, darf man keine Zungenlähmung haben. Dieses System, daß die Damen während des Tanzes dauernd den Kavalier wechseln, stellt große Anforderungen an die Fähigkeit der Betreffenden, rasch neue Gesprächsstoffe zu finden. Man könnte ja natürlich Falstaff Fakirs Rezept für eine abwechslungsreiche Ballunterhaltung probieren: Man beginnt damit, über das diesjährige Wetter zu sprechen, während man einmal um den Saal herumwalzt, dann geht man zum Wetter des vorigen Jahres über, danach zum Wetter des vorvorigen und des vorvorvorigen und so weiter in alle Unendlichkeit, aber eine wirkliche »line« im amerikanischen Sinne würde es bestimmt nicht. »Line«, das ist das muntere Geplauder beim Tanzen.

Und ich will nur sagen: ich wurde kein Mühlstein an Bobs Hals! O nein, ich flatterte! Denn alle miteinander wollten wissen, was ich über Amerika dächte. Und was für Witze konnte man über das kleine Land machen, aus dem ich kam!

O liebes Vaterland, nie warst du mir so nah, so wunderbar nah wie damals. Als ich dich gegen diese langbeinigen, lachenden, gut tanzenden, urhumoristischen Amerikaner verteidigte, in deren Arm ich umherschwebte, und hitzig alle Versuche zurückwies, das große Amerika auf Kosten des kleinen Schweden herauszustreichen.

»Be-bop«, sagte Bob, ob wir je in Schweden von Be-bop gehört hätten.

»Komm nach Schweden, wenn du etwas über Be-bop wissen willst«, sagte ich. »Du kannst jede alte Frau von siebzig, achtzig Jahren fragen, die du triffst, lauter Be-bop-Enthusiasten. Ob wir etwas von Be-bop wissen, sagst du. In Schweden? Das ist geradezu eine Be-bop-Kulturstätte, möchte ich sagen.«

Bob drückte mich zärtlich an sich, und wir tanzten schweigend weiter.

»Du hast wohl einen boy-friend daheim in Schweden?« fragte er nach einer Weile.

»Ja«, sagte ich, »ja, das habe ich!«

»Sorry«, sagte Bob.

»Ach, den kann ich kaltstellen«, erwiderte ich sorglos und

unsolidarisch. Denn Jan war in diesem Augenblick so weit entfernt.

Er war so weit entfernt. Aber Bob war hochgradig anwesend. Bill und Marion natürlich auch. Aber das merkten wir nicht so sehr. Wir waren jedenfalls alle vier der Meinung, daß es ein sehr gelungenes »Double-Date« war. Ich stimmte bereitwillig zu, obwohl ich keine Vergleichsmöglichkeiten hatte.

Es war Frühling. Am Himmel standen ein paar kleine blasse Sterne, als Bob mich nach Hause fuhr. Er fuhr sehr langsam, und er sprach die ganze Zeit nur davon, wie wunderbar es wäre, daß wir uns getroffen hätten, bis wir vor meiner Gartentür anhielten. Bob hatte eine so schöne Stimme. Die frischbelaubten Bäume dufteten. Über allem lag eine so zauberhafte und weiche Stimmung.

Aber ich habe eine kleine Eigenheit. Wenn ich in einem Auto mit einem jungen Mann sitze und er mir zu erzählen versucht, daß ich das Süßeste bin, was er bisher gesehen hat, dann kann ich in gewöhnlichen Fällen sehr holdselig lachen und mit selbstbewußter Stimme sagen: »Is that so?«

Aber – und da setzt die kleine Eigenheit ein – ich kann es nicht, wenn ich gleichzeitig eine Tante mit hängenden Zöpfen den Kopf durch ein Fenster des Dienstbotenstockwerks strecken sehe, beinahe wie ein alter Indianerhäuptling, der über die Prärie späht, um zu sehen, ob da jemand zu skalpieren ist. Man mag mich albern nennen oder wie man will – aber das kann ich nicht.

»Was ist das für eine alte Eule?« sagte Bob unzufrieden.

»Meine Tante«, erwiderte ich, »meine Tante aus Schweden.«

»Aha«, sagte Bob, »eine von den Be-bop-Enthusiasten?«

»You said it, my boy! Eine von den Be-bop-Enthusiasten!« Ich sprang aus dem Auto und reichte ihm die Hand zum Abschied.

»Schönen Dank für heute abend«, sagte ich, »see you later, Bob!«

Unter einem Sperrfeuer von tantlichen Blicken stieg ich zögernd die Stufen hinauf.

Das war mein erstes amerikanisches »Date«.

»Tante«, sagte ich mit schmelzender Stimme, »weißt du noch, wie reizend ich war, als ich klein war?«

Tante brummte nur.

»O Tante, was wäre meine Kindheit ohne dich gewesen! Wer hätte mich küssen und verhauen und abends zu Bett bringen sollen, wenn du nicht gewesen wärst? Du hast dich der armen Waise angenommen, du hast ihr Liebe und Lebertran in richtiger Mischung gegeben; es ist ausschließlich dein Verdienst, daß wir heute eine verantwortungsbewußte, reife, aufrechte und selbstbewußte junge Dame vor uns haben, eine Zierde ihres Geschlechts.«

Tante brummte nur.

»O Tante, meine Dankbarkeit . . .«

»Jetzt langt es«, sagte Tante, »heraus mit der Sprache!« Sie war dabei, unsere irdischen Besitztümer in eine große Reisetasche zu packen. Ich saß auf ihrem Bettrand und überwachte das Ganze. Es war die Stunde des Aufbruchs. Wir wollten die Familie Bates verlassen. Eine neue Köchin und ein neues Hausmädchen wurden am nächsten Tage erwartet.

Eine ganze Woche hatte die Familie Tantes »Swedish cooking« und meine phänomenale Servierkunst genießen dürfen. Frau Bates hatte in der ganzen Zeit keine Schreianfälle gehabt, Herr Bates hatte uns abends im Garten herumgeführt, wenn er aus dem Kontor nach Hause kam, und hatte uns die Blumenbeete bewundern lassen. Marion Bates war in ihr College zurückgekehrt, nachdem sie mich zum Abschied umarmt und die Hoffnung ausgesprochen hatte, daß wir uns einmal wiedertreffen würden.

Und Bob, Bob, ja, den hatte ich ziemlich häufig getroffen. Und ich hatte mächtig Lust, ihn noch öfter zu treffen. Es war ja die einzige Möglichkeit, soziale Studien zu machen, wenn man sich so intensiv wie möglich unter das Volk mischte. Das sagte ich auch der Tante. Aber da bildete sich an ihren Mundwinkeln eine Falte, und sie sagte, sie könne nicht begreifen, warum meine sozialen Studien sich immer auf junge Männer konzentrieren müßten, die gut aussähen. Tante und Mr. Kinsey wußten genau, was sie unter der angenehmen Außenseite wert waren.

»Wölfe in Schafskleidern, daran ist kein Zweifel«, sagte Tante. Daher war es ein ziemlich heikler Vorschlag, den ich zu machen hatte, als ich auf dem Bettrand saß, und es war mehr als nötig, daß ich Tante durch ein paar ergreifende Erinnerungen an meine Kindheit weich machte.

Bob war Geschäftsmann. Und gerade in diesen Tagen wollte er eine Geschäftsreise antreten. Und er wollte, daß Tante und ich ihn in seinem Auto begleiteten. Das heißt, so unbedingt versessen darauf, daß Tante mitkommen sollte, war er vielleicht nicht, ich meine: diese Bedingung hat er nicht gestellt. Das habe *ich* getan.

Bob sagte, er fände, ich müsse mich auch außerhalb New Yorks etwas umsehen. Einzig und allein aus diesem Grunde wolle er mich mitnehmen. Sagte er.

Eigentlich ist es schade um mich. Ich neige so leicht dazu, mich ein bißchen zu verlieben. Das passiert mir immer und immer wieder, obwohl ich so innig wünsche, von einer großen, reinen, hinreißenden Leidenschaft verschlungen zu werden, die alle kleinen Schwärmereien verbrennen würde. Auf diese große Leidenschaft warte ich jetzt schon seit Jahren. Aber sie will nicht kommen. Einen Tag finde ich, daß Jan das Wunderbarste auf Erden ist, aber am andern Tag überlege ich in meinem Herzen, ob nicht der Verkehrsschupo an der Ecke sehr viel mehr männlichen Charme hat. Ich weiß nicht aus noch ein. Und jetzt wieder bei Bob. Ich war tatsächlich schon ein bißchen verliebt in ihn, gleichzeitig dachte ich natürlich an Jan und fragte mich, ob er sehr traurig sein würde, wenn ich in Bobs Auto mitführe. Während ich noch zögerte, bekam ich einen Brief von Jan. Er schrieb nicht ein Wort, daß er mich vermisse. Dagegen erwähnte er nebenbei, daß er einen wirklich guten Film gesehen habe, »zusammen mit der kleinen Lundgren, wenn Du Dich an sie erinnerst«. O ja, ich erinnere mich! Dies Mopsgesicht vergißt man nicht so leicht! »Was hast Du denn vor, liebes Kind?« fragte er zum Schluß.

»Soziale Studien«, schrieb ich zurück. »Nur soziale Studien.« Und nachdem ich diesen Brief zur Post gebracht hatte, setzte ich mich auf Tantes Bettrand, um, listig wie eine Schlange, sie mitzulocken in Bobs Auto.

»Nie im Leben«, sagte Tante, »nie im Leben! Das ist mein letztes Wort!«

Die Sonne schien so herrlich, als wir am nächsten Tage unsere Fahrt antraten. Tante saß hinten im Auto, ich vorn neben Bob.

Wir fuhren durch trübselige Vorstädte. Bald hatten wir die Riesenstadt hinter uns. Und vor uns hatten wir . . . Amerika.

»Aufgepaßt, jetzt wird man wohl bald felsige Berge aufragen sehen«, dachte ich vergnügt.

Aber keineswegs. Das einzige, was aufragte, waren Tankstellen und sogenannte »Motels« (die praktischen Amerikaner ziehen zwei Wörter in eines zusammen, wenn es nötig ist – Motor und Hotels werden zu »Motels« – simsalabim!). Hotel war wohl vielleicht ein etwas zu großartiges Wort für diese kleinen Gasthäuser mit den dazugehörigen Touristenhütten am Straßenrand. Aber es gab solche Hotels in allen Größen und Arten. Es ist wirklich bequem und amüsant, in den USA Automobilist zu sein. Überall und jederzeit kann man ein Sandwich mit Hühnchenbraten oder ein Schinkenbrot oder eine Apfelpastete bekommen, was man so gut brauchen kann.

Ich konnte nicht unterlassen, Vergleiche anzustellen, wenn ich mich an Jans und meine Sonntagsausflüge in die Umgebung von Stockholm in jenem denkwürdigen Frühling erinnerte, als Jan die alte Karre seines Bruders leihen durfte. Da kam man hungrig wie ein Löwe in irgendeine kleine Stadt. Man wollte etwas zu essen haben, und zwar möglichst noch während der Regierungszeit des jetzigen Königs. Was machte man also? Richtig geraten – man ging ins Stadthotel. Sonst hätte man verhungern müssen. Setzte sich geduldig in den trübseligen Speisesaal. Ein Serviermädchen überließ einem nach langem, innerem Kampf mit sich selbst die Speisekarte, der man entnehmen konnte, daß man ein einfaches Mittagessen zu dem billigen Preis von 5 Kronen 75 bekommen könnte. Sagte einem das Menü nicht zu, so konnte man auch à la carte speisen. Das kostete nur ungefähr 7 Kronen. An dieser Ordnung der Dinge war nicht zu rütteln, ebensogut hätte man versuchen können, die Bücher Moses zu ändern. Mit einem Seufzer entschloß man sich für das Mittagessen zu 5,75. Dann brauchte man nur noch zu warten. Warten, warten, warten, während die kostbare Jugend zerrann und im Meer der Zeit verschwand und man fühlte, wie die Melancholie, die immer in einem gelegen hatte, an die Oberfläche kam. Und man erschreckte Jan tödlich, wenn man plötzlich mit ihm über das »Leben« zu sprechen begann.

Ich habe viele Ausländer getroffen, die Schweden, Land und Leute, in so begeisterten Worten gepriesen haben, daß ich vor Entzücken im Namen meines Vaterlandes gegluckst habe. Aber dann kommt plötzlich etwas Vergrämtes in ihr Gesicht, und mein entzücktes Glucksen bleibt mir im Halse stecken. Denn dann weiß ich, woran sie denken. Sie denken an all die Zeit, die sie in kleinen, ungemütlichen schwedischen Restaurants mit vergeblichem Warten verbracht haben. Ich erinnere mich an einen Amerikaner, der sagte: so bezaubernd es in Schweden auch wäre, so würde er doch nie mehr dorthin kommen. Dazu sei ihm seine Zeit zu kostbar, sagte er. Er habe nur einen Monat Ferien, und er könne nicht mehr als höchstens drei Wochen darauf verwenden, auf Essen zu warten, denn er wolle so gern doch auch das Schloß und das Rathaus sehen. Natürlich war dieser Mann ein Querulant – gewiß, denn er war auch sehr unzufrieden damit, daß niemand ihm den nächsten Weg zum nächsten Nachtklub zeigen wollte, als er Gränna passierte –, aber selbst wenn er ein Querulant war, ist es nicht verwunderlich, daß er Heimweh bekam, wenn er daran dachte, mit welcher Schnelligkeit er in jedem kleinen Gasthaus daheim in den Staaten eine »Hamburger« dampfend über den Tisch geschoben bekam. Dort brauchte man übrigens nicht mal aus dem Auto auszusteigen, um Essen zu bekommen. An vielen Orten konnte man es sich draußen im Auto servieren lassen. Aber so weit in der Entwicklung werden wir wohl in Schweden nie kommen – hoffe ich.

»Hast du keine Angst, daß du im Auto anwächst?« fragte ich Bob einmal, als wir sogar im Kino waren, ohne unsern Platz im Auto zu verlassen. Es gab nämlich an manchen Stellen große Freilicht-Kinos ohne Bänke. Das Publikum fuhr nur mit den Autos auf den freien Platz vor der weißen Leinwand.

Für eine Nation, die mit ihren Autos so organisch zusammengewachsen ist, kann auch nicht die Rede davon sein, in der Natur zu lustwandeln. Soweit ich begreifen konnte, hatte das amerikanische Volk nur einen Zweck der Natur entdeckt: nämlich, in einem Auto sitzend, hastig hindurchzubrausen.

»Könntest du dir vorstellen, in Amerika zu wohnen?« fragte Bob mich mit leiser Stimme, damit die Tante hinten im Auto ihn nicht hören sollte, aber nicht so leise, daß man nicht spüren konnte, wie stolz er auf sein Land war und wie fest überzeugt, daß jeder Mensch auf der Erde davon träumen mußte, dort zu wohnen.

Ich fragte mich selbst: Möchte ich in Amerika bleiben? Unter diesen freundlichen, unkonventionellen Menschen, ihr Leben leben, das so easy-going war und das so angenehm gemacht werden konnte dank ihrer unerhörten materiellen Hilfsmittel? Nein, ich möchte für mein Leben nicht für immer dort bleiben! Ich fühlte mich plötzlich krank vor Sehnsucht danach, auf einer schwedischen Sommerwiese umherzustreifen, still durch einen schwedischen Wald zu wandern, in die Natur zu versinken und nicht quer hindurchzubrausen auf der Jagd nach Sehenswürdigkeiten. Sightseeing, dafür eignet sich die amerikanische Natur. Alles sah von fern so hübsch aus. Die Linien der Landschaft waren weich und ansprechend für das Auge. Überall waren nice views. Aber äußerst selten verlockte die Umgebung zu Streifzügen.

»Die amerikanische Natur – willst *du* nach ein paar Tagen Autofahrt dir ein Urteil darüber erlauben?« wendete mein besseres Ich ein. »Wie würdest du es finden, wenn jemand sich so schroff über die europäische Natur äußerte, nachdem er zum Beispiel mit dem Auto durch Smaaland gefahren war?«

Ich gab demütig zu, daß in Kalifornien vielleicht alles anders wäre, und dann ging ich dazu über, mit Bob zu plaudern.

Ehe wir unsere Fahrt antraten, hatte er sich in bezug auf die Vorteile, eine Tante hinten im Auto zu haben, ziemlich skeptisch verhalten. Aber ich hatte ihn damit getröstet, daß Tante infolge ihres hohen Alters vom Autofahren immer so schläfrig würde.

»Sie schläft im Grunde die ganze Zeit«, sagte ich, was Bob bedeutend erleichterte.

»Denn du begreifst doch«, sagte er, »daß ich mit dir über dieses und jenes sprechen möchte, ohne daß jemand dabeisitzt und jedes Wort hört.«

Jetzt waren wir zwei ganze Tage gefahren, und Bobs Gemüt hatte sich wieder verdüstert.

»Eine äußerst vitale Dame, wenn du meine Ansicht wissen willst«, sagte Bob. »Oder es ist ein ungewöhnlich schwerer Fall von Schlaflosigkeit. Sie sollte sich untersuchen lassen. Man kann ja Pillen einnehmen.«

»Was reden Sie da von Pillen?« hörten wir die Tante hinter uns sagen, die so munter und wach war wie ein kleiner Vogel.

Zwei Tage lang hatte sie auch nicht das kleinste Nickerchen gemacht, und Bob hatte mit mir weder über »dieses« noch über »jenes« sprechen können.

Wir fuhren schweigend weiter. Auch hinter uns war es still. Tante saß mit geschlossenen Augen da, und Bob schöpfte Mut.

»Ich glaube, schwedische Mädchen haben etwas Besonderes an sich«, sagte er. »Ich kenne allerdings nicht so viele, aber immerhin . . . die Garbo, die Bergman . . . und dann dich, Kati!«

»Nun, und ich?« sagte die Tante zornig und öffnete die Augen.

Wir fuhren unter noch intensiverem Schweigen weiter. Man hörte nur das Brummen des Motors. Ich wurde selber schläfrig. Bob drehte sich um und sah die Tante an.

»Wahrhaftig«, flüsterte er, »die Natur fordert ihr Recht, glaube ich.«

»Kati«, fuhr er nach einer Weile fort, »glaubst du an Liebe auf den ersten Blick?«

Ehe ich antworten konnte, ertönte hinter uns eine etwas trockene Stimme: »Sicher tut sie das. Sie verliebt sich immer auf den ersten Blick!«

Drückend ist das beste Wort, das ich finden kann, um die Stimmung im Auto in der nächsten Stunde zu beschreiben. Dann kamen wir in eine kleine Stadt, wo Bob eine Filiale inspizieren sollte. Dort in der Nähe war ein schöner Naturpark, und Bob überließ mir das Auto, damit ich mit Tante während der Wartezeit dort umherfahren konnte.

»Hör mal, Tante«, sagte ich ergrimmt, nachdem wir allein geblieben waren und unter den Eichen des Parkes dahinrollten, »war das eigentlich notwendig, das von der Liebe auf den ersten Blick zu sagen?«

Ich bekam keine Antwort. Der einzige Laut, den ich hörte, war das regelmäßige Schnarchen der Tante, das sich mit dem sanften Rauschen der Baumwipfel mischte.

KAPITEL 8

Und die Sonne sank, und der Abend kam, und Bob und ich gingen ins Kino in der gottvergessenen Stadt, in der wir für die Nacht gelandet waren. Die Tante lag und schlief in einer der Touristenhütten bei dem »Motel« dicht vor der Stadt, in dem wir eingekehrt waren. Ja, sie schlief wie eine Tote. »Früher oder später fordert die Natur ihr Recht«, sagte Bob befriedigt.

Mit einer ungeheuren Tüte Puffmais bewaffnet, betraten wir das glitzernde Paradies, das größte Kino der Stadt. Puffmais, »Popcorn«, ist bekanntlich gerösteter Mais. Und wenn man nicht weiß, was für ungeheure Mengen dieses eigentümlichen Genußmittels in Amerika konsumiert werden, so soll man mich fragen.

Ich sagte zu Bob: wenn man zufällig einmal jemand überfahren sollte – was Gott verhüten möge – und man mit der Identifizierung des Opfers Schwierigkeiten hätte, so würde die Obduktion auf jeden Fall eine Sache klären: wenn der Magen mit Mais gefüllt war, so war es entweder ein Amerikaner oder ein Huhn.

Nichts gegen den Puffmais, aber wenn man das Geprassel von Zellophantüten und das Knistern von Mais hört, der zwischen den Zähnen zermalmt wird, gerade wenn Bette Davis einsam in die Sternennacht hinausgeht und sterben will – dann macht einen das irgendwie verwirrt, es gibt unvermeidlich einen kleinen Bruch im Seelenleben. Übrigens, verwirrt wird man in amerikanischen Kinos auch ohne Puffmais. Da kam ich so glücklich mit Bob angetrabt und freute mich wie ein Kind darauf, einen so richtig erschütternden Reißer zu sehen, daß sich mir die Haare auf dem Kopf sträuben würden. Und was geschieht? Kaum habe ich mich auf meinem Platz niedergelassen und blicke zu der Leinwand auf – da steht da eine unangenehme Mannsperson mit einem blutigen Messer in der Hand, und die Polizei strömt von allen Seiten herbei, und einer von ihnen sagt zu dem mit dem Messer: »Also waren Sie doch der Mörder! Well, das wundert mich nicht!«

Nein? Mich wunderte es ungeheuer. Es kam so plötzlich. Ich stieß Bob in die Seite und flüsterte: »Was bedeutet das? Wir sind ja mitten in die Vorstellung hineingekommen!«

»Das macht nichts«, flüsterte Bob zurück, »wir bleiben sitzen, bis wir alles gesehen haben.«

Man stelle sich das vor! Ich fragte Bob, ob er Kriminalromane auch von hinten an zu lesen pflege.

Aber so gehen die Leute in Amerika ins Kino. Die ganze Zeit gehen sie ein und aus und setzen sich, wo ein freier Platz ist, und es macht ihnen gar nichts aus, daß Clark Gable sich auf Lana Turner stürzt und ruft: »Endlich, endlich bist du mein!« – ehe sie auch nur ihre Puffmais-Tüte herausgeholt und auch nur die leiseste Ahnung haben, daß Clark Gable überhaupt ehrliche Absichten auf Lana hatte. Ich bitte, mich zu korrigieren, wenn ich mich täusche, aber sind nicht die Amerikaner in diesem Falle wie Kinder? Wie frohe, freundliche Kinder, die sich lebende Bilder ansehen? Das Amüsante ist, daß die Bilder sich bewegen und daß Musik und Trara dabei ist, aber was eigentlich auf der Leinwand geschieht, ist offenbar ziemlich unwesentlich.

Ich versuchte jedoch, mein Interesse auf das Vorhaben dieses Mörders zu konzentrieren, aber du meine Güte – wie sonderbar benahm er sich! Statt zu morden und sich zu verhalten, wie man es von einem verantwortungsbewußten Fachmann dieser Branche erwarten könnte, nimmt er das Messer, mit dem zu Hause in der Küche der Familie Bates Speck geschnitten wird, und dann kam die Tante rasend herbei und schrie ihn an: »Mörder, bleib bei deinem Leisten!« Und deshalb setzte er sich wohl in Bobs Auto und fuhr geradewegs auf einen Abgrund zu. Ich fand, es sah sehr spannend und interessant aus, bis ich merkte, daß ich selbst auch in dem Auto saß.

Im allerletzten Augenblick erwachte ich – noch eine Sekunde, und ich hätte zerschmettert im Abgrund gelegen. In der Freude darüber, noch am Leben zu sein, wendete ich mich Bob zu und – er schlief auch. Er erwachte erst, als die Polizisten zum zweitenmal hereinkamen und feststellten: »Also waren Sie doch der Mörder!«

Bob sah sich schlaftrunken um. »Habe ich geschlafen?« sagte er.

»Ja«, erwiderte ich, »früher oder später fordert die Natur ihr Recht.«

Bob genierte sich. »Du hättest mich wecken können«, sagte er.

Aber da sagte ich: »Wie konnte ich das, da die Natur auch bei mir ihr Recht forderte.«

Dann verließen wir das Kino. Noch heute weiß ich nicht, wer ermordet wurde und warum. Aber wer das Verbrechen begangen hat, das weiß ich, und das kann ich beschwören. Denn das haben die Polizisten ja laut und deutlich ausgesprochen. Zweimal.

Danach gingen wir in den Drugstore Donald, um uns durch eine Tasse starken Kaffee aufzumuntern.

Du amerikanischer Drugstore, wieder will ich dich preisen um deiner Gemütlichkeit und Bequemlichkeit willen. Und

wehe dem Übersetzer, der dich das nächste Mal »Apotheke«
nennt – wenn mir das unter die Augen kommt.

Man nehme nur diesen besonderen Drugstore in dieser
kleinen, unbedeutenden, in keiner Weise besonderen Stadt.
Wie war es gemütlich, hereinzukommen, auf einen der hohen
roten Stühle vor der Theke zu klettern, hinter der ein
mächtiger Zauberer in Weiß es auf geheimnisvolle Weise
irgendwie fertigbrachte, Bob und mir unseren Kaffee mit
herrlichen Brötchen dazu zu servieren, während er gleichzeitig einem älteren Herrn neben uns eine duftende »Hamburger« briet, zwei Backfischen zwei Riesenportionen Eis hin-
schob und für einen sommersprossigen Zehnjährigen eine
Flasche Coca-Cola aufmachte. Ein Drugstore ist irgendwie
ein lebendiger Platz mit einem bewegten und abwechs-
lungsreichen Leben, was vielleicht sehr damit zusammen-
hängt, daß er nicht nur Ausschank ist, sondern auch ein
Verkaufsgeschäft. Für mich, die ich an den unerbittlichen
Sechs-Uhr-Ladenschluß daheim in Schweden gewöhnt bin,
war es unbeschreiblich entzückend, mir so mitten in der
Nacht eine große Dose Elisabeth-Arden-Creme und Brief-
papier und verschiedene andere Lebensnotwendigkeiten
kaufen zu können.

Der Drugstore diente offenbar auch als geselliger Klub.
Herr Donald hinter der Theke kannte alle außer Bob und mir.
Und es dauerte gar nicht lange, bis er herausgekriegt hatte,
daß ich aus Schweden kam: da wollte er wissen, ob wir sehr
große Angst vor Rußland hätten, und der ältere Herr neben
uns erklärte uns bereitwillig, was an der schwedischen Politik
falsch wäre, und ich hörte, den Mund voll Brötchen, zu, denn
ich dachte, ich könnte seine Weisheit vielleicht an Leute
weiterreichen, denen es not täte, dies zu erfahren, aber da
wollten die Eis essenden Backfische hören, ob es patente
Männer in Schweden gäbe, und ich sagte: »O ja, die gibt es
schon, sie sind so patent, daß man sie durch eine rußge-
schwärzte Brille ansehen muß, um nicht geblendet zu
werden«, und da sagte der sommersprossige Knabe »Gosh!«
und »Can I have another coc – please«, und alles war so
familiär und gemütlich, daß es richtig traurig war, als Bob

sagte, seine Fünfundzwanzig-Cent-Parkzeit wäre abgelaufen und wir müßten nach Hause fahren.

Nach Hause zu Tante. Nach Hause in die Touristenhütte. Sieben genau gleiche »Cabins« lagen nebeneinander.

»Hör mal, Bob«, sagte ich, »erinnerst du dich, in welcher cabin die Tante und ich wohnen?«

»War es nicht die vierte von links?« sagte Bob etwas zögernd. Er selbst wohnte in der Hütte ganz rechts.

»Nummer vier von links«, sagte ich. »Ich für meine Person glaube, es war Nummer drei.«

Glauben und glauben. Es wäre angenehmer gewesen, es zu wissen.

»Angenommen, ich öffne die Tür von Nummer vier, und statt der Tante liegt da ein Uhrmacher aus Cincinnati«, sagte ich ängstlich zu Bob.

»Was ist denn mit den Uhrmachern aus Cincinnati los?« sagte er und lachte unbekümmert.

»Dummkopf!« sagte ich. »Wir wollen an den Türen horchen. Tantes Spezialschnarchen ist nicht zu verkennen . . . arrrh – puh – arrrh – puh!«

»Still«, sagte Bob, »du schnarchst, daß du die Toten aufweckst!«

Ich glaube, ich werde mich in Zukunft der vergleichenden Schnarchforschung widmen. Das ist tatsächlich interessant. Bob und ich beschäftigten uns eine ganze Weile damit, und es war sehr ergebnisreich! Wir begannen an den Türen der Nummern drei und vier, aber bald waren wir so in Feuer geraten, daß wir die Forschungen auch auf die andern Kabinen ausdehnten. Eigentlich war das wohl nicht günstig, denn das überwältigende Material machte mich verwirrt. Zuerst war ich felsenfest überzeugt, daß das »Arrrh – puh – arrrh – puh!«, das durch die Tür von Nummer vier drang, die Signaturmelodie der Tante wäre, aber allmählich begann ich zu zweifeln. Man hörte einen kleinen Nebenton, ein nicht dazugehöriges »Asch!«, das ich mir nicht recht erklären konnte. Bob hatte das Ohr gegen die Tür Nummer drei gepreßt. Er lachte entzückt und sagte: »Was hältst du von einem Menschen, der so schnarcht: Krrr . . . pi-pi-pi, krrr

– pi-pi-pi . . .?« »Klingt aufreizend«, sagte ich. »Das ist so einer, der Cäsar gefallen hätte: ein dicker Mann, der nachts gut schläft. Ein Familienvater in gestreiftem Pyjama.« »Aha«, meinte Bob.

»Das entscheidet die Sache«, sagte ich erfreut und blickte auf die Tür von Nummer vier. »In dieser niederen Hütte hat Tante sich für die Nacht niedergelassen, hier hat sie ihr müdes Haupt zur Ruhe gelegt.«

Daß die Tür nicht verschlossen war, bekräftigte meine Ansicht. Wir hatten nämlich nur einen Schlüssel, und Tante und ich waren übereingekommen, daß die Kabine offen bleiben sollte, bis ich nach Hause käme.

Bob und ich sagten uns gute Nacht, kurz und intensiv. Dann schlich ich mich, so leise ich konnte, hinein, um Tante nicht zu wecken. Und unendlich vorsichtig begann ich, mich in der Dunkelheit zu entkleiden. Die Tante schnarchte: »Arrrh-puh-puh!« Aber zuweilen »asch«. Plötzlich überkam mich eine schleichende Überzeugung, daß irgend etwas nicht stimmte. Dieses »Asch« hatte etwas Unheimliches und Unheilverkündendes. Ich schlich an Tantes Bett und legte vorsichtig die Hand darauf. Ich legte die Hand vorsichtig . . . auf einen borstigen Schnurrbart. Nun hat Tante ja allerdings einen kleinen Schatten auf der Oberlippe, aber *so* kräftig konnte er sich nicht entwickelt haben, seit ich sie zuletzt gesehen hatte. Mit einem erstickten Aufschrei flüchtete ich durch die Tür, begleitet von einem ganz unheimlichen »Asch!«.

Ich ging zu Nummer sieben, wo Bob wohnte. Rachgierig klopfte ich an die Tür, und Bob streckte den Kopf heraus. »Hast *du* gesagt, daß ich in Nummer vier wohne?« fragte ich streng.

»Ja, stimmt es denn nicht?« sagte Bob.

»O nein, ich wohne da nicht.«

»Ja, wer wohnt denn da?« sagte Bob.

»Ich glaube, der Uhrmacher aus Cincinnati«, sagte ich. »Der von der Polizei gesucht wird wegen Ermordung seiner Ehefrau und wegen Schnellfahrens. Nach dem Schnarchen und dem Schnurrbart zu urteilen.«

»Sorry«, sagte Bob.

»Und jetzt gehe ich in Nummer drei und schlafe bei Cäsars Liebling«, erklärte ich.

Ich tat es. Ich kroch in mein Bett, fest entschlossen, am nächsten Tage die Tante zur Rechenschaft zu ziehen, weil sie, ohne mich zu unterrichten, von »Arrrh-puh« zu »Krrr – pi-pi-pi« übergegangen war.

KAPITEL 9

Fast vom ersten Tage an, seit ich Bob kannte, hatte er von Ahornsirup und Buchweizenkuchen und einem Bauernhaus geschwärmt, in dem er als Kind die Sommer verbracht hatte. Soweit ich sein begeistertes Gemurmel richtig auslegte, mußte es mit diesem Haus und dem Ahornsirup und auch dem Buchweizenkuchen eine ganz besondere Bewandtnis haben. Jetzt traf es sich zufällig, daß wir uns in der Nähe dieses Paradieses seiner Kindheit befanden, und alle Verkehrsziffern, Berechnungen und Reklamefeldzüge, die Bobs Hirn erfüllten, verflogen mit dem Winde, dem sanften Frühlingswinde, der seine braunen Locken zerzauste. Und Bob fühlte plötzlich, daß er sich nach dem Boden und den Steinen sehnte, wo er als Kind gespielt hatte.

»Okay«, sagte ich, »nimm Kurs dorthin!«

Mit Bedauern verließen Tante und ich unsere kleine Kabine, die so bequem eingerichtet war, mit warmem und kaltem Wasser, wirklich guten Betten, Radio und ich weiß nicht, was allem. Mein Uhrmacher aus Cincinnati schlummerte noch in Nummer vier, als wir aufbrachen. Wie ein unendliches Asphaltband wand sich die Straße vor uns her.

»Sind wirklich alle Straßen in Amerika so gleichmäßig und glatt und asphaltiert?« fragte ich Bob.

»Warte nur«, sagte er, »du wirst bald etwas anderes sehen.«

Überall am Straßenrand standen Leute, die von Autos mitgenommen werden wollten, wenigstens an allen Ausfallstraßen aus Städten und Ortschaften. Sie machten das charakteristische Zeichen mit dem Daumen, aber wir fuhren unbarmherzig vorbei.

»Hast du kein Herz, Bob?« sagte ich, weil ich bei jedem armen Daumen, an dem wir vorbeifuhren, schwach wurde.

»Doch, das eben habe ich«, sagte Bob mit einem beziehungsvollen Blick auf die Tante. »Wirkliches Mitgefühl und nichts weiter.«

Aber da war ich in Tantes Namen gekränkt. Denn wenn es auch nicht gerade der Wunschtraum eines »Lifters« sein mochte, neben eine kleine, krötige Tante placiert zu werden, die in hohem Grade sein Eindringen mißbilligt, so muß man doch zu Tantes Ehre sagen, daß sie noch nie jemanden gebissen hat.

All diese »Lifter« gaben mir geradezu einen Stoß vor die Brust. War es nicht bei anständigen Touristen in Amerika Sitte und Brauch, sich etwas diesem Sport zu widmen? Konnte ich wirklich heimkehren in mein altes Vaterland und eingestehen, daß ich nicht ein einziges Mal »per Anhalter« gefahren war? Müßte ich nicht statt dessen mit hocherhobener Stirn kommen, stolz in dem Bewußtsein, meine Pflicht getan zu haben? Sweden expects every tourist to do his duty ... Ich gedachte, die meine zu tun!

»Setz mich hier ab«, sagte ich zu Bob, »und fahr mit Tante ein paar Kilometer weiter, dann werde ich sehen, ob mich einer mitnimmt und ich euch wieder einholen kann.«

»Nie im Leben«, sagte die Tante, »nie im Leben! Das ist mein letztes Wort!«

Sobald Bob, Tante und das Auto um die nächste Wegbiegung verschwunden waren, wandte ich meine Falkenaugen nach der andern Richtung, um mir ein geeignetes Opfer auszusuchen. Da kam ein großes, schwarzes Auto mit einem großen, schwarzen Mann darin, aber ich fand, er sah unheimlich und unzuverlässig aus, so daß ich nicht das Zeichen mit dem Daumen machte. Dennoch bremste er und fragte freundlich: »Have a lift?«

»Nein danke«, sagte ich, denn man muß sich ja vorsehen,

daß man nicht mit Debet und Kredit durcheinanderkommt,
wie die Tante zu sagen pflegt.

Aber da kam ein kleines, ulkiges Auto, und darin saß ein
kleiner Mann von sanftem und gesittetem Aussehen. Ich
winkte neckisch mit dem Daumen. Und es nützte.

66

Ja, Mr. Milton war wirklich ein gesitteter Mann. Dafür gehörte er aber auch zu den »Trompetern der Elften Stunde« – klingt das nicht zuverlässig? Ich sah mich überall um, wo er die Trompete hätte, aber sie war nicht zu sehen. Es wäre sonst eine wirkungsvolle Nummer gewesen, so daß Bob und die Tante die Augen aufgerissen hätten, wenn wir, ich und der Trompeter der Elften Stunde unter lauten Trompetenstößen herangebraust wären. Aber vielleicht war die Elfte Stunde noch nicht richtig angebrochen.

Statt der Trompete hatte Mr. Milton das ganze Auto voller Traktätchen, die er verteilen sollte, um die Leute zur Besinnung zu bringen. Außerdem hatte er eine Bibel bei sich, und zwar für einen bestimmten Zweck.

Bekanntlich ist dieses »Liften« keineswegs ungefährlich. Es kann für den gefährlich sein, der mitgenommen wird und vielleicht bei einem bezechten Fahrer oder sonst irgendeinem faulen Knaben landet. Aber es kann auch für den gefährlich sein, der einen unbekannten Wanderer in seinem Auto mitnimmt. Es ist vorgekommen, daß die Leute für eine solche Freundlichkeit durch einen Genickschuß belohnt wurden, und daß der nette Passagier mit Auto, Brieftasche und allem verschwand. So etwas wollte Mr. Milton nicht erleben, und er war auf einen Kniff verfallen. Wenn man in seinem Auto mitfahren wollte, mußte man auf eine Bedingung eingehen. Man mußte ihm die ganze Zeit laut aus der Bibel vorlesen. Herr Milton meinte, wenn man dasitzt und Gottes Wort liest, kann man sich nicht gut unterbrechen, um einem Mitmenschen eine Kugel durch den Leib zu jagen. Jedenfalls mußte ein gewisser Wirrwarr entstehen, wenn man beides gleichzeitig zu erledigen versuchte.

Ich begann gehorsam zu lesen. Mr. Milton verbesserte freundlich, aber bestimmt, meine Aussprache, wenn es nötig war. Die Bibel zitterte, und es war nicht so leicht, in der Zeile zu bleiben, aber Mr. Milton machte es ichts aus, wenn ich hier und da eine Zeile überschlug oder versehentlich die gleiche Zeile zweimal las. Wie die Landschaft aussah, durch die wir jagten, ahnte ich nicht. Ich konnte nur dann und wann, wenn ich umblätterte, den Blick heben, um nach Bobs Auto auszuspähen.

Nichts gegen Mr. Miltons Methode, aber für *längere* Strecken war sie, glaube ich, nicht geeignet. Ich war ganz erleichtert, als ich ein wohlbekanntes grünes Auto erblickte, das am Straßenrand stand, und eine wohlbekannte Tante, die unruhig durch die hintere Scheibe starrte. Ich dankte Mr. Milton herzlich und stieg mitten im Zweiten Buch Moses ab.

Dies war das erste, einzige und letzte Mal, daß ich »per Anhalter« fuhr. Aber jetzt können die Mädchen im Büro und Jan und wer es sein mag mich fragen: »Bist du in Amerika ›per Anhalter‹ gefahren?« Ha, dann kann ich mit den Augen blitzen und erwidern: »Und ob ich ›per Anhalter‹ gefahren bin! Im Grunde genommen mein Lieblingssport!«

Dann allmählich verließen wir die Asphalt-Autostraßen und kamen in etwas unendlich Hügeliges und Holperiges und Steiniges und Gewundenes, das bestimmt seit den Bürgerkriegen nicht instand gesetzt worden war.

»Es wirkt, als ob die Steine, bei denen du als Kind gespielt hast, alle mitten auf der Straße liegen«, sagte ich säuerlich zu Bob, während ich spürte, wie meine Nieren sich lockerten.

Bob versuchte, mich damit zu trösten, daß es nicht sehr lange dauern würde, in drei, vier Stunden müßten wir dort sein. Nahm er an, jawohl!

Bob hatte einen großen Picknickkorb mitgenommen, denn in dieser gottverlassenen Gegend gab es keine Gasthäuser.

An die Tücke der Materie glaube ich blindlings. Als wir uns genügend weit von allem entfernt hatten, was Tankstelle und Reparaturwerkstatt hieß, begann der Motor zu mucken. Ungewöhnlich schlau ausgedacht! Vorher war er wie ein Uhrwerk gelaufen. Kein Gedanke an Streik, solange wir uns auf Straßen befanden, wo eine Reparaturwerkstätte neben der andern lag. Aber jetzt sah er seine Chance. Mit zufriedenem Lächeln blieb der Motor mitten auf einem ansteigenden Weg stehen und bereitete sich auf eine ruhige Stunde vor.

Bobs hitzige Flüche versengten das Gras am Wegrand, als er den Kopf unter die Motorhaube schob. Tante und ich setzten uns jede auf einen Stein und warteten. Warteten lange.

Der Ausdruck in Tantes Gesicht sagte deutlicher als Worte: »Wozu mußten wir auch nach Amerika reisen?«

Aber loyal wie immer, versuchte sie, Bob, soviel sie konnte, zu helfen. Sie sagte ihm, wie er es machen müsse, ich meine, sie machte kleine, gute Vorschläge. Allerdings versteht Tante nichts von Motoren, aber zuweilen sieht man ohne verwirrende Sachkenntnisse klarer. Und sie machte so viele gute Vorschläge! Bob stöhnte – vor Dankbarkeit, vermute ich.

Eine Stunde verging. Es vergingen zwei. Ich saß auf meinem Stein, den Kopf in die Hände gestützt, und ermunterte Bob, indem ich mit lauter Stimme das wehmütige Lied sang: »Darling, I am growing older . . .«

Da warf Bob den Schraubenschlüssel hin und lief spornstreichs zu einem nahegelegenen Hause, um nach einem Abschleppwagen zu telefonieren.

Er kam zurück, wischte sich notdürftig das Schmieröl ab, und dann wollten wir frühstücken, während wir darauf warteten, abgeschleppt zu werden.

Im Picknickkorb waren Butter, Brot, Eier und kalte Hühnchen. Und – das beste von allem – eine große Dose Gänseleberpastete. Und man stelle sich vor, Bob hatte *nicht* vergessen, den Büchsenöffner mitzunehmen! Nach so vielen Stunden der Untätigkeit brannte ich vor Tatendurst und nahm mir hoffnungsvoll die Büchse mit Gänseleberpastete vor, obwohl ich klüger hätte sein müssen.

Die Leute erfinden so viele Atombomben und Dampftöpfe und kußechte Lippenstifte. Aber einen Büchsenöffner, auf den ich mich verstehe, erfinden sie nicht. Man soll mir nicht sagen, daß es meine Schuld sei.

»Was für ein selten idiotischer Büchsenöffner!« sagte ich und warf ihn mit Abscheu von mir. Mit einem überlegenen und belustigten Lächeln fing Bob ihn im Fluge auf und sagte: »Ein Kind kann mit diesem Ding umgehen, so einfach ist er. Ein Kind kann damit eine Konservendose in weniger als zwei Minuten öffnen. Man macht das *so*!«

Als zehn Minuten vergangen und unwiderruflich im Meer der Zeit versunken waren, war die Büchse mit Gänseleberpastete noch immer nicht geöffnet, und der »Verein zur

Abschaffung des Fluchens« hätte Harakiri begangen, wenn er Bobs Kommentare gehört hätte. Ich beschloß, einen Warnungsbrief an seinen Eisenhändler zu schreiben und ihn zu bitten, eine Weile »untergrund« zu leben, falls ihm sein Leben lieb wäre. Denn Bob hatte sich in aller Eile vier verschiedene, raffinierte Arten ausgedacht, dem Eisenhändler langsam das Leben zu nehmen, wenn er ihm wieder begegnete. Irgendeine Art, in die Konservendose einzudringen, hatte er dagegen nicht ausfindig gemacht.

»Schaff das Kind her«, sagte ich, »das ist der einzige Ausweg!«

»What the hell are you talking about?« schrie Bob.

»Was für ein Kind?«

»Das Kind, das mit Leichtigkeit diese Büchse in weniger als zwei Minuten öffnen kann!«

Es röchelte in Bobs Kehle, und in der nächsten Sekunde flog die Gänseleberpastete in weitem Bogen über die Baumwipfel.

Wir aßen schweigend Hühnchen und tranken Bier. Bob saß da, schmutzig und mit zerrauftem Haar, und sah Tante und mich so liebevoll an, als wären wir ein paar Galgenvögel. Ich begann fast, daran zu zweifeln, daß er wirklich für Picknicks im Grünen etwas übrig hätte.

Nach einer Weile kam das Abschleppauto. Darin saß ein etwa siebzehnjähriger Bursche in blauem Overal. Ehe er sich daranmachte, uns zu »bergen«, hob er die Motorhaube unseres Autos in die Höhe. Er stieß einen Pfiff aus und griff mit der Hand hinein. »Macht fünf Dollar«, sagte er zu Bob.

Dann stieg er auf seinen Bergungswagen und fuhr davon.

Es stellte sich heraus, daß Bob in diesem Augenblick die »Steine, bei denen als Kind er gespielt« völlig wurscht waren. Er wollte zurück zur Zivilisation, so rasch wie möglich. Außerdem war der Tag schon weit vorgeschritten, und wir wollten vor Abend in Bobs Elternhaus bei Washington sein, wo Tante und ich einige Tage bleiben sollten.

Wir traten den Rückzug an. Der Motor brummte gleichmäßig und friedlich. Er hatte sich seinen Fastnachtsscherz geleistet und gedachte erst wieder zu streiken, wenn er sich in genügend weiter Entfernung von der allgemeinen Landstraße befand.

Aber wenn jemand gelegentlich in den Vereinigten Staaten von Nordamerika eine Büchse Gänseleberpastete finden sollte, so soll er so freundlich sein, sie mir zu schicken. Ich liebe Gänseleber. Und ich kenne ein kleines Kind, das ich bitten kann, sie zu öffnen.

KAPITEL 10

Weiße Holzhäuser im Kolonialstil, die ganze Straße entlang. Eine Veranda auf der Vorderseite. Ein kleiner Streifen Garten zwischen den Häusern. Eine Garage irgendwo im Hintergrund. Wie viele Millionen Amerikaner wohnen so?

So wohnten auch Bobs Eltern in einer kleinen Vorstadt von Washington, wo wir endlich nach langer Tagesfahrt anlangten. Und mächtig behaglich sah es aus, wenn die rote Abendsonne auf all die weißen Häuser schien, die dort mitten zwischen Flieder- und Kirschblüten lagen. Hier und da saßen auf den Veranden fröhliche junge Menschen, und freundliche ältere Männer gingen in den Gärten umher, mähten den Rasen und plauderten miteinander über den Zaun, und alle riefen: »Hallo Bob!« und viele kamen heran und begrüßten uns und beteuerten eifrig, daß sie sich freuten, uns zu sehen, ja, man konnte leicht zu der Auffassung kommen, daß ihr ganzes vergangenes Leben ein einziges Warten darauf gewesen war, daß Tante und ich uns endlich nach Amerika bemühen sollten. Ich spürte, daß dies ein gutes Land war. Auf Bobs Veranda saßen keine fröhlichen jungen Menschen, aber da saß etwas anderes: ein kleiner, ernsthafter, kohlschwarzer Gentleman von sechs Jahren.

»Hallo, Jimmy!« sagte Bob, und da verzog sich das schwarze Gesicht zu einem breiten, weißen Grinsen.

Ich hätte so gern etwas mit Jimmy geplaudert, aber ich kam nicht dazu, denn gerade in diesem Augenblick brach ein Orkan aus. Das war Bobs Vater, der auf die Veranda stürzte, groß, fröhlich und polternd, und ihm auf den Fersen folgten Bobs Geschwister, die fünfzehnjährige Pamela und der vierzehnjährige Fred, und als Nachtrupp eine sanftäugige, stille Dame, die Bobs Mama war. Ich fühlte sofort, daß sie, zum Unterschied von Frau Bates, ein richtiges Exemplar der vielbesungenen amerikanischen Mutter war, die mit sanften Händen Kinder aufzieht und unermüdlich Apfelpasteten backt, die der Mittelpunkt des Hauses ist und von allen angebetet wird, die das Rückgrat der amerikanischen Nation ist, kurz, die den Redakteur von Readers Digest dazu bringt,

vor Begeisterung Purzelbäume zu schlagen, ehe er an die Schreibmaschine eilt, um einen neuen Beitrag für die Serie »Diesen Menschen vergesse ich nie« zu schreiben.

Bisher hatte ich noch keine Frau dieses Typs aus der Nähe gesehen. Die Frauen, die ich in New York und bei der Familie Bates getroffen hatte, gehörten fast alle dem rastlosen, mondänen, stark geschminkten Typ an. Kolossal oberflächlich wirkten sie und – ja, vielleicht nicht geradezu dumm, aber man hatte jedenfalls das Gefühl, daß die sporadischen Gedanken, die in ihren Köpfen auftauchten, unnötig großen Spielraum hatten und daß es ihnen ganz gut getan hätte, wenn sie noch ein paar andere zur Gesellschaft gehabt hätten. Deshalb war es erfreulich zu sehen, daß es solche wie Bobs Mama gab.

Nachdem wir eine Weile auf der Veranda durcheinandergeredet hatten, wurden wir aufgefordert ins Haus zu kommen. Wir traten unmittelbar in das Wohnzimmer, wie gewöhnlich. Denn dieses im übrigen so praktische Volk ist noch nicht auf den Einfall gekommen, sich einen besonderen Garderobenraum für die Mäntel einzurichten. Das erste, was man tut, wenn man ein amerikanisches Haus betritt, ist, daß man ohne weiteres ins Schlafzimmer geht und die Mäntel auf ein Bett wirft. Sehr praktisch – besonders, wenn draußen der tollste Schneesturm des Jahrhunderts tobt und man den meisten Schnee im Nerzpelz mitbringt.

Aber jetzt war Gott sei Dank herrlichster Frühling. Wir bekamen ein verspätetes Mittagessen in der Wohnecke in der Küche, und dann ließen wir uns im Wohnzimmer nieder zu einem »nice long talk«.

Tante sah Bobs Vater etwas mißtrauisch an und leitete die Unterhaltung mit der Frage ein: »Was war das für ein schwarzes Kind auf der Veranda, als wir kamen?« Wenn sie angenommen hatte, Jimmy wäre das eigene kleine schwarze Schaf der Familie, so irrte sie. Jimmy gehörte der »colored woman«, die hier reinmachen half. (»Colored« sagt man von farbigen Amerikanern, es ist eine Beleidigung, einen Neger einen Neger zu nennen).

Pamela und Fred nahmen unbekümmert an der Unterhaltung teil in einer Art, die man bei ihren Altersgenossen in Schweden selten findet. Wenigstens habe ich nie einen schwedischen Vierzehnjährigen eine so eingehende politische Unterhaltung mit Tante führen hören, wie Fred es tat. Irgend etwas in den amerikanischen Schulen muß dazu beitragen, daß die Jugend unbekümmert auftreten lernt und ihre Ansicht zu äußern wagt. Ich sagte Herrn Whitney – Bobs Vater also –, daß ich seine Kinder unerhört nett fände (nicht nur Bob!), und da begann er sofort über Erziehung zu sprechen. Education, Erziehung, ist ein Zauberwort in Amerika. Herr Whitney bekam einen ganz roten Kopf, wenn er nur daran dachte, was für eine kolossale education seine Kinder bekommen würden. Er selbst hatte nie ein College besucht, und gewiß hatte er sich trotzdem gut durchgeschlagen und hatte eine erfolgreiche Verkaufsstelle für gebrauchte Autos aufgebaut, aber was für eine Schande war es, wenn man zuweilen in einer Gesellschaft von Männern war, die alle ein College besucht hatten! College oder nicht College – da gibt es eine unerhört wichtige Grenze. Deshalb war Herr Whitney so froh, daß Bob seine gediegenen Kenntnisse in der Geschäftstechnik in einem angesehenen College hatte erwerben dürfen und daß Pamela und Fred, die jetzt noch die High School besuchten, auch ins College kommen würden, und wenn er jedes gebrauchte Auto in den ganzen USA an den Mann bringen müßte, um sich das leisten zu können.

Ihren Kindern »education« zu geben, war, soweit ich begriff, etwas, wonach alle amerikanischen Eltern mehr strebten als nach irgend etwas anderem. Man denke nur an unser kleines, nettes Zimmermädchen Frances in dem Hotel in New York. Erzählte nicht auch sie, wie sie arbeitete und sich abmühte, um ihrem Kinde jenes Wunderbare, Bezaubernde und Merkwürdige zu geben, was »education« hieß. Ihre eigenen Eltern waren arme italienische Emigranten gewesen, die weder lesen noch schreiben konnten. Aber die Jugend, die in New Yorks Dschungel aufwächst, geht unter, wenn sie keine education hat, behauptete Frances, ehe sie forteilte, um das nächste Bett zu machen – zugunsten der Erziehung ihres Kindes.

Tante blinzelte mit den Augenlidern und war furchtbar müde, hörte aber immerhin höflich zu, als Fred ihr erklärte, warum er Republikaner sei.

»Ha hu ha . . .«, sagte Tante zu mir, nachdem er geendet hatte. »In der Bibel steht ja schon von Republikanern und Sündern. Da ist es, glaube ich, besser, Demokrat zu sein.«

Dann sagte sie Gute Nacht und zog sich in das reizende Fremdenzimmer zurück, das wir bewohnen sollten. Ich gedachte, ihrem Beispiel zu folgen, aber Bob wollte, daß wir uns vorher noch für eine Weile auf die Veranda zurückzögen. Denn es war Mondschein, und Bob mußte bald nach New York zurückfahren, und unsere Wege würden sich trennen.

Nein, diese Amerikaner, die doch solchen Humor haben! Aber sobald von Liebe die Rede ist, schalten sie den Humor völlig ab. Dann gibt es nur sentimentale Brusttöne und heftige Beteuerungen. Und ich glaube gar nicht, daß sie sich so furchtbar viel dabei denken. Es gehört nur gewissermaßen dazu, denn so hören sie es in Filmen, Zeitungen und Schlagern. Europäische Mädchen, die nach den USA kommen, sollten davor gewarnt werden, alles, was ein Amerikaner ihnen ins Ohr säuselt, für bare Münze zu nehmen. Da ist nicht nur ein Körnchen, sondern eine ganze Handvoll Salz nötig!

Jetzt wird mancher einwenden, daß wohl die Männer in allen Ländern so sind. Nun ja, man weiß, daß einer, der beteuert, daß er die Geliebte das ganze Leben lang auf Händen tragen will, sofort zu murren beginnt, wenn sie ihn bittet, statt dessen den Mülleimer hinunterzutragen, was ja doch bedeutend leichter ist. Aber die amerikanische Art ist auf jeden Fall etwas anders. Ehe die amerikanischen Jugendlichen auch nur im mindesten trocken hinter den Ohren sind, müssen sie ja anfangen, ihren Dating-Partnern Liebe vorzumachen, das gehört zum guten Ton. Und dann geht es immer so weiter.

Da saß nun wahrhaftig sogar mein netter und humoristischer Bob auf der Veranda und blökte die traurigsten Liebeslieder.

>>Now is the hour
when we must say goodbye.
Soon you'll be sailing
far across the sea.<<

Sailing . . . nie im Leben, dachte ich bei mir. Denn es weht nie
weniger als 27 m/sec, wenn ich in See steche.

Aber Bob fuhr unverdrossen fort:

>>I'll dream of you,
if you will dream of me.<<

Was antwortet man auf so etwas? Das hat man in der Schule
nie gelernt.

>>Some day I'll sail
across the seas to you.<<

O du mein Gott, das wird ein Schock für Jan – das eine ist
sicher!

Der liebliche Gesang ging unter in einem sanften, gedämpften Gebrüll. Da hörte man aus dem Garten ein leises,
entzücktes Kichern, und ein schwarzer Schatten löste sich aus
dem nächsten Fliederbusch. Das war Jimmy, der dort auf
seine Mutter wartete. Gott sei Dank, daß die Kinder
jedenfalls eine gesunde und unverworrene Ansicht über die
meisten Dinge haben.

Ich sagte hastig Gute Nacht und ging zu Tante hinauf.
>>Geh und leg dich ins Bett<<, sagte sie. Ich erwiderte, daß ich
keinen höheren Wunsch hätte, und dann entkleidete ich mich,
während ich ihr leise und innig vorsang:

>>I'll dream of you,
if you will dream of me –<<

>>Ist das nicht gerecht, Tantchen?<<

Sie sah mich mit äußerstem Abscheu an.

>>Ich wußte die ganze Zeit, daß es verrückt war, dich nach
Amerika zu lassen<<, sagte sie, >>aber daß es direkt auf das
Gehirn gehen würde . . . ogottogottogott!<<

Wenn man das amerikanische Volk im Durchschnitt sehen will, so braucht man sich nur in die Wartehalle einer großen Autobusstation zu setzen. Zu den zahlreichen Fahrkartenschaltern wälzt sich ein Strom von Menschen verschiedener Farben und Altersstufen, schwitzende Arbeiter im blauen Arbeitsanzug mit aufgekrempelten Ärmeln, saubere Hausfrauen mit dem Einkaufsnetz am Arm, schicke junge Mütter mit laut johlenden Kindern, Weiße und Neger durcheinander, Langstrecken-Reisende und solche, die nur von einer Haltestelle zur andern fahren wollen. Wenn man kein Geld hat, ins Kino zu gehen, kann man sich auf einer der bequemen Bänke in der Wartehalle niederlassen und ganz kostenlos die interessantesten Dramen aus dem Alltagsleben sehen. Vor der Wartehalle wimmelt es von Autobussen. Sie fahren davon, und neue kommen in einem nie versiegenden Strom.

Ich hatte Bob gesagt, ich wollte einmal mit so einem »Greyhoundbus« fahren. Ja, denn man hatte doch seinen Steinbeck gelesen, und ich hegte die besten Hoffnungen, daß auch mein Bus auf Abwege kommen würde. Abwege sind das beste, was ich weiß. Und einen der letzten, kostbaren Tage, die Bob noch blieben, bevor er nach New York zurückkehren mußte, beschloß er, mir und meiner merkwürdigen Passion für das Autobusfahren zu opfern. Wir kamen überein, einen Ausflug nach der kleinen entzückenden Stadt Williamsburg zu machen, die in geeigneter Entfernung von Washington liegt.

Die Wartehalle war ein einziges, siedendes Gewimmel von Menschen, und ich warf kinderfromme Blicke um mich, um soviel wie möglich zu sehen, ehe Bob mich in die richtige Autobusschlange hineinschob.

Im letzten Augenblick fiel Bob ein, daß er noch Zigaretten kaufen müsse, und er gab mir Order, einzusteigen und zwei gute Plätze zu belegen. Die Eingangstür war vorn neben dem Sitz des Fahrers. Ich warf einen Blick über den Bus und entdeckte zwei geeignete Plätze ganz hinten im Bus, wo ich mich niederließ und ruhig auf Bob wartete. Aber die Leute sahen mich so komisch an. Allerdings sah mein Unterrock etwas unter dem Kleid vor, aber das sollte so sein, also daran konnte es nicht liegen. Sah man mir an, daß ich Ausländerin war, oder hatte ich einen Rußfleck auf der Nase? Da stieg der Fahrer ein, ein breitschultriger, ansehnlicher Herr in grauen Khakihosen, mit einem Lederriemen um den Leib. Als er mich sah, sagte er, daß es durch den ganzen Bus schallte:

»You, young lady, kommen Sie nach vorn und setzen Sie sich hierher.«

Aber da begann mein Wikingerblut zu revoltieren. Ich gedachte, mich nicht wie ein Kind kommandieren zu lassen.

»Warum denn?« fragte ich, so schnippisch ich konnte.

»Dieser Bus fährt nach dem Staat Virginia«, sagte der Fahrer. Gerade, als wäre das eine Erklärung!

»Das freut mich zu hören«, sagte ich. »Es wäre eine peinliche Überraschung für mich gewesen, wenn er nach Kanada oder Mexiko gefahren wäre.«

Da kam Bob. Er wurde etwas verlegen, schien mir, als er mich sah. Er winkte mir, zu kommen, und deutete auf zwei freie Plätze ganz vorn im Bus. Widerstrebend ging ich dorthin.

»Was war denn mit den Plätzen, die ich ausgesucht hatte?« fragte ich.

»Ich will es dir erklären«, sagte Bob. »Du weißt doch, daß Washington von dem Fluß Potomac durchströmt wird?«

Ich nickte. »O ja, wie gut ich das weiß! Das hat man ja in der Geographie gelernt, also daran erinnere ich mich, genau wie an die Städte in Chile und daran, wie viele Einwohner Nicaragua hat. Nur in einer Kleinigkeit versagt mein Verstand. Was hat der Potomac mit unsern Plätzen in diesem Bus zu tun?«

»Allerhand«, sagte Bob.

Gerade jetzt kam ein kleiner weißhaariger Neger hereingeklettert. Er hatte eine Menge Pakete zu tragen und sah müde aus. Er sank mit einem Seufzer der Erleichterung auf den Sitz vor uns nieder. Der gebieterische Chauffeur stand noch immer da vorn und nahm die Fahrkarten entgegen, und er machte zu dem Neger gewendet, eine einzige Handbewegung. Ohne ein Wort und mit unbeschreiblich verlegener Miene erhob sich der Alte und humpelte auf den Platz, den ich soeben verlassen hatte. Da begriff ich. Ich begriff es und bekam beinahe Herzklopfen. Nur Neger saßen auf den hinteren Plätzen und nur Weiße in der vorderen Bus-Hälfte. In Amerika hatte ich bisher Neger und Weiße sich auf ganz natürliche Weise mischen sehen. Ich will nicht behaupten, daß sie geradezu wie Brüder miteinander verkehrten, aber es war jedenfalls in Straßenbahnen und Bussen kein Unterschied gemacht worden. Das liege daran, daß ich noch nicht über den Potomac gefahren sei, erklärte Bob. Das werde in wenigen Augenblicken geschehen, und dann wäre ich in Virginia, dem nördlichsten der Südstaaten. Damit hätte ich die Grenze passiert, an der die Neger aufhörten, Menschen zu sein.

Dies war das erste (aber nicht das letzte) Mal, wo ich die Rassenvorurteile in die Praxis umgesetzt sah. Und als der Autobus dahinrollte, spürte ich ein leichtes Frösteln am Rückgrat vor Unbehagen und konnte mich über die Fahrt nicht so freuen, wie ich gern gewollt hätte. Ich saß grübelnd da und sah wohl so nachdenklich aus, daß Bob es langweilig fand. Er sagte, wenn ich mir auch in den Kopf gesetzt hätte, das Negerproblem Amerikas zu lösen, so wäre es wohl nicht nötig, daß es ausgerechnet hier im Bus geschähe. Ich stimmte ihm zu. Ich sagte, ich wolle einen späteren Nachmittag für diesen Zweck verwenden. Dann versuchte ich, mich auf andere Dinge zu konzentrieren, auf Bob und auf das schöne, grüne Virginia vor den Fenstern. Aber es war nicht so leicht. An jeder neuen Haltestelle stiegen neue Fahrgäste in den Bus. Schließlich war die Abteilung der Weißen voll besetzt, während bei den Negern noch immer einige Plätze leer waren. Und was geschah nun? Ja, da stieg ein ekelhafter Dickwanst ein mit einem knallroten Gesicht und zwei unangenehmen kleinen Schweinsaugen. Ärgerlich war er, verschwitzt, und gräßlich sah er aus. Ich zweifelte in hohem Grade an der Überlegenheit der weißen Rasse, als ich ihn sah. Aber jetzt war kein Platz da, auf den sich dieser weiße Gentleman setzen konnte. Nicht in der Abteilung der

Weißen. Er stand eine Weile zögernd da und blickte mit offenkundiger Abneigung auf die Neger. Und mit einer Miene, als müsse er sich geradenwegs in einen Pestherd begeben, setzte er sich schließlich auf einen freien Platz neben einem sehr gut aussehenden und wohlgekleideten jungen Neger. Ein Weißer *darf* sich nämlich zu den Negern setzen, wenn es ihm paßt und anderswo kein Platz ist. Ein Neger aber darf sich unter keinen Umständen zu den Weißen setzen, auch wenn er vor Müdigkeit umfällt. Himmel, sage ich, Himmel, was würde ich so einem weißen Lümmel gegen die Schienbeine treten, wenn er sich neben mich setzte und ich Neger wäre. Denn Ordnung muß es doch auch bei den Ungerechtigkeiten geben.

Nein, ich nehme an, ich würde das Treten unterlassen, wenn ich ein Neger aus den Südstaaten wäre. Ich würde wohl genauso dasitzen wie dieser junge Neger neben dem Dickwanst, mit einem undurchdringlichen Gesichtsausdruck, um mit keiner Miene zu verraten, was ich denke.

Denn sonst gnade mir Gott!

Allmählich war der Bus so voll geworden, daß der ganze Mittelgang von Stehenden besetzt war. Und da geschah das ungemein Erheiternde, daß jedesmal, wenn einer aus der Abteilung der Neger ganz hinten an einer Haltestelle aussteigen wollte, alle Weißen, die im Gang standen, erst aussteigen mußten, damit der Betreffende zum Ausgang kommen konnte. Haha! Ich nehme an, daß die Neger bei jedem solchen Fall einen wilden Triumph empfanden. Denn es war sicher das einzige Mal, wo ein Weißer einem Neger Platz machen mußte.

Nach zwei Stunden hatte der Bus eine halbe Stunde Aufenthalt in einer kleinen Stadt, damit die Fahrgäste die Beine einmal ausstrecken und an der Theke in der Wartehalle ein Sandwich essen konnten.

Hier erging es einem armen weißhaarigen alten Neger wieder schlecht. Über dem Eingang zu den Toiletten standen Schilder: »White women« – »White men« – »Colored women« – »Colored men«. (Kein Wunder, daß die Südstaaten arm sind und bleiben, wenn sie überall doppelte Schilder an den Toiletten anbringen müssen!) Der kleine Negergreis war sich wohl klar darüber, daß er »colored« war, aber weiter erstreckte sich offenbar seine Lesefähigkeit nicht, denn ohne weiteres rannte er in die Toilette für »colored women«. Und so lautes Geschrei, Gelächter und Gejohle, wie es von dort herausdrang, hat man in den Staaten sicher seit dem Friedensschluß nicht mehr gehört. Die schwarze Rasse lacht, wo die weiße Rasse mit schärfster Empörung reagieren würde.

Endlich kamen wir nach Williamsburg, dem Stolz von Virginia. Hand in Hand gingen Bob und ich die berühmte Duke-of-Gloucester-Straße entlang, wo die Rockefeller-Stiftung die Häuser so aufgebaut und in allen Einzelheiten so rekonstruiert hat, wie sie in den Tagen der Kolonialzeit waren, als Williamsburg ein wichtiges Zentrum bildete. Jetzt ist die Stadt ein Idyll und ein Wallfahrtsort für Tausende von Touristen, die den Zauber des Vergangenen spüren wollen, eine in Amerika ziemlich ungewöhnliche Empfindung.

Ja, wie spürte ich den Zauber des Vergangenen, als ich in die niedrigen, weißen Häuser und die kleinen, reizenden Gärten hineinsah, aber oh! oh! oh!, wie genoß ich etwas später den Zauber des Jetzigen in einer Taverne vor einem Teller voll gut gebratenem Virginiaschinken vor mir und Bob neben mir. Nichts gegen den Herzog von Gloucester – er mochte sehr gut sein für kleine, steifgestärkte Kolonialfräuleins im achtzehnten Jahrhundert. Für Kati im zwanzigsten Jahrhundert war er auf alle Fälle ein Nichts im Vergleich mit dem heutigen Bob.

Aber auf Abwege kam mein Autobus nicht, nicht im geringsten! Obwohl er auf der Heimfahrt in Brand geriet. Jawohl, das tat er. Denn jemand ließ eine Zigarette auf ein Polsterkissen fallen. Große Panik. Der Bus ein Flammenmeer. Zuerst die Frauen und Kinder retten! Bob leistet Erstaunliches in bezug auf Heldentum. Ich eröffne am Straßenrand eine erste Verbandsstelle. Eine Frau tut in meinen Armen ihren letzten Atemzug. Nein, halt – dies war ja nicht Steinbeck! Wie gesagt: jemand ließ eine Zigarette auf das Polster fallen. Es gab einen prächtigen Qualm im Bus, so daß wir aussteigen und uns auslüften mußten, wobei Bob und ich auf einem Baumstamm saßen und sanfte und schläfrige Worte sagten. Ach, Autobusse kommen eben bloß in Büchern auf Abwege!

Später rollten wir in einem dunklen Bus durch ein dunkles Virginia und wurden immer schläfriger, während eine dunkle Stimme irgendwo im Hintergrund ein Wiegenlied sang. Und wir schreckten nur dann und wann auf, wenn wir durch die hellen Straßen irgendeiner kleinen Stadt fuhren und einen halbinteressierten Blick auf die Methodistenkirche, Jones Drugstore und Miltons Tankstelle und die kleinen Häuser warfen, in deren Gärten eine Laterne brannte als Zeichen für nächtliche Autofahrer, daß hier Zimmer zu vermieten seien. Wir sahen, obwohl uns die Augen fast zufielen, junge Menschen, die sich vor dem Kino drängten, wo Bing Crosbys Name in Leuchtschrift glitzerte und wo die Puffmais-Rösterei im Eingang den Mais in den muntersten Kaskaden emporschleuderten. Aber der Bus fuhr so schnell, und bald war alles wieder Dunkelheit, Dunkelheit und Stille, bis auf das Brummen des Motors und das Wiegenlied hinter uns, und mein Kopf glitt immer tiefer auf Bobs Rockärmel, der so gut nach Virginiazigaretten roch.

Aber auf Abwege . . . nein, auf Abwege kam mein Bus nicht!

KAPITEL 12

O Virginia! Warum war ich nicht doch ein kleines Kolonialfräulein in den Tagen deiner Größe! Warum wurde ich nicht etwa 1782 auf einem deiner weißen Schlösser geboren? Keine hätte mit größerer Begeisterung auf den Bällen Reel und Jig und Menuett getanzt, keine mit glühenderen Wangen die Fuchsjagden mitgeritten, keine anmutiger mit den breitschulterigen Kavalieren der Südstaaten kokettiert, das schwöre ich!

Und etwa mit sechzehn Jahren würde ich dem Breitschulterigsten in der Schar mein Jawort gegeben haben, und er würde mich als seine Frau auf seine eigene Plantage heimgeführt und ich würde ihm in rascher Folge elf Kinder geboren haben, deren Keuchhusten und Masern von einer wunderbaren schwarzen Mammy betreut worden wären. Ich selber würde unter Magnolien und Moosrosen in meinem lieblichen Garten gewandelt sein, und dann wäre ich an der Seite meines Mannes über den samtgrünen Rasen hinuntergeeilt zu unserer Anlegebrücke am Potomac, um unsere lieben Gäste zu empfangen, die mit dem Flußboot aus Washington oder von den benachbarten Plantagen kamen. Und wir hätten sie in unser weißes Haus geführt und zusammen ein großartiges Mahl eingenommen. Auf meinem schönen ostindischen Porzellan an meinem schönen Chippendaletisch hätte ich die erlesensten Gerichte servieren lassen, die in dem nahegelegenen Kochhause zubereitet worden wären, Hähnchen, Virginiaschinken und weichschalige Krebse und Erdbeereis. Danach hätten wir musiziert und aus den ledergebundenen Shakespearebänden der Bibliothek vorgelesen, und in allen Räumen hätten Holzfeuer geknistert und ihren Schein in den Kristalleuchtern an den Wänden widergespiegelt, und alle elf Kinder wären hereingekommen und hätten Guten Tag gesagt, und wir wären alle in den Garten gegangen, während es dämmerig wurde, und aus den Sklavenhütten hätten wir dunkle Negerstimmen singen hören, von Gott und von seinem Himmel und davon, wie herrlich das Leben wäre – und wie schwer!

Da ich eine Frau der Südstaaten gewesen wäre, hätte ich nie darüber gegrübelt, daß unser Wohlstand sich auf die Sklaverei anderer Menschen gründete. Aber meine Sklaven wären auf jeden Fall glückliche Sklaven gewesen, oh, ich wäre ihnen wie eine Mutter gewesen, und unsere ganze Plantage hätte eine kleine Gemeinschaft für sich gebildet. Wir hätten unsern Tabak, unsern Mais und unsern Weizen gebaut, und die Jahre wären vergangen. Ich wäre immer weißer geworden, und rechtzeitig vor dem Bürgerkriege wäre ich ins Grab gegangen, zufrieden in dem Bewußtsein, mitgeholfen zu haben, die schönste Kultur zu schaffen, die jemals in Amerika geblüht hat. Ja, ich würde gestorben sein, und meine Moosrosen und Magnolien wären verwelkt. Aber wie an einen feinen und seltenen Duft, eine erlesene Melodie, hätten sich die Menschen an mich und meine Art, zu leben, erinnert.

»Warum bin ich kein Kolonialfräulein geworden?« sagte ich klagend zu Bob. »Darüber gräme ich mich wirklich.« Aber er sagte, es wäre quite a coincidence, daß ich ausgerechnet im selben Jahrhundert geboren wäre wie er. Der Anblick von Mount Vernon, dem bezaubernden Wohnsitz George Washingtons, rief in mir diese bittere Sehnsucht nach dem

Vergangenen wach. Genauso hätte ich wohnen mögen, in genauso einem schönen weißen Hause oberhalb des Potomac, so schöne Rasenflächen hätte ich auch haben mögen und einen so wunderbaren Garten zwischen schützenden Buchsbaumhecken. Hier war alles genau so erhalten wie zur Zeit des ersten Präsidenten. Ich hatte das Gefühl, auf heiligem Boden zu gehen, und in tiefster Andacht pflückte ich ein kleines Veilchen von einer der üppigen Blumenrabatten – lieber George Washington in deinem Himmel, verzeih es mir, ich will es nur pressen und als Andenken bewahren, weißt du!

Dann fuhren wir wieder nach Hause, Bob und ich, auf frühlingsgrünen Wegen, wo im Walde die Kornelkirsche blühte. George Washington fuhr meistens auf dem Fluß, wenn er in die Stadt wollte, denn wenn er die Landstraße benutzte, gab es so oft Schwierigkeiten mit Indianerüberfällen.

Merkwürdigerweise aber erreichten Bob und ich Washington, ohne auch nur eine Indianerfeder gesehen zu haben – manchmal hat man Glück! Die Sonne leuchtete auf die runde Marmorkuppel über dem Capitol, wo vermutlich die Kongreßmitglieder saßen und weise Beschlüsse faßten. Daß sie dazu Lust hatten, wo so herrliches Wetter war und Parks und Anlagen der Stadt in einem so göttlichen Überfluß an Kirschblüten ertranken!

Eigentlich hätte ich richtig traurig sein müssen, denn dies war für Bob und mich unwiderruflich unser letzter gemeinsamer Tag. Und als ich im Auto saß auf dem Wege zu unserer kleinen Vorstadt, spürte ich, daß ich auch wirklich traurig war. Mit jedem Meter wurde ich trauriger – aber nicht nur das. Es war nicht nur der wilde Abschiedsschmerz, der in mir raste, sondern irgend etwas anderes raste noch mehr. Mit diesem weichschaligen Krebs, den ich meinen Gästen bei meinem Ausflug in das achtzehnte Jahrhundert vorgesetzt hatte, war bestimmt etwas nicht ganz in Ordnung gewesen.

»Kati«, sagte Bob, »glaubst du, daß du mich etwas vermissen wirst?«

Ich fühlte, wie mir der kalte Schweiß auf die Stirn trat. »Ich werde dich jede Minute vermissen«, sagte ich mit kläglicher

Stimme. Im Innersten dachte ich, wenn Bob und die ganze Menschheit mit ihm in diesem Augenblick aussterben würde, so würde mich das überhaupt nicht rühren. Ich würde mich nur mit einem Seufzer der Erleichterung auf ein Bett werfen und stilliegen und mich ganz allein elend fühlen.

»Weißt du, wenn ich denke, wie nett wir es zusammen gehabt haben, bin ich so recht von Herzen froh«, fuhr Bob fort. Aber er unterbrach sich. Ich sah ihn an. Herzensfroh sah er nicht aus, eher herzensgrün. Ja, er war genauso grün im Gesicht, wie ich mich fühlte. Aber Bob hatte doch keine weichschaligen Krebse aus dem achtzehnten Jahrhundert gegessen! Es mußte das Eis sein, das wir bei der Fahrt nach Mount Vernon gekauft hatten. Warum müssen die Amerikaner auch ihre großen internationalen Denkstätten und Reliquien mit einem Kranz von Eisständen umgeben?

Kleidsam gallengrün aussehend und jeder in seinem Bett, so verbrachten Bob und ich unsern letzten Nachmittag, von dem wir soviel erwartet hatten. Außer dem kleinen schwarzen Jimmy und seiner Mamma war übrigens niemand im Hause. Tante hatte eine gute alte Freundin, die in Washington verheiratet war. Zu ihr war sie schon vor zwei Tagen übergesiedelt. Und das war gut, denn ich habe nie recht an die heißen Topfdeckel auf dem Leib geglaubt, die Tantes Spezialkur bei Speisevergiftungen sind. Bobs Eltern und Geschwister waren in Baltimore bei Bekannten und wollten erst abends nach Hause kommen. Aber Jimmy war ein ausgezeichneter Krankenpfleger. Auf seinen kleinen flinken, schwarzen, sechsjährigen Beinen lief er mit Depeschen zwischen Bobs Zimmer und meinem hin und her.

»Wie fühlst du dich?« schrieb Bob.

»Grüner als gewöhnlich«, kritzelte ich zur Antwort.

Die nette Betsy wollte sich freundlich erweisen und schickte Jimmy mit einer großen Portion Ananaseis zu mir. Ich betrachtete es mit Abscheu, aber Jimmys Augen leuchteten.

»Hattest du nicht große Lust, das Eis selbst aufzuessen, als du die Treppe heraufkamst?« fragte ich.

»Nein, gar nicht«, versicherte er empört, »ich habe bloß dran geleckt.«

Als das letzte bißchen Eis in seinem Mund verschwunden war, tanzte er mir etwas vor, um seine Dankbarkeit auszudrücken. Es war, als hätte man ein kleines, geschmeidiges Dschungeltier losgelassen. Das ganze Kind zitterte vor Rhythmus, und er schlängelte sich so unglaublich, daß ich auf meinem Krankenlager stöhnte. Sein kleines Hinterteil wirkte wie ein ganz selbständiges Wesen, das er nach Belieben drehen und wenden konnte. Meine Augen mußten sich im Kreise drehen, wenn ich versuchte, diesen Schwingungen zu folgen. Es wäre für mich wohl besser gewesen, zu schlafen, aber dieser abnehmbare Po hatte etwas unbeschreiblich Faszinierendes, so daß man den Blick nicht wenden konnte. Endlich wurde mir so schwindelig, daß Jimmy meinen elenden Zustand bemerkte und von Mitleid erfaßt wurde.

»Das beste, was Sie tun können, Miß Kati«, sagte er, »wäre, einen großen Löffel Rizinusöl zu nehmen!«

Mit einem Jammergeschrei stürzte ich ins Badezimmer. »Und was wäre das nächstbeste, lieber Jimmy? Vermutlich, dich umzubringen!« sagte ich nachher zu ihm.

Aber das nächstbeste hatte ich schon getan. Ich fühlte mich bedeutend frischer. Jimmy war ja tatsächlich ein Wohltäter.

Ich schickte meinen Wohltäter mit einer neuen Depesche zu Bob. »Auf, Du Faultier, jetzt hast Du genügend simuliert!«

Ich sagte Jimmy, wenn das nichts nützte, so solle er auch zu Bob von Rizinus reden und ihm am besten etwas vortanzen.

Am Abend, als die Familie zurückgekehrt war, gab es eine fare-well-party für Bob. Und niemals haben so viele so wenig von so vielem gegessen. Es war ein prächtiges Abendessen, das Bobs Mama im Eßzimmer aufgetischt hatte. Aber Bob und ich waren völlig ätherisch und bleich und seelisch verfeinert und hielten uns streng an die geistige Ebene.

»Man merkt, daß sie verliebt sind«, sagte Fred. »Sie sind so verliebt, daß sie ganz blaß davon werden!«

Aber die übrige Familie hatte wahrhaftig einen ebenso schlechten Appetit. Sie müssen an jedem Würstchenstand und jedem »Hamburger heaven« zwischen Baltimore und Washington haltgemacht haben.

Fred setzte sich in eine Ecke mit einem neuerworbenen Magazin, einem der Serienblätter, die die Lieblingslektüre der amerikanischen Jugend zu sein scheinen. Eine gemütlichere Lektüre soll man sich suchen! Soweit ich verstehen konnte, lief das ganze darauf hinaus, daß schöne, halbnackte Frauen mit üppigen Busen auf alle erdenkliche Weise von einem gemütlichen Gentleman gefoltert wurden, der wie eine Kreuzung zwischen Boris Karloff und dem Geist in der Großen Oper aussah.

»You and your comics!« sagte Pamela überlegen zu Fred.

»You and your soap-operas«, gab Fred verächtlich zurück.

Und da brach Bobs Papa in laute Vorwürfe aus und sagte, hier schufte man aus Leibeskräften, um seinen Kindern education zu geben, und das einzige, woraus sie sich wirklich etwas machten, wären scheußliche comic-books und dumme soap-operas, das heißt: dumme Radiosendungen. Er marschierte aufgeregt im Zimmer auf und ab und beteuerte, in wenigen Generationen würden die Amerikaner nicht mehr lesen können. Sie würden an ihren Radio- oder Fernsehapparaten kleben und stupid in einem comic-book blättern, durch dessen knappe Texte sie sich mit genauer Not hindurchbuchstabieren könnten, sagte der erbitterte Vater, worauf er das Radio anstellte, um einen Bericht über ein Baseball-Spiel zu hören.

Ich dachte an die schönen, ledergebundenen Bücher in der Bibliothek von Mount Vernon. Es gab eine Zeit, da man in Amerika Shakespeare las. Aber viel Wasser ist seitdem den Potomac hinuntergeflossen.

Am Tage danach kehrte Bob nach New York zurück. Und ich weinte eine ganze Viertelstunde lang.

KAPITEL 13

»Nie im Leben«, sagte Tante, »nie im Leben! Das ist mein letztes Wort!«

Das sagte sie, als ich ihr zum erstenmal vorschlug, nach New Orleans zu fahren. Einesteils kann sie ja nie von ihrer alten gemütlichen Gewohnheit lassen, zu all meinen guten Vorschlägen nein zu sagen, andernteils hatte sie gerade einen Zeitungsartikel über das Nachtleben in New Orleans gelesen. Dieses Nachtleben schien so zu sein, daß sich um Tantes Mund eine Falte bildete, wenn sie nur daran dachte.

»Nie im Leben!« sagte sie. »Das ist mein letztes Wort.«

Als der Zug den Washingtoner Bahnhof verließ und Fred, Pamela und Bobs Vater und Mutter in der Ferne verschwanden, fühlte ich einen Stich im Herzen. Würde ich sie und ihr weißes Haus unter den Fliederbüschen jemals wiedersehen? Sie waren alle so nett zu mir gewesen. Ich würde sie nie vergessen. Nie würde ich den Fliederduft am letzten Abend, als Bob daheim war, vergessen, nie die süße kleine Spottdrossel, die jeden Morgen im Garten sang, nie unser herrliches Frühstück in der Wohnecke in der Küche. Nein, an unser Frühstück würde ich mich immer erinnern. Während das übrige Haus schlief, wirtschafteten Fred, Pamela und ich ungehindert in der Küche. Fred rührte einen Teig an und buk Waffeln auf dem elektrischen Waffeleisen (man zeige mir einen schwedischen Vierzehnjährigen, der, ehe er zur Schule geht, Waffeln backt), und Pamela kochte Kaffe und preßte Apfelsinensaft aus. Alles ging mit amerikanischer Geschwindigkeit. Sie waren so daran gewöhnt, sich selbst zu bedienen, es war nie die Rede davon, daß Mam zu so früher Stunde aufstehen mußte.

»Ein Mann, der sich sein Frühstück nicht selbst bereiten kann, ist nicht viel wert«, sagte Fred mit seinem krächzenden Stimmbruchorgan und legte eine neue Waffelrunde auf den Tisch, den Pamela so appetitlich gedeckt hatte. Der Sonnenschein strömte durch das Küchenfenster herein. Es war so behaglich, hier zu sitzen, seinen Kaffee zu trinken und zu sehen, wie Mr. Jones vom Hause nebenan sein Auto rückwärts aus der Garage fuhr, während sein Hund bellend um ihn herumsprang und seine Frau in der Veilchenrabatte zupfte und ihm eine Blume für das Knopfloch gab, als er sich auf den Weg zu seinem Büro in der Stadt machte.

Nie würde ich auch vergessen, mit wie rührender Bereitwilligkeit Bobs Mama mich umhergefahren und mir die Sehenswürdigkeiten von Washington gezeigt hatte: das Capitol, die Kongreßbibliothek, das Weiße Haus und vieles andere. Sie ließ nichts aus, und wenn sie mir den Präsidenten auf einem Tablett hätte servieren können, so würde sie es getan haben. Bisweilen wunderte ich mich, wann sie eigentlich den Haushalt besorgte. Die Reinmachehilfe kam nur einmal in der Woche. Im übrigen ruhte die ganze Last des Haushalts auf ihren Schultern, aber nie habe ich gesehen, daß eine Last weniger drückte, und doch lief alles wie eine gutgeschmierte Maschine. Die ganzen Tage waren wir mit dem Auto unterwegs, und kurz vor der Essenszeit gingen wir in eins der großen Selbstbedienungsgeschäfte, die mir so gut gefielen. Es war amüsant, solche Mengen erstklassiger Lebensmittel an einem einzigen Ort aufgespeichert zu sehen. Ich ging so gern zwischen mächtigen Bergen von Gemüse und Obst und Tischen voll saftigem Fleisch und Ständen voll Konserven, Brot und Delikatessen umher. Es war eine Augenweide, und es war eine reizende Beschäftigung, hier ein Bund Spargel zu nehmen, dort ein paar Birnen und einige schöne Koteletts in Zellophanhülle und so weiter, bis unser kleiner Karren ganz voll war. Und dann breiteten wir alles vor einer jungen, schönen Dame aus, die an so etwas wie einem Drehkreuz stand, und dort bezahlten wir in aller Geschwindigkeit das Ganze. Und ich weiß nicht, wie Bobs Mama es eigentlich anfing, aber kaum mehr als eine halbe Stunde später saß die ganze Familie um einen gut gedeckten Tisch und verspeiste ein ausgezeichnetes, gut zubereitetes Essen. Hinterher halfen alle abräumen und das Geschirr in den Abwaschapparat stellen, und dann setzte Bobs Mama sich ans Klavier und sang amerikanische Volkslieder, als hätte sie nie an etwas so Triviales wie Haushaltsarbeit gedacht.

Aber das alles war jetzt vorbei. Hier saß ich in der

Eisenbahn mit Tante auf dem Wege nach dem »tiefen Süden«, nach Dixieland. Und Tante, die sich so gesperrt hatte, als ich zuerst den Vorschlag gemacht hatte, war jetzt, wie es schien, in strahlender Stimmung. Sie trommelte mit den Knopfstiefeln auf den Boden und summte irgend etwas, wovon sie glaubte, es wäre »Der schneeige Norden ist unser Vaterland« . . . Wahrscheinlich, damit der »tiefe Süden« sich freundlichst daran erinnern sollte!

Ich betrachtete sie forschend. »Du stehst wahrhaftig nicht jeden Tag mit einem Lied auf den Lippen auf«, sagte ich. »Ist dir wirklich ganz wohl?«

»Wohler als gewöhnlich«, sagte Tante. »Ich bin schon lange nicht mehr in so guter Stimmung gewesen.«

»Wieso?« sagte ich. »Um Gottes willen, wieso?« Denn es wirkte geradezu beängstigend, sie so munter zu sehen. Ich war so verblüfft darüber, als wollte eine gereizte kleine Klapperschlange sich auf einmal von mir den Rücken kraulen lassen.

Ich kam bald dahinter, wie es mit ihrer Ausgelassenheit zusammenhing. Sie war froh, daß wir von Washington und Bobs Familie fortkamen, vor allem war sie froh, daß wir von Bob fortkamen. Sie hatte eine Todesangst gehabt, ich würde im Ernst an Bob hängenbleiben – da drückte der Knopfstiefel! Jetzt hielt sie wohl die Zeit für gekommen, das Entwarnungssignal zu geben, und deshalb trommelte sie so übermütig mit den Absätzen. »Was du auch tust, Kati«, sagte sie, »verheirate dich nie in Amerika, das bringt dir nur Elend. Dieser Bob . . .«

Sie schloß den Satz mit einem Schnaufer ab.

Nein, wenn Tante zu bestimmen hätte, so würde ich mich nie verheiraten, weder in Amerika noch in irgendeinem anderen Erdteil. Ich würde jetzt und immer Tantes kleines Goldkind bleiben.

Im Augenblick war ich jedoch allzu erfüllt von dem neuen Erlebnis – in Amerika mit der Eisenbahn zu fahren –, daß ich nicht so im Handumdrehen entscheiden konnte, wie es mit den Hochzeitsglocken werden würde, ob, wie, wo und wann sie für mich läuten würden.

Pullman – das hatte man wie ein Zauberwort gehört, ungefähr seit man im zweiten Vorschuljahr war. Und nun saßen Tante und ich in so einem komfortablen Pullman-Wagen, der länger als vierundzwanzig Stunden unser Heim sein sollte. Ein dunkelhäutiger, Onkel-Tom-hafter »Porter« tappte wie ein sanftes, freundliches Heinzelmännchen umher und wachte über die Bequemlichkeit der Fahrgäste. Man brauchte nur auf einen Knopf zu drücken, so kam er herbeigeeilt, bereit, alles zu tun, was man wollte, einem bei dem Gepäck zu helfen, Zeitungen zu holen, eine Flasche Bier zu beschaffen, eine Tante zu töten oder was man nun für Wünsche hatte. (Zum Dank gab man ihm am Schluß der Fahrt einen Dollar – wenigstens wenn es sich um eine so lange Reise handelte.)

»Whoopee!« rief ich der Tante entzückt zu, denn jetzt begann ich, von dem Reiz der Reise gepackt zu werden. Wir waren beide so zappelig, daß wir auf unsern breiten Sofas hüpften, während wir mit einer Geschwindigkeit von – ja, man frage mich nicht, von wie vielen Kilometern dahinratterten. Dann und wann stießen wir ein unheimliches Brummen aus, wie man es aus dem amerikanischen Film so gut kennt. (Ja, natürlich nicht wir, sondern der Zug!) Oh, das klang so melodisch, ganz anders als der fröhliche Pfiff, mit dem ein schwedischer Zug seine Ankunft ankündigt.

»Edgar Allan Poe« hieß unser Pullmanwagen. Denn in Amerika hat nicht nur der Zug einen Namen, sondern auch die verschiedenen Wagen. Es ist eine hübsche Sitte, finde ich, den Zug zu taufen. Man muß zugeben, daß es bedeutend abenteuerlicher klingt, mit dem Chattanooga Choo-Choo zu fahren oder mit dem Morning Hiawatha als mit dem Zug Nummer 17 oder 56!

Edgar Allan Poe, das war, wie gesagt, unser Wagen, und das mußte man sich merken, wenn wir uns auf einen Ausflug nach dem Speisewagen begaben, um ein spätes Mittagessen einzunehmen.

Wir hatten uns kaum an einen Tisch niedergelassen, als ein Negerkellner herbeigeeilt kam und mir Papier und Bleistift reichte.

Mein Autogramm, aber gern, wollte ich gerade sagen, als mir einfiel, daß er das schwerlich haben wollte. Ich sah verstohlen unsere Tischnachbarn an und sah, daß sie ebenfalls etwas auf ein Blatt Papier schrieben. Nein, um Autogramme handelte es sich nicht. Man sollte nur aufschreiben, was man zu essen haben wollte.

Eine wirklich bezaubernde ältere Dame saß uns gegenüber, und ein wirklich ... nun, nicht gerade bezaubernder, aber sehr netter junger Mann mit sanften braunen Augen. Offenbar Mutter und Sohn. Wie immer in Amerika kamen wir bald ins Gespräch. Und Tante erstarrte wie ein Reh bei der ersten Witterung einer nahenden Gefahr, als der junge Mann freundlich lächelnd in dem schleppenden Dialekt der Südstaaten sagte: »Ah don't think ah have seen a Swedish girl in mah whole life!«

Es machte den Eindruck, als fände Tante, er könne sich auch weiterhin ganz gut ohne schwedische Mädchen behelfen. Aber die beiden netten Menschen wohnten in New Orleans, und ich dachte, es könne nicht schaden, dort eine kleine Beziehung zu haben. Also steckte ich »mein schrecklich gewinnendes Wesen« auf, wie Tante das nennt.

Sie dagegen wurde immer düsterer und verbissener, und sobald es nur möglich war, schleppte sie mich zurück zu Edgar Allan Poe.

Aber mit Edgar Allan Poe war eine wunderbare Veränderng vorgegangen, so daß wir ihn nie wiedererkannt hätten, wenn nicht der Name an der Tür gestanden hätte. Unser freundlicher »Porter« hatte die Betten gerichtet, während die Leute aßen. Und endlich war es mir vergönnt, so einen sonderbaren Schlafwagen zu sehen mit einem langen, schmalen Gang zwischen zwei Reihen von Schlafkabinen hinter grünen Vorhängen, wie man es so oft im Film gesehen hat. Da, wo Tante und ich gesessen hatten, waren jetzt zwei recht geräumige Kojen, eine über der andern. Tante streckte versuchsweise den Kopf in eine ganz andere Koje hinein, in der ein dicker Mann saß und die Hosenträger abzuknöpfen versuchte, aber er protestierte so heftig, daß Tante zurückfuhr und rasch in ihre eigene Kabine schlüpfte. Und ich kletterte in das obere Bett und brach mir fast das Schlüsselbein bei den Versuchen, meine neue amerikanische Bluse auszuziehen, die auf dem Rücken geknöpft war. Die Schlafstätten waren wirklich geräumig, aber es war recht beschwerlich, sich im Bett sitzend auszuziehen.

Bei der Tante unten ging es kolossal unruhig zu, und ich dachte: »Aha, das Korsett! Das kriegt sie nie im Leben auf!« Ich schob den Vorhang ein wenig zur Seite und sah zu ihr hinunter. Sie kämpfte keineswegs mit einem Korsett. Sie machte nur ihre gewöhnliche Abendgymnastik. Die wird sie auch am Tage des Jüngsten Gerichts nicht versäumen. Sie gab sich größte Mühe, das eine Bein hinter den Nacken zu schieben. Schließlich glückte es. Der praktische Nutzen einer solchen Stellung erschien mir ziemlich zweifelhaft, aber pittoresk sah es unbedingt aus. »Gute Nacht, Tantchen«, sagte ich. »Wundere dich nicht, wenn du heute nacht irgendeinen seltsamen Alptraum hast. Bedenke, in wessen Armen du ruhst – in Edgar Allan Poes Armen!«

Ja, dies war der Süden. Die rote Erde des Südens sah ich, wenn ich durch das Fenster des Zuges blickte. Und diese unansehnlichen, grauen, gebrechlichen Schuppen, in denen die Neger wohnten, waren weiß Gott auch der Süden. Man brauchte keinen Augenblick im Zweifel zu sein, wo Neger und wo Weiße wohnten, das konnte man in hundert Meter Entfernung sehen. Das hätte jedes Kind unterscheiden können.

Woran denkst du, alte, müde Negerin, wenn du auf dem Schaukelstuhl deiner Veranda sitzt? Ich sehe dich nur einen kurzen Augenblick, während der Zug vorbeibraust, ich werde nie erfahren, wie du es fertigbringst, in einer so grenzenlosen Armut zu leben. Aber dein Bild ist für ewig in meine Netzhaut eingegraben. So wie du da saßest und schwermütig in die sinkende Dämmerung starrtest, warst du für mich die Inkarnation deiner ganzen armen, geplagten Rasse. Ich sah so viele von euch genauso auf euren elenden Veranden sitzen. Für ein paar schnelle Sekunden sah ich eure dunklen Gesichter im Schein des Feuers, das in der Baracke brannte, die euer Heim war. Aber die Kinder sah ich draußen so munter umhertanzen, als wäre dies die beste aller Welten. Ein Zug fährt so schnell, und nie werde ich erfahren, ob du wirklich so traurig warst, wie du aussahst, meine Freundin im Schaukelstuhl.

Dunkler Abend war es, als wir in New Orleans ankamen. Ein dunkler, warmer Abend. Welch ein wunderbares Gefühl, plötzlich unmittelbar in die Wärme des Südens zu kommen! »Hier wird man schwitzen!« sagte Tante.

John Hammond, der junge Mann mit den sanften, braunen Augen, verschaffte uns eine Taxe. Er und ich hatten uns den ganzen Tag durch Georgia, Alabama und Mississippi hindurchgeplaudert, während die Tante und Frau Hammond Backrezepte austauschten. Jetzt im Augenblick des Abschieds fragte er sehr umsichtig, ob er uns am nächsten Tage im Hotel anrufen und uns die Stadt zeigen dürfe.

»O ja, tun Sie das«, sagte ich hastig, während die Tante nach Luft rang.

Sie schalt mich aus, während wir im Auto die lichtglitzernde Canal Street entlangfuhren. »Erst Bob und jetzt dieser hier«, sagte sie, »was soll das eigentlich heißen?« Ich konnte nicht umhin, sie ein bißchen zu necken.

»Non-stop Heartbreaking, von New York im Norden bis New Orleans im Süden«, sagte ich. »Das soll es heißen. Wenn man eine Männervertilgerin ist, so ist man es.« Sie brummte noch immer, als wir eine Weile später im Hotel ins Bett krochen. »Elend und nichts als Elend wird daraus entstehen!«

Zu allererst wollte ich den Mississippi sehen. Und früh am nächsten Morgen nahm ich Tante unter den Arm und steuerte direkt zum Fluß hinunter.

Flüsse haben etwas Faszinierendes. Man braucht nur den Namen eines Flusses zu nennen, und sofort werden eine ganze Menge Ideenverbindungen und Gedankenbilder angekurbelt. Zum Beispiel die Wolga! Das klingt so wehmütig. Das heilige Rußland im neunzehnten Jahrhundert, das Rußland Gorkis und Dostojewskijs. Der schwermütige Gesang der Wolgaschiffer an kalten Herbstabenden. Die Wolga ist für mich ein Fluß des Leidens. Aber die Donau. Frühling in Wien vor dem ersten Weltkriege. Kaiser Franz Joseph. Uniformen, Liebe, Tüllkleider, Wiener Walzer. Der Nil, der älteste der Flüsse! Pharao auf seinem Thron mit Krummstab und Geißel. Das hunderttorige Theben keuchend in der Wüstenglut. Weiße Ibisse im Sonnenuntergang. Und der Mississippi! Der Mississippi bei Nacht, Huckleberry Finn auf seinem Floß. Kleine amerikanische Siedlerorte. Das Theaterboot kommt. Wassermelonen. Magnolienbäume. Wehmütige Negerstimmen.

Nein, Flüsse sind mit nichts anderem zu vergleichen. Und hier vor meinen Augen war der Mississippi, gewaltig, mit trübem, graugelbem, trägfließendem Wasser. Aber kein zerlumpter Huck mit ausgefransten Hosen und einer Pfeife im Munde war zu sehen.

»Was ist denn dies für ein kleiner Fluß?« sagte meine von

Kenntnissen wenig belastete Tante. Und so eine mußte man mit über den Atlantischen schleppen! Es hätte genügt, wenn man ihr den Göta-Kanal gezeigt hätte.

»Darf ich vorstellen«, sagte ich. »Ol Man River Mississippi und hier meine Tante aus Schweden! So wie sie nun einmal ist.«

Es war warm. Nachdem Tante ohne größere Begeisterung eine Weile auf den Mississippi gestarrt und festgestellt hatte, daß ein Wasser wie das andere wäre, verlangte sie, eiligst in unser Hotelzimmer zurückgebracht zu werden, wo an der Decke ein Ventilator war. Dieser Ventilator war genau genommen alles, was die Tante von New Orleans sah.

Aber ich sah um so mehr. Mit John Hammond als Führer stürzte ich mich geradenwegs in das Vieux Carré, den berühmten Stadtteil, in dem in den Winkeln noch die französische Vergangenheit von New Orleans lebte.

»Haben Sie es hier immer so heiß?« fragte ich meinen Begleiter, während wir auf der Schattenseite der Royal Street dahinschlichen. Er lächelte wie über ein unwissendes Kind.

»Nennen Sie dies Hitze?«

»Ja«, sagte ich, »bedenken Sie, daß ich aus einem Lande komme, wo wir bis zum Hochsommer tiefgefrorene Knie haben.«

Da erzählte er mir etwas darüber, was Hitze eigentlich ist. Eine glühende, überall vorhandene Hitze, die regungslos über der Stadt liegt, von Ende Mai an, und irgendwann im Oktober die Einwohner wie einen Haufen ausgepreßter Zitronen zurückläßt.

»Heute ist ein wunderbar kühler Tag«, sagte er.

»Allright, dann ist es ja gut«, sagte ich und dachte, daß ich mich wohl nicht wehren würde, falls er das Gefühl hätte, einen Wagen nehmen zu müssen.

»Lots of atmosphere« sollte es in New Orleans geben, war mir gesagt worden. Und ein gut Teil dieser Atmosphäre war es wohl, die zwischen den baufälligen Häuserreihen hier im Vieux Carré stand. Es sind viele Bände über diesen Stadtteil geschrieben worden, der dem gewöhnlichen, geregelten Amerika so wenig ähnlich ist. Hier drängt sich eine große

Schar von Schriftstellern und anderm Volk, um aus dem malerischen Milieu Inspirationen zu schöpfen. Hier liegen pittoreske kleine Restaurants, die sich noch immer an die französische Küche und überhaupt an französische Gebräuche halten. Und hier liegen haufenweise Bars und Nachtklubs und Spielsäle, in denen das berühmte Nachtleben von New Orleans in heißen Nächten Blüten treibt.

Ja, auch ich fühlte mich inspiriert. Hier und dort öffnete sich ein dunkler Torweg zu einem Hof, und dort drinnen fand man einen wunderbaren Patio voller Blumen und Oleander und Akazien. In einem solchen »Patio« fand ich auch einen Wunschbrunnen. Hier konnte man für eine bescheidene Summe sich genau das wünschen, was man haben wollte, man stelle sich das nur vor! Ich warf flott drei schwedische Ein-Öre-Stücke in das klare Wasser des Brunnens. Aber dann sah ich, schamhaft errötend, ein, daß die schwedische Valuta heutzutage so schwach ist, daß sie in einem Wunschbrunnen nichts gilt, sondern beinahe mit Hosenknöpfen auf einer Stufe steht. Ich opferte also nach einem gewissen inneren Kampf fünf Cents in klingender Hartvaluta und wünschte, daß ich . . . Nein, das erzähle ich nicht!

Ich untersuchte alle Winkel und kletterte alle kleinen gewundenen Treppen hinauf und blieb vor allen Schaufenstern stehen, bis John, obwohl es »ein wunderbarer kühler Tag« war, merklich zu ermatten begann. Wäre er nicht so fein und wohlerzogen gewesen, wie er war, so hätte er sicher am liebsten wie jener Leutnant, als er mit seiner jungen Braut durch die Kirche zum Altar ging, gerufen: »Zum Teufel, Amalie, geh im Takt!«

»Wir essen bei Antoine« sagte John schließlich, um meine Schaulust zu unterbrechen.

»Eine gute Idee«, sagte ich, da ich viel von diesem berühmten alten Restaurant gehört hatte.

Dieselbe gute Idee schien die halbe Bevölkerung von New Orleans gehabt zu haben, so daß wir uns auf der Straße vor dem Restaurant anstellen mußten. »Antoine. Since 1840« stand auf einem Schild über dem Eingang zum Paradiese. Es gibt wohl nicht viele Restaurants in den

Staaten, die so alte Ahnen haben. Die Schlange war sehr gemütlich, und alle plauderten miteinander, um sich die Zeit zu vertreiben. Aber ich war hungrig, und meine Beine waren müde. Schließlich erklärte ich, daß ich in meinen Füßen ein Gefühl hätte, als hätte ich hier »since 1840« gestanden, und dann bekamen wir endlich einen Tisch und verleibten uns ein Dutzend »Rockefeller-Austern« ein, die Spezialität des Lokals.

Es ist in Amerika nicht wie daheim bei uns, daß man ausgeht und Mittag ißt und hartnäckig in demselben Lokal kleben bleibt, bis die Kellner die Stühle auf die Tische zu stellen beginnen. In Amerika werden alle Speisehäuser ungefähr um neun Uhr geschlossen. Wenn man dann vom Ausgehen noch nicht genug hat, muß man sich in Bars und Nachtklubs begeben.

Das taten John und ich nicht. Wir fuhren mit einem riesigen »Sightseeing«-Dampfer auf den Mississippi hinaus und tanzten auf dem Deck, während der Dampfer langsam stromaufwärts glitt. An den meilenlangen Kais sah man die dunklen Umrisse der Frachtdampfer aus allen Ecken der Erde. Die Nacht war warm. Der Himmel war voller Sterne. Noch mehr aber strahlten die Lichter der Stadt, noch mehr leuchtete und blinkte das Geglitzer hinter uns, das New Orleans war.

KAPITEL 15

»We don't want to mix with them people« – wir wollen uns nicht mit ihnen mischen. Etwas anderes als diese eigensinnige Erklärung konnte ich aus dem Droschkenchauffeur nicht herausbringen, den ich über seine Einstellung zu den Negern interviewte. Ja, er sagte auch: ein guter Neger sei ein Neger, der anderthalb Meter unter der Erde liege.

Aber da stieg ich aus dem Auto und zahlte.

Die armen »them people«, sage ich! Es war zu schaurig, Weiße und Farbige in demselben Staat nebeneinander leben zu sehen und doch so streng getrennt, als stände eine unsichtbare Mauer zwischen ihnen.

»Ich habe das Gefühl, als ob eine neue Harriet Beecher Stowe in mir heranwächst«, sagte ich warnend zu John Hammond, als wir in einem der kleinen, netten Restaurants im Vieux Carré zusammen lunchten, wo die Tische in dem offenen Patio unter freiem Himmel standen.

John grub mit dem Löffel in seinem Krabbencocktail und erwiderte nichts.

»Ich habe die tollste Lust, die Aufruhrfahne zu hissen«, fuhr ich fort. »Es ist abscheulich, zu sehen, wie ihr hier in den Südstaaten euch gegen die Farbigen benehmt!« Aber da begann John einen langen Vortrag. Er sagte, daß niemand, der nicht im Süden geboren sei, das Negerproblem gerecht beurteilen könne. Ohne Zweifel gäbe es eine ganze Menge feiner und gebildeter Neger, aber die große Masse könne man noch nicht beliebig loslassen, die weiße Rasse müsse ihre Oberherrschaft behalten.

»Durch Lynchen und andere Übergriffe«, warf ich ein. John überhörte das.

»Stell dir bitte einen Staat vor wie beispielsweise Mississippi«, sagte er, »wo es ebenso viele Neger wie Weiße gibt und in naher Zukunft vielleicht mehr Neger als Weiße. Und stell dir eine Plantage vor, wo vielleicht fünf, sechs weiße Menschen leben, umgeben von ein paar hundert Negern. Was meinst du, wie würde es gehen, wenn den Negern nicht die Unantastbarkeit der Weißen unbedingt klar wäre?«

»Unsinn«, sagte ich. »Ist das der Grund, warum du einem Neger nicht einmal die Hand gibst? Glaubst du, das würde auf einer Plantage in Mississippi zu einem unmittelbaren Aufstand führen?«

John sah sich besorgt um. Er fürchtete wohl, daß an den anderen Tischen jemand meine ketzerischen Äußerungen hören könnte. Dann begann er, von der Reconstruction zu sprechen. (Das tun alle Südstaatler früher oder später.) Reconstruction – das war das, was auf den Bürgerkrieg folgte. Den Krieg selbst kann man vergessen. Aber solange die Welt steht, werden die Südstaaten an das denken, was danach kam, die Reconstruction, also die Zeit, als die Armee der Nordstaaten die Südstaaten besetzte, die Neger freigab und ihnen wichtige Posten im Staatsleben zuteilte – und furchtbare Übergriffe von seiten der Neger die Folge waren.

Ich sagte zu John, er müsse ein märchenhaft gutes Gedächtnis haben, daß er sich an Dinge erinnern könne, die in der zweiten Hälfte des neunzehnten Jahrhunderts geschehen waren. Und da kam heraus, daß sein Urgroßvater gesagt hatte, man dürfte die Tage der Reconstruction nie vergessen. Später hatten die folgenden Generationen es nur nachgebetet.

Nein, es sei durchaus notwendig, behauptete John, daß die Neger noch mindestens ein Jahrhundert in Schranken gehalten würden, bis sie gebildeter geworden wären. Ich wendete ein, es wäre in diesem Falle angebracht, etwas mehr Geld daran zu wenden, sie gebildeter zu machen, und fügte hinzu, daß ich es nicht für lebensgefährlich hielte, wenn man ihnen inzwischen etwas gewöhnliche Menschlichkeit und Freundlichkeit erwiese.

John war jetzt fast von einer Panik ergriffen, daß einer der Umsitzenden hören könnte, was für ein Nigger lover ich war. Das ist die schlimmste Benennung, die man im Süden überhaupt bekommen kann. Aber ich fuhr unverdrossen fort, ihn zu interviewen, was man tun und was man nicht tun könne, wenn man als Weißer in den Südstaaten lebe. Ob er je einem Neger die Hand geschüttelt habe? Nie. Ob er sich vorstellen könne, mit einem Neger zusammen zu essen? Nie im Leben – es gäbe übrigens kein einziges Restaurant für Weiße, in dem ein Neger bedient werden würde. Ob er sich vorstellen könne, einen Neger in seiner Wohnung zu besuchen.

Darauf antwortete er nicht einmal, er stöhnte nur. Ich beschloß, ihn von der weiteren Gesellschaft einer so gefährlichen Anarchistin, wie ich es bin, zu befreien. Ich sagte, ich müsse in Ruhe nachdenken, und dann setzte ich mich auf eine Bank in den Anlagen am Jackson-Platz und dachte nach. Ich versuchte, mir vorzustellen, wie es sein würde, wenn ich ein Negermädchen hier in Louisiana wäre und nicht Kati aus Stockholm. Ja, wie würde es eigentlich sein? Zunächst einmal könnte ich nicht auf dieser Bank sitzen bleiben, dort dürfen nur Weiße sitzen. Ich hätte vielleicht Lust, in das benachbarte Museum zu gehen. Dort hingen Peitschen und Eisenketten, mit denen die Weißen meine Vorfahren gequält hatten. Dort war auch ein großer Tisch, der in früheren Zeiten bei Sklavenauktionen verwendet wurde. Auf diesem Tisch waren meine Vorfahren ausgestellt worden zur Betrachtung für die Kauflustigen. Ich könnte noch die Spuren sehen, die ihre Füße in dem Holz hinterlassen hatten. Ich könnte das alles sehen – falls es mir gestattet wäre, dorthin zu gehen, aber das ist es nicht.

Wenn ich eine Straßenbahn nehmen will, um von hier fortzukommen, so kann ich das freilich tun. Aber ich kann mich nicht hinsetzen, wo ich will. »For colored patrons« – nach diesem Schild muß ich mich richten. Wenn ich Durst bekomme und eine Wasserfontäne auf der Straße finde, so kann ich dort nicht meinen Durst löschen, das können nur die Weißen tun, denn ihr Durst ist ein vornehmerer Durst als meiner. Wenn ich mir etwas kaufen möchte, so kann ich in ein Geschäft gehen und das tun, jawohl, denn die Weißen haben entdeckt, daß mein *Geld* nicht anders ist als ihres. Aber ich werde natürlich nicht so bedient, als wenn ich eine Weiße wäre. Ich werde nicht »Miß« genannt. Ich habe vielleicht eine High School und ein College besucht, denn die gibt es merkwürdigerweise in gewissem Umfang auch für mich und meinesgleichen, aber ich kann jedenfalls nie eine Arbeit finden, bei der meine Kenntnisse zur Anwendung kommen. Ich muß mich mit einem einfachen Posten als Zimmermädchen im Hotel, im Haushalt oder mit ähnlichem begnügen. Ich bekomme für meine Arbeit nicht ebensoviel bezahlt, als wenn ich eine Weiße wäre.

Wenn ich das Geschirr abwasche, darf ich mein Eßbesteck nicht zusammen mit dem der Herrschaft waschen. Ich kann mir nicht eins der berühmten Fußballspiele hier in New Orleans ansehen. Ich kann nicht mit so einem »Sightseeing«-Dampfer auf dem Mississippi fahren, wie ich es tat, als ich Kati aus Stockholm war. Ich kann mich nicht in eins der gemütlichen Restaurants im Vieux Carré setzen. Ich kann dieses nicht tun, und ich kann jenes nicht tun, es nützt nichts, und wenn ich noch so viel Geld habe. Ja, es nützt nichts, selbst wenn mein Blut vielleicht zu drei Vierteln aus dieser außerordentlichen »weißen« Sorte besteht. Wenn ich auch nur ein kleines bißchen Negerblut in den Adern habe, bin und bleibe ich Neger, ich bin ein Jim Crow und falle unter das Jim-Crow-Tabu, das die weiße Rasse ersonnen hat, um meine Rasse in Schranken zu halten, denn »wenn man einem Neger den kleinen Finger reicht, so nimmt er die ganze Hand«, und »denkt an die Reconstruction«, und »niemand, der nicht im Süden geboren ist, kann verstehen« – was verstehen? – ja, daß »Nigger«, »Darkies«, »Sambos«, »Pickaninnies« eigentlich nichts anderes sind als eine Schar wilder Tiere, die vor kurzem dem Dschungel entronnen sind. So ist die bittere Wirklichkeit für mich armes Negermädchen in Louisiana. Und der einzige Trost, den ich finden kann, ist, daß es noch viel schlimmere Staaten gibt. Es gibt einen Staat, der heißt Mississippi, das ist der allerschlimmste, und ich muß froh sein, daß ich dort nicht geboren bin. Richard Wright war dort geboren, der ›Black Boy‹ schrieb.

Mit einem Seufzer der Erleichterung, daß ich ja doch Kati aus Stockholm war, erhob ich mich von meiner Bank und trabte zum Hotel, um zu sehen, ob Tante noch am Leben wäre. Nach menschlichem Ermessen war sie es. Sie hatte einen kleinen Zettel hinterlassen, auf dem stand, daß sie mit Frau Hammond ausgefahren wäre und daß ich nicht wagen solle, auch heute abend wieder so spät nach Hause zu kommen. Unser süßes schwarzes Zimmermädchen, Rosie mit den Mandelaugen, kam gerade herein. Seit mehreren Tagen hatte ich versucht, mit jemand in Berührung zu kommen, der mir sagen könnte, wie die Neger selbst ihre Stellung betrachten. Aber es ist für eine weiße Frau nicht leicht, mit einer Farbigen ins Gespräch zu kommen – in einem Lande, wo die Weißen praktisch nie mit solchen Geschöpfen sprechen.

Ich kann mir nicht vorstellen, was geschehen wäre, wenn ich ohne weiteres auf irgend jemanden auf der Straße zugegangen wäre und um eine Unterredung gebeten hätte.

Jetzt aber nahm ich mir Rosie vor. Sie war *sehr* erstaunt. Schließlich aber löste sich ihre Zunge. Sie glaubte nicht, daß der liebe Gott gemeint habe, daß es so sein solle, sagte sie. »Die Weißen betrachten uns wie Tiere«, sagte sie. »I just wonder why«... ich möchte nur wissen, warum, sagte sie und blickte mit ihren schönen Augen schwermütig vor sich hin. »I just wonder why«, das wiederholte sie wieder und wieder, als wäre es ganz unmöglich zu begreifen und als wolle sie wirklich eine Erklärung haben.

»Gibt es viele Farbige in Ihrem Lande?« fragte sie zuletzt schüchtern. Das klang so unbeschreiblich demütig, ungefähr als frage sie, ob wir auch solche hätten, auf denen wir herumtrampeln könnten.

Dann erzählte sie mir von ihren Kindern, entzückenden Kinden. Die kleinste, Olivia, wäre quite a lady, genau wie eine feine Dame, beteuerte sie. Da fragte ich kühn, ob ich nicht zu ihr kommen und die wunderbare Olivia sehen dürfe. Wenn ich ihr die schwedischen Kronjuwelen angeboten hätte, so hätte sie nicht verblüffter sein können. Verblüfft und entzückt. Dies war ja fast das schlimmste von allem, daß es eine solche Begeisterung erregte, daß eine Weiße sich herablassen wollte, sie in ihrer Wohnung zu besuchen.

Was für ein völlig einzigartiges Ereignis es war, begriff ich erst, als ich einige Stunden später in das Viertel kam, in dem sie wohnte. Das ganze Viertel war in Aufruhr. Kraushaarige Kinder umschwärmten meine Taxe und zeigten mir Rosies Haus. Das Gerücht von meiner bevorstehenden Ankunft hatte sich offenbar weit verbreitet. Der Chauffeur machte ein Gesicht, als habe er etwas Ungenießbares verschluckt, und er fragte wiederholt, ob er nicht draußen warten solle. Aber das sollte er nicht.

Eine kleine Stube und eine Küche hatte Rosie. Dort wohnte sie mit Mann und vier Kindern und Rosies Kusine und der halbwüchsigen Tochter von Rosies Kusine. Es kam kein Tageslicht in den Raum, wenn man nicht die Tür zur Straße öffnete. Eine elendes Surrogat einer menschlichen Wohnung, das war es. Die vier Kinder starrten mich an, als wäre ich der Erzengel Gabriel und von meinem Himmelsthron herabgestiegen. Auf dem Fußboden war eine Pfütze. Der Kleine, die quite a lady war, hatte wohl ein kleines Mißgeschick gehabt. Aber so etwas kann Ladies in den besten Familien passieren. In der Stube war ein Stuhl. Auf dem saß ich. Die andern saßen auf den Betten. Rosie redete. »In Mississippi ist es viel schlimmer als hier in Louisiana«, sagte sie. »In Mississippi geschehen schreckliche Dinge. Dort verschwinden nachts Neger. Man sieht sie niemals wieder. Natürlich wenn man sie nicht an einem Baum hängend findet.« Ob ich das Lied gehört habe, fragte Rosie. Und dann sang sie es mir und den Kindern vor, die stocksteif dastanden und mich anstarrten:

> »Southern trees bear an strange fruit.
> Blood on the leaves and blood at the root.
> Black bodies swinging in the Southern breeze,
> Strange fruit hanging from the poplar trees.«

Ich ging zu Fuß nach Hause, so weit ich konnte. Ich ging durch die elendsten Negerviertel, bis ich wunde Füße bekam. Es tat weh. Aber innerlich tat es mir noch weher. Und ich empfand es irgendwie als gerecht, daß mir die Füße wund waren. Ich ging und ging und murmelte heftige Flüche vor mich hin. Heftige Verfluchungen meiner eigenen Rasse.

Schließlich rief ich eine Taxe an. Der Chauffeur dieses Autos war es, der den Ausspruch tat: Ein guter Neger ist ein Neger, der anderthalb Meter unter der Erde liegt. Und da stieg ich aus und humpelte weiter bis zum Hotel. Dort zog ich meine Schuhe aus und pustete die wunden Stellen. Das war das einzig Erfreuliche an diesem Tage.

KAPITEL 16

»Verheirate dich nie in Amerika«, sagte Tante zum wer weiß wievielten Male, »das bringt dir nur Elend. Dieser John . . .« Sie klappte den Kofferdeckel energisch zu.

Die Tante denkt, daß mein Gehirn, sobald ich ein Wesen

männlichen Geschlechts sehe, ganz automatisch einen Plan auszuarbeiten beginnt, wie ich ihn zum Altar schleppen kann, ohne daß er es merkt. Deshalb schwieg ich. Es lag mir nichts daran, ihr zu erklären, daß John ein sehr zuverlässiger Begleiter war bei meinen nächtlichen Irrfahrten durch die dunklen Viertel von New Orleans und daß es äußerst angenehm war, auf dem French Market so gegen drei Uhr morgens an einem Stand mit ihm Kaffee zu trinken und Brötchen zu essen. Aber um mit ihm zum Altar zu gehen, war er nicht geeignet, und auch er würde wahrscheinlich rennen, bis er krepierte, wenn ich ihm Pläne in dieser Richtung unterbreiten würde.

»Übrigens habe ich diese Kreolenstadt jetzt satt«, fuhr Tante fort. »Kreolen und immer wieder Kreolen! Wir wollen abreisen!«

Ich blickte sie nachdenklich an. Man sagt, wenn man zu lange in New Orleans bleibe, so werde man früher oder später »kreolisiert«. Ich glaube, das trifft bei Tante nicht zu. Auch wenn sie den Rest ihres Lebens mäuschenstill mitten im Herzen des Vieux Carré säße, würde sie bei ihrem Hinscheiden ebensowenig kreolisiert sein wie ein Faluner Pferd.

Alles, was in New Orleans fein ist, ist kreolisch. Es ist fein, kreolisches Blut in den Adern zu haben (und das bedeutet keineswegs, daß man irgendeine Art Mischrasse mit Negereinschlag ist, sondern es bedeutet, daß man von den alten französischen und spanischen Familien abstammt, die zuerst New Orleans kolonisierten). Auch die kreolische Küche steht hoch im Kurs. Alle französischen Restaurants im Vieux Carré preisen eifrig Creole chicken und Creole vegetables und alte kreolische Fischrezepte an. Denn es ist fein, kreolische Speisen zu essen. Fein, ja, aber mächtig gewürzt.

Und jetzt fand Tante die ganze Stadt zu gewürzt und sehnte sich nach nördlicheren Gegenden.

»Wir wollen nach Minnesota fahren«, sagte ich. »Das ist ja im Grunde eine schwedische Kolonie. Die Sprache der Ehre und der Helden schlägt einem in jeder Kneipe entgegen. Alle Männer der Regierung haben schwedisches Blut in den Adern.«

»Und ich habe eine Tante in der Nähe von Minneapolis«, sagte die Tante.

»Whoopee!« schrie ich. »Das entscheidet die Sache. Auf nach Minneapolis!«

Ich war mir freilich darüber klar, daß der Tantenmarkt in der nächsten Zukunft reichlich übersättigt sein würde, da nun so unerwartet noch eine auftauchte. Aber andererseits war es nicht mehr als gerecht, daß Tante den Unterschied kennenlernte, ob man eine Tante *hat* oder ob man eine *ist*.

John fuhr uns zum Flugplatz.

»Ah don't think, Ah'll ever fohget you«, sagte er und sah mich mit seinen braunen Augen treuherzig an.

Na, na, dachte ich, vielleicht nicht, ehe unser Flugzeug die Grenze von Louisiana passiert hat.

Nachdem wir den Atlantischen im Flugzeug überquert hatten, war die Tante jetzt so air-minded, daß es fast nur noch eine Frage der Zeit war, wann sie sich selber an das Steuer einer DC6:a setzen und mit ihr Sturzflüge machen würde.

Wir flogen über das gewaltige Mississippital und machten hier und da Zwischenlandungen. Gehetzte Geschäftsleute mit der Aktenmappe unter dem Arm stiegen in einer Stadt ein und nach einer Stunde in der nächsten aus. Ich bilde mir ein, daß sie zu ihrer Arbeit flogen. Ein Schulmädchen lernte ihre Aufgaben. Wenn sie nur mit dem zweiten Punischen Krieg fertig wurde, ehe das Flugzeug landete!

Aber es gab auch richtige Langstreckenfahrer wie Tante und ich und Frau Morton. Frau Morton kam aus Kuba und wollte nach Kanada. Eigentlich wohnte sie aber in Kalifornien, und sie wollte nächstens einen kleinen Urlaub auf Hawaii verbringen. Sie war sehr unterhaltend. Sie schwatzte unentwegt zwischen Tulsa und Omaha und zeigte mir einen Brief von ihrem kleinen Hund. Von ihrem kleinen Hund, jawohl. »Liebes Frauchen, mir geht es gut. Ich spiele jeden Tag mit den anderen Kindern auf der Ranch. Ich habe einen so schönen Cowboyanzug. Ich hoffe, Du hast eine gute Reise! Kisses from Scotty!«

Ich bat Frau Morton um eine Erklärung. Ob ich nie von einer Dude-Ranch gehört hätte, fragte Frau Morton. Ja, ich wußte, daß Dude-Ranch ein Ort war, wo unternehmende Amerikaner zusammenkommen, Cowboykleidung anziehn, Pferde besichtigen und tun, als ob sie Cowboys und Cowgirls wären. Well, Scotty befand sich auf einer Dude-Ranch für Hunde, so einfach war es. Ein ausgezeichneter Platz, wo Hunde es gut hatten, während Frauchen und Herrchen auf Reisen waren. Scotty hatte eine eigene kleine Koje in einem eigenen kleinen Gehege mit einem eigenen kleinen Baum, an dem er das Bein heben konnte. Und er hatte, wie gesagt, einen Cowboyanzug und spielte und amüsierte sich mit den andern. Und dann und wann schrieb er an Frauchen einen Brief. O Zeus, gib dem Geschlecht einen Knabensinn, ein hoffnungsvolles Gemüt und Phantasie – aber sind die Amerikaner nicht ein klein wenig übergedreht in bezug auf Verspieltheit?

Wenn ich mir eingebildet hatte, ich würde über einen Schweden stolpern, sobald ich in Minneapolis aus dem Flugzeug stiege, hatte ich mich getäuscht. Tante und ich gingen einen ganzen Tag in der Stadt umher mit Ohren wie Hörrohre, um vielleicht an irgendeiner Straßenecke ein kernfrisches schwedisches Wort aufzufangen. Aber vergeblich! Es war Sonntag, und wir fuhren nach dem schönen Park,

> »where the falls of Minnehaha
> flash and gleam among the oak trees,
> laugh and leap into the valley«,

wie Longfellow so schön singt. Aber ich muß schon sagen, daß »the falls of Minnehaha« erheblich abgenommen haben, seit der junge Haiwatha auf starken Indianerarmen seine Freundin Minnehaha durch den brausenden Strom trug. Ein sehr bescheidener kleiner Wasserfall war es geworden, der gar nicht mehr jauchzte, sondern eher wie eine schwermütige Träne ins Tal hinunterrann. Rings im Park feierte Minneapolis seinen Sonntag mit Picknicks im Grünen. Aber noch immer kein schwedischer Tonfall. Ich sah einen großen, rosigen alten Herrn von nordischem Aussehen, der auf einer

Bananenschale ausglitt und seine hundert Kilo mit Wucht auf den Boden knallte. Ich dachte: jetzt oder nie. Jetzt werde ich wohl endlich einige warmherzige schwedische Wörter hören, die einem patriotischen Herzen so teuer sind. Aber nein. Er rappelte sich still und leise auf. Der Mann hatte nicht einen Tropfen schwedisches Blut in den Adern, darauf will ich Gift nehmen.

Aber einen alten Bekannten trafen wir in Minneapolis. Ol Man River Mississippi, der hier, so nah den Quellen, unbändiger und wilder war als in New Orleans.

Die Tante der Tante wohnte in einem Altersheim einige Kilometer von Minneapolis. Wir fuhren am nächsten Tage mit einem Autobus dorthin. Gerade ehe der Bus abfahren wollte, stieg ein junger Mann in Arbeitskleidern ein. Etwas so Blondes, so Blauäugiges und so Betrunkenes habe ich wenigstens noch nicht gesehen. »För faen«, sagte er, »hemma i Sviden, där har vi roligt hela vickan!« Zum Teufel, daheim in Schweden amüsieren wir uns die ganze Woche. (Er fand offenbar, daß man diese gute Gewohnheit auch in Amerika einführen müsse). Er sprach sehr gebrochen schwedisch – sicher machte er sich nur unter dem Einfluß des Rausches den Spaß, die Sprache seiner Eltern zu sprechen. Nachdem er eine Stunde lang den ganzen Bus unterhalten hatte, wankte er zum Chauffeur und fragte bekümmert: »Weißt du noch, wo ich aussteigen wollte?«

Der Fahrer erinnerte sich offenbar, denn er setzte ihn behutsam an einer Haltestelle ab, und der ganze Bus sah mit gespanntem Interesse diesem schwedischen Sproß nach, wie er mit seligem Lächeln dahinirrte, einem unbekannten Ziel entgegen, bereit, sich die ganze Woche zu amüsieren. Das war der erste Schwede, den ich in Minnesota sah.

Aber nicht der letzte. Nein, nicht der letzte. Ich traf viel Schweden dort, viele lebende . . . und eine ganze Menge tote. Elin gehörte zu den Toten. Sie starb in den achtziger Jahren des 19. Jahrhunderts, und sie war noch nicht neunzehn Jahre alt gewesen. O Elin, wie habe ich über dich geweint! Ich saß an einem Grabhügel, und der wunderbarste Frühling blühte um mich, und es tat mir so weh, daß du nicht neunzehn Lenze erleben durftest.

Ich weinte übrigens nicht nur über dich, ich weinte über alle Schweden, die auf diesem Friedhof fern in Minnesota ihren letzten Schlaf schliefen. Es war ein alter, alter Friedhof, und fast alle, die hier ruhten, waren in Schweden geboren. Grabsteine mit lauter schwedischen Namen, eine nordische Frühlingslandschaft ringsum. Kann sich jemand wundern, daß ich das Gefühl hatte, weinen zu müssen, und daß ich zu Elin flüchtete, die erst neunzehn Jahre war. Oh, ich sah alles vor mir! Das Kätnerhaus daheim in Smaaland, Elin mit dem vollgepackten gestreiften Amerika-Rucksack, Vater und Mutter geleiten sie ein Stück durch die Wiese, die kleinen Geschwister stehen am Zaun und weinen, Mutter wischt sich die Augen mit der Schürze. »Lebewohl, Elin, schreib, sobald du kannst. Du hast doch die Butterbrote? – Lebwohl!« Und dann geht Elin und sieht den Weg kaum vor Tränen, aber sie wendet sich nicht um. Und dann die Eisenbahnfahrt zusammen mit all den andern aus dem Kirchspiel – es ist ganz nett, nach Amerika zu reisen. Die furchtbare Überfahrt mit dem Schiff, zwei schimmelige Butterbrote sind bei der Ankunft in New York von dem Proviant noch übrig. Aber Minnesota, das ist ja genau wie daheim in Smaaland. Nein, doch wohl nicht ganz. – Nein, nein, ganz und gar nicht wie daheim. Oh, dieses furchtbare Heimweh! Und die Krankheit – und noch mehr Heimweh . . Mutter, ich will wieder nach Hause zu Mutter! Aber Mutter ist so weit fort. Schweden ist so weit fort. Oh, ich bin erst neunzehn Jahre alt, ich will nicht sterben!

Und daheim im Kätnerhause ein Brief mit einer amerikanischen Marke: »Eure Tochter Elin ist vorige Woche gestorben, ich glaube, sie war brustkrank.«

Als ich soweit gekommen war, nahm ich mich selbst beim Kragen. Was man sich doch alles ausdenken kann, nur um weinen zu dürfen! Gib zu, Kati, daß du selber Heimweh hast! »Du hast doch die Butterbrote« . . Etwas so Albernes habe ich noch nie gehört. Kannst du dir nicht auch ausdenken, was für Belag auf diesen Stullen aus den achtziger Jahren des neunzehnten Jahrhunderts war – dann hast du noch mehr Grund, zu weinen. Kalbssülze zum Beispiel, das ist doch wohl ergreifend genug.

Nachdem ich mich selbst genügend lange verspottet hatte, waren meine Augen so trocken, daß ich Tante zum Altersheim begleiten konnte, um ihre Tante zu begrüßen. Und da war es wieder um mich geschehen. Da saßen lauter alte Frauen und Männer, die vor dreißig, vierzig, fünfzig Jahren nach Amerika ausgewandert waren. Sie alle sprachen schwedisch, und sie sprachen über Schweden so, daß ich . . kurz, daß ich wieder erledigt war. Ich weinte und schluchzte, daß Tantes Tante ganz außer sich war. Sie war so alt, und sie freute sich so, uns zu sehen, und sie sprach von ihrem alten Vaterland und von ihrem neuen Vaterland so, daß . . kurz, ich holte ein neues Taschentuch heraus. Tantes Tante stand am Fenster und blickte uns nach, als wir gingen. Man kommt wirklich mit nur zwei Taschentüchern nicht weit, muß ich sagen! Aber als wir nach Minneapolis zurückgekehrt waren, hatte ich mich richtig tapfer zusammengenommen, und Tante und ich gingen zum Frühlingskonzert des Schwedischen Instituts. Es war einmal ein armer schwedischer Emigrantenjunge, der hieß Turnblad. Er wurde reich und baute sich ein Haus in Minneapolis, einen ganz furchtbar großen Kasten – man kann nicht verstehen, daß jemand es aushalten kann, darin zu wohnen. Turnblad konnte es auch nicht aushalten. Er zog bald von dort aus und schenkte das Haus einer Stiftung, die für die Pflege der schwedischen Kultur in Amerika lebt und wirbt. Dieses Frühlingskonzert fand dort statt.

Ich hätte nicht hingehen sollen. Da sitzt man so fern von Schweden und hört einen Männerchor singen. Einen Männerchor, dessen Mitglieder vielleicht nie ihren Fuß auf schwedischen Boden gesetzt haben, die aber dennoch ihren schwedischen Ursprung nicht vergessen. Kann man einen solchen Männerchor singen hören: »Geliebtes Land, dir gilt mein Lied«, ohne zu weinen, meine ich. Ich konnte es nicht.

Dann kamen wir nach Chicago, und dort geschah es. Ich habe mich von dem Schock noch nicht recht wieder erholt. Wer hätte auch denken können, daß . . . Nein, ich sage es noch nicht. Ich sage nur, daß Tante und ich nicht ahnten, was das Schicksal für uns bereit hielt, als wir unseren apfelsinenfarbenen, stromlinienförmigen Zug bestiegen, der uns von Minneapolis nach Chicago brachte.

»Morning Hiawatha« hieß der Zug. Klingt das nicht wie ein Triumphgeschrei? Wir setzten uns in den Aussichtswagen ganz hinten im Zuge und fühlten uns sanft und freundlich gestimmt beim Anblick der grünen, weichen, hügeligen Landschaft, durch die wir fuhren. Es war nicht erstaunlich, daß so viele schwedische Pioniere sich hier niederließen. Es war sicher gut wohnen hier.

Verstreut im Grün lagen die weißen Gehöfte mit ungeheuren Scheunen und hohen weißen Getreidespeichern. Es wäre interessant gewesen, zu wissen, in wie vielen dieser Häuser ein Andersson oder Pettersson oder anderer . . . son wohnte. Vielleicht in den meisten. Ungefähr die Hälfte aller Farmer von Minnesota stammt aus Skandinavien.

Als wir in Chicago aus dem Zug sprangen – wer stand da auf dem Bahnsteig, die treuherzigen blauen Augen voll Tränen? Natürlich Onkel Elof! Onkel Elof, der mit zweiundzwanzig Jahren ausgewandert war und den ich noch nie gesehen hatte. Er war seit zweiundvierzig Jahren in Amerika, aber er sah trotzdem so ganz bäuerlich und nett und »eigengemacht« aus. Es war ein sehr feierliches und merkwürdiges Gefühl, ihn zu treffen. Aber noch hatte ich keine Ahnung, daß der Flügelschlag des Schicksals in der Luft rauschte.

Tante hatte einen großen Teil der Fahrt darauf verwendet, mich auf Chicago vorzubereiten. »Wenn du um eine Straßenecke biegst und hörst etwas, was rattata sagt, so wirf dich sofort platt auf den Boden«, sagte sie, »denn dann ist es eine Maschinenpistole und vielleicht Herr Capone selbst, der sie abschießt.«

Ich wendete ein, Al Capone wäre längst tot, und die Maschinengewehrmusik in Chicago wäre verstummt. Aber Tante hatte eine Statistik gelesen, daß einmal in einem Jahre in Chicago 367 Morde geschehen wären und daß kein einziger Mörder gefaßt worden sei. Das war freilich lange her, aber wenn 367 Mörder damals nicht gefaßt worden waren, so lag ja die Annahme auf der Hand, daß sie jetzt mit frischen Kräften bereit standen, sich auf Tante und mich zu stürzen. Tante wollte sich keiner Gefahr aussetzen. Sie hatte unser Geld an den raffiniertesten Stellen versteckt. Ich glaube nicht, daß auch ein superschlauer Al Capone auf den Gedanken gekommen wäre, in der Tasche von Tantes rotem Unterrock zu suchen – also ich fühlte mich recht sicher. Aber Tante blickte alle, denen wir begegneten, mißtrauisch an. Man soll nicht denken, daß sie einen Gangster und einen Gauner nicht erkennt, wenn sie einen sieht.

»Ich habe schon vier gesehen«, flüsterte sie mir zu, noch ehe wir uns in Onkel Elofs Auto gesetzt hatten.

Das Federal Bureau of Investigation müßte so jemand wie die Tante haben, das ist sicher. Dann würde es nicht 367 unaufgeklärte Morde geben!

Onkel Elof wohnte in einem eigenen Hause in einem Vorort, und dort versammelte sich im Laufe des Abends anscheinend ungefähr die Hälfte der schwedischen Bevölkerung Chicagos, um von der Heimat zu hören. Nie werden wir daheim die unglückliche Liebe der Schweden in Amerika zu dem alten Land verstehen. Wenn wir es täten, würden wir uns etwas mehr bemühen, den Kontakt aufrechtzuerhalten und dann und wann zu zeigen, daß wir den Einsatz der Schweden in Amerika zu schätzen wissen. Aber nein, wir schlendern nur zwischen unsern Tannen und Fichten umher und fühlen die Ströme der Sehnsucht nicht, die in östlicher Richtung über den Atlantischen gehen. Nur wenn Ströme von amerikanischen Erbschaften und Kaffeepaketen nach derselben Richtung strömen, reißen wir die Augen auf und erinnern uns, daß es in Amerika Schweden gibt. Eine ganze Menge! Und fast alle, wenigstens, die, die ich getroffen habe, bekommen ein Leuchten im Gesicht, wenn sie an ihr Heimatdorf denken.

Das Heimatdorf, von dem sie träumen, gibt es natürlich nicht mehr so ganz, und daher ist es für sie am besten, daß sie es nur in schönen und luftigen Träumen wiedersehen. Im Traum ist alles noch genauso, wie es vor dreißig, vierzig Jahren war, als sie aufbrachen. Möchte ein Schwede, der in Amerika ansässig ist, nicht am allerliebsten dieses eine erleben: heimkommen, unnatürlich gut gekleidet, die Taschen voll Dollars, daheim auf dem Bahnhof aussteigen, von genau denselben Menschen empfangen, die ihn vor dreißig Jahren als armen Jüngling abreisen sahen, den wohlbekannten Weg zu dem kleinen grauen Haus gehen, dieselben alten Apfelbäume sehen, dasselbe Schwalbenpaar, das unter dem Dachfirst nistet, dieselben Eltern in der Küche dort drinnen?

Wenn sie an dieses alles denken, kommt das Leuchten in ihr Gesicht. Ein Ortsname kann genügen, um es hervorzulocken. Aber ihre Kinder sind mit Haut und Haar Amerikaner. Sie bekommen kein Leuchten im Gesicht, und wenn man in ihrer Gegenwart siebzehnmal »Krähwinkel« sagt.

»Ich begreife nicht, warum Andrew nicht kommt«, sagte Onkel Elof, während wir in Freude und Eintracht Kaffee tranken. Tante und ich und Onkel Elof und Onkel Elofs Frau und das halbe Schwedisch-Amerika.

Da kam Andrew. Andrew mit silbergrauem Haar und einem heiteren Gesicht von der Farbe eines Winterapfels. Noch immer wußte ich nicht, daß das mächtige Instrument des Schicksals auf ziemlich krummen Beinen über die Schwelle trat. Andrew steuerte direkt auf die Tante zu.

»Wilhelmina«, sagte er, »kennst du mich noch?«

Offenbar tat sie es. Eine helle Röte breitete sich über ihr Gesicht.

»Und du bist noch ebenso schmuck wie früher«, fuhr Andrew fort. Tante errötete noch mehr.

»Aha!« sagte ich bedeutsam.

Und nun begann Andrew jedem, der es hören wollte, zu erzählen, wie Wilhelmina und er damals, als das Jahrhundert jung war, abends in einer Laube gesessen und sich gebalgt hatten und so weiter.

»Und so weiter«, wiederholte Andrew nachdrücklich.

Tante sah verlegen aus und wünschte offenbar vor allem, daß ich mich in Omaha oder sonstwo befände, wo ich Andrews muntere Scherze nicht hören konnte.

»Erzählen Sie weiter«, sagte ich ermunternd zu Andrew, und er ließ sich nicht lange bitten.

Damals war man arm an Money«, fuhr er fort, »aber reich an Romantik.« Das sagte er mit einem schelmischen Blick auf Tante.

»Ja ja, Wilhelmina, das war damals. Bist du heute noch ebenso munter?«

Ich sah Tante an. Jetzt begann sich um ihren Mund eine Falte zu bilden.

»Und ob!« erwiderte ich statt ihrer. »Sie ist das munterste Mädel, mit dem man durch die Lande ziehen kann. Man hat es aber nicht leicht, sie in Ordnung zu halten.« Tante war noch immer in aufgeregter Verfassung, als wir mehrere Stunden später zu Bett gingen. Ich sang ihr etwas vor, damit sie sich beruhigen sollte. »Any time is the time to fall in love«, sang ich. Aber ich konnte nicht merken, daß es viel nützte.

Es wird behauptet, Chicago sei die amerikanischste der amerikanischen Städte. God save America – ich glaube das! In Chicago leben muß ungefähr so sein, wie mit einem furchtbar vitalen Kind umgehen, das jede Sekunde ein neues Ventil für seine Energie findet. Man ist zunächst sehr angeregt und denkt, daß man noch nie ein so lebendiges Kind getroffen hat. Aber bald sitzt man erschöpft da und sehnt sich danach, daß es für das Kind Zeit wird, zu Bett zu gehen. Ein ohrenbetäubenderes, hektischeres, siedenderes Großstadtchaos, als es »The Loop« in Chicago bis zum Rande füllt, kann man, glaube ich, nirgends in der Welt finden. New York erschien im Vergleich tatsächlich ruhig und friedlich. Und wenn man sich vorstellt, daß Chicago vor hundert Jahren eine kleine Stadt mit etwa fünfzig Einwohnern war! Tante und ich wanderten in »The Loop« umher, bis wir das Gefühl hatten, daß unsere Nerven ein verwirrtes Knäuel wären, und wir rannten wie gehetzt über die Straßen. Schließlich schlüpften wir in ein Lunchrestaurant, um uns zu verschnaufen und etwas zu essen.

Der Umgangston in Chicago ist bestimmt frischer und herzlicher als irgendwo anders selbst in Amerika.

»Did your girls enjoy your lunch? – fragte unser Serviermädchen freundlich, als wir fertig waren. Tante sah etwas verdutzt aus, als sie »girl« genannt wurde, aber sie trug es mit Fassung. Nur ich kicherte. Dann gingen wir in das ungeheure Warenhaus von Marshal Field, das in ganz Amerika berühmt ist. Tante trat vorsichtig an einen Ladentisch und zupfte an einer Bluse. Da kam eine kleine, gutgeschminkte Achtzehnjährige und sagte entgegenkommend: »Can I help you, honey?« Wenn man die Tante daheim im Kaufhaus »Süßing« genannt hätte, so hätte sie sich wahrscheinlich bei der Direktion beschwert. Aber sie hatte sich ja allmählich an wilde amerikanische Sitten gewöhnt, so daß sie die Verkäuferin nur etwas vorwurfsvoll ansah und ihrer Wege ging.

Andrew kam jeden Abend zu Onkel Elof. Ich war mir völlig darüber klar, daß es nicht meinetwegen geschah. Nein, Andrew wollte noch mehr von der Laube sprechen. Wie man aus einer kleinen armseligen Laube so viel Stoff herausschlagen konnte, war mir ein Rätsel, denn ich liebe abwechslungsreiche Unterhaltungsthemen. Aus Gerechtigkeit muß ich aber zugeben, daß Andrew auch ziemlich viel von seiner Reparaturwerkstatt sprach. Es war ein gutes Unternehmen, das zehn Arbeiter beschäftigte. Heutzutage war Andrew nicht arm an Money, das sah man deutlich. Und ich glaube, an Romantik fehlte es auch nicht. Er lud Tante und mich ein, in seinem Auto spazierenzufahren. Eines Abends wollte er uns durchaus zu einem Baseball-Match mitnehmen, aber die Strafe des Himmels war über mich gekommen in Gestalt rheumatischer Schmerzen in der rechten Schulter, so daß Tante allein fahren mußte.

»Komm aber nicht zu spät nach Hause«, sagte ich streng zu ihr. »Und steh nicht hinterher noch ewig mit Andrew auf der Veranda, sondern komm gleich zu deiner alten Kati. Ich lege mich jetzt hin mit meinem Rheuma und einem guten Buch!«

Die Tante stand da, ein ohnmächtiges Opfer der widerstreitendsten Gefühle. Einesteils hätte sie mich am liebsten verprügelt, andernteils war sie ängstlich wegen des lebensgefährlichen Gelenkrheumatismus, den ich nach ihrer Meinung bekommen würde, und schließlich wollte sie auch gern mit Andrew fahren.

Ich beruhigte sie.

»Lauf nur, kleiner Wildfang«, sagte ich. »Andrew wartet schon im Auto und hupt. Laß dich von meinen Alterskrämpfen nicht hindern, dich nach Herzenslust auszutoben.«

Da ging die Tante mit ärgerlichem Brummen. Ich wollte gern etwas über Baseball hören, wenn sie nach Hause kam. Man kann ja nicht von Amerika fortreisen, ohne etwas über dieses Spiel zu wissen, das für einen Amerikaner notwendiger ist als die Luft, die er atmet. Die Melodie des Sommers in Amerika ist das Geräusch des Holzschlägers gegen einen Lederball. Millionen und aber Millionen kleiner Amerikaner, die sozusagen mit einem Schlagholz in der Faust geboren werden, träumen davon, einmal bei den großen Turnieren mitspielen zu dürfen. Übrigens scheinen *alle* Amerikaner in diesem Falle genau wie die kleinen Kinder zu sein.

»Sieh zu, daß du ein Baseball-Champion wirst«, sagte Andrew zu Tante, »dann ist dein Glück in Amerika gemacht.«

Tante schnaufte. Man mochte alles mögliche von ihr verlangen, aber ein neuer Babe Ruth gedachte sie nicht zu werden, das hörte man deutlich.

Aber wenigstens hätte sie mir doch erzählen können, wie es zuging.

»Ach«, sagte Tante, »sie liefen hin und her und balgten sich. Einige hantierten auch mit dem Ball. Wahnsinnig albern. Ich habe die ganze Zeit die Chicago Tribune gelesen.«

Nachdem sie sich hingelegt hatte, war es eine lange Weile still. Das einzige, was man von ihr hörte, war dann und wann ein dumpfes Seufzen.

»Was seufzest du denn so schwer, Tante?« fragte ich bescheiden.

Da brach sie in einen Tränenstrom aus. »Andrew«, schluchzte sie, »Andrew will, daß ich mich mit ihm verheirate.«

Langsam erlangte ich nach diesem Erdbeben das Bewußtsein wieder. Was hatte Tante gesagt: »Andrew will, daß ich mich mit ihm verheirate!«

Man weiß sehr wenig von Tanten. Ich habe meiner Tante nie einen gewissen herben Charme abgesprochen, aber in bezug auf das männliche Geschlecht hielt ich sie für ziemlich ungefährlich. Sie und ungefährlich! Eine regelrechte Verführerin schleppte man durch die Staaten mit sich herum. Eine femme fatale, die die Herzen der Männer mit Füßen trat, daß es nur so unter den Knopfstiefeln krachte.

Niemand soll mir nachsagen können, daß ich keine taktvolle Natur war. Ich sagte nicht: »Verheirate dich nie in Amerika, das bringt dir nur Elend! Dieser Andrew . . .« Es hätte nahegelegen, der Tante ihre eigenen Worte zurückzugeben. Aber nein, ich sagte nur: »Ist das ein Grund, so bitterlich zu weinen?«

Da bohrte sich Tante noch tiefer in das Kissen und weinte, als wäre Andrews Werbung ein Unglück, das man nur mit der Titanic-Katastrophe vergleichen könnte. Ich redete lange auf sie ein. Schließlich begriff ich, wie es zusammenhing: Andrew war ja doch ihre Jugendliebe, und sie wollte sich so gern mit ihm verheiraten, und Amerika war wirklich ein Land, in dem es sich gut leben ließ, ihr hätte es vom ersten Augenblick an gefallen. (Man höre!) Aber es könne ja nicht davon die Rede sein, daß sie mich verließe, mich armes, kleines, elternloses Kind, sie hätte es meiner Mutter auf dem Sterbebett versprochen, und wenn sie nur etwas Zeit hätte, so würde sie über die Sache mit Andrew hinwegkommen.

»Aber im Gegenteil«, sagte ich, legte mich auf mein Kissen zurück und lachte vor mich hin. Ich wurde bald zweiundzwanzig und hatte kaum einen Schritt im Leben ohne Tante getan. Ich konnte mir nicht vorstellen, wie es sein würde, über mich selbst zu bestimmen. Aber daß es hochgradig an der Zeit war, es zu tun, das sah ich ein.

Ich lachte noch mehr. Die Zweizimmerwohnung in der Kapitänstraße ohne Tante, wie würde das sein? Es würde recht hübsch werden, dachte ich bei mir, obwohl ich diesen Gedanken schlecht und undankbar fand. Eva könnte zu mir ziehen, wir arbeiteten im selben Büro und waren immer gut miteinander ausgekommen.

»Das beste ist, wir reisen gleich morgen von Chicago ab«, sagte die Tante kläglich.

»Unmöglich«, sagte ich. »Morgen gleich sprichst du mit Andrew und bittest ihn, den Brautkranz zu bestellen.« Es dauerte eine Weile, bis meine Argumente wirkten, und es war viel Diplomatie nötig, um ihr zu erklären, daß mein Leben nicht ein reines Elend ohne sie werden würde. Ihre Dankbarkeit und Güte waren grenzenlos, als sie schließlich einsah, daß sie nicht als ein Ungeheuer angesehen werden könne, wenn sie sich mit Andrew verheiratete. Sie stand auf und trat an das Fenster in ihrem durablen Flanellnachthemd und blickte in die Sterne und war eine lange Weile gar nicht wiederzuerkennen. Dann sagte sie: »Du mußt mir fest versprechen, daß du jedes Jahr vom 1. November ab die Wollhosen anziehst.«

Dann schlief sie wie ein braves Kind ein, ich aber lag wach und grübelte.

O all die Tränen, die auf dem Bahnhof in Chicago am Tag meiner Abreise geflossen sind. Von dem großen Brand von Chicago hat man ja gehört, aber dies war die große Überschwemmung. Ehe es soweit kam, hatte Tante fünfzehnmal Andrew ihr Jawort gegeben und ihm fünfzehnmal mitgeteilt, daß leider nichts daraus werden könne, sie könne die arme kleine Waise nicht verlassen. Also mußte die arme kleine Waise die Gelegenheit wahrnehmen und sich an einem Tag davonmachen, wenn die Tante zufällig in der Stimmung war, einzusehen, daß es der Jugend nur guttut, auf eigenen Füßen zu stehen. Aber gerade im Abschiedsaugenblick erschrak Tante über ihren Wahnsinn und weinte und schluchzte, daß es Aufsehen erregte und daß Andrew, der daneben stand, sich wie ein Missetäter vorkam.

Ich streichelte der Tante tröstend die Wange und faßte Andrew unter den Arm.

»Ich will, daß ihr beide glücklich werdet«, sagte ich, »und

ich werde euch immer wie eine Mutter sein. Wenn ihr irgendwelchen Kummer habt, so denkt an die alte Kati daheim in der Kapitänstraße!«

Commodore Vanderbilt wollte jetzt aufbrechen. Ich sprang auf ihn hinauf. (Nur Ruhe, Ruhe, Commodore Vanderbilt war kein Herr, sondern ein Zug.) Die Tante stieß ein Geheul aus wie eine Feuerwehrsirene, so daß die Leute sich umsahen, wo denn Feuer ausgebrochen wäre. Und Commodore Vanderbilt führte mich in immer schnellerem Tempo von ihr fort. Da stand sie, meine kleine, graue Tante, die Arme pathetisch nach mir ausgestreckt. Aber ich konnte sie kaum sehen, denn meine Augen waren voll Tränen. Es tut auf jeden Fall weh, wenn man den Nabelstrang durchschneidet, der einen mit einer Tante verbindet.

Ich setzte mich in den Klubwagen und fühlte mich wie ein Pferd, das den Kopf heimwärts wendet. Aber es war ein recht trauriges und verlassenes Pferd. Es dauerte jedoch nicht lange, bis das Pferd, ein Glas Fruchtsaft schlürfend, in einer Unterhaltung mit den Umstehenden begriffen war, die alle eifrig auf mich einredeten, wie ich meine zwei letzten Tage in New York am besten ausnützen könne. Sie wollten auch hören, was ich über Amerika dächte. Ein älterer Herr sagte ermahnend, ich solle mir nicht einbilden, daß ich irgend etwas über das Land wisse, ehe ich nicht wenigstens einige Jahre dort gewesen sei. Alles sei genau entgegengesetzt, als ich annähme, das dürfte ich nicht vergessen. Ich gab demütig zu, daß er wohl recht hätte, und beschloß, mich überhaupt nicht über Amerika zu äußern, wenn ich heimkam. Wenn die Leute mich fragten: »Nun, wie war es in Amerika?« Dann würde ich nur antworten: »Danke, sehr nett, und wie geht es dir selbst?«

Am nächsten Morgen war ich in New York, und als ich auf dem Zentralbahnhof aus dem Zug sprang, stand Bob dort und wartete auf mich. Es war genau, als träfe man einen alten Kindheitsfreund.

Ich erzählte ihm von Tantes Liebesgeschichte und der nahe bevorstehenden Heirat. Er stand ganz still, während seine Augen immer größer wurden. Schließlich sagte er, er sei immer ein Spötter und Lästerer gewesen, der nicht an Wunder geglaubt habe. Aber jetzt habe er den Beweis bekommen, daß für Gott nichts unmöglich ist, und in Zukunft würde er ein anderer Mensch werden.

Ich sagte Bob, ich möchte eine große Dosis New York genießen, damit ich im Herbst meines Lebens etwas hätte, woran ich mich erinnern könnte.

»Bist du sicher, daß du im Herbst deines Lebens nicht in New York wohnen wirst?« fragte Bob, und ich sagte, davon wäre ich fest überzeugt. Da sah er etwas niedergeschlagen aus, aber die Sonne schien, und der Himmel war so blau, und das Wasser des Flusses glitzerte unterhalb der Riverside Drive, wo wir gerade entlangfuhren. Die Rasenflächen der Parkanlagen waren so grün, und die Leute lagen da überall in Haufen, vor allem neben den Schildern, auf denen stand: »Keep off«, denn die Amerikaner sind ein freiheitliebendes Volk.

»Dies hier ist New York«, sagte Bob, wenn wir uns in die sonderbarsten kleinen Restaurants unten in Greenwich Village begaben.

»Dies hier ist New York«, sagte er, wenn wir durch die Armenviertel des Ostteils fuhren.

»Dies hier ist New York«, sagte er und führte mich durch den Bowery, »die Straße der vergessenen Menschen«, wo die verkommensten Individuen in den Torwegen standen, aus Flaschen tranken, sich auf dem Bürgersteig an kleinen Feuern wärmten und ihre anspruchslosen Kleidungsstücke untereinander austauschten.

»Dies hier ist New York«, sagte Bob und drängte sich mit den Ellbogen zu einem Tisch in Sammys Bar durch, wo Dutzende von alten, dicken, grell geschminkten Weibern auftraten und auf einem Podium den sogenannten »gay nineties« tanzten, die lustigen neunziger Jahre. Nachdem sie ihre muntere Nummer gesungen und ihre dicken Beine genügend geschwenkt hatten, saßen sie in einer Ecke, jede auf einem Holzstuhl, und sahen aus, als sehnten sie sich danach, zu sterben oder wenigstens fortzukommen von allem Lärm und Betrieb. Sie waren alt und abgearbeitet und keine Spur gay nineties, und New York ist eine harte Stadt für die Armen und Alten.

»Dies hier ist New York«, sagte Bob und zog mich die Treppe hinauf zu einer Rollschuhbahn am Broadway. Was für ein phantastisches Gemisch von Menschen allein schon auf einer Rollschuhbahn. In New York kann man aussehen, wie man will. Dort rollt ein junges Mädchen, zärtlich auf den Arm ihres Kavaliers gestützt, wirklich elegant und geschmackvoll. Aber das Mädchen wiegt bestimmt hundert Kilo. Man muß schon in New York sein, um ungehemmt mit so einer Figur vor Zuschauermassen Rollschuh zu laufen. Und dort rollt ein Bürovorsteher, ja, er muß Bürovorsteher sein, sonst würde er nicht so ernsthaft und korrekt und geschniegelt aussehen. Er läuft Rollschuh, als befände er sich mitten in Ausübung seines Dienstes. Es sieht unbeschreiblich lächerlich aus. Und dort rollt eine alte Großmutter, das heißt, sie versucht es. Sie ist sicher bald achtzig und hat früher noch nie auf Rollschuhen gestanden, aber in Amerika ist man nie zu alt, etwas Neues zu probieren. Zwei von den Angestellten halten sie unter den Armen, und ihre schmächtigen Beine rutschen bald hier-, bald dorthin, aber sie rollt entschlossen um die Bahn. Bewegung ist gut, und Bewegung ist es! Für die Angestellten. Dort rollt ein junges Negermädchen, nein, sie rollt nicht, sie tanzt auf ihren Rollschuhen so anmutig, daß man den Blick nicht von ihr wenden kann.

»Dies hier ist New York«, sagte Bob, als wir uns auf der Rutschbahn auf Coney Island in einen Abgrund stürzten, daß ich mein letztes Stündlein gekommen glaubte. »Ist es nicht wunderbar?« schrie er. »Bist du nicht froh, daß du lebst?« – »Froh«, rief ich zurück, »das reicht nicht! Ich bin außer mir!«

»Looks like New York«, sagte Bob und deutete achtlos mit dem Daumen auf das phantastische Panorama, auf das wir aus dem 102. Stockwerk des Empire State Building hinunterblickten. »Ich glaube, auch das ist New York«, sagte ich und schloß die Augen. Metropolis, das war es – es wurde einem fast schwindelig.

»Dies hier ist auch New York«, sagte Bob, als wir an dem letzten bitteren Abend mit der Pferdedroschke durch den

Zentralpark fuhren. Dann sagte er eine lange Weile nichts. In der Ferne hörte man das Brausen der Stadt, der Stadt, die niemals schlief. In der Ferne leuchteten die Lichtreklamen über dem Broadway.

»Kati, weißt du *ganz* genau, daß du im Herbst deines Lebens nicht in New York wohnen wirst?« fragte Bob. »Ja, Bob, das weiß ich ganz genau«, sagte ich.

Er fuhr mich am nächsten Morgen zum Flugplatz, und ich dankte ihm aus vollstem Herzen für alles Schöne, was wir zusammen gehabt hatten. Er steckte mir zwei Orchideen an den Mantel und sagte, ich solle mich da oben unter den Eisbären nicht allzu sicher fühlen. Eines schönen Tages werde er in Stockholm auftauchen. Und dann, Kati!

»Gott segne dich, Bob«, sagte ich. »Erhalte dir deinen Kinderglauben, solange du kannst!« Draußen wartete das Flugzeug. Ich umarmte Bob und lief davon.

»Eines Tages, eines Tages holt er seine Braut«, summte ich vor mich hin, während ich den Steg zum Flugzeug hinaufging. Aber ich wußte ganz genau, daß er es nicht tun würde und daß es sehr gut war, daß er es nicht tat. Es war jetzt Zeit für mich, heimzukehren. Es war Zeit, zu dem Stenogramm-block und dem Geplauder der Mädchen im Büro und beim Lunch im Norma und zu dem kleinen Gehalt zurückzukehren, das für so vieles reichen mußte. Es war Zeit, in eine Stadt zurückzukehren, wo die Menschen so ernst aussahen und wo alles so geradlinig und richtig war und wo niemand auf dem Bürgersteig ein Feuer anzündete und kein Bürovorsteher Rollschuh lief. Ich wollte heim nach Stockholm, nach meinem Stockholm, wo die Dämmerung so blau über dem Riddarholmsfjord lag und das Wasser in der Tiergartenbucht so sacht gegen das Ufer gluckste. Meine geliebte Stadt, die in den hellen Frühlingsnächten so träumend dalag, daß man nicht laut zu sprechen wagte, um sie nicht zu wecken. Ja, es war Zeit für mich, heimzukommen. Vielleicht war es auch Zeit, zu Jan zurückzukehren. Er hatte in der letzten Zeit richtig nette Briefe geschrieben. Er würde mich vom Flug-platz abholen, schrieb er.

>Breathes there a man with soul so dead,
who never to himself hath said:
This is my own, my native land?
whose heart hath ne'er within him burn'd,
as home his footsteps he hath turn'd,
from wandering on a foreign strand?«

Ich sprach es leise vor mich hin, während das Flugzeug sich zur Landung anschickte. Dort unten lag die schönste Stadt der Welt. Und dort unten irgendwo wartete Jan. Ich sah ihn durch die Glaswand, sobald ich den Zollabfertigungsraum betrat.

»Jan«, schrie ich und verwünschte die Glaswand, die uns trennte. Er nickte ernst. Oh, wie blaß und entschlossen er aussah! Und wie groß er war! Ich hatte gar nicht gewußt, daß er so groß war!

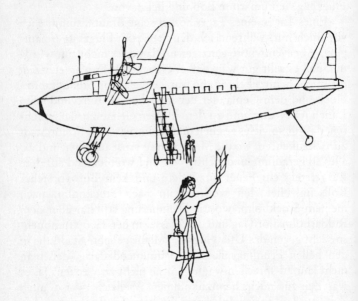

Kati in Italien

Kapitel 1

»Großartig«, sagte Jan. »Dann heiraten wir sofort.«

»Meinst du?« sagte ich und legte den Kopf nachdenklich auf die Seite. Ich hatte ihm gerade erzählt, daß meine Tante auf und davon sei und sich mit einem alten Bewunderer in Chicago verheiratet habe. Meine Tante, mit der ich die Zweizimmerwohnung in der Kapitänstraße im fünften Stock geteilt hatte.

Jetzt war ich auf einmal Alleininhaber der kleinen Wohnung. Mehr noch: ich war plötzlich eine gute Partie. Besser zwei Zimmer und Küche mit Kati in der Kapitänstraße als ein kleines, scheußlich möbliertes Einzelzimmer bei einer bissigen Witwe auf Kungsholm. Mit einem solchen hatte Jan sich bisher begnügen müssen, und das war nicht viel für einen jungen, vielversprechenden Architekten. Kein Wunder, daß er es großartig fand, zu mir überzusiedeln. Er redete lange und ausdauernd davon, wie großartig es werden würde. Aber ich hatte die ganze Zeit das Gefühl, daß die Zweizimmerwohnung das Großartige sei, nicht ich.

Schließlich fragte ich Jan, ob er die Geschichte von dem Landwirt kenne, der ein Heiratsgesuch in die Zeitung gesetzt hatte: Junger Landwirt sucht Bekanntschaft zwecks eventueller Heirat mit Dame, die einen Traktor besitzt. Antwort mit Bild . . von dem Traktor.

»Was meinst du damit?« sagte Jan gereizt.

»Ich meine, daß du mich etwas an diesen Landwirt erinnerst.«

Das konnte Jan überhaupt nicht verstehen. »Rede keinen Unsinn, sondern zieh den Mantel an, dann können wir gleich das Aufgebot bestellen«, sagte er.

Aber da erwiderte ich bitter: »O nein, lieber Jan, ich wage nicht, mich mit dir zu verheiraten. Eines schönen Tages triffst du vielleicht eine, die drei Zimmer und Küche hat, und dann stehe ich da!«

Hui, wie wurde Jan böse! Er sagte, wenn ich so dumm sei, die Liebe eines ehrlichen Mannes wegzuwerfen, dann müsse ich mir wirklich selbst die Schuld geben, wenn ich eine alte Jungfer würde. Er werde mich nicht weiter belästigen.

Das tat er auch nicht. Zwei Tage lang nicht. Ich dachte in diesen zwei Tagen gründlich nach. Alte Jungfer, hatte er gesagt. Ich begann, mich vorsichtig an den Gedanken zu gewöhnen. Man konnte sich einen kleinen Mops anschaffen und einige Kanarienvögel, man braucht nicht unbedingt Jan zu haben. Ja, je mehr ich darüber nachdachte, um so mehr neigte ich zu dem Mops.

Ich war zweiundzwanzig Jahre alt und war mit Jan »gegangen«, seit ich neunzehn war. Es würde so leicht sein, einfach in eine Ehe hineinzuschlittern. Aber ich wollte nicht in etwas hineinschlittern, wenn ich nicht überzeugt war, daß es das Richtige sei. Ach, wie konnte man wissen, was das Richtige war? Müßte man nicht eine Wünschelrute haben und damit alle seine Bewerber untersuchen? (Ich habe allerdings nicht mehr als einen, aber trotzdem!) Wenn die Wünschelrute dann plötzlich über einem Kopf ausschlüge, wüßte man sofort ganz sicher: der ist es! Wer weiß, vielleicht gab es irgendwo in der Welt einen Menschen, der ganz anders war als Jan, der nur darauf wartete, daß meine Wünschelrute ihn als den Einzigen und Richtigen bezeichnen würde. Ich bezweifelte zuweilen, daß Jan der Einzige und Richtige sei. Allerdings behauptet Eva, Männer seien nur dazu da, damit man geläutert würde, und von diesem Gesichtspunkt aus war Jan ein wirklicher Fund. Jan war tatsächlich ungeheuer darauf erpicht, mich zu läutern oder sagen wir: mich zu ändern. Er versuchte immer, mich anders zu machen, als ich war. Ich durfte nicht lustig sein, denn dann fand Jan mich albern, und ich durfte nicht zu ernst sein, denn hinter einer kleinen, runden Mädchenstirn dürften nicht zu viele »Gedanken und Gedankensplitter« sein, behauptete er. Aber ich sollte allgemein interessiert sein, damit er über dieses und jenes mit mir sprechen könne. Er müsse über die Arbeit mit mir reden können. Über seine Arbeit natürlich, nicht über meine! Versuchte ich gelegentlich, ihm etwas von meinem spannenden Dasein als Stenotypistin in einem Anwaltsbüro zu erzählen, wurde er merklich zerstreut, und es endete nur damit, daß ich seufzend sagte: »Allright, reden wir lieber über Zeichnungen. Wie hattest du dir die Nordseite der Volksschule in Pyttaakra vorgestellt?«

Über dies alles grübelte ich während der zwei Tage, an denen Jan nichts von sich hören ließ. Da war auch noch etwas anderes. Ich war, wie schon gesagt, zweiundzwanzig Jahre alt und war bisher am Gängelband meiner Tante gegangen. Ich hatte nie versucht, selbständig zu sein. Das Leben war voll von praktischen Einzelheiten, die ich nicht beherrschte. Man mußte Steuererklärungen machen, Kleider in Mottensäcke tun und sehen können, ob ein Stück Fleisch zäh war oder nicht, und man mußte darauf achten, wann die Lebensversicherung verfiel, und wissen, wie man es anfing, den ganzen Monat mit dem Wirtschaftsgeld auszukommen. Dieses alles hatte Tante für mich besorgt. Ich war nicht imstande, alles selbst zu erledigen. Ich mußte es erst lernen. Ich konnte nicht aus Tantes Armen unmittelbar in Jans Arme wandern, da ich nun endlich einmal Gelegenheit hatte, auf eigenen Füßen zu stehen.

In feiner Weise versuchte ich, Jan dies zu erklären, als wir uns wieder trafen.

»Du meinst, daß du nichts mehr von mir wissen willst«, sagte er unendlich gekränkt.

Nein, das meinte ich nicht. Hin und wieder bildete ich mir ein, in ihn verliebt zu sein, hin und wieder glaubte ich jedenfalls, er sei der Einzige und Richtige. Aber ich wollte sicher sein. Ich brauchte etwas Zeit.

»Laß mir ein Jahr Zeit«, sagte ich zu Jan.

»Tu, wie du willst«, erwiderte er übellaunig, »aber in einem Jahr kann viel geschehen.«

Ich nehme an, das sollte eine Drohung sein, doch in meinen Ohren klang es wie eine Verheißung.

Nachdem Jan fortgegangen war. stand ich an meinem geöffneten Fenster und blickte gedankenvoll zu den vereinzelten Sternen auf, die den Sommernachtshimmel hinter den Häuserreihen der Kapitänstraße tüpfelten.

»In einem Jahr kann viel geschehen«, sagte ich erwartungsvoll zu mir selbst.

Dann rief ich Eva an. »Willst du für ein Jahr den Junggesellenhaushalt mit mir teilen?« fragte ich.

»Was sagst du?«

Ich wiederholte meinen Vorschlag. Es wurde im Hörer ganz still.

»Bist du noch da?« fragte ich ungeduldig. »Warum antwortest du nicht?«

»Ich packe schon«, sagte Eva.

KAPITEL 2

Eva, ja! Was soll man von Eva sagen? Sie ist blond und geschmeidig und sehr gesprächig und ziemlich schlagfertig, und dies alles, im Verein mit einer gewissen Launenhaftigkeit ihres beweglichen Wesens, mischt sich zu einer Art Aprilcharme, dem mancher arme Jüngling erliegt.

»Mit der Liebe bin ich endgültig fertig . . . augenblicklich«, sagte sie oft. Sie verliebte sich in einem fort, aber es ging immer rasch vorbei. Die Gegenstände wechselten so schnell, daß einem vom Zusehen schwindelig wurde. Während ich treu mit meinem alten Jan herumzog, wußte Eva von einem Tage zum andern nicht, wen sie auf ewig liebte.

> »And if I loved you Wednesday,
> well, what is that to you?
> I do not love you Thursday,
> so much is true«,

sagte sie unbarmherzig zu dem hoffnungsvollen Knaben, der eines Donnerstagmorgens früh anrief und sie an ihre warmen Liebesworte vom Abend vorher erinnerte. Aber er konnte sich auch selbst die Schuld geben, weil er Eva vor neun Uhr anrief und ehe sie ihren Tee getrunken hatte.

Evas Wiege stand in Aamaal. Mit zwanzig Jahren wanderte sie nach der Hauptstadt aus. Es muß damals in Aamaal erschreckend still geworden sein!

Ich bin mit Eva im gleichen Büro, und wir sind immer gut miteinander ausgekommen. Niemand anders möchte ich lieber in Tantes früherem Zimmer haben als gerade Eva, und sie war begeistert, zu mir übersiedeln zu können. Seit zwei Jahren war sie in Stockholm. Während dieser zwei Jahre hatte sie an sieben verschiedenen Stellen gewohnt, fast so gemütlich und behag ich wie Dreyfus auf der Teufelsinsel, behauptete sie. Im Augenblick bewohnte sie ein Zimmer in der Döbelnstraße. Darin standen ein Bett, ein Tisch und zwei ungeheure Palmen in Kübeln. Wenn das Fenster offen stand, raschelte es in den Palmblättern, daß man sich am Mittelmeer glauben könne, sagte Eva.

»Näher werde ich wohl nie an das Mittelmeer herankommen«, fügte sie hinzu.

Dann und wann nachts tauchte eine verirrte Wanze auf Evas Kopfkissen auf. Sie fing sie sofort und sperrte sie in eine besondere kleine Schachtel, die sogenannte Wanzenschachtel, die sie neben dem Bett stehen hatte. Am Morgen überreichte sie dann die Wanzenschachtel regelmäßig der Wirtin, die beteuert hatte, daß kein Ungeziefer in der Wohnung sei. Der Wirtin war es gar nicht angenehm, die Wanzenschachtel zu bekommen. Sie zog den Mund zusammen und machte ein Gesicht, als habe sie den Verdacht, daß Eva eine eigene Wanzerei betreibe, daß die Schachtel eine Art Wanzen-Remonte-Stall sei, in dem Eva besonders gute Exemplare aufzog.

»Die Leiden zweier Jahre haben mich gegen Zimmervermieterinnen rücksichtslos gemacht«, sagte Eva warnend zu mir.

»Klingt für mich sehr verheißungsvoll«, erwiderte ich.

»Das eine ist jedenfalls sicher: du kommst nicht über meine Schwelle, ehe du richtig entwanzt bist!«

Schon am nächsten Abend kam sie. Erwartungsvoll und nach eigener Angabe völlig entwanzt, kletterte sie meine fünf Treppen hinauf, hinter ihr ein Dienstmann, der ihre irdischen Habseligkeiten trug. Ich wohne in einem alten, notdürftig modernisierten Hause, das keinen Fahrstuhl hat. Seit ich mit sechs Jahren zu meiner Tante kam, bin ich diese Treppen hinauf- und hinuntergelaufen. Es wäre eine geeignete Aufgabe für einen Statistiker, auszurechnen, wie oft ich nur auf diesen Treppen um die Erde gelaufen bin.

»Davon bist du so geschmeidig und explosiv«, sagte Eva.

Wie war es lustig an dem ersten Abend, als sie kam! Zuerst besichtigten wir die Räumlichkeiten. Das war bald getan, denn die Zweizimmerwohnung ist nicht groß. Sie ist vielmehr klein. Sie ist klein, und sie liegt ganz hoch oben und ist altmodisch gemütlich mit schrägen Wänden und Fensternischen. In dem einen Zimmer ist ein kleiner Alkoven. Und dann ist da eine Küche, mutmaßlich die kleinste Küche von ganz Östermalm.

Es ist klar, daß die Wohnung ein auffallend tantliches Gepräge hatte, ein ziemlich düsteres und steifes tantliches Gepräge, aber das gedachten wir so schnell wie möglich zu ändern.

Wir setzten uns in eine Fensternische und machten Pläne. Aßen und machten Pläne.

Evas Eltern daheim in Aamaal sind der Überzeugung, daß ihre kleine Tochter in der Großstadt verhungern muß, wenn sie nicht dann und wann ein Freßpaket von daheim bekommt. Sie hatte gerade heute eines bekommen, mit Hausmacherwurst, gebratenen Hühnchen und Kuchen.

Wir saßen da und aßen, und mit dem Hühnerbein, das ich in der Hand hielt, veranschaulichte ich die Veränderungen, die ich vornehmen wollte.

»Luft und Licht müssen wir haben«, sagte ich, und Eva nickte zustimmend.

Durch das offene Fenster hörten wir das Klappern von Schritten unten auf der Straße. Oh, nichts klingt so sommerlich! Nur im Sommer klappert es so munter auf den Stockholmer Straßen. Der laue Abendwind strich um unsere Stirnen, und die Maiglöckchen, die in einer Vase auf dem Fensterbrett standen, sandten dann und wann betäubende Duftwellen aus. Alles war sehr schön. »Man wird heute Nacht wunderbar schlafen«, sagte Eva, »ohne Palmenrauschen und Wanzenschachtel.«

KAPITEL 3

Jede Frau müßte einmal die Möglichkeit haben, sich ein eigenes Heim einzurichten, ganz unabhängig davon, ob sie heiratet oder nicht. Der ihr innewohnende Trieb, Handtücher zu säumen und kleine irdene, feuerfeste Formen zu kaufen und Spitzenstreifen an den Wandbrettern anzubringen, müßte ohne Rücksicht auf ihren Zivilstand befriedigt werden.

Wie die Dinge jetzt liegen, kann ein Mädchen sich von ihrem Verlangen nach all diesen Beschäftigungen leicht zu dem Glauben verleiten lassen, in irgendeinen Unglücksmann verliebt zu sein. In irgendeinen beliebigen Mann, der ihr die Möglichkeit schafft, ihre Einrichtungsgelüste zu befriedigen, und der ihr zugleich den Titel Frau gibt. Dieser letzte Punkt ist natürlich nicht der unwichtigste.

Ich entwickelte Eva meinen Standpunkt, wenn wir abends Vorhänge säumten.

»Der Einrichtungshang und der Hang nach dem Frauentitel haben manches Mädchen zu Fall gebracht«, sagte ich weise. »Jaja, es ist vielleicht gar nicht so sonderbar.«

»Na«, sagte Eva, »so schrecklich wundervoll kann es wohl doch nicht sein, plötzlich Frau Johansson zu heißen. Und für den armen Johansson mag es auch nur mäßig ergötzlich sein, wenn er dahinter kommt, wie die Rangordnung der Frau ist: Zuerst kommen die Handtücher, dann kommt das Silberzeug, dann das Kaffeeservice, dann kommt eine ganze Weile gar nichts, und schließlich kommt Johansson.«

Uns tat dieser unbekannte Herr Johansson unsagbar leid, und wir waren sehr zufrieden, weil wir so prächtige Ansichten hatten und weil *wir* keinen Mann zur Ehe zu drängen brauchten in dem heimlichen Hintergedanken an gepunktete Voilegardinen. Wir hatten auch ohnedies die wunderbare Frechheit, Volants zu säumen. Und das taten wir mit Eifer. Meter für Meter.

Und nicht nur das! Wir richteten die Wohnung neu her, so daß Tante das Gesicht in strenge Falten gelegt haben würde, wenn sie es gesehen hätte. Jan half uns, mein netter, wenn auch damals etwas verbitterter Jan. Es konnte nicht so lustig für ihn sein, Abend für Abend Tapeten zu überstreichen oder auf allen vieren zu liegen und Fußböden zu firnissen, wenn er immerfort daran denken mußte, daß *er* ja an Evas Stelle hier hätte einziehen können, wenn ich nicht so störrisch gewesen wär. Er fand mich ungewöhnlich albern und sagte mir dies auch mehr als einmal, während er mit seinem Malerpinsel energisch Tantes dunkle Wände bearbeitete. Und obwohl er im Grunde Eva gern mochte, konnte er natürlich ihre Anwesenheit in der Wohnung nicht mit besonders freundlichen Augen ansehen.

»In einem Jahr fliegst du hier raus, so viel will ich dir sagen«, versicherte er ihr.

»In einem Jahr kann viel geschehen«, sagte Eva. Diese Worte hörte ich zum zweitenmal, und ich zuckte in einer geheimen Erwartung zusammen, obwohl ich mir um keinen Preis hätte vorstellen können, was geschehen sollte.

Aber ich schob schnell alle Gedanken an die Zukunft beiseite und konzentrierte mich darauf, Tantes altväterisches Sofa so vorteilhaft wie möglich aufzustellen und meine Bücher auf dem neuen Regal zu ordnen, das Jan uns getischlert hatte. Meine lieben, alten Bücher!

»Lies nicht soviel«, sagte Eva immer wieder. »Lebe lieber!«

Aber ihre Ermahnungen waren nutzlos. Ich war ein Bücherwurm und würde es bleiben. Das Leben in den Büchern war für mich wirklicher als das wirkliche Leben. Ich hatte, solange ich denken konnte, Bücher gesammelt, und mit einer stillen inneren Freude brachte ich sie jetzt an ihrem neuen Platz unter.

Die Juniabende waren lang und hell, und wir arbeiteten bis spät in die Nacht. Aber wir wurden trotzdem nicht müde – wahrscheinlich weil wir so viel Spaß hatten. Das hielt lange an. Punkt fünf setzten Eva und ich die Hauben auf unsere Schreibmaschinen, warfen den Stenogrammblock in eine Schublade, zogen die Jacke über und stürzten uns in das Gewühl der Kungsgatan. Und so

schnell die Beine uns tragen wollten, liefen wir nach Hause in unsere Wohnung. Wir ließen uns kaum Zeit zum Essen. Wir vernachlässigten auch alles andere.

Es war die Zeit der hellen Nächte. Die Zeit der gesegneten hellen Nächte. Die Absicht des lieben Gottes, als er die Stockholmer hellen Nächte machte, war sicherlich die, daß die jungen Männer und Mädchen der Stadt diese Nächte zu melancholischen Sommernachtsspaziergängen unter den Eichen des Tiergartens benutzen sollten und zu verträumten Streifzügen an den stillen, blauen Seen, Arm in Arm und fest umschlungen. Aber was taten wir? Wir säumten nur Vorhänge. Und gegen acht Uhr abends kam Jan, zunächst etwas mürrisch, etwas widerborstig, allmählich aber gepackt von der Begeisterung des Architekten, zwei kleine, dunkle, enge Mansarden in etwas zu verwandeln, was hell und geräumig wirkte und worin man atmen konnte. Um Mitternacht tranken wir Tee und besichtigten die Erfolge des Tages. Dann ging Jan nach Hause zu der Witwe auf Kungsholm, und wenn ich seine Schritte auf den Treppen verhallen hörte, wurde ich jedesmal von Gewissensbissen befallen, aber das ging schnell vorbei.

Schließlich war alles fertig, und eines schönen Abends luden wir Jan zum Einweihungsessen ein. Ich hatte entdeckt, daß es eigentlich gar nicht so schwer war, Essen zu bereiten, wenn man sich nur gut nach dem Kochbuch richtete. Und Eva hatte angeborene kulinarische Talente.

»Das beste an Eva sind ihre Fleischklöße«, sagte Jan und legte sich einen ganzen Haufen auf den Teller. Er sagte nicht, daß das beste an mir meine gedämpften Morcheln seien, aber ich fand selbst, daß sie phantastisch gut schmeckten.

Und auch die Stimmung war gut. Sogar Jan ließ sich mitreißen und lachte so herzhaft, daß die Fensterscheiben klirrten.

Gerade als es am allerlustigsten war, klingelte es. Ich öffnete. Vor mir stand ein wildfremder junger Mann mit fröhlichen blauen Augen und einer Laute in der Hand. Er trat auf uns zu und sagte:

»Ist das hier ein Jubel und Juchhei, liebe Freunde! Warum

darf ich nie dabei sein, wenn es lustig hergeht? Und warum bekomme ich nichts zu essen?«

»Wir dachten, Sie hätten schon gegessen«, sagte ich.

»Außerdem vermuteten wir, Morcheln würden Ihnen nicht bekommen«, meinte Eva. »Übrigens: wer sind Sie?«

»Albert natürlich«, sagte der Blauäugige munter. »Seit ein paar Wochen Ihr nächster Nachbar!«

»Angenehm«, sagte Eva.

»Ich sitze schon eine ganze Weile in meinem Zimmer und höre Ihnen zu«, fuhr Albert fort. »Man hört Sie alle ausgezeichnet, kann ich Ihnen versichern. Aber dann hat irgendein heimtückischer Schuft so leise gesprochen, daß ich nur noch jedes zweite Wort verstehen konnte, und dann begreift man den Zusammenhang nicht. Da dachte ich, ich wollte lieber herkommen.«

»Unbedingt«, sagte Eva.

Nun aber war Jan zum Leben erwacht. Er musterte den Eindringling von oben bis unten, so einladend wie ein offenes Grab.

»Mit welchem Recht . . .«, begann er.

»Einen Augenblick, Jan«, sagte ich warnend. »Dies ist meine Wohnung, und ich möchte Albert gern zu Morcheln einladen.«

»Im Namen der heiligen Nächstenliebe«, sagte Eva und holte einen vierten Teller.

»Ja, wenn Sie mich so nötigen . . .«, sagte Albert.

Er stellte die Laute hin und ließ sich ohne Ziererei am Tisch nieder. Er war munter, ungezwungen und laut und kümmerte sich keinen Deut darum, daß Jan anfangs etwas mürrisch war.

Albert erzählte, er habe ein Zimmer bei dem alten Ehepaar, das Wand an Wand mit uns wohne. Er sei Schauspieler und erst kürzlich von einer langen Gastspielreise durch die Provinz zurückgekehrt. Wir erinnerten uns, Rollenfotos von ihm in den Zeitungen gesehen zu haben. Er habe den »Vater« in Strindbergs Stück gespielt, sagte er. Und Jan bemerkte, wenn das arme Provinzpublikum Albert als Vater gesehen habe, so müsse die Langeweile hinterher doppelt drückend gewesen sein.

Aber Albert lachte nur und nahm sich noch einen Fleischkloß.

Immerfort stand die Laute in der Ecke wie eine düstere Bedrohung unserer Fröhlichkeit.

»Glaubst du, er will singen?« flüsterte ich ängstlich.

»Ich wüßte nicht, wie du ihn hindern könntest«, flüsterte Jan zurück.

Eigentlich ist Gesang zur Laute schön – schon weil es so herrlich ist, wenn er aufhört. Aber die meisten Lautensänger tun alles, um diesen genußreichen Augenblick solange wie möglich hinauszuschieben. Und mir wird immer so beklommen zumute, wenn große, starke Männer mit einem Körper wie ein Preisboxer sich hinstellen, auf der Laute klimpern und verkünden:

»Ich bin ein Mädchen, das in Lumpen geht . . .« und dann nach einigem »Hopsassa, hopsassa!« weitersingen: »Jetzt holen wir Bier, ja Bier, ja Bier . . .«

Eva aber, die ein gewisses Interesse für Albert gefaßt zu haben schien und weiß, wie man einem Mann am besten schmeichelt, wartete offenbar nur auf eine Gelegenheit, ihn zum Singen zu ermuntern, während Jan und ich die Kaffeetassen auf den Tisch stellten. Denn Albert erhob sich plötzlich und sagte mit erkünstelter Schüchternheit:

»Jemand hat mich gebeten, zu singen.«

»Was war das für ein Idiot?« fragte Jan.

Albert ließ sich aber nicht irremachen. Er stimmte mit voller Kraft an, und Eva saß neben ihm mit blitzenden Augen, und schließlich holte er dann wirklich »Bier, ja Bier«.

Da aber ging ich mit Jan in die Küche und setzte das Kaffeewasser auf. Und Jan küßte mich und sagte, wenn ich nicht so eine dumme, unverständige kleine Närrin gewesen wäre, so könnten wir jetzt verheiratet sein und hätten unser eigenes Heim ohne Lautenschläger, und alles wäre gut. In diesem Augenblick war ich wirklich verliebt in Jan, und er hielt mich in seinen Armen, bis das Wasser überkochte, und ich dachte, ich hätte vielleicht doch falsch gehandelt. In der Stube holte Albert noch immer »Bier, ja Bier«, und ich sagte zu Jan, dieses ewige Bierholen müsse man doch dem Mäßigkeitsverein melden.

Aber abgesehen von dem Lautengesang war Albert ganz normal und wirklich nett, und sogar Jan begann schließlich, sich mit ihm anzufreunden. Wir stellten das Gramophon an und tanzten, bis es draußen hell zu werden begann.

Dann nahmen wir ein Auto und fuhren nach dem Tiergarten, setzten uns auf eine Bank auf der Rosendal-Terrasse und froren, während die Sonne aus dem Morgennebel hervorgekrochen kam und ein kleiner Rotkehlchensänger dicht neben uns den ersten Triller des Tages anstimmte.

KAPITEL 4

Wer hat gesagt, daß es im Büro langweilig sein müsse? In unserem Büro haben wir so viel Spaß, daß es fast lebensgefährlich ist. Jedenfalls hat Barbro einmal so gelacht, daß sie vom Schreibmaschinenstuhl fiel und sich eine Rippe brach.

Wenn Eva, Barbro, Agneta und ich am allertollsten lachen, kommt die Eule aus ihrem Zimmer und sieht uns an. Die Eule ist Fräulein Frederiksson, die Kassiererin. Sie hat nie Schwierigkeiten, ernst zu bleiben. Ich glaube, sie ist mit einer ernsten Lebensanschauung und mit zwei tiefen Falten auf der Stirn geboren.

Agneta, Barbro, Eva und ich haben eine fröhlichere und hellere Lebensanschauung. Das meint die Eule wahrscheinlich, wenn sie sagt, sie habe noch nie vier so kicherige Mädchen getroffen. Die Runzeln auf ihrer Stirn werden jedesmal tiefer, wenn sie durch das Sklavengewölbe geht, wo wir an unseren Schreibmaschinen sitzen.

Sklavengewölbe klingt vielleicht wie etwas sehr Großes und Ödes, aber das ist ganz falsch. Es ist ein gewöhnliches Zimmer, und unsere vier Schreibtische stehen dicht zusammengerückt mitten im Raum. Dann ist gerade noch Platz für

vier Schreibmaschinen und uns. Jede von uns ist Sekretärin
bei einem der Anwälte. Es ist angenehm, in einem Anwaltsbüro zu arbeiten, wenn man sich nur von der alten
Wahnvorstellung losmachen kann, daß Anwälte auch Menschen sind, sagte Eva. Das sind sie nämlich nicht. Sie sind
Arbeitsmaschinen und verlangen, daß ihre Sekretärinnen es
auch sind. Wie Eva einmal sagte, als sie bis zwei Uhr nachts
durcharbeiten mußte:

»Wenn in Rußland die Leibeigenschaft schon 1831 aufgehoben wurde, ist es ja merkwürdig, daß es so verflucht
langsam geht, sie hier bei uns im Lande abzuschaffen.«

Aber im großen ganzen mögen wir die Arbeit und die
Anwälte. Unsere Anwälte mögen wir allerdings am liebsten,
wenn sie im Gericht oder bei Sitzungen sind oder auswärts
ausgedehnt frühstücken. Denn sie haben keinen so ausgebil-
deten Sinn für Humor wie wir. Ich meine, sie finden nicht,
daß man während der *ganzen* Arbeitszeit lachen muß.
Zuweilen sehen wir das übrigens auch ein. Wenn man zum
Beispiel einen ganzen Stenogrammblock voller Briefe mit
Anlagen hat, die vor fünf fertig sein müssen, zusammen mit
neunundneunzig beglaubigten Abschriften, dann lacht man
schon weniger. Und wenn dann in einem fort die Telefone
wie Feuerwehrsirenen klingeln! Man schreibt und schreibt
und schreibt, daß die Tasten glühen, und immer, wenn das
Telefon klingelt, verflucht man Alexander Graham Bell und
erklärt unbarmherzig, der Herr Anwalt habe vor der nächsten
Woche keine Zeit.

Aber sonst sind wir in der Regel kolossal liebenswürdig
zu den Klienten. Es sind ja oft Menschen, die Sorgen
haben, Sorgen, die sie dankbar auf uns abwälzen, wenn die
Anwälte nicht zugegen sind. Agneta ist Spezialistin darin,
arme weinende Frauen zu trösten, die mit grauem Gesicht
zu uns kommen, weil sie sich scheiden lassen wollen.

Aber dann gibt es auch muntere Klienten, große Geschäftsleute, die freundlich aussehen und sagen, man sei schön wie
eine Rose, und die sich wundern, daß wir uns nicht schon
früher getroffen haben, und fragen, ob wir nicht irgendwo

gemütlich zusammen essen könnten. Und dann sagen wir, das könnten wir nicht. Und daran tun wir recht.

Es ist schon vorgekommen, daß die Anwälte selbst ähnliche Vorschläge gemacht haben, das heißt, es war Evas Anwalt, nicht einer von den netten, korrekten Typen, für die wir andern arbeiten. Aber Evas Anwalt hörte plötzlich eines Tages auf, eine Arbeitsmaschine zu sein, und schaltete um, nach dem Motto: »Chef beginnt Flirt mit reizender Sekretärin.« Es war vermutlich eine momentane Hormonstörung, nahm Eva an. Er sollte nur wissen, wie wir uns am Tage darauf in der Mittagspause amüsiert haben – als wir da mit unserer heiteren Lebensanschauung und unseren Schinkenbroten saßen und Eva ihn nachmachte und uns alles berichtete, was er gesagt und getan hatte.

Er fing schon am Morgen etwas vorsichtig damit an, erzählte Eva. Da sagte er, sie habe entzückende Beine. Und gleich nach der Mittagspause zündete er sich eine Zigarette an, stieß einige melancholische Rauchwolken aus und sagte, es müsse wunderbar sein, eine Frau zu haben, die einen wirklich verstehe – es schien in diesem Punkt mit seiner Frau ein bißchen schwierig zu sein, wie er durchblicken ließ. Am Abend mußten Überstunden gemacht werden, und nach einer Weile fragte er tatsächlich, ob man nicht irgendwo gemütlich essen wolle. »Männer sind das Einfältigste, was es gibt«, sagte Eva, als sie dies berichtet hatte. »Stellt euch vor, daß einer das alles an einem und demselben Tag sagt! Statt es etwas in die Länge zu ziehen. Daß sie es nicht begreifen!«

»Was begreifen sie nicht?« fragte ich.

»Man merkt die Absicht, und man wird verstimmt«, sagte Eva.

Hochgradig verstimmt war auch Agneta eines Morgens, als sie ins Büro kam, aber aus anderm Anlaß.

»Ist dies das Leben?« sagte sie und setzte sich mit einem Seufzer an die Schreibmaschine. »Hat meine Mutter mir deshalb Lebertran und Eisenpräparate gegeben, als ich klein war, und dafür gesorgt, daß ich trockene Füße hatte? Damit ich für dies hier gesund bleiben sollte?«

Sie machte eine weitausholende Handbewegung, die uns, das Büro, die Abschriften und das trübe Grau vor dem Fenster umfaßte. Sie war verstimmt, das war unverkennbar. Es war Montag es regnete, sie hatte mit der Morgenpost eine Schneiderrechnung bekommen und hatte einen Pickel am Kinn, und Er hatte den ganzen Sonntag nicht angerufen. Sie klagte herzbrechend, und schließlich bekamen wir die Sache satt.

»Denk an den alten Hiob«, sagte Eva. »Das war ja ein munterer Knabe im Vergleich zu dir.«

Aber wenn unsere Freunde bedrückt sind, muß man versuchen, sie aufzuheitern, finde ich. Ich sah ein, daß es Agneta gut tun würde, von jemandem sprechen zu hören, der es schlechter hatte als sie.

Unsere beiden Schreibtische stehen sich gegenüber, und auf jedem Schreibtisch steht ein Telefon. Später am Nachmittag, als es eine furchtbare Hetze war und die Telefone unentwegt klingelten, hob ich meinen Hörer ab und rief Agnetas Apparat an. Sie merkte nichts, sondern meldete sich wie gewöhnlich.

»Hallo«, sagte ich in singendem Tonfall, um meine Stimme unkenntlich zu machen, »mein Name ist Frau Lundquist. Ich möchte zu Ihnen kommen, um mich wegen meiner Scheidung beraten zu lassen.«

»Einen Augenblick, ich werde nachsehen, wann Herr Rechtsanwalt Sie empfangen kann.«

Da begann ich zu schluchzen, und Agneta sah sehr aufgemuntert aus. Denn es ist, wie gesagt, ihre Spezialität, weinende Frauen zu trösten.

»Aber, aber«, sagte sie beruhigend, »was ist denn?«

»Mein Mann schlägt mich«, sagte ich. »Wenn er seinen Lohn bekommt, kauft er billige Nippessachen, damit er etwas zur Hand hat, wenn er mir Gegenstände an den Kopf werfen will. Steht es im Eherecht, daß er das tun darf?«

Agneta war ganz erschüttert.

»Unter solchen Umständen ist Scheidung das einzig Richtige«, sagte sie energisch.

»Ja, aber wegen der Kinder . . .«, warf ich ein.

»Haben Sie viele Kinder?« fragte Agneta.

»Na, gar so viele nicht«, sagte ich, »aber so zwölf, dreizehn Stück werden es sein, wenn man alles zusammenrechnet.«

Agneta schnappte nach Luft.

»Du meine Güte«, sagte sie, »da wohnen Sie sicher furchtbar beengt, nehme ich an. Vielleicht ist die schlechte Laune Ihres Mannes darauf zurückzuführen?«

»Nein, so beengt sind wir nun auch nicht«, erwiderte ich. »Wir haben eine große Einzimmerwohnung.«

»Eine Einzimmerwohnung!« rief Agneta außer sich. »Vierzehn Personen in einer Einzimmerwohnung?«

»Achtzehn«, sagte ich, »achtzehn, mit den Nebenfrauen meines Mannes. Meine Schwiegermutter wohnt in der Küche, sie zählt also nicht.«

Agneta bohrte sich wütend in der Nase. Sie begriff plötzlich, daß irgend jemand sie zum Besten hatte, aber auf mich, die einen Meter von ihr entfernt im selben Zimmer saß, hatte sie keinen Verdacht.

»Soll dies ein Witz sein?« fragte sie rasend.

»Bohren Sie nicht in der Nase, wenn Sie mit einer Klientin sprechen«, sagte ich. »Das sieht so bäurisch und einfältig aus.«

»Verzeihung«, sagte Agneta hastig und errötete. Dann blickte sie verblüfft den Telefonhörer an. Und dann endlich sah sie zu mir hin.

Die Eule kam aus ihrem Zimmer gestürzt, als sie Agnetas Wutschrei hörte. Es war wohl ausschließlich ihr Verdienst, daß die Zeitungen nicht dreispaltige Überschriften zu bringen brauchten: »Grausige Bluttat im Büro.« Aber am nächsten Tage tat ich Abbitte. Ich legte eine Tüte gebrannte Mandeln auf Agnetas Schreibmaschine und schrieb einen freundlichen Zettel:

»Mein liebes Fräulein! Ihre warme Anteilnahme bei unserm gestrigen Telefongespräch hat mir sehr wohl getan. Und dann bekamen wir gestern abend eine neue Nebenfrau, eine sehr nette, die mir die Kinder sortieren und prügeln hilft. Da meine Arbeitslast auf diese Weise wesentlich erleichtert wird, glaube ich, daß ich auch bald anfangen kann, mit

Nippessachen zu werfen. Da sieht man, wie sich alles ordnet, gerade wenn es am dunkelsten aussieht.

Oh, ich bin so glücklich. Das Leben lacht!

In der Hoffnung, daß es Ihnen auch so ergeht, verbleibe ich Ihre

Maria Lundquist.«

KAPITEL 5

Inzwischen wurde es im Ernst Sommer. Ein recht kühler Juni ging in einen ungewöhnlich warmen Juli über, und alle Menschen fuhren in die Ferien. Alle außer Eva und mir. Unsere beiden Anwälte wollten im September nach Mallorca reisen, und wie Ochsen unter dem gleichen Joch mußten wir also auch bis dahin schuften. Im September erst sollten wir unseren ersehnten Traumurlaub bekommen. Ja, wir hatten beschlossen, daß es ein traumhafter Urlaub werden sollte. Das einzige, was wir noch nicht beschlossen hatten, war, wie wir die goldenen Tage verbringen wollten.

Oh, diese armseligen drei Wochen mit Goldrand! Eigentlich hat diese unheimliche Erwartung vor dem Urlaub etwas Ergreifendes. Ergreifend sind all wir kleinen armen Erdenbürger, die wir das ganze Jahr lang träumen, uns sehnen, planen, sparen, phantasieren und glauben, daß all unsere Träume Wirklichkeit werden, wenn wir nur erst Urlaub haben. Wir stapfen tapfer durch den Schneematsch des Winters, ertragen Erkältungen und Grippe, frieren an den Ohren und leiden, ohne zu klagen. Ha, wenn wir erst Urlaub haben! Es ist beinahe unheimlich. Und es müßten besondere Psychiater angestellt werden, die sich all derer annehmen würden, die nach einem mißglückten Urlaub zurückkehren. Denn wenn der Urlaub mißglückt – wie soll da ein armes Menschenkind einem neuen Winter entgegengehen können? Für so etwas braucht man Beruhigungspillen, glauben Sie mir!

Eva und ich machten fast jeden Tag neue Pläne. Zuweilen wollten wir an die Westküste reisen – die Westküste kann herrlich sein im September, behauptete Jan –, dann wieder wollten wir mit dem Rad nach Öland fahren, und manchmal wurden wir größenwahnsinnig und beschlossen, an einer Gesellschaftsreise nach Italien teilzunehmen. Aber es war kein besonders schwieriges mathematisches Kunststück, auszurechnen, daß dieser letzte Plan nicht im Bereich der Möglichkeiten lag. Aber trotzdem war es lustig, Pläne zu machen. Jan hatte im Juli Urlaub und reiste nach Strömstad, von wo er mir Ansichtskarten schickte mit genießerischen Bemerkungen über Sonne, salzige Wogen und schöne Meernixen. Ich nehme an, daß die Erwähnung der schönen Meernixen eine kleine Mahnung sein sollte, meiner Sache nicht allzu sicher zu sein. Aber ich nahm die Meernixen und Jans Abwesenheit so ruhig hin, daß Eva bekümmert den Kopf schüttelte und sagte: »Wenn das Liebe ist, so ist das, was ich für mein altes Fahrrad empfinde, wirkliche Passion!«

Aber konnte ich dafür, daß Stockholm auch ohne Jan so wunderbar war? Stockholm im Sommer – ja, das liebe ich! In den Mittagspausen auf der Treppe des Konzerthauses sitzen und sich sonnen, abends im Berzelii-Park eine Tasse Kaffee trinken und die Musik vom Berns-Café hören, in ein Kino gehen, in dem ein guter alter Film läuft, den man so gern noch einmal sehen wollte, und hinterher in die warme Dunkelheit hinauskommen und nicht frieren, obwohl man »per Taille« geht – sind das alles nicht wunderbare Dinge? Auf allen Plätzen stehen große Krüge mit Blumen, ja die ganze Stadt blüht auf, auch die Menschen, das geistige Klima wird gewissermaßen etwas milder und weicher als sonst, man hört überall in den Straßen fremde Sprachen, aufregende Sprachen, und sieht eigentümliche Menschen aus allen Ecken der Erde, und plötzlich überkommt einen das angenehme Gefühl, daß man in einer Metropole wohnt, glücklicherweise nicht in einer großen Metropole, sondern in einer winzig kleinen, blühenden und reizenden, die im Sonnenlicht auf blauem Wasser schwimmt.

Außerdem war dies unser erster Sommer mit eigenem

Haushalt. Und wenn das Kochen in gewöhnlichen Fällen auch nicht zu den populären Sommersportarten gehört, hatte es für uns doch noch den großen Reiz der Neuheit. Besonders Eva, die bisher in den billigen Milchbars hatte essen müssen, stürzte sich mit auffallender Intensität in kulinarische Orgien. Sie mixte Salate, legte Heringe ein und briet Fische, daß es eine Freude war. Einmal machte sie Bratklops, und dank diesem Klops durfte ich einen der bemerkenswertesten Luftakte unserer Zeit ausführen.

Es war ein Samstag. Ein Samstag im August. Ich war in der Markthalle gewesen, um einige Einkäufe für den Sonntag zu machen. Im Vorbeigehen kaufte ich auf dem Markt einen Strauß Margareten, und mit Tüten und Blumen beladen, wanderte ich glücklich heimwärts.

Ich wußte, daß Eva vor mir zu Hause sein würde. Sie wollte den Tisch decken und den Bratklops wärmen, den sie am Abend vorher zubereitet hatte.

Es würde schön sein, heimzukommen, dachte ich plötzlich, während ich die fünf Treppen hinaufkeuchte.

Auf dem obersten Treppenabsatz saß Eva.

»Hast du die ganze Markthalle ausgekauft?« fragte sie. »In der Zeit hättest du ja eine Gesellschaftsreise machen können!«

»Du hast einen ungeheuren Treppenwitz«, erwiderte ich. »Aber warum sitzt du hier und siehst so unheilverkündend aus, statt deinen häuslichen Beschäftigungen nachzugehen?«

»Ich bin mit einem Brief hinuntergelaufen und vergaß, den Schlüssel mitzunehmen«, erklärte Eva.

»Wie kann man so liederlich sein!« sagte ich streng. »Steht der Klops auf dem Feuer?«

»Ja, das tut er«, erwiderte Eva.

»Na, ein Glück, daß doch *ein* ordentlicher Mensch in der Familie ist«, bemerkte ich.

Nur wer schon einmal einen Bratklops hat anbrennen lassen, so daß der Qualm bei den Hausfrauen der ganzen Straße Empörung hervorgerufen hat, weiß, daß ein Klops es nicht verträgt, längere Zeit allein gelassen zu werden.

Ich stellte all meine Tüten auf den Boden und begann, in

meiner Handtasche nach dem Schlüssel zu graben. Merkwürdigerweise war er nicht da. Da war nur der Schlüssel zur Schreibtischschublade im Büro und der Haustürschlüssel und mein Fahrradschlüssel und der Bodenschlüssel und ein völlig unbekannter, widerwärtiger kleiner Schlüssel, den ich noch nie gesehen hatte, ein Spiegel, Kamm, Puderdose, Lippenstift, Taschenkalender, ein Postsparbuch, zwei Taschentücher, Portemonnaie, Füllfederhalter, einige Fotos und alle Briefe sowie ein lange gesuchter Dosenöffner, der der netten Familie auf Ljusterö, die ich einmal sonntags im Juli besucht hatte, auf unerklärliche Weise abhanden gekommen war. »Wie gesagt«, bemerkte Eva, »es ist ein Glück, daß doch *ein* ordentlicher Mensch in der Familie ist.«

Dann blickte sie nachdenklich auf all die Schlüssel, die ich auf der Treppenstufe aufgereiht hatte.

»Ich werde wohl am besten die Kriminalpolizei benachrichtigen«, sagte sie. »Vielleicht sagst du mir, wo du die Brechstange hast.«

Wir probieren der Reihe nach alle Schlüssel durch in der geheimen Hoffnung, daß einer von ihnen in das Schlüsselloch passen werde. Aber nach einem letzten verzweifelten Versuch mit dem Dosenöffner mußten wir uns mit der bitteren Tatsache abfinden, daß wir ausgesperrt waren. Und daß der Bratklops eingesperrt war in der alleinigen Gesellschaft einer unerbittlichen Gasflamme.

Eva spähte zum Treppenfenster hinaus.

»Dein Stubenfenster steht offen«, sagte sie. »Du brauchst nur an der Dachrinne entlangzubalancieren und hineinzuklettern.«

Sie sagte das in dem gleichen leichten Ton, als habe sie mir einen Spaziergang auf der Strandpromenade vorgeschlagen.

Auch ich blickte hinaus. Es schauderte mich. Eva hatte zweifellos recht. Man könnte vielleicht, wenn man nicht schwindelig würde und abstürzte, bis zu meinem Fenster an der Dachrinne entlangbalancieren. Aber unsere Fenster öffnen sich nach außen, und ich konnte mir nicht vorstellen, wie man an dem geöffneten Fenster vorbei ins Zimmer kommen sollte. Ich fragte Eva.

»Das ist ganz einfach«, sagte sie, »du machst nur das Bein etwas krumm und schiebst dich vorbei«.

»Ausgezeichnet«, sagte ich. »Ich mache nur das Bein etwas krumm und wache im Leichenhaus wieder auf. Schönen Dank, aber hier wird kein Bein krumm gemacht, wenigstens nicht meins.«

Eine Weile blickten wir sehnsuchtsvoll nach dem Fenster.

»Auf diese Weise segnet der Bratklops das Zeitliche«, sagte Eva schließlich.

Wir waren hungrig, und es gibt etwas Lustigeres an einem Samstagnachmittag, als auf einer alten Treppe zu sitzen. Einer mußte sich opfern, das war klar.

»Wir losen«, sagte Eva, »Kopf oder Schrift.«

Wir nahmen also ein Geldstück und warfen es auf den Boden: Kopf oder Schrift.

Man darf mich jetzt nicht mißverstehen: es ging nicht darum, *wer* sich opfern sollte, es ging nur darum, ob *ich* es tun sollte oder nicht. Denn Eva wird schwindelig, wenn sie nur auf den Küchentisch steigt.

Eine Minute später kroch ich aufs Dach hinaus und trat meinen Nachmittagsspaziergang fünf Stock über der Straße an. Evas besorgte Augen folgten mir.

Ich ging so, daß ich mein Gesicht dem Dach und den Rücken einem furchtbaren Nichts zukehrte. Nichts als ein schmaler, gebrechlicher Blechstreifen war zwischen mir und einer besseren Welt. Zuerst waren mir die Beine seltsam schlapp, allmählich aber wurde ich etwas kühner. Dies geht ja großartig, dachte ich und warf einen Blick hinunter auf die Straße. Das hätte ich nicht tun sollen. In wildem Entsetzen klammerte ich mich am Dach fest und stand still, bis die Kapitänstraße sich etwas beruhigt hatte. Aber schließlich mußte ich ja doch weitergehen.

Als ich ungefähr den halben Weg zurückgelegt hatte, streckte Albert den Kopf aus dem Fenster hinaus. Er wollte wohl die Aussicht genießen, nehme ich an. Aber die Aussicht, die er nun hatte, versetzte ihm doch einen tüchtigen Schreck. Er erbleichte, als sehe er die wilde Jagd über das Dach dahinbrausen, und gab einige merkwürdig gurgelnde Töne von sich.

»Wo . . . wo willst du hin?« schrie er und fuchtelte hilflos mit den Händen.

»Nach Hause und nachsehen, ob die Lebensversicherung bezahlt ist«, rief ich.

Er stöhnte nur, aber ich tröstete ihn:

»Du brauchst keine Angst zu haben, die hab' ich selbst!«

Ja, ich hatte Angst! Und als ich schließlich das Bein krümmen mußte, um an dem geöffneten Fenster vorbeizukommen, hörte ich Eva ächzen. Sie hatte wohl auch Angst. Ein Knopf meines Kleides blieb am Fensterrahmen hängen, gerade als ich vorbei wollte, und ich zerrte daran, in Todesangst, daß ich nicht loskommen würde. Aber es glückte. Es glückte über Erwarten. Ich kam tatsächlich ganz und gar los. Und nur weil ich mich im letzten Augenblick an einen Fensterhaken klammern konnte, blieb es mir erspart, mit Ach und Krach ein kleiner Engel zu werden.

Eine Minute später war ich in der Küche bei dem Klops. Es war hohe Zeit. Ich goß liebevoll etwas Wasser in den Topf und ging dann aufmachen, denn Eva und Albert hämmerten gegen die Flurtür.

»Hat der Zirkus Schumann noch nie was von dir gehört?« fragte Albert.

Ich mußte es verneinen. Der Zirkus Schumann hatte keine Ahnung davon, daß eine der besten Luftakrobatinnen des Landes in aller Stille in der Kapitänstraße dahinwelkte. Albert streckte mir die Hand hin, um mir zu zeigen, daß er aus lauter Nervosität sich zwei Nägel abgebissen habe. Ich sah das als ein Zeichen wahrer Freundschaft an.

Eva deckte den Tisch und weinte dabei unentwegt vor sich hin. Ihre Nerven sind so beschaffen, daß sie sich immer hinterher melden. Als sie sich beruhigt hatte, rief sie Jan an.

»Komm sofort her zum Bratklopsessen«, sagte sie. »Du tust mir so leid. Du wärst um ein Haar Witwer geworden, noch ehe du verheiratet bist.«

Jan kam, und wir ließen uns alle vier am Tisch nieder, auf

dem die Margareten so freundlich auf der blauen Decke leuchteten.

»Wie ist es«, sagte ich zu Jan, »wenn man mit eigener Lebensgefahr einen Klops rettet, bekommt man da nicht eine Rettungsmedaille? Wenigstens eine ganz kleine?« Aber Jan meinte: nein.

Als wir bei Kaffee und Zigaretten angelangt waren, griff ich in meine Kleidertasche, ob ich da etwa Streichhölzer hätte. Ich hatte keine. Aber ich hatte etwas anderes. Meine Hand umschloß einen flachen, kleinen Schlüssel, einen wohlbekannten.

Ich bin so froh, daß ich ihn nicht entdeckte, während ich an der Dachrinne entlangkletterte. Denn ich glaube, dann wäre ich hinuntergestürzt.

KAPITEL 6

In einem Jahr kann sich viel ereignen, hatte Jan gesagt, und ich wartete eifrig darauf, daß es endlich beginnen würde. An Dachrinnen entlangzuklettern, um einen eingesperrten Bratklops zu retten, zählte ich nicht, das war kein »Ereignis«, auch nicht, daß Eva von einer fahrenden Straßenbahn sprang und aufs Gesicht stürzte, so daß sie sich hinterher kaum vor Menschen blicken lassen konnte.

»Ist das kein Ereignis?« sagte Eva bitter. »Was verlangst du eigentlich? Muß es ein totaler Schiffbruch sein, wenn du es anerkennen willst?«

Sie betrachtete sich mißvergnügt im Spiegel. Die ganze linke Backe war eine einzige große, blaue Beule. Eva fand, daß sie sich in der nächsten Zeit für den Außengebrauch wenig eigne. Natürlich mußte sie ins Büro gehen, sonst aber saß sie meistens zu Hause, zum großen Kummer und Verdruß der Schar eifriger Kavaliere, die immer wieder anriefen und sie abends mit ins Tanzlokal nehmen wollten. Sie weigerte sich, überhaupt mit irgendeinem Menschen zusammenzutreffen.

Der einzige, den sie trotz eifriger Versuche nicht fernhalten konnte, war Albert. Albert hatte die Gewohnheit angenommen, wie ein großer, freundlicher Bernhardiner bei uns umherzugehen. Sobald er nicht mit Filmen beschäftigt war, kam er angesetzt und gedachte, das offenbar fortzusetzen, auch wenn Eva noch so blau war. Er brachte ein paar rote Rosen mit und sang mit seinem schönen Bariton ›Red roses for a blue lady‹, und Eva stellte brummend die Blumen in eine Vase und gab den Kampf auf. Auch Jan konnte man ja das Haus nicht verbieten, und folglich hatten wir vier eine Zeit stillen häuslichen Lebens, während Evas blaue Backe nur so prunkte.

Jan und Albert waren beide ungeheure Fußballinteressenten. Sie redeten über die schwedische Auswahlmannschaft und tippten und waren so bei der Sache, daß Eva und ich es kaum noch anhören konnten. Einmal bekamen sie acht fünfzig für einen Tototip, und das sahen sie offenbar als eine einzig dastehende Heldentat an, denn sie brüsteten sich unentwegt damit.

»Acht fünfzig«, sagte Eva übermütig, »ist das der Rede wert? Ich glaube nicht, daß ihr's versteht, Jungs! Kati und ich werden tippen, dann sollt ihr sehen, wie es geht!« Und wir machten uns ans Werk, sobald die überlegenen Lachsalven verebbt waren. Wir hatten nicht die leiseste Ahnung von den verschiedenen Mannschaften. Aber wir verließen uns auf unsere weibliche Intuition.

»Malmöer F. F.«, sagte ich. »Das klingt ausgezeichnet. Ja,

ja, die kleinen Draufgänger aus Schonen, die werden gewinnen. Die kreuzen wir an.«

Und nun kreuzten Eva und ich alle an, die nach unserer Meinung gewinnen würden.

Es ging gut. Wir hatten zwölf richtig. Es dauerte eine Woche, bis Jan und Albert uns verziehen.

»Man muß Ordnung und System beim Tippen haben, wißt ihr«, sagte Eva in belehrendem Ton.

Das war, als wir uns etwas beruhigt hatten. In der ersten Aufregung rannten wir nur herum und schrien. Etwa dreitausend Kronen bekamen wir für unsere zwölf richtigen Tips – offenbar hatten auch noch andere außer uns ein vernünftiges System beim Tippen. »Oh«, sagte Eva, »mit dreitausend Kronen kann man viel machen. Man kann sie zur Bank bringen. Oder ganz groß ausgehen. Oder nach Italien reisen.«

»Ja«, sagte ich, »mit dreitausend Kronen kann man nach Italien reisen.«

»Aber meinst du wirklich . . .?« sagte Eva zögernd.

»Eva«, sagte ich, »nach der Statistik sind in diesem Jahre 67 000 Schweden nach Italien gereist. Und was für 67 000 Schweden gut genug ist, ist auch für mich gut genug.«

»Schön«, sagte Eva, »ruf das Statistische Amt an, oder wer die Sache in der Hand hat, und sag ihnen, daß sie die Zahl in 67 002 ändern sollen.«

Dann umarmten wir uns und tanzten in unserem Freudentaumel einen Kriegstanz. Der Traumurlaub, nun würde er Wirklichkeit werden. Italien, himmlisches, sonniges Italien! In einem Jahr kann sich viel ereignen. Nach Italien reisen war ein »Ereignis«, ja, unbedingt! »Wir müssen anfangen, Italienisch zu lernen«, sagte Eva. »Die nötigsten Redensarten, so etwa: Wunderbar, was für feurige Augen Sie haben, mein Herr, und so weiter.«

KAPITEL 7

Eva bestand darauf, daß wir auf jeden Fall Italienisch lernen müßten.

»Liebe Kati«, sagte sie und machte ein strenges Gesicht, »wenn man in ein fremdes Land reisen will, muß man unbedingt etwas von der Sprache können.«

»Müssen wir Grammatik pauken?« fragte ich. »So etwa: ich würde geliebt haben und so?«

»Sei nicht albern«, sagte Eva. »Ich meine nur, wir müssen die nötigsten Redensarten lernen. Auf diese Weise haben wir viel mehr von der Reise. Die Urbevölkerung wird außer sich sein vor Entzücken, wenn man ihre eigene schöne Muttersprache sprechen kann. Ein bißchen wenigstens.«

»Meinetwegen«, sagte ich.

Eva hatte viel zu tun, deshalb übernahm ich es, die nötigen Lehrbücher zu kaufen. Auf dem Nachhauseweg vom Büro ging ich in ein Antiquariat und erstand einige italienische Sprachführer und Wörterbücher.

Es vergingen einige Tage, ehe wir Zeit fanden, mit unseren Sprachstudien zu beginnen. Aber eines Sonntagvormittags, als es regnete, hielt Eva den Augenblick für gekommen. Wir hatten gerade unsern Morgenkaffee getrunken und saßen in Schlafanzügen auf Evas Couch, ohne dringendere Beschäftigung.

»Jetzt wollen wir sehen«, sagte Eva und griff eifrig nach dem obersten Buch des Stapels. Es war der alte gute Kuntze.

»Neue, leichtfaßliche Methode, sofort ohne Lehrer Italienisch zu sprechen, enthält alle für den täglichen Bedarf notwendigen Vokabeln und Redensarten«, las sie. »Aber das ist ja ausgezeichnet, genau das, was wir brauchen.«

Sie biß vergnügt in eine Apfeltasche und blätterte in dem Buch.

»Jetzt werden wir sehen«, sagte sie wieder.

Dann saß sie eine Weile schweigend da. Aber ihre Augen erweiterten sich langsam.

»Na, laß doch mal eine kleine Redensart hören«, sagte ich ungeduldig.

»Mi arricci i baffi . . . dreh mir den Schnurrbart«, sagte Eva.

»Vortrefflich«, sagte ich. »Wir können nicht nach Italien fahren, ohne diese kleine, sinnige Redensart zu beherrschen.«

»Vielleicht ist es ein Kraftausdruck so etwa wie der berühmte Götz-von-Berlichingen-Ausspruch?« meinte Eva. »Dann könnte man ihn natürlich verwenden.«

»Lies weiter«, sagte ich, und das tat sie.

»Zu dienen, mein Herr, bitte kommen Sie mit mir hinauf.«

»Ich glaube, das wollen wir lieber nicht lernen«, sagte ich. »Das wird nur zu Mißverständnissen führen, wenn wir die italienischen Herren auffordern, mit uns hinauf zu kommen.«

»Meinst du«, sagte Eva. »Ich finde es doch besser, als wenn wir sie aufforderten, mit uns hinabzugehen. Die schiefe Ebene und so, weißt du.«

»Herr Kuntze muß entschuldigen, aber ich finde, wir überspringen diese notwendige Redensart ganz und gar«, sagte ich. »Lies weiter, dann findest du sicher etwas Besseres.«

Eva blätterte um.

»Was meinst du hierzu?« sagte sie. »Ich möchte ein Paar Stiefel, dies sind sehr schöne Stiefel.«

»Das klingt gut«, sagte ich. »Ja, wir fahren nach Italien und kaufen uns ein Paar Stiefel, die wir so nötig brauchen.«

»Aber sie kosten Geld«, sagte Eva.

»Wieviel denn?« fragte ich.

»Das weiß ich nicht. Aber du sagst nur: Bringen Sie mir die Rechnung, dann wirst du es gleich erfahren«, beteuerte Eva.

»Nichts gegen Herrn Kuntze«, sagte ich, »er ist sicher ein Ehrenmann. Aber findest du nicht, daß seine Vokabeln und Redensarten etwas überholt sind? Wir wollen uns lieber diesen hier vornehmen.«

Ich griff nach dem nächsten Buch. Es war ein Sprachführer aus dem Jahre 1934.

»Man kann sagen, was man will«, meinte Eva, »Sprachführer sind interessant. Mehr oder minder unbewußt verraten sie viel über das betreffende Land.«

»Meinst du?« sagte ich und blickte erschrocken in meinen Sprachführer.

»Dann sollten wir uns lieber vor Italien in acht nehmen. Hör zu: Dieser Mann hat mir meine Uhr gestohlen. Ich finde meinen Eisenbahnwagen nicht. Hier ist kein Nachtgeschirr. Ich bin heute nacht sehr von Flöhen geplagt worden . . .«

Wahrhaftig ein gefährliches Land!

»Schon das eine: Hier ist kein Nachtgeschirr«, sagte Eva zornig. »Und dorthin soll man freiwillig reisen?!«

»Ja, du«, sagte ich, »und die Bevölkerung scheint grob und aufdringlich zu sein. Hör mal, was hier unter ›Trinkgeld‹ steht: Wenn Sie unverschämt sind, bekommen Sie überhaupt nichts. Wenn Sie mich nicht in Ruhe lassen, rufe ich die Polizei.«

»Das beginnt ja beängstigend zu werden«, meinte Eva.

»Und die italienischen Männer sind heimtückisch und frech, kann ich dir sagen«, bemerkte ich und setzte die Vorlesung fort: »Dieser Mann hat mich ohne Grund beleidigt. Er tut nur so, als ob er taub ist.«

»Warum tut er, als ob er taub ist?« fragte Eva wißbegierig. »Warum um alles in der Welt?«

»Das steht nicht im Buch«, sagte ich. »Wahrscheinlich ist das ein Teil eines tückischen und schrecklichen Plans. Im entscheidenden Augenblick stellt sich natürlich heraus, daß der Lümmel ganz vorzüglich hört.«

»Das alles klingt beunruhigend«, sagte Eva und schenkte uns einen Likör ein. »Ich schlage vor, wir lassen die Sprachstudien, sonst werden wir so eingeschüchtert, daß wir nicht zu reisen wagen.«

»Oh, nein«, sagte ich, »du hast mich beauftragt, Lehrbücher zu kaufen, und jetzt werde ich dafür sorgen, daß du wenigstens so viel lernst, daß du dich in einem fremden Lande zurechtfinden kannst. Wie du selbst gesagt hast: nur die notwendigsten Redensarten.«

»Wie zum Beispiel?« fragte Eva.

»Wie zum Beispiel dies hier«, fuhr ich fort, nachdem ich das Buch befragt hatte. »Darf ich um eine Prise Schnupftabak bitten?«

»Ja, ja«, sagte Eva dumpf, »es wäre schrecklich, wenn ich in Venedig umherirrte, halb wahnsinnig vor Verlangen nach Schnupftabak, und wenn ich dann nicht wüßte, wie er auf Italienisch heißt.«

»So etwas darf nicht vorkommen«, sagte ich. »Du gehst ganz ruhig auf der Piazza auf einen älteren Herrn zu, siehst ihn flehend an und sagst fließend: »Mi favorirebbe una presa . . . darf ich um eine Prise bitten?«

Eva nickte: »Das ist eine vernünftige Bitte, der man nur beistimmen kann.«

»Ja, und die Urbevölkerung wird außer sich sein vor Entzücken, wenn man ihre eigene schöne Muttersprache sprechen kann. So sagtest du doch, nicht wahr? Der alte Herr wird dir die ganze Schnupftabakdose aufnötigen, glaub mir!«

Evas Augen funkelten vor Begeisterung. »Ich glaube, es wird lustig in Italien«, sagte sie. »Aber das eine möchte ich wissen: *Was* sind das für Leute, die Sprachführer schreiben?«

Ich antwortete ihr nicht. Denn ich hatte etwas *so* Interessantes in meinem Buch gefunden. Da war ein Verzeichnis der »häufiger vorkommenden Krankheiten«. Es begann äußerst verheißungsvoll mit Alkoholvergiftung und schloß tatsächlich mit Nierenschrumpfung. Ein gefährliches Land, dieses Italien! Da sieht man, wohin ungehemmte Trunksucht führt.

Ich vertiefte mich in die Krankheiten. Eine Krankheit könne entweder ereditaria, das heißt erblich sein, oder die corso lento, schleichend, oder incurabile, unheilbar, erklärte das Wörterbuch. Ich begann sofort, mir die verschiedenen Ausdrücke einzupauken. Aber das fand Eva übertriebenen Eifer.

»Was soll das nützen?« sagte sie.

»Was das nützen soll?« sagte ich. »Du hast selbst gesagt, wir müssen Italienisch lernen. Wenn ich in Italien krank werde, gedenke ich dem Arzt in klingendem Italienisch zu erzählen, daß ich eine schleichende Schrumpfniere zu haben glaube.«

»Dreh mir den Schnurrbart und Götz von Berlichingen«, sagte Eva und schleuderte den Sprachführer zu Boden.

Auf dem Bahnsteig standen zwei Ritter von der traurigen Gestalt. Jan und Albert. In der spärlichen Beleuchtung sahen sie graubleich und irgendwie schicksalgezeichnet aus.

»Sie wirken so munter und fidel wie die Hauptpersonen eines modernen Romans«, sagte ich mitleidig zu Eva.

»Während wir dagegen sprudeln und sprühen, als kämen wir direkt aus einer Sittenschilderung aus der Renaissance.«

Jan blickte vorwurfsvoll zum Fenster meines Abteils hinauf.

»Hör mal, Kati«, sagte er, »ich hoffe, du sprühst mit Maßen. Es gibt ohnehin schwedische Mädchen genug, die alle Hemmungen verlieren, sobald sie ins Ausland kommen.«

»Das werde ich sicher auch tun«, sagte ich. »Meine Hemmungen werden von mir abfallen wie die Hautfetzen nach dem Scharlach.«

Aber in diesem Augenblick glitt der Zug aus der Halle, und wenn Jan mich noch weiterhin ermahnte, so hörte ich es jedenfalls nicht mehr. Er verschwand aus meinem Gesichtskreis und ward nicht mehr gesehen. Ich blieb eine Weile nachdenklich am Fenster stehen. Irgendwie hatte ich das Gefühl, als ob Jan nicht nur aus meinem Gesichtskreis verschwände, sondern aus meinem Leben überhaupt. Ich wollte nicht, daß es so sein sollte, aber das nützte nichts. Ich konnte das Gefühl nicht loswerden, daß ich etwas hinter mir zurücklasse, daß irgend etwas unwiderruflich vorbei sei. Das machte mich für eine kurze Weile ängstlich und betrübt.

»Verzeih mir, Jan«, flüsterte ich vor mich hin, das Gesicht gegen die Scheibe gepreßt. Denn wenn ich auch zuweilen seine Ermahnungen satt hatte und über sein mangelndes Interesse für mein Ich gekränkt war, so war doch Jan immer nett zu mir gewesen. Und ich hatte drei Jahre lang mit ihm zusammengehalten. Das Gefühl, daß er mir entglitt, behagte mir gar nicht.

Eva ließ mir aber keine Zeit zu Grübeleien. Wir waren ja

unterwegs nach dem sonnigen Italien, und Evas Freude und Begeisterung war im ganzen Zug hörbar. Lange nachdem wir in unserm Schlafwagen in die Koje gekrochen waren, kicherte, schwatzte, murmelte und brabbelte sie, daß die Nachbarn im Nebenabteil, die offenbar keine Renaissancemenschen waren, schließlich gegen die Wand klopften, um sie zum Schweigen zu bringen.

In Kopenhagen schien die Sonne, und die Straßenhändler verkauften uns Veilchen, und Eva sagte, sie spüre im ganzen Körper, wie wir uns dem Kontinent näherten und wie die Hemmungen bereits abzufallen begannen, so daß ... armer Jan, wenn er wüßte!

Wir aßen bei Lorry, in der Drachmann-Stube, wo zwei goldige, silberhaarige kleine Männer uns Bellman-Lieder vorsangen, so daß wir nasse Augen bekamen und ganz patriotisch wurden und uns fragten, ob es nicht übereilt gewesen sei, unser geliebtes Vaterland zu verlassen, das solche Dichter hatte.

Es waren viele Leute in dem Lokal. Nicht weit von uns saß ein jovialer Herr in graugestreiftem Anzug. Er trank Aalborger und Carlsberger Bier und wurde mit der Zeit immer jovialer. Er hatte wirklich allen Grund, in das Drachmann-Zitat einzustimmen, das in einen der malerischen Dachbalken eingeritzt war: »Hier hat sich meine Stirn geglättet, so daß keine Runzel sie mehr furchen konnte.« Nein, er hatte wirklich keine Runzeln auf der Stirn. Er war ein einziger Sonnenschimmer, so groß er war. Gerade als Eva und ich uns über unseren Schweinebraten mit Rotkohl hermachten, erhob er sich und trat an unsern Tisch.

»Gustafsson«, sagte er und verbeugte sich. »Speisen die Damen hier ganz allein?«

»Nein, wir spielen hier Halma mit unserem Bruder«, sagte ich kühl, denn wenn Bellman uns auch patriotisch gemacht hatte, umfaßte unser Patriotismus doch nicht jeden verirrten Schweden in der Fremde.

Die beißende Ironie war an Herrn Gustafsson völlig verschwendet. Er blieb stehen und leuchtete über das ganze Gesicht. »Es ist so nett, Schwedisch zu hören, wenn man im

Ausland ist«, sagte er. »Man kann sich richtig danach sehnen, finde ich.«

Nur eine längere Verbannungszeit konnte ja eine so zehrende Sehnsucht erklären, und Eva fragte mitleidig: »Sind Sie schon lange von Schweden fort?«

»Seit heute früh«, sagte Herr Gustafsson.

»Ich mache eine Gesellschaftsreise nach Italien«, fuhr er unaufgefordert fort.

Eva schnaufte. Unsere Gesellschaftsreise sollte am nächsten Tage von Kopenhagen ausgehen, und wir hatten unsere künftigen Reisegefährten noch nicht gesehen. Aber wir hatten uns sehr den Kopf darüber zerbrochen, wie sie wohl sein würden. Eva ist Optimistin und war unentwegt fest davon überzeugt gewesen, daß die meisten von ihnen junge, stattliche, breitschultrige Männer sein würden, die uns in der Finsternis der Katakomben beschützen und mit uns unter dem Mond Venedigs schwärmen konnten. Ich sah deutlich, wie bei Herrn Gustafssons Mitteilung ein bohrender Zweifel sie zu plagen begann. Wenn er nun an *unserer* Gesellschaftsreise teilnehmen würde! Wenn keine jungen, breitschultrigen Männer dabei waren, sondern nur solche wie Herr Gustafsson! Gewiß war ja das Forum Romanum immer das Forum Romanum, aber daß ein Herr Gustafsson sich an die zerbrochenen Säulen lehnen sollte, das wollte Eva nicht, das sah man deutlich. Sie machte ein so wenig ermunterndes Gesicht, daß Herr Gustafsson sich schließlich mißgelaunt an seinen Tisch zurückzog. Wir hatten das Gefühl, ihm den Abend verdorben zu haben.

»Ach, es gibt so viele Gesellschaftsreisen, du mußt nicht denken, daß alle Dickwänste der Welt gerade an unserer teilnehmen«, sagte Eva tröstend zu mir, als er außer Hörweite war.

Wir beendeten unsere Mahlzeit, und dann wanderten wir in die laue Herbstdunkelheit hinaus. Es war einer der letzten Abende, an denen Tivoli geöffnet war, und wir beschlossen, dorthin zu gehen. Eva wollte anfangs einen Streifzug nach Nyhavn machen, aber ich sagte: wenn ich irgendwo ausgeplündert werden wollte, dann unbedingt in Neapel, und bei genauerer Überlegung gab Eva mir recht. Es wäre schade, wenn unsere Italienreise in Nyhavn enden sollte, ehe sie überhaupt begonnen hatte.

Eva war noch nie in Kopenhagen gewesen, ich mußte ihr also den Weg zum Tivoli zeigen. Nun ist mein Ortssinn nicht allzu gut, aber darum kümmerte ich mich nicht. Ich faßte Eva unter und ging mit ihr nach der Richtung, wo nach meiner Meinung Tivoli liegen mußte. Ein paarmal fragte ich nach dem Weg, aber da ich immer ein sagenhaftes Talent habe, die Ortsidioten herauszufinden, wenn ich solche Fragen stelle, so kam es, wie es kam. Wir landeten in einer schmalen, dunklen und menschenleeren Straße, in der ich noch nie gewesen war.

»Ist dies das berühmte Kopenhagener Tivoli, von dem man so viel reden hört?« sagte Eva. »Lustigkeit, Gesang und Tanz . . .«

Und wirklich! Aus einem Hause in der Nähe drangen die fröhlichsten Töne. Die Tür zu dieser Kneipe war geöffnet. Wir spähten vorsichtig hinein. Da war es ganz voll, und die Leute schienen ungeheuer lustig zu sein. Es waren in der Hauptsache gesetzte Frauen und muntere ältere Männer, die sich auf einer winzigen Tanzfläche drehten, aber es war auch Jugend da, und alles sah fröhlich und nett aus.

»Es ist kein besonders elegantes Publikum«, sagte ich zu Eva, »aber sie amüsieren sich. Komm wir gehen hinein. Wenn man ins Ausland kommt, muß man sich unter das Volk mischen, das gibt Atmosphäre.«

Und wir gingen rasch hinein, um uns diese Atmosphäre zu verschaffen. Eintrittsgeld kostete es offenbar nicht in diesem primitiven kleinen Nachtklub. Wir gingen einfach hinein und ließen uns an einem kleinen Tisch nieder. Es wurde auffallend still im Lokal. Alle sahen uns mit großen Augen an. Aber wir ließen uns nicht stören.

»Wir sind vielleicht etwas zu elegant und auffallend angezogen für dieses Lokal«, sagte Eva und strich befriedigt über ihr seidenes Kleid. »Aber sie werden sich bald daran gewöhnen.

An allen anderen Tischen wurde Kaffee getrunken, und wir

passen uns immer den Gewohnheiten an, wohin wir auch kommen.

»Herr Ober«, rief ich mit lauter Stimme einem Kellner zu. »Zwei Kaffee, wenn Sie so liebenswürdig sein wollen.«

Ja, das wollte er, obwohl er zunächst zögerte.

Es wurde weitergetanzt. Eva und ich setzten uns so hin, daß wir sofort aufspringen konnten, wenn wir aufgefordert würden.

Aber wir wurden nicht aufgefordert. Es kam keiner.

»Sie wagen es nicht«, sagte Eva. »Wir müssen ihnen zeigen, daß wir leutselig und fröhlich sind und nichts gegen Volkstänze haben.«

Denn unverkennbar waren wir in so einen Kulturklub geraten, wo Polka und altmodischer Walzer getanzt wurden, nicht Samba und Rumba, die ja Eva und mir besser gelegen hätten. Aber wir passen uns, wie gesagt, den Gewohnheiten und Sitten an. Es wurde eine spritzige Polka gespielt, und da forderte ich Eva auf. Wir legten los, quer durch den Raum, so volkstümlich wie nur möglich, und die andern wichen erschrocken zur Seite. Hierdurch ermuntert, beschleunigten wir das Tempo noch mehr – jetzt sollten die Dänen sehen, wie wir in Schweden Polka tanzen. Wir sangen und trällerten, und zuweilen stieß Eva ein durchdringendes »Hei!« aus.

»Jetzt brauchst du nicht mehr Hei zu rufen«, sagte ich keuchend zu ihr, nachdem wir achtmal die Runde gemacht hatten. »Wenn sie jetzt noch nicht gemerkt haben, daß wir volkstümlich sind, müssen sie sich selbst die Schuld geben.«

Wir sanken ermattet an unserm Tisch nieder und warteten, was nun geschehen würde. Unvorstellbar, daß Dänen so schwerfällig sein können – sie wußten unsere volkstümliche Gesinnung durchaus nicht zu schätzen. Wir wurden auch jetzt nicht aufgefordert. Wir dachten erbittert daran, uns zu entfernen, aber gerade da sollte gesungen werden.

»Im Chor singen ist fein«, sagte Eva. »Gesang vereinigt die Menschen, es wäre merkwürdig, wenn wir nicht schließlich auf diese Weise unserm geliebten Brudervolk näher kämen.«

Alle Anwesenden hatten ein kleines Heft mit maschinege-schriebenen Texten. Und plötzlich erhoben sich alle und begannen zu singen. Alle außer einer älteren Dame, die ruhig sitzen blieb. Die Ärmste war wohl müde. Eva und ich erhoben uns auch. Wir hatten kein Heft, sahen also einem netten älteren Mann über die Schulter. Er machte eine Bewegung, als fühle er sich belästigt, warf uns einen schiefen Blick zu, während er sang, und trat, so weit er konnte, beiseite. Aber das nützte nichts. Eva und ich folgten ihm schonungslos und blickten hartnäckig in sein Heft – ja, denn jetzt wollten wir dem Brudervolk näherkommen.

Sie sangen eine so wohlbekannte Melodie: Tralleri, trallera . . . aber der dänische Text war natürlich ganz anders als wir ihn gewohnt waren.

»Großmutter wird heut siebzig Jahr«, sangen Eva und ich, daß es nur so schallte: »tralleri, trallera . . .«

Eva hat einen hellen, hohen Sopran, und meine kleine Altstimme ist auch sehr schön. Wir spielen oft Andrew Sisters, und hier hatten wir eine vorzügliche Gelegenheit, unsere Künste zu zeigen. Wir trallarierten, daß es allgemeines Aufsehen erregte. Und es war ein langes Lied mit vierzehn Strophen, so daß wir ordentlich loslegen konnten. Jede Strophe begann mit den gleichen Worten: »Großmutter wird heut siebzig Jahr«. Es war im ganzen sehr humoristisch, und ich überlegte schon, daß man diesen Text in Schweden einführen müsse.

Aber als wir die vierzehnte Strophe begannen und Eva und ich in einem letzten, gewaltigen Ausbruch »Großmutter wird heut siebzig Jahr« anstimmten, warf ich zufällig einen Blick auf die alte Dame, die sitzen geblieben war. Sie lächelte holdselig und nickte mit dem Kopf im Takt mit dem Gesang. Vor ihr auf dem Tisch standen mehrere mit Schlagsahne garnierte Torten. Und auf einer las ich in grellweißer Sahnenschrift: 70 Jahre.

Die peinliche Wahrheit ging mir plötzlich und schonungs-los auf: Diese Dame war die Großmutter, die heute siebzig wurde, und dies war eine private Geburtstagsfeier. Ich verstummte jählings. Das letzte Tralleri blieb mir gurgelnd in der Kehle stecken. Eva aber stand ganz glücklich da und schmetterte, daß die Wände hallten.

»Sing doch mit!« zischte sie mir zu.

Aber ich zupfte an ihrem Seidenkleid.

»Eva, es geht um Sekunden«, flüsterte ich ihr zu. »Renne um dein Leben!«

Und das taten wir. Wir stürzten zur Tür hinaus und brachten uns in Sicherheit, ehe die letzten Töne des Großmutterliedes verklungen waren. Eva wollte eine Erklärung unseres hastigen Aufbruchs haben. Und als sie sie bekommen hatte, lehnte sie sich gegen eine Hauswand und lachte, daß sie kreischte. Ich schob sie in eine Taxe, und wir retteten uns ins Hotel.

»Wollen Sie uns bitte morgen halb acht Uhr wecken lassen«, sagte Eva ernst zu dem Portier. Aber in der nächsten Sekunde brach sie in ein Gelächter aus, das den armen Mann zu Tode erschreckte.

»Ach, es ist bloß, weil Großmutter heut siebzig Jahre alt wird«, sagte Eva und betrat mit mühsam unterdrücktem Lachen den Fahrstuhl.

KAPITEL 9

Bei den heutigen Geldverhältnissen gibt es nur zwei Arten, nach Italien zu kommen: entweder man schließt sich einer Gesellschaftsreise an, oder man hat ein paar schwarz gekaufte Dollarscheine oder Schweizer Francs in Reserve. Da Eva und ich unser tägliches Leben im Anwaltsbüro im Schatten des schwedischen Gesetzes verbringen, wählten wir natürlich die Gesellschaftsreise. Obwohl wir von umsichtigen Menschen (das heißt von Jan und Albert) gewarnt wurden.

»Gesellschaftsreisen«, sagte Albert mit einem höhnischen Schnaufen. »Ja, wenn man schrecklich gern durch Hunderte von Kirchen traben will, in Gesellschaft vieler dicker Tanten in geblümten Sommerkleidern, dann gibt es nichts Besseres als Gesellschaftsreisen.«

»Was ist an geblümten Sommerkleidern auszusetzen?« fragte Eva. »Übrigens, wenn man so wenig reiseerfahren ist wie ich, braucht man einen Reiseführer. Ich werde ganz konfus, wenn ich umsteigen muß.«

»Nun, du bist doch schon so oft nach Aamaal und zurück gereist«, sagte Jan. »Da beherrschst du doch die Technik.«

Albert erzählte, er habe in seiner frühen Jugend einmal eine Gesellschaftsreise nach Frankreich mitgemacht. Als er zurückkam, fragten seine Kameraden mit einem listigen Augenzwinkern:

»Na, wie waren die Mädchen in Paris?«

»Keine Ahnung«, sagte Albert, »aber die Kindergärtnerinnen von Markaryd sind bezaubernd.«

Albert behauptete, daß damit alles über Gesellschaftsreisen gesagt sei.

»Ihr werdet nicht den geringsten Kontakt mit der italienischen Bevölkerung bekommen«, erklärte er.

»Da kennst du Eva und mich nicht«, erwiderte ich. »Das italienische Volk wird nach Luft schnappen, wenn wir mit ihm fertig sind.«

Nein, Eva und ich hatten kein Vorurteil in bezug auf Gesellschaftsreisen, und mit den freudigsten Hoffnungen fanden wir uns auf dem Hauptbahnhof ein, wo man sich an der Sperre zum Rom-Expreß versammeln sollte. Das erste, was wir sahen, war Herr Gustafsson. Und er sah uns. Der sonnige Schimmer aus der Drachmann-Stube war von seiner Stirn völlig gewichen. Zurückgeblieben waren nur einige rote Verlegenheitshöcker, die noch roter wurden, als wir uns näherten. Herr Gustafsson blickte hartnäckig zur Seite. Neben ihm stand eine Dame von gediegenem, wenn auch etwas energischem Aussehen.

»Seine Frau, wenn nicht alles trügt«, sagte Eva.

»Meinst du?«

»Mein lieber Watson«, sagte Eva, »nur eine Ehefrau kann zeigen, daß sie einen Mann zu kommandieren hat.«

Aber wo waren denn all die jungen, breitschultrigen Männer, die unter Venedigs Mond mit uns schwärmen sollten? Hier jedenfalls nicht. Hier war, so weit wir sehen konnten, nur ein einziger junger Mann, und das war der Reiseleiter. Auf ihn paßte wirklich das Wort des Dichters: »Er war stark, es standen Frauen hinter ihm!« Nicht nur hinter ihm, sondern rings um ihn herum, an allen vier Seiten, standen Frauen. Als spärliche Rosinen im Pudding ragte hier und da ein vereinzelter Männerkopf auf, aber keiner von diesen war so, daß er unmittelbar die Gedanken auf Mondscheinschwärmerei in Venedig hinlenkte.

»Immer dieser Frauenüberschuß«, seufzte Eva.

»Hast du für dein eigenes Geschlecht nichts übrig?« sagte ich.

»O doch«, erwiderte Eva. »Aber diese Mannsbilder werden so verwöhnt und verzogen, daß es unerträglich ist. Ich weiß Bescheid. Der unbedeutendste Knabe kriegt früher oder später einen Anfall von Größenwahn, wenn sich ununterbrochen ein Dutzend Frauen für ihn die Beine ausreißen!«

Wir unserseits würden uns jedenfalls nicht die Beine ausreißen, darin waren wir uns einig. Mit diesem Vorsatz bestiegen wir den reservierten Wagen, gemeinsam mit unseren künftigen Reisegefährten. Jeder betrachtete insgeheim forschend den andern. Auf der Fähre zwischen Korsör und Nyborg wurde geluncht, und die allgemeine Vorstellung erfolgte. Man gab sich gegenseitig die Hand. Folglich kam auch Herr Gustafsson an der Seite seiner Frau auf uns zu und streckte uns eine kleine, dicke Hand entgegen.

»Gustafsson«, sagte er steif.

»Allmählich glauben wir es Ihnen«, erwiderte Eva.

In bezug auf Gesellschaftsreisen kann man mit Recht dasselbe sagen, was Storm Petersen von der Kunst des Baßgeigenspiels sagte: »Das schwierigste ist der Transport.« Diese langen Eisenbahnfahrten, ehe man an Ort und Stelle kommt, können etwas angreifend sein, wenn man tagelang im selben Wagen eingesperrt ist und immerfort dieselben Menschen um sich sieht. Anfangs sind alle so zugeknöpft. Man ist mehr oder minder höflich. Man will sicher sein, daß man mit »besseren Leuten« zu tun hat, ehe man Herzensgeheimnisse verrät. Aber schon wenn man ein Stück nach Deutschland hineingekommen ist, beginnt es sich zu lockern. Man geht von einem Abteil zum anderen, plaudert und erzählt, ja, denn jetzt weiß man, daß man eine Gruppe von äußerst prächtigen Menschen als Reisegefährten bekommen hat. Man frühstückt, luncht und diniert zusammen im Speisewagen, teilt eine Flasche Wein und entdeckt, daß man eine Menge gemeinsame Bekannte hat. Man holt Photos von den zu Hause gebliebenen Kindern hervor, von der Villa und vom Sommerhaus, damit jeder sehen kann, daß man sein gutes Auskommen hat. Und es bilden sich kleine Cliquen, die dann während der ganzen Reise zusammenhalten.

Eva und ich beschlossen, uns keiner Clique zu fest anzuschließen. Wir wollten die Möglichkeit haben, uns frei zu bewegen, wenn wir nach Italien kamen. Wir waren die Jüngsten in der Gesellschaft, die im übrigen aus mittelalterlichen Ehepaaren oder mittelalterlichen alleinstehenden Frauen bestand. Ein einziger Junggeselle war in der Schar außer dem Reiseleiter, nämlich Studienrat Malmin, ein sehr stattlicher und unbedingt trockener Herr in den Vierzigern. Er nannte Eva und mich »Mädelchen«, war aber sehr freundlich und versprach, uns einen kleinen Einblick in die reiche Kultur Italiens zu geben, wenn er Zeit dazu habe.

Sicher ist, daß man die Menschen nicht nach dem ersten Eindruck beurteilen soll. Als Eva und ich zuerst unsere Reisegefährten begrüßten, fanden wir, daß es eine ungewöhnliche Sammlung alter Perückenstöcke sei, von denen wir nicht viel Vergnügen erwarten könnten, und wir begannen, uns zu fragen, ob Albert in bezug auf Gesellschaftsreisen nicht recht gehabt habe. Aber allmählich kamen wir dahinter, daß die meisten von diesen Perückenstöcken recht menschlich und nett waren. Sie waren tatsächlich geradezu unterhaltend. Sogar Herr Gustafsson erwies sich als ein wirklich netter Mann, als man näher mit ihm bekannt wurde. Er kam oft in unser Abteil und sprach von dem »Chef«. Herr Gustafsson war Prokurist einer großen Firma, die mit Blumenzwiebeln und Samen handelte, und der Chef dieser Firma verbitterte Herrn Gustafsson das Leben.

»So einer, der kaum weiß, wie eine Tulpenzwiebel aussieht, spielt sich dann auf«, sagte Herr Gustafsson und sah uns in die Augen, an unsere Zustimmung appellierend. Und Eva und ich sagten kopfschüttelnd, es sei geradezu beängstigend, wie sich manche Menschen aufspielen könnten, obwohl sie keine Ahnung von Tulpenzwiebeln hätten. Herr Gustafsson fand, daß wir für unser Alter ungewöhnlich verständig seien, und diese Ansicht verkündete er der ganzen übrigen Gesellschaft. Auch noch andere fanden uns sehr verständig. Vor allem Frau Berg. Sie gehörte auch zu denen, die in unser Abteil kamen und ihr Herz ausschütteten. Frau Berg war sehr vermögend, hatte große Häuser in Stockholm und reiste nur nach Italien, um etwas zu tun zu haben. Sie hatte tiefschwarzes, gefärbtes Haar und mußte einmal schön gewesen sein. Aber das war lange her. Jetzt war sie eine verdrießliche Frau, die über die hohen Steuern und die treulosen Männer klagte. Die Männer in ihrem Leben – das war das ständige Thema, und sie zählte sie Eva und mir auf, als handle es sich um Regierungszeiten, mit Jahreszahlen und allem.

»Diese erstaunliche Aufrichtigkeit«, sagte ich zu Eva.

»Dieses erstaunliche Gedächtnis«, gab Eva zurück.

Eine von unseren Reisegefährtinnen aber war netter als alle anderen zusammengenommen. Das war Fräulein Strömberg, Frida Strömberg, die die erste Auslandsreise ihres Lebens machte. Sie kam direkt vom Kochherd der Hotelpension, in der sie Köchin war, und mit zitterndem Herzen setzte sie sich in den Zug, der sie in die wunderbare Welt hinausführen sollte. Fräulein Strömberg fand die Welt wirklich wunderbar. Am ersten Tage saß sie da wie ein kleiner verschüchterter Spatz und wagte kein Wort zu sagen. Aber all die Merkwürdigkeiten, die sie durch das Fenster sah, machten sie so wild vor Begeisterung, daß sie auf die Dauer nicht schweigen konnte.

»Menschenskinder, wie wunderbar ist das!« rief Fräulein Strömberg, als wir die Brücke über den Kieler Kanal passierten.

Und denselben Jubelruf stieß sie aus, auch wenn kein

anderer etwas auffallend Merkwürdiges entdecken konnte. Fräulein Strömberg war äußerst belesen. Sie wußte wirklich etwas von Italien, zum Unterschied von den meisten andern. Sie konnte sich wie ein Kind freuen. »Denken Sie nur, wir werden die Uffizien sehen, Menschenskinder, wie wunderbar wird das sein!« sagte sie, und ihre hellblauen Augen leuchteten so, daß ihr großes Gesicht richtig hübsch wurde.

Wir ließen die grauen, zerstörten Städte Deutschlands hinter uns und kamen in die grüne, schmucke Schweiz. Im Sankt-Gotthard-Tunnel bekam ich so heftiges Ohrensausen, daß ich leider nicht alles verstehen konnte, was Herr Gustafsson zu seinem Chef sagen wollte, sobald er eine Gelegenheit fände. Daß er aber mit ihm Schlitten fahren würde, das wurde mir doch klar.

So näherten wir uns Chiasso, der italienischen Grenzstation, und einige Gesichter nahmen einen gehetzten Ausdruck an. Das waren die armen Menschen, die keine Tante in Chikago hatten, die in einem Wertbrief Dollars an das Hotel in Mailand schicken konnte. Was blieb den Ärmsten anderes übrig, als selbst die Dollars einzuschmuggeln, die sie für teures Geld in Stockholm gekauft hatten? Denn auch wenn man an einer Gesellschaftsreise teilnimmt, so daß Essen und Logis bezahlt sind, bekommt man doch Wein, Weib und Gesang und alles übrige selbst in Italien nicht umsonst. Daher die unruhigen Blicke, wenn die Grenzstation passiert wird, daher die abwesenden Mienen und die tiefsinnigen Grübeleien: werden sie den Puder untersuchen, und eine wie lange Gefängnisstrafe wird es geben?

Aber das waren unnötige Sorgen. Keiner fragte nach Devisen.

Eva und ich saßen mit unserm reinen Gewissen da und beobachteten durch das Abteilfenster das Volksleben auf dem Bahnhof Chiasso. Da standen zwei Männer und unterhielten sich durch Zeichensprache miteinander. Sie machten die seltsamsten Gebärden, zeigten und gestikulierten.

»Sieh doch, die armen Taubstummen«, sagte ich.

Auf Ehre und Gewissen, ich glaubte wirklich, sie seien taubstumm. Aber da lachte Eva und öffnete das Fenster, damit ich ihre murmelnden Stimmen hören sollte. Taubstumm waren sie keineswegs.

»Du bist jetzt in Italien, mein Kind«, sagte Eva.

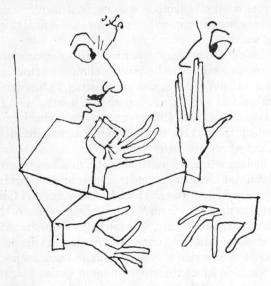

KAPITEL 10

Oh, wunderbares Gefühl, in einer fremden Stadt, in einem fremden Lande zu erwachen. In Italien zu erwachen! Allerdings nur in Mailand, aber immerhin! Nun ja, an sich ist wohl Mailand nicht ein »nur«, aber es ruft nicht in jeder Straße und Gasse mit schmelzender Stimme »Italien«. Es ist eigentlich eine beliebige Großstadt.

»Im Vergleich mit Aamaal hat die Stadt tatsächlich ihre Reize«, sagte Eva, als wir morgens aus dem Hotel traten und den Verkehr vor unsern Augen vorbeiwirbeln sahen und mit jeder Faser unseres Körpers die fremde Atmosphäre spürten.

Wir waren ja immer nur in der Eisenbahn gewesen, nachdem wir Kopenhagen verlassen hatten, und als wir gestern abend spät auf dem riesenhaften Zentralbahnhof von Mailand ankamen, fuhren wir direkt ins Hotel und warfen uns kopfüber ins Bett. Daher war dies unser erster zitternder Kontakt mit einem neuen und unbekannten Land.

Es gibt wohl wenige Sensationen, die mit dem Gefühl zu vergleichen sind, wenn man eines Morgens früh in den Sonnenschein hinaustritt, in einer Straße, von der man nichts weiß, in einer Stadt, von der man nichts weiß, und sich unter Menschen mischt, von denen man auch nichts weiß. Die Entdeckerfreude brodelt in einem, hinter der nächsten Ecke kann alles Mögliche geschehen. Man spürt dasselbe erwartungsvolle Saugen in der Herzgrube wie damals, wenn man als Kind von dem Prinzen im Märchen las: Dann zog er in die Welt hinaus. Ich fand es immer so schön, daß der Prinz in die Welt hinauszog, denn dort war das Abenteuer, dort fand man den goldenen Apfel im Grase, und die Galoschen des Glücks warteten nur darauf, in Gebrauch genommen zu werden.

Eva und ich eilten in der Morgensonne die Straße entlang, fest überzeugt, daß wir auf unserm Wege Unmengen von goldenen Äpfeln finden würden. Vielleicht fanden wir nicht gerade goldene Äpfel, wohl aber Pfirsiche. Große, saftige Pfirsiche, die kaum etwas kosteten. Der Mann im Obstladen war der erste Italiener, mit dem wir sprachen, und er lief sich fast die Beine ab, um uns den Weg zur Piazza del Duomo zu zeigen. Wir dankten ihm, und während uns der Pfirsichsaft über Finger und Kinn rann, gingen wir nach der Richtung, die er uns mit so viel Eifer gezeigt hatte.

Wir waren noch nicht viele Schritte gegangen, als ich Evas Arm faßte. Wir blieben mit einem Ruck stehen und betrachteten entzückt ein wunderbares Bild. Nein, nicht den Dom. Sondern einen weißgekleideten Verkehrspolizisten, der mitten im tollsten Verkehr auf einer großen schwarzweiß gestreiften Hutschachtel stand, die mit einem ungeheuren roten Herzen verziert war. Wenigstens sah es aus wie eine Hutschachtel. Oh, wie reizend sah es aus! Wir entdeckten bald, daß alle Verkehrspolizisten der Stadt auf solchen

Hutschachteln standen, die für eine bestimmte Kaffeesorte Reklame machten.

Eva und ich hatten uns vorgenommen, die Augen offen zu halten, um vielleicht gute Ideen mit nach Schweden zu nehmen. Und hier hatten wir die erste. Man setze sofort die schwedische Polizei auf eine Hutschachtel. Sofort, sage ich. Aber es muß natürlich ein großes rotes Herz auf der Schachtel sein. Dann können wir von einem geschmeidigen Verkehr an den Hauptverkehrspunkten sprechen.

»Rote Herzen und freundliche Menschen, das entspricht ungefähr der Reklame«, sagte Eva befriedigt.

Wir hatten unsern Morgenkaffee noch nicht getrunken und gingen deshalb in einen kleinen Fleischerladen, in dem wir uns an einem Tisch niederließen. Es war wirklich ein Fleischerladen, denn auf dem Ladentisch lagen Salami, rotes Rinderfilet und zarter Kalbsbraten. Brot gab es auch. In einer Ecke war eine Bar, wo einige Herren gerade den ersten Campari Bitter des Tages bestellten. Dicht daneben standen einige Tische, und dort tranken Eva und ich unsern Kaffee mit herrlichem Gebäck dazu. »Wieder eine Verbesserung«, sagte Eva. »So gemütlich müßte es in der Fleischerei daheim in der Kapitänstraße sein!«

»Ja, es ist wunderbar, wenn alles so kunterbunt durcheinander liegt«, sagte ich, »da fühlt man sich wohl!«

Da fühlt man sich wohl – das war es. Ich beginne zu befürchten, daß mit mir etwas nicht stimmt. Ich fühle mich wohl wie ein Ferkel, wohin ich auch komme. Kann nie kritische und beißende Bemerkungen machen. Finde alles herrlich. Da hatte ich nun beschlossen, nicht von vornherein vor Italien und den Italienern auf dem Bauch zu liegen, und dann war ich nach einer halben Stunde besiegt. Eva schien von der gleichen Sorte zu sein. »Glaubst du, daß wir zu wohlwollend und dämlich sind?« sagte ich unruhig zu ihr, als wir aus dem Fleischerladen traten.

Während wir uns noch wegen unserer vermeintlichen Dämlichkeit Gedanken machten, geschah etwas. Ein junger Mann näherte sich, der einen Lattenkäfig trug. Und dieser Käfig war mit Hühnern vollgestopft. Einige ließen die Köpfe durch die Spalten hängen. Zunächst kümmerte ich mich nicht weiter darum, denn ich nahm natürlich an, daß es tote Hühner seien. Plötzlich aber gackerte eines leise und bewegte den Kamm.

Jetzt zeigte sich, daß Eva und ich nicht wohlwollend und dämlich waren. Wütend wie Hornissen sind wir, wenn wir gereizt werden. Wir stürzten beide auf den Jüngling mit dem Käfig los (es war ein kleiner, schwacher Mensch mit frommer Miene) und versuchten, ihm mit wilden Gebärden begreiflich zu machen, daß es Tierquälerei sei, lebende Hühner so zusammenzupferchen.

»Nimm den Kuntze vor«, rief Eva mir zu, »und sieh nach, ob eine Redensart drinsteht ungefähr wie: ›Du Lümmel, laß die Hühner heraus, sonst rufe ich die Polizei!‹«

Ich schlug eifrig im Sprachführer nach, konnte in der Eile aber nur den Satz finden: Wenn man eine Sprache gut lernen will, muß man jede Gelegenheit, sie zu sprechen, benutzen. Aber das taten wir ja. Wir deuteten auf die Hühner und schrien: »Troppo, troppo«, in der Hoffnung, daß der Jüngling begreifen würde, daß in einem so kleinen Käfig zu viele Hühner seien. Aber er machte nur ein mürrisches und völlig verständnisloses Gesicht.

»Fa finta di essere sordo, er tut nur so, als wäre er taub«, schrie ich wütend. Jetzt begriff man, warum diese Redensart im Sprachführer stand. Italien war natürlich voll von solchen Tauben, die nur hörten, wenn es ihnen paßte. – Schließlich gaben wir es auf. Wir sollten die übrige Reisegesellschaft in wenigen Minuten im Dom treffen, hatten also keine Zeit, uns länger dem Tierschutz zu widmen.

Wir setzten unsere Suche nach dem Dom fort, aber er war nicht zu finden, und wir mußten eine Taxe nehmen. Ich weiß nicht, was der Chauffeur von uns dachte. Vielleicht glaubte er, wir müßten zur Kirche, um einen Pfarrer zu erwischen, der uns in aller Eile die letzte Ölung geben könnte. Jedenfalls brauste er um die Straßenecken und an den Rändern der Bürgersteige entlang mit einer Geschwindigkeit wie daheim bei uns die Feuerwehr – und ungefähr mit dem gleichen Lärm. Eva und ich klammerten uns krampfhaft aneinander fest und erbleichten vor Schrecken. Das war ja lebensgefährlich. Wir wollten aussteigen. Ich blätterte fieberhaft im Sprachführer, um unter der Rubrik »Stehenbleiben« eine passende Redensart zu finden. Und wirklich, ich fand sofort, was ich brauchte: »Fermate! Voglio scendere! Halten Sie an, ich will aussteigen!« Jedoch schaukelte das Auto so, daß ich die kleingedruckten Zeilen durcheinanderbrachte. Und als der Chauffeur im nächsten Augenblick widerwillig vor einer Verkehrsampel anhielt, sagte ich äußerst ungeduldig: »Perchè si ferma? Warum halten wir hier?« Ja, der Chauffeur fand es wohl auch unnötig, denn in der nächsten Sekunde brauste er wieder los, mitten zwischen Pferdewagen, Fahrrädern, Autos und Fußgängern hindurch. Wir schlossen die Augen und wagten erst aufzublicken, als das Auto mit kreischenden Bremsen vor der Kathedrale anhielt. Der Chauffeur machte ein befriedigtes Gesicht, ungefähr als dächte er: Wir haben's geschafft.

Eva und ich wankten hinaus und fühlten uns wirklich reif für die letzte Ölung.

Aber als wir die Kathedrale betraten, senkte sich Friede über uns. Hier war es so still. Mir gefiel die kleine, alte, fromme Frau, die vor dem Marienbilde kniete. Ihr runzliges Gesicht strahlte vor Entzücken in dem milden Schein der Wachskerzen. Mir gefielen die Kinder, die in aller Eile in die Kirche gelaufen kamen und sich vor der Madonna ernsthaft bekreuzigten, ehe sie zu neuen Spielen hinausstürzten. Fräulein Strömberg ging umher wie im Garten Eden, auch sie gefiel mir. Aber Studienrat Malmin gefiel mir nicht. Er war einer von denen, die Einzelheiten wissen wollen: wann der Grundstein gelegt wurde, wie hoch der Turm ist, alles wollte er wissen, und alles mußte notiert werden. Ich sagte zu ihm: wenn er Italien so in allen Einzelheiten studieren wolle, so müsse er wohl für den Rest seines Lebens hier bleiben, aber er beachtete meinen Einwand nicht und quälte den Reiseleiter weiter mit Fragen.

»Die Renaissancefassade wurde im neunzehnten Jahrhundert vollendet, sagten Sie?«

Ich begreife nicht, daß die Leute sich so viel aus Fassaden

machen! Vielleicht langweilt es mich deshalb, weil Jan so lange und so oft davon gesprochen hat. Ich habe diese Vorlesungen satt! Ich sage wie der schwerhörige Alte, als der Pfarrer ihn fragte, wie ihm die Predigt gefallen habe: Ich höre wenig und verstehe noch weniger, und ich mache mir ja auch nichts draus.

Wohl aber Herr Malmin. Er machte sich ungeheuer viel daraus. Er wollte nicht nach Schweden zurückkehren, ohne zu wissen, daß der Turm 108 m hoch war, und er bombardierte den Reiseleiter mit Fragen. Eva und ich betrachteten ihn unwillig.

»Er war vielleicht ein nettes Kind«, flüsterte ich Eva zu, in einem ehrlichen Versuch, auch an Herrn Malmin etwas Gutes zu sehen.

»Sicher«, sagte Eva. »Er gehörte zu den Kindern, die ihre Mama am Sonntagmorgen um fünf wecken und fragen: Mammi, ist der liebe Gott verheiratet? Können die Engel küssen? Und wie macht man eine runde Blechdose?« Meine gute Tante in Chikago hatte mir ziemlich viele gute Dollars geschickt, die mir in der Tasche brannten, daher meinte ich, Eva und ich könnten uns etwas auf eigene Faust belustigen, an diesem unserm ersten Tage in Italien. Wir verabschiedeten uns von der übrigen Gesellschaft, vorher aber nahm ich Malmin in einem Querschiff beiseite und sagte, soviel ich hätte munkeln hören, sei der Kirchturm infolge der Bodenerhöhung jetzt 109 m hoch, und ich riet ihm daher dringend, hinaufzusteigen und es zu kontrollieren.

Dann gingen Eva und ich hinaus zu den Tauben auf dem Platz vor dem Dom. Kaum waren wir aus dem Portal ins Freie gekommen, als ein Herr mit einer Kamera in der Hand eifrig redend und gestikulierend auf uns zustürzte. Wir begriffen, daß er uns fotografieren wollte.

»Kein Wunder, wo wir so schön sind«, sagte Eva und stellte sich in Positur. »Er ist natürlich von irgend einer Illustrierten.«

»Als Titelbild, aha«, sagte ich und stellte die Beine so, wie solche Umschlagmädchen es tun. Ich konnte mir genau vorstellen, wie sich der Fotograf den Umschlag gedacht hatte: unsere eigenartige, etwas melancholische nordische Schönheit, weiße, flatternde Taubenflügel um uns her, im Hintergrund der Dom, eine steinerne Hymne auf die ewige Sehnsucht des Menschengeistes nach höheren Sphären. Oh, es würde ein Bild werden, daß die Menschen eine Weile stehen blieben und einen lieblichen Schmerz empfanden.

Du meine Güte, was wurden wir fotografiert! Dieser Mann hatte Ehrgeiz in seiner Arbeit. Er machte Nahaufnahmen und Fernaufnahmen, und Eva allein und ich allein und Eva im Profil und ich von vorn und Eva mit den Tauben zu ihren Füßen und Eva mit einer Taube auf der ausgestreckten Hand und ich mit Taubendreck auf dem Kleid, ja, denn nicht alle Tauben saßen am Boden, viele flogen auch in der Luft umher!

Schließlich war er fertig.

»Sechstausend Lire«, sagte der Mann mit der Kamera. Eva und ich sahen uns entzückt an. Wir wußten, daß Fotomodelle gut bezahlt wurden, aber dies war doch mehr, als wir erhofft hatten. Sechstausend Lire – das würde kein übler Zuschuß zu unserer Reisekasse sein.

Es dauerte eine ganze Weile, bis wir begriffen, daß der Fotograf sechstausend Lire haben wollte. Soviel kostete es, unsere eigenartige nordische Schönheit auf dem Domplatz von Mailand verewigen zu lassen. Und dies war unser erster Tag in Italien, so daß wir nicht einmal feilschten. Ich nahm langsam sechs »große Tapeten« heraus, wie Eva hartnäckig die italienischen Banknoten nennt, und reichte sie dem Mann mit traurigem Blick.

»Er muß Hoffotograf sein«, sagte Eva tröstend.

»Dann ist es rasend billig«, bemerkte ich.

Wahrscheinlich hatte der Fotograf noch nie in seinem Leben zwei so große Idioten getroffen wie uns. Er wurde von Mitleid mit unserer Einfalt ergriffen und kam uns nachgelaufen. Er wollte noch mehr Aufnahmen von uns machen, »gratis, gratis«, sagte er.

»Was meinst du«, sagte Eva, »wollen wir ihn fotografieren lassen?«

»Warum nicht?« sagte ich müde. »Ich bin noch nicht von Nordwesten fotografiert worden.«

Wir bekamen die Bilder, etwa fünfzig, am nächsten Tage ins Hotel geschickt. Unsere nordische Schönheit war auf allen so eigenartig, wie man nur verlangen konnte. Es war, wie ich mir ausgemalt hatte: Man sah die Bilder und empfand einen lieblichen Schmerz.

»Jetzt haben wir Weihnachtskarten für den Rest unseres Lebens«, sagte Eva.

KAPITEL 11

Man bekam Appetit von all diesem Fotografieren, und wir beschlossen, ein nettes Restaurant ausfindig zu machen, wo wir frühstücken könnten. Wer eben erst sechstausend Lire für Fotos ausgegeben hat, braucht nicht kleinlich zu sein, fanden wir, und so wählten wir das flotteste Lokal, das wir finden konnten: Giannino.

Im Vorflur stand ein weißgekleidetes Mädchen und buk kleine Pasteten – in Italien geht wirklich alles kunterbunt durcheinander. Und hinter einer Glasscheibe konnte man das Küchenpersonal in voller Arbeit in der blinkenden Küche sehen. Da ging alles ordentlich zu. Die Lebensmittel waren zur Betrachtung in besonderen Glasvitrinen ausgestellt, so daß man sein Kotelett im Naturzustand sehen konnte, und in großen Aquarien schwammen die Fische, die es zum Lunch geben würde. Die Hygiene war durchaus beruhigend, das war sicher.

Ich habe immer gehört, daß man Chinese sein muß, um mit den Eßstäbchen umgehen und Schwalbennester verzehren zu können, ohne sich zu bekleckern, und daß nur ein Italiener Spaghetti essen kann, ohne sich darin zu verwickeln und die halbe Portion in den Kragen zu bekommen. Deshalb freute ich mich darauf, endlich zu lernen, wie man auf feine und elegante Art Spaghetti ißt. Pustekuchen! Es gibt keine feine und elegante Art, Spaghetti zu essen. Es geht einfach nicht.

Die Italiener mögen sagen, was sie wollen – in Wahrheit hängen die Spaghetti bei ihnen allen wie ein Vollbart herunter. Eva und ich sahen uns verblüfft um, nachdem wir uns an unserm Tisch niedergelassen hatten. Das Publikum war elegant, alle sahen fein und gutgekleidet aus, aber uijeh, wie die Tomatensoße auf die reinseidenen Oberhemden spritzte, wenn die Spaghetti sich den Leuten voller Tücke um den Mund ringelten. Eva und ich waren entsetzt und bestellten uns lieber eine Valdostana di vitello. Die verhält sich wenigstens ruhig, und man weiß, wo man sie hat, was man von Spaghetti nicht gerade sagen kann. An einem Tisch uns gegenüber saß ein Herr. Wir tauften ihn Cesare Borgia, denn er sah schön und lasterhaft aus, und wir interessierten uns für ihn, bis wir sahen, wie ihm ein halbes Meter Spaghetti vor dem Gesicht hing. Da war er nicht mehr so dämonisch.

Aber nachdem wir die Valdostana mit unserer ersten Flasche Chianti hinuntergespült hatten, waren wir so fröhlich und innerlich erwärmt, daß wir das Gefühl hatten, gern einen Freundschaftsbund mit dem ganzen italienischen Volk schließen zu wollen, auch wenn es durch einen Spaghetti-Vorhang geschehen müßte.

Mit einem zärtlichen Abschiedsblick auf Cesare Borgia verließen wir Giannino. Den Rest des Nachmittags verbrachten wir mit Schaufensterbesichtigungen in den eleganten Geschäftsstraßen.

Denn jetzt waren wir in das Gelobte Land der Reinen Seide gekommen, und unser Herz schmolz angesichts der wunderbaren Stoffe und Farben in den Schaufenstern. Seta pura, Reine Seide, dies verlockende Schild sahen wir überall. Wir murmelten die magischen Worte zwischen den Lippen, so daß es wie eine Beschwörung klang. Herr Kuntze sagt nichts von Reiner Seide, und doch müßte er wissen, daß unter den »notwendigen Vokabeln und Redensarten« keine notwendiger ist als diese. Ich zählte Tantes Dollars noch einmal und legte sofort einen kleinen »Reinseiden-Fonds« in der Innenseite meiner Kostümjacke an. Dann und wann faßte ich mit der Hand hinein und betastete die Scheine, und das machte

mich so glücklich, als fühlte ich schon die schimmernde Seide.

Am Abend gingen wir in die »Galerie«, denn dorthin geht man in Mailand. Die »Galerie« ist keine gewöhnliche Straße, es ist eine Kolonade, die die Piazza del Duomo mit der Piazza della Scala verbindet. Man wandert unter einem hohen Glasgewölbe und auf einem sehr glatten Boden, und die »Galerie« wimmelt von Restaurants, Cafés, Geschäften und Menschen, vor allem Menschen und vor allem am Abend – und vor allem gerade da, wo Eva und ich gehen wollten.

»Ist es nicht sonderbar«, sagte ich zu Eva, »wenn ich im Ausland bin und kaum vorwärts kommen kann, ohne daß man mir auf die Füße tritt, dann nenne ich das ein interessantes und brodelndes Volksleben. Aber wenn ich daheim bin, sage ich, was ja auch der Wahrheit entspricht, daß es ein verdammtes Gedränge ist.«

Wir grübelten eine Weile über diese eigentümliche Tatsache, während wir uns von dem Volksstrom mittragen ließen, und lauschten auf die aufreizende Musik verschiedener Musikkapellen.

»Der Unterschied liegt darin«, sagte Eva schließlich verständig: »Wenn wir armen Einsiedler im Norden in so einer Menschenmenge zusammenkommen, dann bedeutet es, daß eine Fürstenhochzeit stattfindet oder ein Fußball-Länderkampf, oder daß irgend jemand schwer verletzt wurde und mit dem Unfallwagen fortgeschafft wird.«

»Oder, daß wir an einem Regentag um fünf mit dem Bus fahren wollen«, setzte ich hinzu.

»Genau das«, sagte Eva. »Wir müssen uns vordrängen, um mit dem elenden Bus mitzukommen oder um einen Blick auf den Unglücklichen zu werfen.«

»Den Unglücklichen?« sagte ich. »Meinst du den, den der Unfallwagen abholen sollte?«

»Ja, was dachtest du?« fragte Eva. »Dachtest du, ich meinte die Fürstenhochzeit?«

Eva hatte recht. In Schweden ist Volksgedränge ein unnatürlicher Zustand, der nur Unbehagen verursacht. Auf jeden Quadratkilometer ein Mensch, so muß es bei uns daheim sein. Ein Mensch, der mutterseelenallein dasitzt und über das Leben grübelt und allenfalls einmal monatlich hinausgeht und dem nächsten Nachbarn ein Schimpfwort durch den Schalltrichter aus Birkenrinde zuruft. Aber die Italiener müssen sich drängen. Es muß ein Gewimmel in ihren Städten, auf ihren Straßen und Plätzen sein.

»Und zuweilen kommen wir beide hierher und mischen uns in ihr Gewimmel und werden unsere Lappenkrankheit los«, sagte Eva und zog mich mit zu Biffis Trottoircafé. Wir setzten uns und bestellten einen Caffè espresso.

»Ja, wenn das nicht gegen die Lappenkrankheit hilft, so hilft nichts«, sagte ich und nippte an dem überstarken Kaffee. »Hör nur, wie es um uns her brodelt, und bedenke, wie weit wir von unserm melancholischen Heimatland entfernt sind.«

»Ja, manchmal ist es wirklich herrlich, nur fremde Sprachen um sich zu hören«, sagte Eva.

Da drang eine weibliche Stimme durch das Stimmengewirr: »Ih, wad jag ä trött i fytterna.«

Eva sah mich an.

»Fremde Sprachen«, wiederholte sie ruhig, »einschließlich der schonenschen.«

Wir konnten die Frau nicht entdecken, die so müde Füße hatte, sie war in der Volksmenge verschwunden. »Schiffe, die sich nachts begegnen«, murmelte ich gerührt.

Aber Eva sagte, die Leute aus Schonen könnten ruhig daheim bei der Romeleklippe bleiben. So weit nach Süden wie zu der »Galerie« in Mailand dürften sie nicht gehen.

Wir tranken noch mehr Caffè espresso und beobachteten mit milden und ruheerfüllten Blicken das Volksleben, das vorüberwogte.

»Nimm an, ein Italiener würde durch einen Unglücksfall beide Arme verlieren«, sagte Eva. »Weißt du, was für Folgen das haben würde?«

»Er würde völlig ausgeschaltet sein, wenn es ums Ringen und Boxen ginge«, sagte ich, denn ich wollte an einem so lieblichen Abend nicht etwas so Trauriges annehmen.

»Du Schaf«, sagte Eva. »Es würde Stottern und schwere

Sprachstörungen mit sich bringen. Wie könnte er sprechen, wenn er nicht Arme und Hände zu Hilfe nehmen könnte?«

Gewiß hat man gehört, daß die Südländer gestikulieren, aber daß es so wild zugeht, hatte ich nicht geahnt. Nicht weit von unserm Tisch standen einige junge Männer und diskutierten. Sie bewegten die Arme auf halsbrecherische Art, zuweilen im Schultergelenk, zuweilen im Ellbogengelenk und zuweilen im Handgelenk, und ich vermute, daß sie bei ihren Meinungsäußerungen die subtilsten Nuancen zum Ausdruck brachten. Die Finger flatterten wie kleine Vögel in der Luft. Es war ein faszinierender Anblick.

Nachdem Eva und ich unsern Kaffee getrunken hatten, wanderten wir zurück zum Hotel und kamen gerade rechtzeitig, um Herrn Gustafsson mit hochrotem Gesicht aus einer Tür stürzen zu sehen, über der »Signore« stand. Da sieht man, wie gefährlich es ist, sich nicht über die Pluralendungen zu orientieren, ehe man von daheim fortreist. Der arme Herr Gustafsson hatte offenbar angenommen, daß »Signore« »Herren« bedeute und die Pluralform von »Signor« sei.

»Ein schrecklicher Irrtum«, sagte Eva mit lehrhafter Stimme, als spräche sie zu einem kleinen, unverständigen Jungen. »Da, wo Herr Gustafsson hineingehen muß, muß ein ›i‹ am Schluß stehen, kein ›e‹.«

»Denn das macht den Unterschied zwischen einem falschen und einem echten Signor so groß«, sagte ich und zog Eva mit in unser Zimmer.

Der Nutzen von Sprachkenntnissen kann nicht hoch genug eingeschätzt werden.

KAPITEL 12

Ich hatte keine besonderen Erwartungen in bezug auf Venedig. Eine banale Hochzeitsreisendenstadt mit einigen schmutzigen Kanälen und etwas Goldmosaik hier und da in den Winkeln – so leicht gedachte ich mich nicht dupieren zu lassen.

Das sagte ich zu Eva, als wir in Mailand den Zug bestiegen.

»Wir werden ja sehen«, meinte Eva.

Eigentlich ist es eine unheimliche Vorstellung, wie blind ein Mensch seinem Schicksal entgegengeht. Glück oder Unglück treffen ihn gleich unvorbereitet. Er geht wie ein gedankenloses kleines Lamm dahin und ahnt nicht, daß beispielsweise der 29. September, ein Donnerstag, sein ganzes Leben umwälzen wird.

Wie ein gedankenloses Lamm kletterte ich in den Zug und gab mit mürrischem Blöken zu verstehen, daß ich mich von Venedig nicht dupieren lassen werde.

Ein Schweizer, den wir im Zuge trafen, hatte die gleiche verächtliche Einstellung zu der Stadt wie ich.

»Venedig«, sagte er, »mit Venedig ist man bald fertig. Am Vormittag genehmigt man einen Drink auf der Piazza und betrachtet den Dogenpalast und die Sankt-Markus-Kirche, am Nachmittag genehmigt man einen Drink auf der Piazza und wandert durch die Merceria, die Geschäftsstraße der Stadt, vom Ponte di Rialto und wieder zurück, um dann noch einen Drink auf der Piazza zu genehmigen. Am Abend macht man eine Gondelfahrt, und dann bleibt nur noch eines zu tun, was man nicht versäumen darf, nämlich auf der Piazza einen Drink zu genehmigen. Dann ist man mit Venedig fertig.«

»Warum genehmigt man keinen Drink auf der Piazza, bevor man die Gondelfahrt antritt?« fragte Eva wißbegierig. »Das wirkt so regellos und liederlich, finde ich.« »Ja, bedenken Sie, mein Bester«, sagte ich warnend, »daß ein geregeltes Leben der Weg zur Gesundheit ist.« Der Schweizer sah uns nachdenklich an.

»Sie haben recht«, sagte er. »Verzeihen Sie mein Versäumnis. Also: am Abend genehmigt man einen Drink auf der Piazza, macht eine Gondelfahrt und beschließt den Tag mit einem Drink auf . . . Ja, dreimal dürfen Sie raten!«

Diese Unterhaltung bestärkte mich in meinen Bedenken gegen Venedig. Ein Zufluchtsort für vergnügungssüchtige Touristen! Und das nannte man die Königin der Adria.

»Die Königin der Adria, ja trallala«, sagte ich ärgerlich, als wir auf dem trübseligen Bahnhof von Venedig ausstiegen. Die Begegnung mit dem Canale Grande erschütterte mich nicht bis in die kleine Zehe, und ich fuhr mit großer Gemütsruhe im Motorboot quer durch die ganze Stadt bis zum Lido, wo wir wohnen sollten.

Erst als es zu dämmern begann, waren wir im Hotel mit den irdischen Obliegenheiten fertig. Eva und ich faßten uns bei den Händen und liefen, um das Schiff nach Venedig zu erreichen. Wir wußten die Abgangszeit nicht so genau, und wir stürzten, so schnell wir konnten, zum Hafen. Und da...

O Königin der Adria, vergib mir! Bella Venezia, Traum in Silber und Perlmutt, vergiß mein törichtes Geschwätz! Serenissima, wie demütig küsse ich den Saum deines Gewandes, auch wenn er am Rand ein wenig schmutzig ist. Eva und ich standen da und konnten nur schauen! Unter einem perlmuttschimmernden Himmel in einem Meer von moiriertem Silber schwammen die Inseln der Lagune vor unsern Augen. Es war ein überirdischer Anblick. Und das Feuer der Begeisterung, das in mir aufflammte, war wohl auch nicht von dieser Welt. Es raubte mir die Vernunft. Es machte mich stumm und verwirrt.

Wortlos ging ich mit Eva an Bord des Schiffes, das uns über die Lagune führte. Und da lag so seltsam schön der Dogenpalast vor uns, so seltsam, unwirklich schön, als gehöre er zu einem Märchen. Seltsam und unwirklich, ja, so erschien plötzlich alles. Diese Stadt hatte etwas an sich, was ich nicht erklären konnte. Ich war verzaubert. Ich kannte mich selbst nicht mehr. Ich war doch nicht Kati? Ich war eine unbekannte, zeitlose Frau, der Hand der Götter entstiegen, und ich war gerade an diesem Abend in Venedig, nur weil die Götter es so gewollt hatten. Und all dieses Silber, all dieses Perlmutt hatten sie ausgestreut, um mir Freude zu machen. Den weißen Palast hatten sie hier zu meinem Wohlgefallen aufgestellt. Ja, ich war der Liebling der Götter, Venedig war mein goldenes Schatzkästlein, und in dieser Nacht entschied sich mein Schicksal.

Wie in einem Traum folgte ich Eva durch die Volksmenge zur Piazza. Zur Piazza di San Marco, dem schönsten Marktplatz der Welt. Die kurze Dämmerung war bereits vorüber. Die Piazza war hell beleuchtet vom Schein unzähliger elektrischer Lampen, die Musikkapelle mitten auf dem Platz spielte eine anmutige kleine Melodie, die ich noch nie gehört hatte, und die Goldmosaikfassade von San Marco schimmerte. Ich versuchte, dieses Traumgewebe, das mich umspann, zu zerreißen, aber es gelang nicht.

»Eva, das Leben ist ein Traum«, sagte ich und umfaßte fest ihren Arm. »Oder dies ist eine Opernvorstellung. Du siehst doch, daß der ganze San Marco eine vergoldete Theaterkulisse ist?«

»Meinst du?« sagte Eva.

»Ja, bald kommen ein paar kräftige Männer, tragen die ganze Kirche fort und bringen dafür ein ländliches Wirtshaus herein. Und alle, die hier auf der Piazza umherschlendern, sind solche Leute, die im ersten Akt Priester und im zweiten Akt Räuber sind.«

»Wie eiskalt ist dies Händchen«, sang Eva, um zu beweisen, daß sie, wenn es sich um eine Oper handelte, durchaus bereit sei, mitzuwirken. »Warum hast du eigentlich so kalte Hände? Frierst du?«

»Ja, ich friere«, sagte ich. »Aber nur vor Aufregung. Diese Stadt macht mich irgendwie unruhig.«

»Venedig ist keine Stadt, in der man ruhig sein kann«, sagte Eva. »Ist es nie gewesen und wird es nie sein. Warum solltest du schließlich die erste sein, die hier ruhig bleibt?«

Ja, warum sollte ich die erste sein? Gab es eine Stadt auf Erden, in der die Unruhe des Herzens heftiger war als hier? Haben Menschen jemals heißer geliebt, tiefer gelitten und wilder gehaßt als hier? Hier haben Liebe und Tod auf Straßen und Plätzen getanzt, und der Schatten des Meuchelmordes hat das Wasser der Kanäle verdunkelt, Blut ist geflossen, toller und wilder als irgendwo anders waren die Lieder, die hier gesungen, und die Tänze, die hier getanzt wurden.

Die Herzen waren voller Unruhe in dieser Stadt, warum

sollte da meines heute abend nicht heftiger klopfen als gewöhnlich?

»Wollen wir es machen wie unser Schweizer und auf der Piazza einen Drink genehmigen?« fragte Eva.

Das schien ein guter Vorschlag zu sein, und wir taten es. Aber ich hatte keine Ruhe, stillzusitzen. Ich wollte Venedig durch und durch kennenlernen und sehen, was sich in seinem Innern verbarg. Und das sollte jetzt geschehen, gleich in diesem Augenblick.

Unter dem Torre del Orologio öffnete sich der Eingang zur Merceria, und hier gingen wir, gerade als die beiden Mohren oben auf dem Turm uns den unerbittlichen Flug der Zeit verkündeten, indem sie mit ihren Hämmern gegen die gewaltige Bronzeglocke schlugen.

Ist es der Zufall, der die Schritte der Menschen lenkt, oder etwas anderes? Hinterher habe ich Eva gefragt, ob sie glaube, daß das Schicksal uns gerade in diesem Augenblick in die Merceria geführt habe, in diese bezaubernde, geschlängelte, schmale, kleine Straße, die an die Västerlanggatan an einem Adventssonntag erinnert, nur mit dem Unterschied, daß in der Merceria doppelt so viele Menschen waren.

»Unsinn«, sagte Eva. »Laß Frauen in einer fremden Stadt los, und innerhalb von fünf Minuten hat der Instinkt sie zu der Straße geführt, wo es die meisten Sachen zu kaufen gibt. Dazu ist kein Schicksal nötig. Es ist genau, als wenn Schweine nach Trüffeln suchen.«

Ich fand diese Erklärung dafür, warum . . . ja, warum es so gekommen war, wie es kam, ziemlich roh.

Aber da waren lockende Schaufenster mit schönen Sachen, venezianisches Glas, venezianisches Silber, Lederarbeiten, Seidenstoffe. Eva zog mich von einem Fenster zum andern, und ich ging mit, wenn auch etwas widerwillig. Denn ich war ja unterwegs, um die innerste Seele Venedigs zu finden. Aber Eva war darauf aus, einen hübschen billigen Gürtel zu finden, und sobald wir an ein Lederwarengeschäft kamen, blieb sie stehen.

»Hier geschieht es«, sagte sie schließlich. Sie hatte ein

Spezialgeschäft für Lederwaren entdeckt, und ihre Augen begannen, im Schaufenster umherzuspähen.

Vor dem Fenster stand schon jemand. Ein junger Mann. Er schien sich für die Sachen sehr zu interessieren und sah sie unverwandt an. Ich blickte zuerst einmal flüchtig zu ihm hin, aber er gehörte nicht zu den Männern, die man nur einmal ansieht. Er sah auffallend gut aus, ziemlich dunkel und mit südländisch brauner Haut.

»Hast du den gesehen?« sagte ich zu Eva, den Blick auf das Schaufenster gerichtet, damit er nicht merken solle, daß ich über ihn sprach.

»Welchen?« fragte Eva.

»Der so braun ist«, sagte ich.

»Aber ich möchte lieber einen schwarzen«, erwiderte Eva. Dieses Kamel nahm an, ich spräche von Gürteln.

»Ach, der!« sagte sie, als sie endlich begriffen hatte, was ich meinte. Ein neu aufglimmendes Interesse erwachte in ihren Augen.

»Ja, das ist ein ungewöhnlich bezaubernder italienischer Typ«, gab sie zu: »Ist dir übrigens aufgefallen, daß die Männer hier in Italien viel hübscher sind als die Frauen?«

»Ja, besonders dieser«, sagte ich. »Er ist wohl das Resultat eines kleinen Seitensprunges von Casanova hier in Venedig, im sechsten oder siebenten Glied.«

»Da irren Sie«, sagte eine sympathische Stimme neben mir. »Meine Vorfahren haben ihre kleinen Seitensprünge irgendwo im Norden gemacht. Sie waren samt und sonders wärmländische Schmiede.«

»Großer Gott«, sagte Eva.

Dann aber schwieg sie, und wir erröteten beide, so sehr wir konnten.

»Es gibt hier in Italien doch so viele Erdbeben«, sagte ich schließlich mit kläglicher Stimme. »Warum kann nicht gerade jetzt eines kommen, wenn man es wirklich brauchen könnte!«

Da sah der Braunhäutige mir lächelnd in die Augen und erwiderte:

»Ich finde, wir haben eben erst eines erlebt.«

Ich überlegte, was er wohl damit meinen könne, da aber begannen er und Eva zu plaudern, so daß ich von meinen Überlegungen abgelenkt wurde. Wir standen eine Weile mitten im Gedränge und berichteten, wie wir hießen und so. Lennart Sundman hieß er und war aus Stockholm.

»Übrigens glaube ich, ich habe Sie einmal bei einer Tannenbaumplünderung getroffen, als Sie ungefähr acht Jahre alt waren«, sagte er zu mir.

»Ach damals«, rief ich erschrocken. »Aber Sie müssen zugeben, daß ich mich seitdem etwas herausgemacht habe? Sonst wäre ich ganz vergebens bis zu meinem vierzehnten Jahr mit einer Klammer an den Vorderzähnen umhergelaufen.«

»O doch, etwas besser sehen Sie jetzt aus«, sagte Lennart Sundman höflich. »Und jetzt prügeln Sie sich wohl auch nicht mehr?«

»Nein, heutzutage bin ich völlig ungefährlich«, versicherte ich.

»Nun, ungefährlich – so weit möchte ich nicht gehen«, erwiderte er.

Nachdem wir eine Weile dort gestanden hatten und von allen Vorübergehenden geknufft worden waren, sagte Lennart Sundman schließlich:

»Es spricht wohl nichts dagegen, daß zwei alte Kindheitsfreunde, die sich treffen, zusammen Abendbrot essen. Dieses reizende, unbekannte kleine Mädchen können wir ja mitnehmen«, fügte er mit einem Blick auf Eva hinzu.

Ich sah Eva an, voll Besorgnis, daß sie Einwendungen machen werde. Denn ich fühlte, daß ich nichts auf der Erde in diesem Augenblick lieber tun wollte als noch eine Weile mit Lennart Sundman zusammen zu sein. Er war irgendwie die Antwort auf die seltsame Unruhe meines Herzens. Er paßte so gut in dieses Traumgespinst, in dem ich während der letzten Stunden gelebt hatte.

Ich versuchte, mir selbst zu sagen, daß an allem Venedig schuld und daß es ein törichter Gedanke sei, daß der geheimnisvolle Zauber der Stadt irgend etwas mit Lennart Sundman zu tun habe. Aber das nützte nichts. Ich war vom ersten Augenblick an von ihm fasziniert, und daß er Venedig zu Hilfe nahm, machte alles nur noch verhängnisvoller.

Zum Glück hatte Eva nichts dagegen, den Gürtelkauf aufzuschieben und mit Lennart Sundman Abendbrot zu essen. Wir gingen die Merceria in allen ihren Windungen entlang bis zum Canale Grande. Auf dem Ponte di Rialto blieben wir eine Zeitlang stehen und blickten über den Kanal hin, auf dem schwarze Gondeln entlangglitten.

Dann aber führte Lennart uns in eine kleine Trattoria in der Nähe, und dort aßen wir Abendbrot. Wir saßen dort lange, lange. Und ich fühlte mich so glücklich und sorglos wie noch nie.

Es ist merkwürdig: bisweilen trifft man Menschen, bei denen man nach fünf Minuten das Gefühl hat, sie das ganze Leben lang gekannt zu haben. Lennart Sundman war so ein Mensch. Und ich konnte mich nicht erinnern, jemals ein schöneres und netteres Abendbrot eingenommen zu haben als mit ihm zusammen in der kleinen, einfachen Trattoria mit den karierten Baumwolldecken auf den groben Holztischen.

»Gebt mir noch mehr Tintenfisch«, sagte Eva übermütig, während sie an einem kleinen, in Fett gebackenen Tintenfischstück knabberte. Für sie war es offenbar ein Leckerbissen. Ich kann nicht sagen, daß ich Tintenfisch besonders schätze, aber an diesem Abend hätte ich Skorpione und Heuschrecken und Baumrinde gegessen, ohne einen Unterschied zu merken.

Ich war wild, ich versichere, daß ich völlig wild war. Und froh. Ich empfand in mir eine wahnsinnige Freude darüber, daß dies hier Venedig, dies hier Ich, dies hier Tintenfisch und dies hier Lennart Sundman war. Es war ja so aufregend, ihn getroffen zu haben, und die eigentümlichen Rufe, die ich in der Ferne hörte, kamen von den Gondolieren auf dem Canale Grande, die einander zuriefen, und ... o Himmel, wie wunderbar war Venedig!

»Im achtzehnten Jahrhundert hätte man hier sein müssen«, sagte Eva. »In den lustigen Karnevalstagen.«

»Ja damals hätte man hier sein müssen«, erwiderte Lennart. »Das war sicherlich ein Erlebnis, wenn man glauben darf, was

darüber geschrieben wird. ›Die Narrheit schüttelt ihre Schellen, das Herz zittert und hüpft vor Wohlbehagen, kleine Liebesgötter spielen Versteck an den Straßenecken‹ . . . ja, das war im Karneval.«

Ach so, das war im Karneval. Ich fand, daß es genau auf meinen momentanen Zustand paßte. Die Narrheit schüttelt ihre Schellen . . . ja, das tat sie wahrhaftig, und zwar so, daß das Schellengeläut in ganz Venedig zu hören sein mußte, schien mir. Das Herz zittert und hüpft vor Wohlbehagen . . . o ja, mein Herz zitterte und hüpfte zur Genüge. Kleine Liebesgötter spielen Versteck an den Straßenecken . . . das werden wir sehen, wenn wir von hier fortgehen, dachte ich. Aber mit den Liebesgöttern mochte es sein, wie es wollte – ich würde diesen meinen ersten Abend in Venedig nicht gegen einen noch so munteren Karnevalsabend in vergangenen Zeiten eintauschen. Aber Eva konnte die Gedanken nicht von den Freuden losmachen, die ihr entgangen waren, weil sie einige Jahrhunderte zu spät geboren wurde.

»Casanova und ich«, sagte sie träumerisch, »wir wären in diesen Gassen in weißseidenen Gewändern umhergeschlüpft, mit schwarzen Samtmasken und . . .«

»Und jetzt wärst du tot«, sagte ich brutal. Nein, ich wollte leben, während ich lebte. Die Zeit verging so schnell. Dieser Abend war bald zu Ende. Und Eva und ich mußten mit dem Schiff nach dem Lido zurückfahren. Und wer weiß, ob ich Lennart Sundman jemals wiedersehen würde? *Ich* konnte doch nicht vorschlagen, daß wir uns wiedertreffen wollten. Und es war wenig wahrscheinlich, daß er es tun würde.

Ich fragte mich abermals: Ist es der Zufall oder das Schicksal, das alles so weise ordnet?

Wir kamen in der allerletzten Sekunde, als das Lidoboot abfahren wollte. Das heißt, ich kam noch später, ich kam, als es schon abgefahren war. Denn natürlich wollten tausend Menschen mit, und es war nie meine starke Seite, im Gedränge vorwärtszukommen. Ich weiß nicht, ob Eva sich als Kind auf den Jahrmärkten in Aamaal geübt hat, aber sie war plötzlich weit vor mir und schlüpfte an Bord gerade in dem Augenblick, als das Boot ablegte. Da stand ich, dachte einen Moment daran, hinüberzuspringen, aber ich sah ein, daß ich, wenn ich diesen Sprung schaffte, mich vertrauensvoll bei den Olympischen Spielen aufstellen lassen könnte. Die Goldene Medaille im Weitsprung wäre mir sicher. Lennart stand hinter mir und lachte.

»Es dauert eine Weile, bis das nächste Boot fährt«, sagte er.

»Passen Sie gut auf Kati auf!« rief Eva, ehe sie unsern Blicken entschwand und die Dunkelheit sie und das Boot verschlang.

Lennart war sehr bereit, auf mich aufzupassen, sagte er. Und eine Gondel war die beste Aufbewahrungsstelle, die er finden konnte.

»Gondola, Gondola!« rief er, und bald kam eine Gondel über das Wasser auf uns zugeglitten.

Wenn ich eines Tages alt, gichtbrüchig und einsam bin und die Rente nicht reicht und ich auf den Tod warte, dann werde ich an damals denken, als ich jung war und in Venedig in der Gondel fuhr. Dann werde ich daran denken, wie hell der Mond schien und wie schwarz das Wasser der Kanäle war und wie geheimnisvoll die alten Paläste in der Dunkelheit dalagen. Und dann werde ich an Lennart Sundmann denken, ich werde mich an sein Gesicht erinnern, und wie er da in der Gondel mir gegenüber saß und über alltägliche Dinge sprach. Ich werde mich nicht an Küsse und Liebesworte erinnern, denn die gab es nicht. Es geschah überhaupt nichts in dieser Gondel. Nichts anderes, als daß ich mich zum erstenmal in meinem Leben besinnungslos verliebte.

War es nicht bitter? Ich traf Lennart an meinem ersten Abend in Venedig. Und am selben Abend verlor ich ihn. Er hatte im ganzen fünf Stunden Zeit, um diesen furchtbaren Wirrwarr in mir anzurichten. Und dann verschwand er. Wir verloren uns im Gedränge auf der Piazza, als er mich zum Boot begleiten wollte. Ich weiß nicht, wie es zuging. Er war plötzlich weg, und ich hatte keine Zeit, nach ihm zu suchen.

In voller Verzweiflung lief ich über die Piazzetta zum Kai. Dort oben auf seiner Säule stand der geflügelte Sankt-Markus-Löwe. Ich verhielt meine Schritte einen Augenblick, und in meiner Herzensnot rief ich den Schutzheiligen Venedigs an.

»Lieber San Marco«, flehte ich, »hilf mir. Schenke mir Lennart, das ist das einzige, was ich mir wünsche. Dies hier ist deine Stadt, und du hast die Verantwortung für das, was auf deinen Straßen und Kanälen geschieht. Da kommt ein armer Fremdling, der dir nichts Böses getan hat, und du legst los mit Mondschein und Gondeln und nächtlichen Gesängen, nur weil du es nicht ertragen kannst, in Venedig einen Menschen zu sehen, der nicht verliebt ist. Bist du jetzt zufrieden? Siehst du, wie meine Lippen zittern? Aber warum hast du ihn mir genommen? San Marco, ich bitte dich, gib mir Lennart zurück – oh, San Marco! . . .«

KAPITEL 13

In warmen, mächtigen Wellen rollte das Adriatische Meer gegen den Strand des Lido und bespülte meine große Zehe, mit der ich Lennarts Namen in den Sand zu schreiben versuchte. Wenn die Welle zurückflutete, war der Name verschwunden, als wäre er niemals dagewesen. Lennart war auch verschwunden, genau als wäre er niemals dagewesen. Zurückgeblieben war nur ein nagender Schmerz in meinem Herzen.

Eva lag neben mir im weißen Sand und versuchte, mir Vernunft zu predigen. Sie weigerte sich, das mit Lennart ernst zu nehmen.

»Bilde dir nicht ein, daß du verliebt bist«, sagte sie. »Du bist ganz einfach vom Milieu angesteckt. Venedig war zu stark für dich.«

»Ich *bin* in Lennart verliebt«, sagte ich hartnäckig. »Das hängt nicht nur mit Venedig zusammen. Ich würde überall in ihn verliebt sein.«

»Nicht in Sundbyberg an einem Novembersonntag, wenn es regnet«, sagte Eva. »Nein, du, es ist Venedig, nichts anderes. Hier kriegen ja alle einen Koller. Wagner und Musset und Lord Byron zum Beispiel. Saßen sie nicht hier und stöhnten vor Liebesqual?«

Ich nickte betrübt. Wagner, Musset, Byron und ich, wir wußten etwas von Liebe. Eva wußte nichts. Ich hatte bisher auch nichts gewußt.

»Eva«, sagte ich verzweifelt, »ich werde ihn nie wiedersehen. Er weiß nicht mal, in welchem Hotel wir wohnen. Nie mehr!«

»Nie mehr«, sagte Eva wie ein Echo. Es konnte einen verrückt machen. Gab es irgendwelche Worte in der menschlichen Sprache, die mehr Wehmut und bitterste Resignation in sich bargen als dieses: »Nie mehr?«

Ich ließ meine Blicke traurig über die Wogen der Adria und den langen Sandstrand schweifen, auf dem Lord Byron einstmals hoch zu Roß dahinsprengte. Das war damals. Der einzige, der jetzt dahinsprengte, war Herr Gustafsson. Ohne Roß. Er machte gymnastische Übungen nach dem Bade. Die übrige Reisegesellschaft lag verstreut in beruhigendem Abstand von uns. Wir konnten ungestört mein Unglück erörtern.

Eva fütterte mich mit Weintrauben, um mich zu trösten, und ich spuckte melancholisch die Kerne um mich her und trauerte. Schließlich wurde Eva wütend.

»Wagner, Musset, Byron und du«, sagte sie. »Als Wagner in Venedig verliebt war, schrieb er Tristan und Isolde, Byron schrieb den Don Juan. Aber was tust du? Du jammerst und spuckst mir Traubenkerne ins Haar.«

»Ich werde auch schreiben«, sagte ich und erhob mich. »An Jan. Er geht daheim umher und glaubt, daß alles noch so ist wie früher. Das ist nicht recht. Ich werde also schreiben.«

»Willst du dich nicht ein paar Tage besinnen?« schlug Eva vor.

»Da ist nichts zu besinnen«, sagte ich und ging zielbewußt ins Hotel zurück.

Es war schwer, den Brief zu schreiben, und ich hatte die ganze Zeit das unangenehme Gefühl, daß Wagner, Musset und Byron mir über die Schulter blickten. Aber ich versuchte, so gut ich konnte, Jan zu erklären, daß ich jetzt genau wisse, was ich immer geargwöhnt hätte: Nie im Leben könnten wir beide zusammenkommen. Wir würden nur unglücklich werden, wenn wir es versuchten. Ich schrieb, die Narrheit habe hier in Venedig ihre Schellen geschüttelt und ich sei rettungslos verloren. »Leg mich in eine Schublade und vergiß mich«, schrieb ich. Und sehr betrübt klebte ich den Brief zu und ging zum Portier.

Ja, ja, ich weiß, daß es ein kläglicher Brief ist und daß ihr ihn viel besser geschrieben hättet, sagte ich ungeduldig zu Wagner, Musset und Byron, und dann machte ich mich auf die Suche nach Eva.

Da kam sie, mit Herrn Malmin unter dem einen Arm und Herrn Gustafsson unter dem andern. Die ganze Reisegesellschaft wollte nach Venedig und sich den Dogenpalast ansehen, und ein gebrochenes Herz war kein hinreichend ernstes Leiden, um mich von der Verpflichtung, mitzugehen, zu befreien.

Ich schlich mich zu Frida Strömberg. Man wollte gern in ihrer Nähe sein, wenn man traurig war. Sie gehörte zu den zuverlässigsten Menschen hier auf der Erde. Ich saß während der Fahrt über die Lagune neben ihr.

»Frida«, flüsterte ich ihr zu, »bist du je verliebt gewesen?«

»Ja, einmal«, erwiderte Frida so bereitwillig, als hätte ich sie gefragt, wie spät es sei.

»Und hat er dich geliebt?«

»Nein«, sagte Frida ruhig. »Es war der Lehrer bei uns daheim, und er war zehn Jahre jünger als ich, und außerdem war er schon verlobt.«

»Oh, Frida, warst du nicht unglücklich?« sagte ich teilnahmsvoll.

»Unglücklich?« fragte Frida. »Ich bin nie in meinem Leben so glücklich gewesen. Menschenskinder, war das wunderbar!«

Ich sah sie mißtrauisch an. Was konnte Wunderbares an einer Liebe sein, die nicht erwidert wurde?

»Kannst du dir denken, was er einmal zu mir gesagt hat?« fuhr Frida eifrig fort. »»Fräulein Strömberg, Sie haben wirklich eine schöne Stimme‹, sagte er. Er leitete unseren Kirchenchor, weißt du. Und ich sang dort mit. Manchmal sang ich solo. Und da hat er es gesagt, einmal nach einer Probe. Alle haben es gehört. Wir standen gerade vor dem Schulhaus und verabschiedeten uns. Ich habe die ganze Nacht nicht schlafen können.« Ich bekam nicht mehr von Fridas Herzensgeheimnissen zu hören, weil wir angelangt waren und aussteigen mußten.

»Ja, ja, man hat seine Erinnerungen«, sagte Frida und sah mich mit leuchtenden Augen an. »Und das eine will ich dir sagen, Kati, es ist wunderbar, verliebt zu sein. Ob es erwidert wird oder nicht, das ist ganz einerlei.« Gedankenvoll wanderte ich zum Dogenpalast. Vielleicht konnte man es lernen, mit so wenigem zufrieden zu sein. Vielleicht konnte man den Rest seines Daseins von ein paar Worten leben, die der Geliebte geäußert hatte. Von einigen Worten der Bewunderung. Ich grub in meiner Erinnerung, um irgend etwas Schönes zu finden, was Lennart zu mir gesagt hatte. Etwas, woraus ich Trost schöpfen könnte in kommenden einsamen Tagen und Nächten. »Und jetzt prügeln Sie sich wohl auch nicht mehr« – das hatte er tatsächlich gesagt, und das war das einzige, was mir einfallen wollte. Das mußte man wohl als ein Lob ansehen. Aber als Trost für kommende Jahre war es reichlich mager.

Vor dem Dogenpalast fand ich Herrn Gustafsson, in Trance versunken, die Blicke auf ein Bierboot gerichtet, das unter der Seufzerbrücke hervorgeschossen kam. Was sage ich: ein Bierboot? Die Biergondel, meine ich. Die Biergondel, von einem stattlichen, singenden Gondoliere geführt, und im Hintergrund die traurig berühmte Brücke, über die so viele arme Menschen den schweren Weg zu den Bleikammern gegangen waren.

»Wenn sogar das Bierboot romantisch ist, dann geht es zu weit«, sagte ich zu Eva. »In einer solchen Stadt ist man ja wehrlos. Man hat ganz einfach keine Chance, mit heiler Haut davonzukommen.«

Eva gab zu, daß es schwierig sei.

Ich muß mich bei Tizian, Tintoretto und Veronese entschuldigen. Sie hatten sicher an den Wänden des Dogenpalastes ihr Allerbestes geleistet, aber ihre Anstrengungen waren an diesem Tage an mich völlig verschwendet. Nur einmal blieb ich stehen und zeigte etwas Kunstinteresse. Da hatte nämlich Tintoretto einen Mann gemalt, dessen Stirn ein wenig an Lennart erinnerte.

Aber Eva war in ihrem Element. Sie beginne, an die Seelenwanderung zu glauben, sagte sie. Sie sei fest überzeugt, im fünfzehnten Jahrhundert eine schöne, juwelengeschmückte Dogaressa hier in Venedig gewesen zu sein. »Meine Füße fühlen sich so heimisch auf diesem Parkett«, sagte sie selbstgefällig und machte einige muntere Sambaschritte.

Man kann Gift darauf nehmen: Menschen, die an Seelenwanderung glauben, waren in früheren Daseinsformen immer etwas besonders Feines und Vornehmes, Königin von Ägypten oder Heinrich der Achte oder so etwas Ähnliches. Und Eva natürlich eine Dogaressa. Sie schilderte hingerissen die strahlenden Feste, die sie in den Riesensälen des Palastes für die Venezianer zu veranstalten pflegte. Daß ihr Gatte, der Doge, dann und wann auf die Galerie zur Piazzetta hinauseilte und dem Volk etliche Todesurteile verkündete, fand sie ganz in Ordnung, denn auf diese Weise war er angenehm beschäftigt, und die Dogaressa konnte ungestört mit dunkelhäutigen, jungen Edelleuten tanzen. Wenn einer der Kavaliere der Dogaressa mißfiel, legte sie nur eine kleine anonyme Anzeige in das unheimliche Löwenmaul in der Wand vor dem Gemach der drei Inquisitoren, eine kleine Anzeige, daß er die Sicherheit des Staates bedrohe. Und dann war der Kavalier mit dem Erdenleben fertig.

»Und wenn dann der Kopf fällt, sag' ich hoppla«, murmelte die Dogaressa befriedigt und ordnete ihre blonden Locken.

Wir wollten Venedig am nächsten Tage verlassen, und als wir mit dem Dogenpalast fertig waren, wollte ich einen letzten verzweifelten Versuch machen, Lennart zu finden. Ich flehte Eva an, mir zu helfen.

»Wir bilden eine Kette und machen eine Treibjagd in der Merceria«, sagte ich bittend.

»Dann finden wir vielleicht den entsprungenen Knaben schlafend unter einer Tanne, ganz unbeschädigt trotz strengem Nachtfrost«, antwortete Eva.

Dreimal zwang ich sie, mit mir durch die Merceria zu gehen, und wir sahen viele, viele Menschen, die alle das eine gemeinsam hatten: sie waren nicht Lennart.

»Du könntest etwas besser auf dein Zubehör aufpassen«, sagte Eva. »In Mailand hast du deine Handschuhe verloren, und darüber will ich nicht viel reden. Aber zwei Meter lange Mannspersonen zu verlieren, das ist beinahe kriminell liederlich, finde ich.«

»Lennart ist nicht mein Zubehör«, sagte ich. »Leider nicht.«

So war es. Warum lief ich denn umher und suchte ihn? Erst jetzt begriff ich, daß es die Sache nicht besser machen würde, wenn ich ihn fände. Was war eigentlich geschehen? Einige Landsleute, die sich unvermutet im Ausland getroffen hatten, aßen zusammen zu Abend, das war alles. Wo Lennart Sundman sich auch befand – er hatte sicher meine Existenz schon längst vergessen. Ich gab auf.

»Gondola, Gondola!« riefen die Gondolieri am Ponte di Rialte. An dieser alten Brücke hatte der arme »Kaufmann von Venedig« dem Shylock ein Pfund seines eigenen Fleisches verpfändet. Aber zum Glück wurde er ja durch Porzias Weisheit im letzten Augenblick gerettet, als Shylock schon das Messer schärfte, um ihm das Herz herauszuschneiden. O Shylock, Shylock, du könntest meines dafür bekommen! Es ist mir ja nur zu Last und Plage!

»Gondola, Gondola!«

Sie brauchtes es nicht zweimal zu rufen. Eva war schon unterwegs zu einer Gondel.

Nacht über Venedig. »Nacht und großer, weicher Friede«, schreibt Shakespeare in seinem venezianischen Drama.

Ich will nicht behaupten, daß Gondelfahrten gerade ein Heilmittel gegen unglückliche Liebe sind, aber sie verhelfen einem zu »großem, weichem Frieden«. Es war lieblich, auf den schmalen, gewundenen Kanälen so ruhevoll dahinzuwiegen. Still dazusitzen und an Lennart zu denken, jetzt völlig resigniert, während wir an den dunklen Häusern und den erleuchteten Gassen vorbeiglitten, in denen Kinder lachten und spielten, die Warnungsrufe der Gondolieri zu hören, wenn wir um eine Ecke bogen, in die kleinen Gärten hineinzusehen, dazusitzen und zu träumen und auf das leise Plätschern der Ruder zu lauschen. Nein, ich behaupte nicht, daß Gondelfahrten gegen unglückliche Liebe helfen, im Gegenteil, aber sie helfen einem, sie zu ertragen. Man findet, daß es trotz allem schön ist, verliebt zu sein, und auch schön, zu leben.

KAPITEL 14

»Es gibt nicht größ're Qual, als ewig entschwundenem Liebesfrühling nachzusinnen. Da hörst du es, Eva«, sagte ich. »Dante hat es gewußt!«

Wir saßen im Zuge nach Florenz, und ich hatte meinen kleinen handlichen Band der ›Göttlichen Komödie‹ hervorgeholt, den ich als geeignete Reiselektüre für Dantes Stadt aus Stockholm mitgenommen hatte. In wenigen Augenblicken würden wir dort sein. Venedig hatten wir hinter uns gelassen, und meinen »ewig entschwundenen Liebesfrühling« dort würde ich zu vergessen suchen. Wenn es ginge. Aber Eva sollte begreifen, daß es nicht so leicht war. Es war tröstlich und schön, von Dante unterstützt zu werden.

Spät am Abend kamen wir an. Alle waren müde und wollten sich hinlegen. Alle außer Eva und mir. Das Leben ist so kurz und Eva sagte:

»Wenn ich heute nacht sterbe und Florenz nicht gesehen habe, so wird es mich unsagbar ärgern.«

Deshalb begaben wir uns auf einen nächtlichen Spaziergang, während das Ehepaar Gustafsson, Frau Berg und Herr Malmin und die andern in tierischem Schlaf lagen. Wir erwähnten nichts von unsern Plänen, denn dann hätte die

Gefahr bestanden, daß Herr Malmin sich uns angeschlossen hätte. In der letzten Zeit bezeigte er eine beunruhigende Neigung, immer in Evas Nähe aufzutauchen.

Und wir wollten Florenz für uns allein haben. Wir wollten es nur mit entgleitenden Schatten teilen, mit den Schatten Dantes, Savonarolas, Michelangelos, Lorenzo di Medicis. Ihre Stimmen raunten im Nachtwind, der über die toskanischen Berge und das schlafende Arnotal strich. Er rauschte so traurig, wehmutsvolle Worte von Blut, Schweiß und Tränen . . . Wir wollten ihn für uns selbst haben, ihn nicht mit Herrn Malmin teilen.

Piazza della Signoria, dort mußte man die Schatten suchen. Wir standen da mitten in der Nacht, genau an der Stelle, wo Savonarola auf dem Scheiterhaufen verbrannt wurde. Wir blickten zu der dunklen Fassade des Palazzo Vecchio hinauf und zitterten vor Spannung, wenn wir an all die berühmten Menschen dachten, die vor uns über diesen Platz gegangen waren und jetzt in ihren Gräbern schliefen. Wir zitterten noch mehr, wenn wir an all das Blut dachten, das hier geflossen war, und an all die dunklen Lebensschicksale, die im Schatten des Palazzo Vecchio ihr Ende gefunden hatten.

»Hier haben Guelfen und Ghibellinen gekämpft, daß das Blut spritzte«, erinnerte ich Eva. »Vielleicht hat der Ghibelline Dante einstmals hier an dieser Stelle gestanden, wo ich jetzt stehe, und hat nach einem passenden Guelfen Ausschau gehalten, den er totschlagen könnte.«

»Hu, wie du redest!« sagte Eva schaudernd.

Ich spähte nach weiteren nächtlichen Spukgestalten über den Platz.

»Und Lorenzo Magnifico«, fuhr ich fort (denn ich hatte die Geschichte der Renaissance tüchtig gepaukt, ehe ich von daheim abreiste, und wollte jetzt Eva mit meinen Kenntnissen blenden), »vor genau fünfhundert Jahren war er ein kleines süßes Kind in dieser Stadt. Vielleicht kam er eines Tages über diesen Platz getrippelt, die weiche Kinderhand in Mama Lucretias Hand geschoben. Vielleicht purzelte er hin und schlug sich gerade hier an dieser Stelle das runde kleine Knie auf, ohne zu ahnen, daß ein Mann, den er eines Tages kennen

lernen würde, ein gewisser Savonarola, fünfzig Jahre später hier sterben müßte. Und ohne zu ahnen, daß er selbst dann schon lange tot sein würde. Die Leute sind früher wirklich nicht alt geworden.«

»Weiche Kinderhand und rundes kleines Knie, was ist das für ein Geschwätz«, sagte Eva. »Ich will mir Magnifico als erwachsenen Mann vorstellen. O Kati, das nenne ich einen Mann! Er wäre mir gefährlich geworden, wenn ich damals gelebt hätte.«

Wir einigten uns dahin, daß man sich etwas Bezauberndes als sein Profil mit dem willensstarken Kinn und dem ruhigen, bezwingenden Blick nicht vorstellen könne. »So ein Mann!« fuhr Eva erregt fort. »So ein Lebenskünstler! Genau so müssen Männer sein, finde ich.«

Da konnte man nur zustimmen. So müßten Männer sein. So heiß in der Liebe und so warm und treu in der Freundschaft wie Lorenzo Medici. Wunderbar war dieser Mann! Er konnte gelehrte Gespräche mit Forschern und Philosophen führen, er konnte die wunderbarsten Gedichte schreiben. Er war kühn im Kampf und wußte mit der Waffe in der Hand sein Leben zu verteidigen, wenn er überfallen wurde. Er liebte die Schönheit und machte Florenz herrlich, und er regierte diese schwierige Stadt mit starken Händen. Aber solche Menschen wurden nur zur Zeit der Renaissance geboren.

»Kein böses Wort über die heutigen Männer«, sagte Eva, »aber Magnifikusse sind sie nicht.«

Ihr hartes Urteil tat mir weh. Ich hatte plötzlich Mitleid mit den heutigen Männern. Sie hatten wirklich doch auch ihre guten Seiten.

»Du mußt ihnen immer zugute halten, daß sie ihren Frauen seltener vergiftete Kuchen vorsetzen, wenn sie eine neue Frau haben möchten«, sagte ich. »Wenn ich recht verstanden habe, war das wenigstens zur Zeit der späteren Medici eine ziemlich übliche Kost.«

»Gewiß, gewiß«, sagte Eva. »Die heutigen Männer sind nett. Ich sage nur, daß sie keine Magnifikusse sind.«

Ich überlegte.

»Lennart Magnifico«, murmelte ich versuchsweise.

»Na, jetzt dreh mir den Schnurrbart und geh nach Hause!« sagte Eva.

Wir gingen aber nicht nach Hause und ins Bett! Es war allzu verlockend, auf den Straßen umherzuwandern und zu sehen, was die Florentiner trieben. Wir segneten die wunderbare Gewohnheit der Südländer, förmlich auf der Straße zu wohnen. Dadurch gab es ständig Neues zu sehen. Ein sprühend animalisches Leben erfüllte die engen Gassen, und die Menschen waren so herrlich natürlich. Die Mütter setzten sich auf den Rand des Bürgersteigs und säugten in aller Ruhe ihre Kinder. Junge Eltern schleppten mitten in der Nacht ihre kleinen Neugeborenen mit sich herum, weil diese etwas Musik hören sollten. Und Kinder verschiedener Größen und Typen schossen überall umher, in glücklicher Unkenntnis der Tatsache, daß es so etwas wie Schlafenszeit gab.

»Hast du all die Kleinkinder gesehen?« sagte Eva. »Unsere Kinderfürsorgerin daheim würde außer sich sein, wenn sie das sähe!«

Hier aber war niemand außer sich, abgesehen vielleicht von den Kindern selbst.

Wir hörten aus einer Straße Gesang und begaben uns dorthin. Dort war ein kleines, billiges Trottoircafé, das heißt, es blieb nicht auf dem Bürgersteig, es drängte sich bis mitten auf die Straße. Mitten auf der Straße saßen Junge, Alte und Kinder durcheinander und sangen, daß es nur so schallte. Wir blieben eine Weile stehen und hörten zu. Diese Menschen amüsierten sich. Arm waren sie sicherlich, aber es war eine fröhliche Armut.

»So munter und einfach und natürlich müßte man leben«, sagte ich. »Nur singen und fröhlich sein.«

»Morgens sind sie vielleicht mürrisch«, meinte Eva hoffnungsvoll, denn auch sie fühlte wohl etwas Neid angesichts all dieser Lebensfreude.

Wir gingen in eine andere Gasse hinein. Sie war ganz still und leer. Ein älterer Mann saß auf dem Bürgersteig vor seinem Hause. Er wippte sorglos auf seinem Stuhl und sang zu seinem eigenen Vergnügen eine brummende Melodie:

»Um – po – po – um – po – po – um – po – po . . .« Er war, soweit wir sehen konnten, völlig nüchtern. Er saß nur da mitten in der Nacht und war fröhlich.

»Eva«, sagte ich, »jetzt will ich dir ein Rechenexempel aufgeben. Wenn in Stockholm ein Mann auf der Straße auf einem Stuhl sitzt und um Mitternacht um – po – po singt, wie spät ist es dann, wenn der Polizeistreifenwagen kommt und ihn mitnimmt?«

»Ach, jetzt fängst du genauso an wie mein alter Rechenlehrer in Aamaal«, sagte Eva. »Das mit ›Weg mal Geschwindigkeit gleich Zeit‹ habe ich nie begriffen. Aber ich nehme an, daß der Polizeistreifenwagen innerhalb zwei Minuten bei dem Mann anlangt.«

»Das nehme ich auch an«, sagte ich.

Die Um-po-po-Sänger haben es also in Italien viel besser.

Wir begannen jetzt, müde zu werden. Eva besonders hatte müde Füße, denn sie war in ihrer Eitelkeit mit hochhackigen Schuhen gereist.

»Warum habe ich bloß diese Marterschuhe angezogen«, sagte sie ärgerlich. Und da sie jetzt in Italien war und gelernt hatte, alles natürlich zu nehmen, zog sie einfach die Folterwerkzeuge aus und wanderte in Socken zurück. Sie krümmte genießerisch die Zehen und sagte:

»Es gibt nicht größ're Qual, als ewig entschwundenem Liebesfrühling nachzusinnen – hat so nicht Dante gesagt? Dann hat er wohl nie mit hochhackigen Schuhen eine Gesellschaftsreise mitgemacht.«

Ich blickte zufrieden auf meine eigenen ausgetretenen Kähne, die ich schon längst hätte ablegen müssen. Eva hatte mich mit diesen Schuhen geneckt – vor der Reise. »Mit denen kannst du dich nicht unter Menschen blicken lassen«, sagte sie. »Höre auf den Sprachgelehrten Herrn Kuntze: kaufe dir ein Paar neue Stiefel.«

Aber ich beschloß, daß die Schuhe Neapel sehen sollten und dann sterben, und wie manches Mal war ich dankbar, daß ich sie hatte. Ein einziges Weisheitswort möchte ich der Menschheit hinterlassen: Reise nicht ins Ausland, ohne ein Paar alte ausgetretene Schuhe mitzunehmen!

Wir wohnten in einem wirklich feinen Hotel mitten in der Stadt. In einem eleganten Großstadthotel.

»Ich bin froh, daß wir ein stilles Zimmer nach dem Hof bekommen haben«, sagte ich zu Eva, nachdem wir uns hingelegt hatten. »Jetzt soll hier geschlafen werden!«

Im Traum war ich im Mittelalter. Ich rannte um mein Leben durch die schmalen Straßen, in denen Guelfen und Ghibellinen in voller Fahrt waren, einander zu vernichten. Sie schrien und johlten, und mit frischem Mut gossen sie einander von den Dächern der Häuser flüssiges Blei ins Haar, wie ihre freundliche Gewohnheit war.

Oh, wie sie brüllten! Sie brüllten so, daß ich aufwachte. Aber das Gebrüll hörte deswegen nicht auf.

Eva saß kerzengerade in ihrem Bett, mit einem ganz entsetzten Gesicht.

»Entweder hat Dantes Inferno hier in Florenz eine Filiale eröffnet, oder es wird jemand ermordet«, sagte ich.

Ein abgründiges Geheul stieg vom Hof empor, und mitten in allem hörte man eine brutale Männerstimme drohen und schreien.

»Ein Frauenschinder, verlaß dich drauf«, sagte Eva. »So heult man nur in Todesangst.«

»Wir müssen etwas tun, um der armen Frau zu helfen.« Auf bloßen Füßen tappten wir zum Fenster, öffneten die Holzläden und sahen hinaus.

Die Guelfen und Ghibellinen waren fünf Katzen, die sich balgten, daß die Haare flogen. Und die brutale Männerstimme gehörte einem Hotelgast, der gern schlafen wollte.

Wir hatten ja gehört, daß Italien das Land der mageren, verhungerten Katzen ist, und nun begannen wir, es zu glauben. Völlig benommen gingen wir zu Bett. Und schliefen gut. Bis fünf Uhr früh. Da begannen zwei frühwache Hähne auf dem Hotelhof zu krähen, als wollten sie ganz Toscana aufwecken.

Habe ich schon erwähnt, daß wir in einem eleganten Hotel mitten in Florenz wohnten? Ein seltsames Land ist dieses Italien!

KAPITEL 15

Viele Prüfungen sind über Florenz dahingegangen, seit damals die Etrusker von Fiesole kamen und die Stadt gründeten. Krieg, Tyrannei, Blutbad und Pest und jetzt die schwedischen Gesellschaftsreisen: das schlimmste kommt immer zuletzt.

Ich glaube, wenn ich Florentiner wäre, so würde ich all diese wilden Weiber, die in die Läden stürzen und fragen und feilschen und rechnen und kaufen und mit gierigen groben Händen an den Seidenstoffen zerren, verabscheuen. Wenn ich Florentiner wäre und etwas von dem Schönheitssinn besäße, der die Bewohner dieser Stadt zu allen Zeiten ausgezeichnet hat, so würde ich all dies übertriebene Schwelgen in Seta pura und andern weltlichen Dingen geschmacklos finden. Wenn ich Florentiner wäre, würde ich auf die wunderbare, rosa, weiß und schwarze Fassade von Santa Maria del Fiore deuten und sagen: Seht ihr nicht, daß sie schöner schimmert als irgend eine Seide? Und ich würde alle die Frauen zu Giottos schlankem Campanile und zu den Pforten des Paradieses führen und ihnen die Kunstschätze der Uffizien zeigen und sagen: Badet eure Seelen in einem Meer von Schönheit, ihr Frauen!

Nun bin ich aber glücklicherweise nicht Florentiner und habe keine Verantwortung für all diese halb verrückten Frauenzimmer, die wie Hornissen in den Läden umherschwirren. Eva und ich an der Spitze!

Natürlich gingen wir in die Uffizien. Wir genossen alles Schöne. Dort war ein sehr junges Fräulein Medici, das mein Herz eroberte, und eine holdselige, milde Madonna in einem dunkelgrünen Mantel; auch sie kann ich nicht vergessen. Wir standen lange vor der Taufkapelle, dem Battisterio, und staunten über die ungeheure Pracht der Paradiesestore. Wir gerieten in Entzücken über Santa Maria del Fiore. Gewiß badeten wir unsere Seelen in einem Meer von Schönheit!

Aber, aber, aber . . . wenn die Frauenzimmer wie Hornissen in den Läden umherschwirrten, waren Eva und ich an der Spitze.

»Die Pforten des Paradieses«, sagte Eva, als sie die Tür des Ladens öffnete, der die größte Auswahl an Seidenstoffen hatte. Ich war ebenfalls von dem Taumel ergriffen. Jetzt sollte mein Seta-pura-Fonds in der Tasche meiner Kostümjacke in dicke, schwarze Seide verwandelt werden. Eva kaufte naturfarbene Schantungseide. Als wir wieder auf die Straße traten, erhitzt und mit roten Backen, da schämten wir uns etwas unserer Verrücktheit.

Aber es gab so viele entzückende kleine Läden in der Straße zum Ponte Vecchio. Wir wurden wie von einem Magneten dorthin gezogen. Eva hatte wohl recht mit ihrem Ausspruch, daß es ungefähr ebenso sei, als wenn Schweine nach Trüffeln graben – dieser weibliche Instinkt, in einer fremden Stadt die *richtige* Straße zu finden.

Übrigens soll mir keiner kommen und ein böses Wort über Schaufensterbesichtigungen sagen. Ich danke meinem Schöpfer, daß ich in Florenz nicht die ganze Zeit in die Uffizien gegangen bin. Manchmal *muß* man vor Schaufenstern stehen.

Eva und ich taten es. Es war ein Juwelierladen, und im Fenster lag ein Ring, der schönste, den ich je in meinem Leben gesehen habe.

»Eva«, rief ich, »hast du den Ring gesehen? Den mit den Türkisen! So ein herrlicher Ring!«

Da hörte ich eine Stimme hinter mir:

»Schrei lauter, Kati. Vielleicht gibt es am Außenrande der Stadt irgendeinen Menschen, der dich nicht gehört hat!«

Ich drehte mich um, und da stand Lennart.

Oh, mein Gott, Lennart stand da! Lächelnd und etwas spöttisch und ebenso braun wie damals.

Irgend etwas in mir schnappte über. Ich wäre ihm am liebsten um den Hals gefallen, hätte geweint und ihm erzählt, wie elend es mir ginge und wie ich ihn vermißt hätte und daß ich es nicht ertragen könnte, von ihm getrennt zu sein. Aber so etwas tut man ja nicht. Deshalb sagte ich nur:

»Bist du jetzt auch hier? Schrecklich, wie du uns nachrennst!«

Eva stieß ein schrilles, albernes Lachen aus, aber ich brachte sie durch einen Blick zum Schweigen.

»Ja, ich bin hier«, gab Lennart zu, »aber du wirst wohl bald eine Volksversammlung finden, wo du dich verstecken kannst.«

Ich erzählte, wie ich auf der Piazza in Venedig nach ihm gesucht hätte, und er lächelte etwas spöttisch.

»Ich habe auch eine Weile gesucht«, sagte er.

»Wirklich?« fragte ich hoffnungsvoll.

»Ja, ich habe sogar in den Zeitungen unter ›Verlorene Gegenstände‹ gesucht.«

»Wirklich?« sagte ich noch hoffnungsvoller.

Er faßte Eva und mich unter, und wir gingen langsam die Straße hinunter. Eva fragte, wie lange er in Florenz bleiben werde und wohin er dann wolle. Ich segnete sie im stillen, ich war so dankbar, daß ich selbst nicht zu fragen brauchte. Ja, er wollte am nächsten Morgen weiterreisen. Wußte nicht genau, wohin, wahrscheinlich später nach Rom.

Ich fühlte, daß Verzweiflung mich packte. Ich würde eine kurze Weile mit ihm zusammen sein, und dann würde er wieder verschwinden. Das war mehr, als ich ertragen konnte. Oh, möge der Himmel sich all derer erbarmen, die unglücklich verliebt sind! Das ist siebenmal schlimmer als Zahnschmerzen!

»Vielleicht sehen wir uns auch in Rom«, sagte ich, so gleichmütig ich konnte. »Wir wollen auch dorthin!«

»Ja, so etwas weiß man nie«, sagte Lennart.

Ich hätte schreien können. »So etwas weiß man nie!« Begriff er nicht, daß ich ihn wiedersehen mußte? Ich mußte ihn davon überzeugen, daß er ohne mich nicht leben konnte. Natürlich würde es mir nicht gelingen, aber ich könnte doch wenigstens eine anständige Chance bekommen, es zu versuchen. Es war unrecht, daß geographische Verhältnisse mich daran hindern und mich für den Rest meines Lebens unglücklich machen sollten. Man kann wirklich von einem Mädchen nicht verlangen, daß es ihr gelingen soll, einen Mann zu erobern, wenn sie nur dann und wann in Fünfminutenperioden arbeiten kann.

Aber Lennart ging neben mir, lächelte und ahnte nichts von meinem Elend und meiner Verzweiflung. Ich zerbrach mir den Kopf, wie ich es anfangen sollte, ihm wieder zu begegnen. Gesprächsweise nannte ich den Namen des Hotels, in dem wir in Rom wohnen würden. Fünfmal erwähnte ich gesprächsweise den Namen unseres Hotels in Rom. Aber es machte nicht den Eindruck, als ob er sich ihn merkte. Eva, die hilfsbereite Seele, tat ihr Bestes.

»Hast du eine Ahnung, wo das Hotel liegt?« fragte sie. »Keine Ahnung«, sagte Lennart, offenbar sehr zufrieden darüber. »Eine bezaubernde alte Brücke«, fügte er hinzu und blieb mitten auf dem Ponte Vecchio stehen. »Tatsächlich eine wunderschöne alte Brücke«, und er blickte interessiert in das gelbschlammige Wasser des Arno.

Oh, du Ungeheuer, jammerte ich innerlich. Bezaubernde alte Brücke! Auf so einer bezaubernden alten Brücke in Florenz sah Dante Beatrice Portinari zum erstenmal, weißt du das? Meinst du, er hätte vor sich hingelächelt und die Brücke betrachtet?

Nein, ich war für Lennart keine Beatrice, das merkte man deutlich, und ich zwang mich selbst, es einzusehen. Das beste war, sofort mit allen Hoffnungen reinen Tisch zu machen! Laß ihn rennen! Ich würde meine schicksalsvolle Liebe überwinden, beschloß ich. Wartet nur, es würde schon gehen, wenn ich ihn nur nicht mehr sah!

»Wißt ihr, was wir tun?« sagte Lennart. »Wir zwängen uns in mein kleines Auto, fahren nach Fiesole und betrachten den Sonnenuntergang.«

Ich stieß als erste einen entzückten Schrei über den Vorschlag aus. Ich sagte mir selbst: Wenn ich meine schicksalsvolle Liebe überwinden wollte, so könnte es vielleicht ebensogut in Fiesole geschehen und in Gesellschaft des Geliebten.

Aber das war wohl eine Fehlspekulation. Wenn man eine unglückliche Liebe überwinden will, ist Fiesole sicher einer der schlechtesten Orte der Welt.

Ein wenig Herzweh hat man wohl immer, wenn man etwas über alle Beschreibung Schönes sieht. Aber neben einem, den man liebt, stehen und den Sonnenuntergang über Florenz und dem Arnotal sehen, das macht einen ganz verwirrt und wehmütig. Man sieht ohne weiteres ein, daß der Versuch, dort eine Liebe zu überwinden, nutzlos ist.

Es ist am schönsten in der Dämmerung, auch hier in Toscana. Vielleicht vor allem hier in Toscana. Eine klassische Landschaft mit silbernen Bergen und unendlichen Pappelalleen, die durch ihre Stille, Ruhe und Zeitlosigkeit zu einem sprechen. Hier hat sich nichts verändert. So ruhevoll senkte die Dämmerung sich auch hernieder, als Fra Angelico seine Madonnenbilder malte, so funkelte der Abendstern auch damals über Florenz. So veilchenfarben schimmerte die Luft wohl auch zu jener Stunde vor langer Zeit, als Magnificos strahlender Tag in der alten Mediceer Villa hier oben am Hang zu Ende ging. Vielleicht fühlte er gerade in der Dämmerung, daß er sterben würde, vielleicht warf er einen letzten Blick durch das Fenster auf seine geliebte Stadt. Oh, ich hoffe, daß das gleiche milde Dämmerlicht seine müden Augen traf und daß der Abendstern ebenso hell leuchtete wie jetzt! Vielleicht waren unten in Florenz einige Lichter angezündet, vielleicht sah er sie, und vielleicht trauerte er, weil er für die Stadt dort unten und die Menschen, die darin lebten, bald tot sein würde. Aber vielleicht war Magnifico müde und sehnte sich nach einer langen Ruhe. Sogar Eva war schweigsam, als wir hier standen. Vom Franziskanerkloster auf dem Berge tönte zarter, leiser Glockenklang, nur um alles noch stimmungsvoller und mich noch unglücklicher zu machen. Wir wanderten den steilen Pfad zum Kloster hinauf und wurden von einem freundlichen kleinen Mönch empfangen, der wie Gottes arme Seele aussah. Er bat uns, in den blühenden Klostergarten einzutreten, und er beteuerte, daß er Schwedisch sprechen könne.

»Värsgo ... vackert blommer ... gaa ner«, sagte er sehr energisch.

Später kehrten wir zur Piazza zurück, dem Forum des antiken Fiesole. Dort setzten wir uns in ein kleines Trottoir-Café und stärkten uns mit einer Tasse Kaffee. Ich brauchte wahrhaftig etwas Stärkendes. Ich fühlte mich so grenzenlos wehmütig, ich fand das Leben so schön und so traurig, daß ich meinte, es wäre besser, von allem wegzusterben. Wie schön und friedvoll wäre es, mausetot zu sein und sich nicht mehr um Lennart und nicht um Abendsterne oder irgend etwas kümmern zu müssen! Eva und Lennart plauderten fröhlich, ich aber war schweigsam. Die Kehle tat mir weh, so daß ich kein Wort über die Lippen bringen konnte, und hinter den Wimpern waren die Tränen bereit, hervorzustürzen, wenn ich ihnen nur freien Lauf ließe. Zuweilen sah Lennart mich ruhig und etwas gleichgültig an, und dann lächelte ich ein blasses Lächeln. Aber dann sagte er plötzlich ganz unvermittelt:

»Kati hat wirklich süße Ohren.«

Er sagte es ganz nebenbei, etwa als habe er festgestellt, daß der Kaffee trinkbar sei. Nur so: Kat hat wirklich süße Ohren.

Aber es reichte. Zuerst überlegte ich, ob ich mit Kaffeetassen schmeißen solle, um diesem idiotischen Glück, das in mir aufwallte, einen Ablauf zu schaffen. Ich hatte süße Ohren . . . oh, wenn ich sie doch abnehmen und sie ihm als kleines Andenken schenken könnte! Ich hatte süße Ohren . . . hab' Dank, lieber, lieber Gott, dafür und weil das Leben so herrlich ist und weil du so viele Abendsterne und so viel anderes Schönes gemacht und es so eilig gehabt und dir doch Zeit gelassen hast, zwei süße Ohren für mich zu machen, hab' Dank dafür, lieber, lieber Gott!

Wie wunderbar war das Leben! Ich konnte kaum stillsitzen auf dem Stuhl, und hätte ich mit meinen süßen Ohren wedeln können, so hätte ich es getan. Jetzt fühlte ich in der Kehle keine Schmerzen mehr, die mich am Sprechen gehindert hätten. Ich begann zu reden, daß mir vor mir selber bange wurde. Es steckte Eva und Lennart an, und wir plauderten und lärmten, bis die Umsitzenden bedenkliche Gesichter zu machen begannen.

»Wir müssen auf die steifen Südländer Rücksicht nehmen«, sagte Lennart schließlich. »Sie sind an unsere heftige nordische Lebensfreude nicht gewöhnt.«

Aber das eine ist sicher. Wenn man verliebt ist, kann man nicht lange Zeit hintereinander fröhlich sein. In der Freude über meine süßen Ohren hatte ich vergessen, daß ich mich nach wenigen Augenblicken von Lennart würde trennen müssen. Das begriff ich erst, als wir in der Hotelhalle standen und uns zum Abschied die Hand gaben. Lennart wohnte im selben Hotel wie wir. Wer hatte das geahnt? Aber er wollte mit einigen italienischen Freunden zu Abend essen, früh zu Bett gehen und am nächsten Morgen gegen sieben Uhr aufbrechen. Und Eva und ich wollten mit dem Ehepaar Gustafsson, Frau Berg, Herrn Malmin und allen anderen speisen, und was hat man da von seinen süßen Ohren?

»Auf Wiedersehen!« sagte Lennart und schüttelte uns hastig die Hände.

Auf Wiedersehen ... was wußte er davon? Vielleicht in zwanzig Jahren in einer Straße in Stockholm, nein, dann würde ich schon lange tot sein, dahingesiecht nach einem freudlosen Leben. Die nachtschwärzeste Verzweiflung packte mich wieder. Ich stürzte in unser Zimmer hinauf, warf mich quer über das Bett und weinte.

Schließlich mußte ich zum Essen hinunter. Herr Gustafsson saß neben mir und sprach von seinem Chef, und es graute ihm vor dem Tage, da er zu ihm zurück mußte. Aber schließlich merkte er, daß ich etwas einsilbig antwortete. Da sah er mich mit bekümmerten Augen an und fragte, ob ich etwa krank sei. Er streichelte teilnehmend meine Hand und sagte:

»Essen Sie Kohletabletten, das hilft.«

Ach, wenn es so einfach gewesen wäre!

Die ganze Gesellschaft wollte nach dem Essen in einen Nachtklub, aber ich weigerte mich, mitzugehen. Ich wollte zu Hause bleiben und weinen. Eva war sofort bereit, sich auf meinen Bettrand zu setzen und meine Taschentücher auszuwechseln, aber ich zwang sie, mit den anderen zu gehen.

»Es genügt, daß ich zu Hause bleibe und traure«, sagte ich. »Wir brauchen ja deswegen Herrn Malmin den Abend nicht zu verderben.«

»Ich pfeife auf Herrn Malmin«, sagte Eva.

Schließlich aber konnte ich sie davon überzeugen, daß ich mich tatsächlich am wohlsten fühlte, wenn ich allein für mich weinen konnte.

Sie ging, und ich fing nun wirklich an zu heulen. Aber nach

ein paar Minuten kam Eva zurückgelaufen. Sie war sehr aufgeregt.

»Da sitzt einer in der Halle und liest Zeitung«, sagte sie. Ich hob mein rotverweintes Gesicht vom Kissen.

»Ist es der Ritter Blaubart, da du so erschrocken aussiehst?«

»Es ist kein Ritter Blaubart«, sagte Eva, »es ist Lennart Magnifico. Falls das besser ist.«

Ich sank mit einem erneuten Aufweinen auf das Kissen zurück.

»Hör jetzt zu«, sagte Eva streng. »Hör auf mit dem Geheule! Geh hinunter zu Lennart, denn das willst du ja doch!«

Ich schüttelte mutlos den Kopf.

»Ich kann ihm doch nicht so nachrennen, das mußt du doch einsehen!«

»Dann laß ihn dir nachrennen«, sagte Eva. »Setz dich in die Halle und lies ebenfalls. Tu, als ob du ihn nicht siehst! Mit der Zeit wird er dich bemerken, und dann kannst du die ungeheuer Überraschte spielen.«

Es war ein verlockender Vorschlag. Ihn noch einmal sehen . . . da konnte es kein Zögern geben! Ich fuhr in die Höhe und überpuderte die schlimmsten Tränenspuren.

»Hier«, sagte Eva und gab mir meine kleine ›Divina Commedia‹ in die Hand.

Vielleicht würde es eigentümlich aussehen, um elf Uhr abends in der Hotelhalle zu sitzen und in der ›Divina Commedia‹ zu lesen, aber mochte es so eigentümlich aussehen, wie es wollte. Ich hatte im Augenblick keine andere Lektüre zur Hand, und ich hatte es eilig. Ich nahm das Buch und stürmte die Treppe hinunter, voll Angst, Lennart könne schon verschwunden sein.

Das war er nicht. Er saß hinter seiner Zeitung verborgen. Aber sein Haar, das darüber hinausragte, war nicht zu verkennen. Es gab nur einen solchen Haarschopf in der ganzen Welt.

Ich setzte mich in angemessener Entfernung in einen Sessel und öffnete das Buch. Ich stieß gerade auf die Stelle, wo Dante

Francesca di Rimini im Inferno begegnet und sie ihm von ihrer verbotenen Liebe zu ihrem Schwager Paolo erzählt. Wie traurig es endete! Da sitzen die beiden Liebenden und lesen in einem Buch von Liebe, und gerade als sie sich in die Arme sinken, kommt Francescas Mann herein und tötet sie beide. Francesca sagte ruhig und leise: »An diesem Tage lasen wir nicht weiter.« Arme Francesca! Sie tat mir so leid. Dann blickte ich scheu über das Buch zu Lennart hin. Wann würde er mich eigentlich bemerken? Wann würde ich beginnen, die Überraschte zu spielen? Interessierten ihn die Sportnachrichten derartig?

Die Minuten vergingen. Lennart las. Ich kehrte zu Francesca zurück und las nochmals ihre traurige Liebesgeschichte. Aber jetzt begann es, mir etwas über zu werden. Lennart war offenbar bei den Annoncen angekommen. Ob er eine Stellung suchte? Lernte er die Annoncen auswendig? Und mußte er das gerade heute abend tun? An unserm einzigen, kostbaren Abend?

Ich las wieder von Francesca. Diese Frau konnte einem wirklich auf die Nerven gehen. Ich kam zu der Überzeugung, daß das Inferno der rechte Platz für sie sei. Ich war so nervös, daß mir die Haut kribbelte. Warum machte man eigentlich die Zeitungen so dick, daß die Leute mehrere Stunden brauchten, sich hindurchzulesen? Wenn er nicht bald fertig war, dann . . .

Da ging Lennart zum Leitartikel über. Nein, es mußte wirklich Grenzen geben. Ich ertrug es nicht länger. Ich haßte Zeitungen. Ich haßte mich selbst und Lennart und noch viele andere, auf deren Namen ich mich im Augenblick nicht besinne. Ich wollte jetzt auf der Stelle fortgehen. Ich wollte diesen langbeinigen, unerträglichen, zeitunglesenden Idioten auf ewig vergessen, und meine süßen Ohren würde ich für mich behalten!

Jetzt endlich ließ Lennart die Zeitung sinken. Er lächelte, als er mich sah. Er lächelte. Kein Mensch auf der Erde konnte so lieb aussehen wie Lennart, wenn er lächelte. Ich liebte ihn!

Ja . . .

»An diesem Tage lasen wir nicht weiter.«

KAPITEL 16

»Birra, uve, panini! Birra, uve, panini!«

Die langgezogenen Rufe der Händler sammelten sich zu einem lauten Chor, sobald der Zug auf einer Station hielt. Aber sie hatten nicht nur Bier, Trauben und Butterbrote zu verkaufen. Man konnte auch Wein bekommen, große Flaschen Chianti in Basthülsen, Liköre, Cioccolata und Sigarette und kleine Schlafkissen, falls man müde wurde. Verkaufen lernt der Italiener wohl schon in der Wiege. Ein Tourist gewinnt leicht den Eindruck, daß das ganze italienische Volk mit den Händen voll billiger Halsketten, Korallen, Schildpatt-Etuis, Ansichtskarten, Seidentüchern und Birra, Uve, Panini aufgereiht dasteht und verkaufen will.

Eva und ich kauften bereitwillig Birra, Uve und Panini und hatten den Handel gerade abgeschlossen, als der Zug sich in Bewegung setzte. Gedankenvoll an einem Brötchen kauend, blickten wir über die hügelige Landschaft hin, wo weiße Ochsen friedlich vor dem Pfluge trotteten, unter silbergrauen Olivenbäumen, und wo große Schafherden weideten, wie Bilder aus der Bibel. Kleine weiße Spielzeugdörfer träumten im Sonnenschein. In der Ferne blaute der Apennin.

Wir fuhren nach Rom. Nach Rom, wohin alle Wege führen.

Hätten wir nicht eigentlich mit dem Pilgerstab in der Hand auf einer der weißen Straßen uns der Stadt nähern müssen?

Nein, sozusagen alle Eisenbahnen führen nach Rom. Alle wir Pilger aus Stockholm und Askersund und Värnamo, die ausgezogen waren, um die Ewige Stadt zu besuchen, saßen in reservierten Abteilen und dehnten uns auf weichen Kissen. Eine seltsam bequeme Pilgerfahrt war es.

Aber es waren auch Wagen Dritter Klasse im Zuge, oh, oh, oh! Man weiß wohl nicht recht, was Übervölkerung ist, wenn man nicht einen vollbesetzten Wagen Dritter Klasse in Italien gesehen hat. Wenn ich sage vollbesetzt, so meine ich vollbesetzt. Ich meine nicht, daß so viele Menschen darin sind, wie es Sitzplätze gibt. Nein. Aber wenn ich sage, daß zwei auf jedem Platz sitzen, der für einen bestimmt ist, und

daß die Gänge so vollgestopft sind, daß die Wände sich biegen, und daß alle, die keinen Platz finden, mit gekrümmtem Arm außen am Zuge hängen, so gibt das wenigstens eine Andeutung davon, wie ein vollbesetzter Wagen Dritter Klasse in Italien aussieht. In Schweden würde das nie gut ausgehen, selbst nicht in der Höflichkeitswoche. Die Leute würden boshaft einer dem andern auf die Hühneraugen treten und sich gegenseitig bedrohen. Aber der Italiener scheint wirklich geschmeidig und zusammenpreßbar zu sein.

Wir fuhren nach Rom. Mit einem Salamibrötchen in jeder Hand. Als wir im besten Schmausen waren, steckte Studienrat Malmin den Kopf zu unserm Abteil herein und fragte, ob er sich hier niederlassen dürfe. Das durfte er. Wir versuchten sogar, ihm ein Butterbrot aufzunötigen, aber er lehnte schaudernd ab. Er war ein feiner, zugeknöpfter Herr, kein Typ, der öffentlich Butterbrot vertilgt. Aber es schien ihm ein gewisses Vergnügen zu bereiten, wie Eva lebenshungrig in die Wurstscheiben hineinbiß.

Herr Malmin war Junggeselle und Philosoph: das eine war vermutlich eine Folge des andern. Er hatte zu Schopenhauers Füßen gesessen und theoretisch allerlei über die Frauen gelernt. Schon zu Beginn unserer Bekanntschaft hatte er Eva und mich darauf aufmerksam gemacht, daß in der Tat alle größeren Philosophen zu unserem Geschlecht negativ eingestellt waren und sehr wohl alles, was Frauen hieß, entbehren konnten.

»Ja, und wir können auch die alten Philosophen gut entbehren; das gleicht sich also aus«, sagte Eva.

Ich glaube, Herr Malmin sah Eva geradezu als eine Herausforderung Schopenhauers an. Er wirkte beunruhigt, es wurde mit jedem Tage deutlicher. Und wo man Evas helles Lachen hörte, konnte man sicher sein, Herrn Malmin in der Nähe zu finden. Äußerlich behielt er seine ungeheure Überlegenheit, zuweilen aber konnte man ihn überraschen, wie er insgeheim Eva mit den Blicken eines hungrigen Kindes betrachtete. Eva merkte nichts, wenigstens tat sie so. Sie lachte ebenso unbekümmert und behandelte den Studienrat genauso respektlos, wie sie es von Anfang an getan hatte. Und jetzt saß sie da, fuchtelte mit ihrem Wurstbrot und fragte Malmin, ob er nie daran gedacht habe, Frida Strömberg einen Heiratsantrag zu machen.

»Mein Gott, nein«, sagte Malmin erschrocken.

»Dumm«, sagte Eva. »Frida ist so ein Goldmensch. Und dann kann sie kochen! Ich bin überzeugt, daß Schopenhauer nichts dagegen haben würde. Aber es wäre vielleicht schwieriger, Frida zu überreden.«

Herr Malmin erhob sich und ging. Er wollte nichts mehr von Frida Strömberg hören. Aber Eva hatte wohl ein Samenkorn in seine Seele gelegt, wenn auch vielleicht nicht so, wie sie es gemeint hatte. Eine Weile später, als ich allein draußen im Gang stand und auf den Apennin blickte, kam Herr Malmin zu mir und begann, von Eva zu sprechen. Er drückte sich sehr dunkel und ungewiß aus, aber er wollte offenbar wissen, ob Eva schon anderweitig gebunden sei.

»Nicht mehr als gewöhnlich«, sagte ich wahrheitsgemäß.

»Nicht mehr als gewöhnlich ... was heißt das?« fragte Herr Malmin.

»Tja«, sagte ich, »so fünf, sechs sind in Reserve, und mit einem oder zweien ist sie ein bißchen verlobt. Aber daß sie gebunden ist, kann man nicht behaupten.«

Herr Malmin blickte erschrocken zum Apennin hinüber. Mir tat er so leid. Ich hatte ihn nicht traurig machen wollen. Ich wollte ihm nur auf feine Art Evas Wahlspruch klarmachen: *Ein* Mann ist kein Mann!

»Verlieren Sie nur den Mut nicht«, sagte ich tröstend und klopfte ihm auf die Schulter, »Sie können sich ja anstellen.«

Aber da sagte Herr Malmin, ich hätte ihn völlig mißverstanden. Er habe nur aus Wißbegier gefragt, aus keinem andern Grund.

Ja, ja, Herr Malmin fragte so oft und so viel und so lange aus reiner Wißbegier, daß man auf alles mögliche gefaßt sein konnte. Aber diesmal war es sicher nicht nur Wißbegier. Da ich selbst von unglücklicher Liebe betroffen war, kannte ich die Symptome. Ich beschloß, Eva eine Ermahnungsrede zu halten und sie zu bitten, künftig mit ihren Lachgrübchen etwas vorsichtiger umzugehen.

»Herr Malmin ist so nett und prächtig, jawohl, das ist er sicher«, sagte ich zu ihr. »Er verdient nicht, für dich ein Spielball zu werden.«

»O boy, das wäre ein Spielball!« sagte Eva.

»Sei nur nicht so überlegen«, mahnte ich.

»Aber was habe ich getan?« Eva riß zornig die Augen auf. »Kannst du behaupten, daß ich Malmin ermuntert habe?«

Nein, das konnte ich nicht direkt behaupten, wenn ich ehrlich sein wollte. Sie hatte nichts weiter getan, als daß sie sich so fröhlich und lebhaft gegeben hatte, wie sie war. Ich versuchte, ihr zu erklären, daß ein so ernster und gehemmter Mensch wie Malmin ein hilfloses Opfer werden mußte, wenn er einmal so ein fröhliches Menschenkind wie Eva traf und ... ja, kurzum sie könne wenigstens etwas vorsichtig sein, schloß ich dann vernünftig, obwohl ich eigentlich nicht wußte, wie diese Vorsicht in der Praxis aussehen müßte.

»Also man kann nicht einmal mehr fröhlich sein«, sagte Eva zornig. »Na, meinetwegen. Wenn Malmin das nächste Mal in meiner Nähe lacht, dann sage ich: Nein, Herr Malmin, jetzt wollen wir an den Tod denken.«

Das Ergebnis meiner Ermahnungsrede war, daß Eva, als Herr Malmin wieder in unser Abteil kam, grabesernst in ihrer Ecke saß und die Lachgrübchen dadurch versteckte, daß sie den Mund zusammenpreßte und die Backen so einzog, daß es jedem den Lebensmut nehmen mußte. Herr Malmin sah sie scheu an und fragte, ob sie sich nicht wohl fühle.

»Doch, ich fühle mich wohl«, sagte Eva. »Ich denke an den Tod und fühle mich sehr wohl.«

Herr Malmin schüttelte den Kopf und ging wieder seiner Wege.

»Meinst du, daß es genützt hat?« fragte Eva hoffnungsvoll.

»Sei nicht albern«, sagte ich. »Du brauchst nicht zu tun, als wüßtest du nicht, was ich meine.«

Ich erinnerte sie daran, daß Malmin nicht das einzige Opfer ihrer Lachgrübchen sei. Da war in Florenz ein armer, rotbackiger Hotelportier, der wahrscheinlich jetzt ihretwegen weinte.

»Ach, das ist etwas ganz anderes«, sagte Eva. »Alle Hotelportiers mögen mich.«

Darin hatte sie recht. Evas geheimnisvolle Anziehungskraft auf Hotelportiers müßte von einem Forscher, der sich für überdurchschnittliche Erscheinungen interessiert, in einer Doktorarbeit behandelt werden. Sobald ein Portier sie erblickt, läßt er alles stehen und liegen, schiebt den Maharadscha von Mysore oder was für einen unbedeutenden Gast er sonst gerade bedient, beiseite und eilt unter Verbeugungen auf Eva zu, um ihr den Schlüssel zu den Fürstenappartements zu überreichen. Mich sieht er überhaupt nicht. Ich stehe mit meinem Lächeln da, das mit jeder Minute demütiger wird. Ich murmele verzagt eine Frage, ob vielleicht Post für mich da sei, und dann wirft er mir einen mißbilligenden Blick zu und sagt, es sei keine da.

Aber die Zimmermädchen lieben mich, und ich liebe die Zimmermädchen. Besonders in Italien. Wir lachen und nicken uns zu, und ich rede verwirrt eine Mischung aller bekannten Sprachen. Sie verstehen ohne weiteres, was ich meine: daß ich Italien für das schönste Land der Erde halte, daß die Italiener außerordentlich liebenswürdig, begabt und tüchtig seien, daß heute schönes Wetter sei und es morgen auch wohl schön sein werde, und daß ich mein Kleid »subito« gebügelt haben möchte, das heißt stehenden Fußes.

Subito! sagen sie, und ihre Augen leuchten vor Freundlichkeit. Subito, sagen sie und nicken zustimmend. Jawohl, das Kleid soll bestimmt stehenden Fußes gebügelt werden. Subito!

Dann verschwinden sie mit dem Kleid, und drei Stunden später klettere ich, nur mit Seidenhöschen bekleidet, in dem venezianischen Glaskronleuchter umher, um meine schreckliche Nervosität zu dämpfen. Ich soll in fünf Minuten zu Abend essen, und wenn auch rosa Seidenhöschen sehr kleidsam sein können, haben sie sich doch als Gesellschaftskleidung noch nicht richtig durchgesetzt, wenigstens nicht in besseren Lokalen.

Aber die Zimmermädchen liebe ich. Auch wenn wir nicht dasselbe meinen, wenn wir subito sagen.

Eva wollte in ihrer Ecke noch immer an den Tod denken, und da setzte ich mich in meiner Ecke zurecht und dachte an Lennart.

Dieser letzte Abend in Florenz hatte mich ganz sicher gemacht – es gab keine Rettung für mich. Ich war verurteilt, Lennart Sundmann in alle Ewigkeit zu lieben. Und jetzt hatte ich außerdem zu hoffen begonnen. Es war eine klägliche, kleine Hoffnung, aber sie war hartnäckig, sie wollte nicht sterben. Ich nährte sie mit einer Reihe kleiner, aber bedeutsamer Einzelheiten, wenigstens bildete ich mir ein, daß sie bedeutsam seien.

Lennart hatte so zärtliche Augen gehabt, als er mich in der Hotelhalle in Florenz entdeckte, das war das erste. Er hatte mich in seinem Auto in der Nacht umhergefahren, das war das zweite. Auf dunklen, toskanischen Straßen waren wir stundenlang gefahren, und ich hatte so viele Dummheiten über mich selbst geschwatzt, und er hatte zugehört – oh, wie wunderbar er zugehört hatte! Er brauchte doch nicht nachts durch ganz Toscana zu rasen, wenn er sich gar nichts aus mir machte? Er hatte versprochen, uns im Hotel in Rom aufzusuchen, das war das dritte. »Uns«, nicht »mich«, das war ein Stachel. Es war nicht sicher, daß er gerade meinetwegen kam. Er hatte tatsächlich nichts gesagt, was direkt darauf hindeutete. Das einzige, was er gesagt hatte, war, daß er Eva reizend und lustig finde. Oh, süße, lustige Eva, nimm mir nicht mein einziges kleines Lamm, wo du eine ganze Schafherde hast!

In wenigen Minuten mußten wir ankommen. Mein Herz klopfte vor Erwartung. Im Gedanken an Rom und an die Möglichkeit, Lennart wiederzusehen, und an die Hoffnung, daß er vielleicht trotz allem um meinetwillen käme.

»Eigentlich ist es ungerecht«, sagte Eva plötzlich. »Nur weil du verliebt bist, hast du viel mehr von deiner Italienreise als ich. Wenn ich eine schöne Aussicht sehe, finde ich, daß es eine schöne Aussicht ist. Da du aber verliebt bist, fährst du auf und zerfließt vor Entzücken. Eigentlich ist es falsch, daß ich für dies alles ebenso viel zahlen muß wie du.«

»Kannst du denn nicht versuchen, dich ein bißchen in Herrn Malmin zu verlieben?« schlug ich vor. »Damit du für dein Geld etwas hast? In der verschönenden Flamme deiner Liebe würden das Colosseum und die Thermen des Caracalla phantastische Erlebnisse für dich werden.«

Aber Eva sagte, so arm sei sie nicht, daß sie sich um des schnöden Gewinnes willen in Herrn Malmin verlieben müsse.

»Eva, sei still«, sagte ich und legte meine Hand auf ihren Arm. »Sieh dir diese häßlichen, verfallenen Mietshäuser an. Weißt du, was das ist? Das ist der Anfang von Rom, weißt du, von der Ewigen Stadt . . . oh, Eva!«

»Die Ewige Stadt, jawohl«, sagte Eva fröhlich. »Diese Häuser scheinen seit Romulus und Remus nicht ausgebessert worden zu sein.«

KAPITEL 17

Die Sonne glühte über dem Forum Romanum, und die Luft zitterte in der Wärme. Auf den Steinen, die von Cäsars Rostra übriggeblieben waren, saßen Eva und ich und betrachteten andächtig all den verwitterten Marmor um uns her. Eva beschäftigte sich wohl noch immer mit dem Tod, denn plötzlich sagte sie:

»Du, Kati, ich denke über etwas nach. Denk nur, wie wenige Menschen eigentlich leben. Die allermeisten sind doch längst gestorben.«

»Ja, wir sind nur wenige, die leben«, sagte ich und fühlte mich plötzlich so dankbar, daß ich zu denen gehörte, die noch die Rosen um den Tempel der Vesta sehen und die Sonnenwärme im Gesicht spüren konnten, wenn ich zu dem Marmorkapitell der Dioskuren hinaufblickte.

Oh, wie tot waren sie, all die Weltherrscher, die einstmals hier gesessen und über Wohl und Wehe einer ganzen Menschheit bestimmt hatten. Aber Herr Malmin, Frau Berg und Herr Gustafsson und all wir anderen, wir lebten. Wir

wanderten hier in der Sonnenglut auf ganz lebendigen Beinen umher, und unsere lebendigen Stimmen erfüllten die Luft mit gedankenlosem Geplapper. Eigentlich gehörten wir nicht hierher. Dies war kein Ort für Lebende.

Hier darf nicht Frida Strömberg im großblumigen Sommerkleid umhergehen! Ich will Gestalten in weißer Toga sehen, und sie sollen zwischen vergoldeten Kolossalstatuen und prachtvollen Marmorpalästen umherwandern, die von Gold und Lapislazuli schimmern, nicht zwischen zerbrochenen Säulenreihen und verwitterten Ruinen. Fort auch mit Herrn Malmin! Ich will Cäsar von seiner Rednerbühne zu den Römern sprechen hören. Ich will Brutus' weichliches, knabenhaftes Gesicht sehen, wenn es sich vor Haß verzerrt in dem Augenblick, da er gegen seinen Herrn und Freund den Dolch erhebt. Ich will, daß wir in den Iden des März im Jahre 44 sind, nicht an einem gewöhnlichen, einfachen Septembertag zweitausend Jahre später. Verschwinden Sie, Herr Gustafsson, und komm hervor, Marcus Antonius, du, der törichtste der Römer! Komm hervor und halte deine berühmte Leichenrede über Cäsar und übergib seinen Leib dem läuternden Feuer! Ich liebe dich um deiner Ritterlichkeit und Torheit willen, Marcus Antonius. Du opfertest ein Reich für die Frau, die du liebtest, und starbst für deine Liebe. Deshalb liebe ich dich. Komm hervor, Octavius! Du hast so streng zusammengepreßte Lippen, und es mißfällt mir, daß du einen Frauenrock trägst. Das paßt nicht zu einem Manne, der unter dem Namen Kaiser Augustus in die Geschichte eingeht. Aber auf jeden Fall: tritt hervor! Verschwinden Sie, Frau Berg und Frau Gustafsson, und tritt hervor, Fulvia, du grausame, blutdürstige Fulvia! Oder nein, bleibe lieber im Totenreich, wohin du gehörst! Vor einer so teuflischen Bosheit wie der deinen würden die Rosen auf dem Forum verwelken. Du hast Ciceros totes Antlitz angespien und die Zunge mißhandelt, die dir dann und wann die Wahrheit sagte. Du ließest hier auf dem Forum sein Haupt auf einen Pfahl spießen, und die Hand, die so viele lateinische Aufsätze geformt hatte, ließest du darunter annageln. Bleib im Totenreiche, Fulvia! Wenn du nur ein einziges Mal etwas weibliche Güte und Barmherzigkeit gezeigt hättest! Jetzt kannst du bereuen, jetzt ist es zu spät!

Wer hat gesagt, man müsse gut sein, ehe es zu spät sei? Hat das nicht Marcus Aurelius gesagt, dessen grün patinierte Statue ich vorhin auf dem Capitol gesehen habe? »Lebe nicht so, als hättest du tausend Jahre vor dir. Der Tod schwebt über dir. Solange du noch lebst, solange du noch kannst – sei gut!«

O Himmel, ich empfand plötzlich, wie kurz auch für mich die Zeit war! Wir leben nur eine einzige kleine Minute, das erkannte ich so erschreckend deutlich hier auf dem Forum. Ich erkannte noch etwas anderes. Man mag über Herrn Malmin und Frau Berg und das Ehepaar Gustafsson und die andern sagen, was man will – sie hatten jedenfalls eine bemerkenswerte Eigenschaft: sie waren meine Zeitgenossen. Sie teilten die kleine, kurze Lebensminute mit mir. Und wenn ich gut sein wollte, so mußte ich mit meinen Zeitgenossen beginnen. Sie waren die einzigen, die mir erreichbar waren. Die einzigen, für die ich etwas tun konnte. Oh, die Zeit war so knapp. Herr Malmin, Herr Malmin, mein lieber, guter Zeitgenosse, ich eile herbei und will gut sein! Ich klopfe ihm auf den Rücken, um seine Aufmerksamkeit auf mich zu lenken: hören Sie doch, lieber Herr Malmin! Aber der liebe Herr Malmin hat wohl nie Marcus Aurelius gelesen, und er begreift nicht, wie merkwürdig es ist, daß er die kurze Lebensminute mit mir teilt. Ungeduldig schüttelt er meinen Arm ab und nimmt seine Unterhaltung mit dem Reiseleiter wieder auf.

»Hier fühlt man wirklich die historischen Erinnerungen rauschen«, sagt er tiefsinnig.

Da werde ich zornig auf meinen lieben kleinen Zeitgenossen.

»Ja, Sie hatten ja immer Ohrensausen, Herr Malmin, seit wir durch den Sankt Gotthard fuhren«, sage ich und entferne mich, denn so will ich wirklich nicht empfangen werden, wenn ich herbeigeeilt komme, um gut zu sein.

Ich brauche ein anderes Opfer für meine Güte, eines, das etwas empfänglicher ist. Ich sehe mich suchend um. Vor dem

Tempel der Vesta sitzt Frau Berg wie eine etwas welke, späte Vestalin und ruht ihre müden Füße aus. Sie starrt mit leeren Augen vor sich hin. Sie ist erledigt von der Hitze und hat für das Forum Romanum nicht viel übrig. Ich beobachte sie forschend, um zu sehen, ob sie nicht auch die historischen Erinnerungen rauschen fühlt. O nein, Frau Berg ist schon häufiger in Rom gewesen, und für ihre Person ist es aus mit dem Rauschen. Frau Berg hält es nicht für nötig, in Italien irgendwelche Begeisterung an den Tag zu legen, weder vor der Schönheit Venedigs noch vor den Kunstschätzen von Florenz oder den Erinnerungsstätten Roms, denn sie hat alles ja schon früher gesehen, das müssen wir andern uns klar machen. Sie findet uns albern, wenn wir die Hände zusammenschlagen und »Ah!« und »Oh!« rufen. Übrigens bereut sie, überhaupt an dieser Gesellschaftsreise teilgenommen zu haben. Sie hätte daheim bleiben und sich um ihre Mietshäuser in Stockholm kümmern sollen, das hat sie uns mehr als einmal versichert.

Ich setze mich vorsichtig neben sie. Sie sieht so bekümmert aus. Vielleicht ist sie eine Seele in Not, die ich trösten, eine meiner Zeitgenossinnen, gegen die ich gut sein kann.

»Sehen Sie, wie meine Beine in der Wärme anschwellen«, sagt Frau Berg und legt sie auf einen Eckstein des einstigen Tempels.

Ich lasse sie klagen, ich höre zu und bin gut. Bald ist sie bei ihrem Lieblingsthema angelangt: den Mietshäusern daheim, die nicht genügend abwerfen und deren Unterhaltung so viel kostet – hier auf dem Forum hat sie ja auch die abschreckendsten Beispiele, wohin es führt, wenn man die Häuser nicht ordentlich instand hält. Und die wahnsinnige Steuerpolitik, darauf ist Frau Berg wütend! Ich versuche, sie dahin zu bringen, weite historische Perspektiven zu sehen. Nichts ist neu unter der Sonne, am allerwenigsten die Klagen über die Steuern. Kam nicht hier auf das Forum eine Schar rasender Römerinnen gestürzt und las Marcus Antonius die Leviten? Was dachte er sich dabei, ihnen so unvernünftige Steuern aufzuerlegen, wollte er sie auf die Straße treiben, um dort das Geld zusammenzubringen?

»Es ist schon so, man muß sich beklagen«, sagte ich zu Frau Berg. »Kein leises Gejammer in der Stille, sondern eine laute, wilde Klage vor dem Ministerium, damit der Finanzminister erschrickt – so muß es sein!«

Frau Berg sieht beleidigt aus. Sie begreift wohl nicht, daß ich nur gut zu sein versuche und sie auf fröhlichere Gedanken bringen will. Ich versuche alles, was ich kann, um ihre Begeisterung für das Leben zu wecken, das so kurz ist, und für die Sonne, die Blumen und den erinnerungsreichen Boden, auf dem wir sitzen. Aber sie wehrt sich. Sie will nicht fröhlich sein. Schließlich gibt sie etwas mürrisch zu, daß das Forum Romanum »schrecklich reizend« ist.

Julius Cäsar, Marcus Antonius, Augustus, habt ihr es gehört? Ehrwürdige Schatten, es ist wohl das beste, ihr kehrt zurück in das große Schweigen und überläßt Frau Berg das Forum, da sie es nun doch einmal so »schrecklich reizend« findet.

Ich vermute, daß sich Herrn Malmins Ohrensausen im Lauf des Tages stark verschlimmert hat, denn in dieser Stadt konnte er ja kaum einen Schritt tun, ohne selbst die Straßensteine rufen zu hören. Er hielt sich die ganze Zeit in Evas Nähe. Als wir in das Colosseum kamen, begann er einen längeren kulturgeschichtlichen Vortrag. Er sprach viel über die christlichen Märtyrer, die in der ungeheuren Arena dort unten verblutet waren.

Schließlich sagte Eva: »Oh, die armen Märtyrer! Wie gut, daß ich eine kleine Heidin bin, die das Gesetz nicht kränkt!«

Ich blickte in die Arena hinunter, die in Sonne gebadet dalag, und versuchte, mir vorzustellen, als wehrloses Opfer blutdürstiger Löwen dazustehen. Oh, ich hätte schon ein Märtyrer sein mögen, wenn ich es nur gewagt hätte. Aber ich wußte selbst, daß ich feig war. Wäre ich ein Märtyrer gewesen, so hätte ein Löwe mir nur einen Blick zuzuwerfen brauchen, und ich wäre außer Atem zu der Loge des Kaisers gestürzt und hätte meinen Glauben abgeschworen. Das wußte ich, und deshalb fröstelte ich vor Bewunderung, wenn ich an die Märtyrer dachte, die ein so leuchtendes Beispiel dafür gegeben hatten, daß der Menschengeist sich mit Gewalt nicht brechen läßt. Es hat im Lauf der Zeiten viele so mutige Menschen gegeben, von den Märtyrern an bis zu den Widerstandskämpfern der neuesten Zeit. Niemanden bewunderte ich mehr. Aber ich schauderte bei dieser Bewunderung.

»Ich hätte nie an so einer Widerstandsbewegung teilnehmen können«, sagte ich düster. »Es wäre nicht mehr als eine noch so kleine Daumenschraube nötig und ich würde auf der Stelle die ganze Bewegung und all meine Kameraden verraten. Ich würde Namen und Adressen und Telefonnummern und besondere Kennzeichen von der ganzen Gesellschaft herunterleiern.«

»Das würde ich nicht tun«, sagte Eva. »Der Knabe mit der Daumenschraube sollte *meine* Telefonnummer bekommen, dann wäre der Tag gerettet.«

»Oh«, sagte Herr Malmin, »würden Sie wirklich mit dem Gegner fraternisieren?«

»Das habe ich nicht gesagt«, erwiderte Eva. »Der Gegner würde schon klein beigeben, sonst würde ich eine eigene Widerstandsbewegung aufmachen, daß er erbleichen sollte!«

Ich bin überzeugt, daß Eva auch gegen die Löwen des Colosseums eine eigene Widerstandsbewegung eröffnet hätte. Vermutlich hätte sie sie alle bekehrt.

Ich fragte Frau Berg, ob sie das Colosseum nicht auch schrecklich reizend finde, und das tat sie. Nach einer solchen Aufmunterung muß der alte Riesenzirkus ja noch mehrere Jahrhunderte stehen können. Und das ist ein schöner Gedanke. Denn wenn das Colosseum einstürzt, dann stürzen Rom und die ganze Welt ein. Das glaubten jedenfalls die Alten!

Oben auf dem Pincio saßen wir dann und betrachteten den Sonnenuntergang und die süßen, kleinen römischen Kinder, die unter dem schattigen Grün der Steineichen spielten.

Die unschuldigen Kleinen wurden offenbar nicht von

historischem Ohrensausen belästigt. Daß es einstmals eine schreckliche Tante Messalina gab, die sich hier oben auf dem Pincio nicht besonders fein benahm, danach fragten sie nicht. Und der Schurke im Kasperletheater, dem sie Beifall klatschten, war viel aufregender als irgendein alter, böser Nero, dessen Urne einstmals hier in der Erde des Pincio begraben wurde.

Aber Eva interessierte sich für Nero. Sie hätte gern genau gewußt, wo seine Sklavin in jener Juninacht vor langen Zeiten die Urne vergraben hat.

»Ist es nicht seltsam?« sagte sie. »Wenn ein Mann auch noch so eine Bestie ist und sich bei allen Menschen verhaßt macht, so findet sich doch immer eine liebende Frau, die bis zuletzt an ihm festhält. Sogar ein solcher Schurke wie Nero hatte seine Acte, die mit zärtlichen Händen seine Urne hier im Boden barg und still um ihn weinte, ehe sie fortging.«

»Aber ich, was habe ich?« fragte Herr Malmin und sah Eva schelmisch und herausfordernd an.

»Sie sind zu wenig Bestie, Herr Malmin«, sagte Eva. »Stecken Sie erst Rom in Brand, dann werden wir sehen!«

Warum rief Lennart nicht an? Er hatte es doch versprochen. Er hatte gesagt, er werde von sich hören lassen, sobald er hier ankomme. Ich war am ersten Tage in Rom so froh, so fest überzeugt, daß bald das Telefon läuten würde, und wenn ich den Hörer abhöbe, würde Lennart sich mit seiner warmen, dunklen Stimme melden. Aber das Telefon klingelte niemals. Doch, es klingelte, aber dann war es Herr Gustafsson, der fragte, ob wir mit ihm und seiner Frau zum Flohmarkt fahren wollten, oder es war Herr Malmin, der darauf aufmerksam machte, daß es unten in den Katakomben kühl sein könnte und daß wir wohl eine Jacke mitnehmen müßten. Schließlich bekam ich richtige Angst vor dem Telefon, sowohl wenn es stumm war, als auch wenn es läutete. Vielleicht würde Lennart nicht anrufen? Vielleicht würde er stattdessen schreiben . . . ein schnell hingekritzeltes Briefchen, daß »wir uns heute abend bei Ulpia treffen«. Ich plagte den Portier unausgesetzt mit Fragen, ob kein Brief für mich da sei.

Doch, es war ein Brief da. Von Jan. Er schrieb so lieb, er wolle hoffen, daß ein anderer mich jetzt glücklicher mache, als er es vermocht habe, und daß ich trotz allem mit etwas Wärme an die Zeit denken möge, die wir zusammen gehabt hätten. Ich solle seinetwegen nicht traurig sein, schrieb er, »es kommt wohl einmal ein neuer Frühling«. Das würde sicher so sein, und sicher würde ich zuweilen mit Wärme an Jan denken. Aber ich fühlte ganz deutlich, daß nichts so tot ist wie eine Liebe, die man soeben begraben hat.

Und die Zeit verging so schnell, und kein Lennart ließ von sich hören. Mit sinkendem Herzen ging ich umher und betrachtete die Peterskirche und die Thermen des Caracalla, das christliche Rom und das antike Rom, soviel ich nur schaffen konnte. Ich bummelte auf der Via Veneto und beobachtete elegante, teetrinkende Römerinnen, ich mischte mich in das Volksleben auf dem Pincio, ich tat alles, was man von einem Touristen in Rom verlangen kann. Aber ich erlebte die Ewige Stadt nicht so mit vollem Herzen, wie ich es hätte tun müssen. Denn ich dachte an Lennart, in der Peterskirche und auf dem Forum und im Colosseum, ich dachte an ihn oben auf dem Pincio und auf der Via Veneto und in der dunklen Tiefe der Katakomben. Vor allem in der dunklen Tiefe der Katakomben.

»Catacombe di San Sebastiano«, »Bevete Coca Cola« – Katakomben des heiligen Sebastian. Trinkt Coca Cola, stand auf zwei Plakaten am Eingang zu den Katakomben. Es nützte nichts, daß man zusammenzuckte und eine Vision von dem heiligen Sebastian und den andern Märtyrern hatte, wie sie dort unten in der Finsternis saßen und munter pokulierten, mit Coca-Cola-Flaschen in den Händen. Diese Coca-Cola-Reklame, die so pietätlos überall angebracht war, konnte einem wirklich auf die Nerven gehen. Eva sagte kopfschüttelnd:

»Ich wette: wenn ich sterbe und ans Himmelstor komme, dann steht da ein Plakat: ›Eingang zu den himmlischen Wohnungen. Trinkt Coca Cola!‹ Aber dann sage ich wie Christian der Zehnte: ›Gebt mir ein Tuborger Bier!‹« Dann stiegen wir in die Katakomben hinunter, und Herr Malmin leuchtete uns mit Wachskerzen in den langen, schmalen Gängen, wo das Dunkel sich einem wie eine Last auf die Brust legte. Und ich dachte: wenn ich ein Märtyrer gewesen wäre, so hätte ich mich doch lieber von den Löwen zerreißen lassen als hier in der Unterwelt eingesperrt zu sein, ohne Luft, Sonne und Licht.

Hinterher nahm Herr Malmin uns mit in eine kleine Osteria in der Nähe der Via Appia, und wir tranken kühlen Weißwein und waren sehr froh darüber, daß wir keine Märtyrer waren.

Aber immerfort dachte ich an Lennart. Während ich hier saß, läutete vielleicht das unselige Telefon daheim im Hotelzimmer gerade in diesem Augenblick, läutete, daß es nur so bebte. Von solchen Gedanken bekommt man Falten in der Stirn. Und sie lassen einen nicht los. Während ich zerstreut auf Malmins und Evas Geplauder hörte, arbeiteten sie in meinem Gehirn, die kleinen Lichtelfen der Gedanken, und sagten ungefähr: Er würde von sich hören lassen, hatte er gesagt. Wer weiß, er hat vielleicht einmal angerufen, als wir ausgegangen waren. Er hat vielleicht einen vereinzelten kleinen Versuch gemacht, sein Versprechen zu halten, und dann hat er die Sache auf sich beruhen lassen. Männer machten es ja übrigens oft so: sagten so obenhin: »Wir müssen uns wiedersehen«, und meinten es in diesem Augenblick vielleicht auch, hatten es aber nach einer Stunde vergessen. Meine klägliche kleine Hoffnung war wie eine Kerzenflamme, die ganz, ganz leise schwelte und bald erlöschen würde. Dies war unser letzter Tag in Rom. Es war wohl ebenso gut, die Hoffnung ganz und gar sterben zu lassen und auf das Grab zu schreiben: Hier ruht Katis einzige große Liebe!

Unser letztes Mittagessen in Rom nahmen wir mit allen andern zusammen in dem Hotel ein, in dem wir wohnten. Die Stimmung war fröhlich und ausgelassen, und endlich nach mehrwöchigem täglichem Beisammensein, waren wir so weit gekommen, daß wir Brüderschaft tranken.

»Viktor heiße ich«, sagte Herr Malmin, »aber meine Freunde nennen mich Vicke.«

Aber Eva bestand darauf, ihn Viktor zu nennen.

»Vicke!« sagte sie. »Kommt nie über meine Lippen. Selten habe ich einen Menschen gesehen, der so sehr Viktor und so wenig Vicke ist. Viktor klingt so reell.«

Hinterher ging die ganze Gesellschaft zur Fontana di Trevi, um Münzen ins Wasser zu werfen. Sonst konnte man ja nicht sicher sein, jemals die Ewige Stadt wiederzusehen. Auch ich warf eine Münze hinein. Aber ehrlich gesagt, war es mir einerlei, ob ich hierher zurückkommen würde oder nicht. Rom war für mich die Stadt der enttäuschten Hoffnungen.

Und sollte es noch mehr werden.

Viktor, unser neuer Duzbruder, wollte Rom bei Nacht sehen und fragte Eva und mich, ob wir mitkommen wollten. Natürlich wendete er sich eigentlich an Eva, aber er wußte wohl nicht, wie er mich umgehen könnte. Ehe ich noch überlegt hatte, sagte ich ja. Aber wer nicht ja sagte, war Eva. Sie sei müde, habe Kopfschmerzen und wolle sich hinlegen. Viktor sah niedergeschlagen aus, als er das hörte. Die

Aussicht, das Nachtleben von Rom allein mit mir zu sehen, versetzte ihn keineswegs in einen Rausch des Entzückens, das merkte man. Ich versicherte rasch, unter diesen Umständen könne ich Eva natürlich nicht verlassen. Aber Eva erklärte sehr energisch, daß sie keine andere Gesellschaft brauche als ihr Kopfweh. Sie bestand darauf, daß Viktor und ich gehen sollten.

»Amüsiert euch gut!« sagte sie.

Und da Viktor ja nicht direkt unhöflich sein konnte, beteuerte er, er finde es sehr nett, einen Bummel mit mir zu machen. Ich warf einen gekränkten Blick auf Eva, weil sie mich so ausgeliefert hatte. Und dann gingen Viktor und ich.

Zur Biblioteca. Wir tranken jeder einen Becher Aqua di Trevi und hörten einen breitbrüstigen Sänger »Santa Lucia« singen, eines der wirksamsten Mittel, das die Italiener ersonnen haben, um die Ausländer damit zu plagen. Die ersten fünfzehn-, zwanzigmal, wenn man es hört, findet man es eigentlich nicht so übel, aber es wird allmählich schlimmer, und wenn schwarzbraune Jünglinge zum hundertstenmal »Santa Lucia« schmalzen, dann wünscht man, ein toller Hund zu sein und beißen zu dürfen.

Viktor war ungewöhnlich mitteilsam an diesem Abend. Er erzählte von seiner traurigen und einsamen Kindheit und war richtig menschlich. Es war vielleicht nicht ganz so, wie man sich »Rom bei Nacht« vorgestellt hatte, aber ich hörte interessiert zu, und er vertiefte sich lange und gründlich in das Thema.

Allmählich beschlossen wir, das nächste Lokal aufzusuchen. Ulpia, dort sollte es so nett sein.

Ja, bei Ulpia sollte es so nett sein! Ich kann es noch vor mir sehen. Die Treppe zu dem dunklen Kellerlokal. Wie ich hinunterkletterte. Viktor Malmin hinter mir. Musik. Leute an den Tischen dort unten. Und dann ein blonder Kopf ganz hinten in einer Ecke, und ein Lachen, das ich kannte: Evas Lachen, Eva – aber nicht nur sie! Ihr gegenüber saß Lennart und lachte ebenfalls, daß die Zähne in dem braunen Gesicht leuchteten.

Lieber Gott, hilf mir, daß ich von hier fortkomme, ehe sie mich bemerken!

Ich drehte mich um und faßte verzweifelt Viktor am Rockaufschlag.

»Wir . . . wir müssen gehen«, stammelte ich.

»Gehen?« sagte Viktor. »Warum denn?«

Aber da entdeckte auch er die beiden in der Ecke.

»Ach so, das waren die Kopfschmerzen«, sagte er bitter, als wir auf die Straße traten.

Ich antwortete nicht. Ich war so kreuzunglücklich, daß ich nicht sprechen konnte. Es war schwer zu sagen, was mehr schmerzte: Evas Verrat oder die Gewißheit, daß Lennart für mich verloren war. In Liebe und Krieg war alles erlaubt, das wußte man ja . . . aber daß Eva . . . oh, es war ein unerträglicher Gedanke. Wie hatte ich übrigens einen einzigen Augenblick annehmen können, daß Lennart sich aus mir etwas machen würde, wenn Eva in der Nähe war. Eva mit ihren Lachgrübchen, ihrem Humor und ihrem Geglitzer.

Ich stand da auf der Straße und fühlte mich ganz einsam in der Welt. Einsam, abgetan und wertlos, mit den salzigen Tränen der Bitterkeit in den Augen. Neben mir stand Viktor Malmin und pfiff »Santa Lucia«, um seine Unsicherheit zu verbergen. Wer weiß, er war vielleicht ebenso verzweifelt und einsam wie ich? Hier standen wir zwei armen Ausgestoßenen, und dort im Keller saßen Eva und Lennart, so fröhlich und so selbstsicher. Und wohl auch einer des andern sicher.

»Viktor«, sagte ich und faßte seinen Arm wie ein Ertrinkender, »jetzt gehen wir irgendwohin tanzen, irgendwohin.«

Wir nahmen ein Auto und fuhren hinauf zum Pincio. Und wir tanzten. Auf einer Tanzfläche, die frei unter dem Sternenhimmel lag und von hohen, dicht belaubten Bäumen umgeben war. Noch niemals hat ein düstereres Paar unter den Sternen getanzt. Wir sprachen nicht. Hielten uns nur fest umschlungen und tanzten. In den Pausen aber saßen wir an unserm Tisch, und dann sprach Viktor, ziemlich einsilbig und ohne eine Spur der sonstigen Überlegenheit.

»Ja, man ist einsam gewesen«, sagte er. »Sehr einsam. Man

dachte, daß vielleicht Eva . . . aber natürlich, der Altersunterschied war zu groß. Und es gibt für sie ja so viele andere. Dieser finstere Typ, mit dem sie im Ulpia-Keller saß, wer . . .«

»Verzeih, aber das ist wirklich kein finsterer Typ«, sagte ich heftig, denn ich ertrug keinen Angriff auf Lennart. »Er ist so . . . na, es ist ja einerlei, wie er ist . . .«

Viktor blickte mich nachdenklich an und schwieg. Dann tanzten wir wieder.

Es wurde spät, ehe wir heimfuhren. Unsere Droschke rollte durch nächtliche Straßen, die jetzt, nachdem der frohe Lärm des Tages verstummt war, so öde wirkten. Die Hufe klapperten auf dem Pflaster, daß es weithin hallte. Ich lehnte den müden Kopf an Viktors Schulter. Sie wirkte gediegen und zuverlässig wie Viktor selbst. »Sei nicht traurig, Kati«, sagte er, als er sich vor meiner Tür verabschiedete. »Mit der Zeit wachsen Rosen. Wenigstens für manche.«

Eva schlief, als ich hereinkam.

Sie lächelte im Schlaf.

KAPITEL 19

»Ich möchte dir etwas erzählen«, sagte Eva am nächsten Morgen. »Aber du darfst es erst erfahren, wenn wir in Sorrent sind. Mach dich auf eine Überraschung gefaßt.« Ich nickte stumm. Also in Sorrent sollte ich den Gnadenstoß bekommen! Wir sollten noch am selben Abend dorthinkommen, und so lange konnte ich mich wohl gedulden. Eine »Überraschung« erwartete ich nicht, ich wußte nur zu gut, was sie zu erzählen hatte; aber es würde interessant sein, wie sie es zu erzählen gedachte und wie sie es erklären würde, daß sie mich so gemein hinters Licht geführt hatte.

Ich sah sie forschend an. Sie stand vorgebeugt neben der Balkontür und bürstete ihr blondes Haar. Es fiel wie eine Goldmähne über ihr Gesicht. Sie pfiff munter. Quälte es sie wirklich nicht im geringsten, daß sie mir weh tun mußte? War sie so herzensfroh darüber, daß es ihr gelungen war, mir Lennart abspenstig zu machen, daß sie sich um nichts anderes kümmerte? Es schien so.

Ich begann, meine Kleider und Toilettensachen einzupakken. Mein Herz war schwer und meine Hände unwillig, daher ging es so langsam. Es war, als hätte ich nie eine schwerere Arbeit getan. Ich hatte in der Nacht nicht viel geschlafen, ich war müde, und jede Bewegung kostete Anstrengung. Schließlich merkte Eva, daß etwas nicht stimmte.

»Was ist dir?« sagte sie. »Bist du traurig?«

Bist du traurig, sagte der Habicht, als er das Rebhuhn rupfte! Ob ich traurig war? Es wäre ein ganz anderes Wort nötig, um das zu bezeichnen, was ich war, ein Wort, das nicht im Wörterbuch stand, etwas Unheimliches, Schneidendes. Ich antwortete nicht auf Evas Frage. Plötzlich aber stand sie dicht neben mir, küßte mich zärtlich auf die Backe und sagte:

»Armes Kind, hast du dich gestern abend mit Viktor so gelangweilt?«

»Und du, wie geht es mit deinen Kopfschmerzen?«

Ich konnte diese Frage nicht unterdrücken.

Sie lachte geheimnisvoll.

»Die sind völlig verschwunden«, sagte sie. Dann nahm sie mir rasch das Kleid ab, das ich einpacken wollte, und sagte: »Ich werde für dich packen, dann geht es etwas schneller.«

In wenigen Minuten hatte sie alles verstaut. Es ging so rasch und gewandt, und immerfort sang sie aus voller Kehle:

»Oh what a beautiful morning, oh what a beautiful day!«

Wer doch auch dieser Meinung sein könnte! Ich stand mit hängenden Armen unlustig da und wartete, bis sie fertig war. Dann nahmen wir unsere Handkoffer und gingen in die Halle hinunter, wo die andern schon versammelt waren. Eva gab mir einen scherzenden Rippenstoß und sagte:

»Du, in wenigen Stunden werden wir Neapel sehen und dann sterben, ist das nicht herrlich?«

Ja, es war herrlich, stimmte ich innerlich zu. Wenigstens wenn man Neapel überspringen und nur sterben dürfte!

Man wurde nicht froher dadurch, daß man die Stadt sah. Der Blick auf den Golf von Neapel war freilich wie ein himmlischer Traum und das Mittelmeer, das ich jetzt zum erstenmal sah, ein tiefblaues Wunder.

Aber ich sah so viel anderes, was mich noch trauriger machte. Blasse, unterernährte Kinder, blasse unterernährte Mütter, Schmutz, Armut und eine rücksichtslose Bettelei, die ihre Wurzel in wirklicher Not haben mußte. Mütter hielten uns ihre dreckigen, schorfbedeckten Säuglinge hin, um an unser Mitleid zu appellieren, Händler versuchten, uns mit rabiater Hartnäckigkeit ihren Krimskram aufzudrängen. Dies war ein Italien des Elends, wie wir es noch nicht angetroffen hatten. Und über allem leuchtete Gottes helle, entschleierte Sonne. Die Wäsche, die in langen Reihen vor den Fenstern und quer über die Straßen hing, sah im Sonnenschein noch grauer aus, die Kinder noch blasser, den Schmutz sah man noch deutlicher. Da lag auf dem Bürgersteig ein Mann auf dem Bauch und hielt seinen Mittagsschlaf – im Sonnenschein wirkte er noch elender und ärmlicher, und ebenso war es mit den beiden Arbeitern, die auf dem Rande des Bürgersteiges saßen und ihr mageres Frühstück, ein Stück

Brot, verzehrten. Was nützt es, eines der schönsten Panoramen der Erde vor sich zu haben, wenn man nichts zu essen hat? Ich glaube, Hungersnot wäre an einem recht häßlichen und abschreckenden Ort leichter zu ertragen, denn dann brauchte man wenigstens nicht so viele wohlgenährte Touristen vor Augen zu haben.

Wir nährten uns wahrhaftig! Wir aßen und tranken, soviel wir in uns hineinstopfen konnten, Risotto, Koteletts, Käse, Obst, Wein, in einem Restaurant unter einem ungeheuren Sonnendach unten am Hafen. Und die ganze Zeit standen hungrige Menschen in der Nähe. Ganz zu schweigen von all den hungrigen Katzen. Sie liefen unter den Tischen umher, strichen uns um die Beine und miauten so entsetzlich, daß man kaum sein eigenes Wort hörte.

Ein wenig war daran wohl auch der übrige Lärm schuld. Denn in einem lebhafteren Lokal war ich für meine Person noch nie gewesen. Offenbar lag das Restaurant mitten in einer sehr verkehrsreichen Passage, denn die Bevölkerung von halb Neapel trabte an den Tischen vorbei. Austernverkäufer, Blumenhändler und Fotografen umdrängten uns und boten uns laut schreiend ihre Dienste an.

»Wenn ich hier eine Zeitlang essen müßte, würde ich Magengeschwüre bekommen«, sagte Herr Gustafsson. Und das war, noch ehe die Musik eingesetzt hatte!

In Italien muß es kein Anti-Lärm-Gesetz geben. Von unserem Restaurant nur durch ein Spalier getrennt, lag ein anderes Restaurant, auch dieses wimmelnd von Katzen, Händlern, Fotografen, während die andere Hälfte von Neapel zwischen den Tischen dahintrabte. Und auch dort eine Musikkapelle. Die beiden Restaurants waren schlimme Konkurrenten, und ihre Kapellen lagen in edlem Wettstreit miteinander. So kam es, daß, sobald unsere Kapelle »Santa Lucia« anstimmte, daß es über den Golf hinschallte, die andere »O sole mio« zu spielen begann, daß der Vesuv bebte. Die beiden Kapellmeister sangen, bis sie blau im Gesicht wurden, um sich gegenseitig zu übertönen. Und die Katzen miauten, die Händler schrien, die Fotografen knipsten, die Bevölkerung von Neapel trabte sorglos zwischen den Tischen hin und her, während die Urlaute der Kapellmeister zum Himmel emporstiegen.

»Hier bekommt man wenigstens etwas für sein Geld«, sagte Eva matt und schob ihren Kotelettknochen beiseite.

Nein, daß man gelebt hat und großjährig geworden ist, fast ohne zu wissen, daß es ein Sorrent gibt! Gewiß hat man davon reden hören, aber deswegen hat man keinen Stich der Sehnsucht in der Brust gespürt.

Künftig wird keiner in meinem Beisein den Namen Sorrent nennen, ohne daß die Luft um mich her zu schimmern beginnt und schmelzende Stimmen mich von ferne rufen, so daß ich versunken dastehe und mich nur noch erinnere.

Aber ich ging im Hafen von Neapel an Bord des weißen Dampfers, ohne zu ahnen, daß ich auf dem Wege zu den Wohnungen der Glückseligen sei. Oh, gewiß war unser weißer Dampfer schön und auch das knallblaue Meer, dessen Fläche im Sonnenschein blinkte. Und dort war der wohlbekannte Kegel des Vesuvs und die Klippensilhouette von Capri und die hohen Bergwände der Halbinsel Sorrent.

Aber ich begriff nicht, daß ich auf dem Wege zu den Wohnungen der Glückseligen war. Ich begriff eigentlich überhaupt nichts. Erst später, als ich mit Eva auf der Terrasse des Hotels stand, wo die große Platane wuchs. Wie ein Vogelnest lag das Hotel hoch oben auf der Klippe, und tief, tief unten am Fuß der Felswand hörten wir das Mittelmeer seufzen. Die Wellen schlugen leise gegen die Klippe und raunten uns ihre uralten Geheimnisse zu. Uns gerade gegenüber, auf der andern Seite des Golfs, hob der Vesuv sein Haupt zu einem Himmel, der jetzt im Sonnenuntergang in Türkis und Rosa, Taubenblau und Mandelgrün schimmerte. Die Dämmerung kam schnell, und jenseits des Golfs begannen die Lichter von Neapel in einer langen, glitzernden Kette aufzuleuchten. Kleine Fischerboote glitten dort unten an die Landungsbrücke heran. Von hier oben sahen sie aus wie Spielzeugboote, liegen gelassen von irgendeinem kleinen Jungen, der des Spiels überdrüssig geworden war. Die

Männer in den Booten riefen einander etwas zu, durch die Abendstille klang es so nah, als ständen sie neben uns.

War ich glücklich oder unglücklich? Es war schwer, richtig unglücklich zu sein, wenn die Erde für ihre betrübten Kinder solche Orte bereit hatte.

Eva stand in ihrem weißen Kleide still da und beugte sich über das Geländer. Sie blickte mit gedankenvollen Augen auf die Fischerboote. Oder waren ihre Augen bekümmert? War sie jetzt vielleicht doch traurig, weil sie mir nun bald diesen wunderbaren Abend zerstören mußte?

»Eva«, sagte ich mit zitternder Stimme, »hat Lennart dich sehr lieb?«

Sie zuckte zusammen und drehte sich wütend zu mir um. »Sag das noch mal, wenn ich bitten darf!«

»Ich meine nur«, begann ich stammelnd, »ich meine, ob du und er . . . ob alles zwischen euch klar ist, so daß . . .«

Eva stemmte die Hände in die Seiten und zog die Brauen zusammen.

»Ich würde zum Arzt gehen, wenn ich du wäre«, sagte sie. »Siehst du nicht auch weiße Mäuse, oder hältst du dich für Napoleon?«

»Oh, Eva«, brachte ich mühsam und verzweifelt heraus, »ich habe euch doch gestern im Ulpia-Keller gesehen.«

»Nun und?«

»Ich glaubte«, stotterte ich, »ich dachte . . .«

»Du glaubtest und dachtest«, sagte Eva. »Weiß Gott, es ist nie gut, wenn überspannte junge Mädchen wie du zu denken anfangen. Überlaß das mir!«

»Aber warum hast du mich belogen und gesagt, du hättest Kopfweh?

»Ich hatte auch Kopfweh«, sagte Eva. »Ich hatte das Gefühl, närrisch zu werden, wenn ich einen ganzen Abend lang Viktor Malmin ertragen müßte. Aber zwei Minuten nachdem ihr fort wart, rief Lennart an. Was tut man, wenn man eine wahre Freundin ist? Wenn man dich gesehen hat, wie du jeden Tag in Rom nach ihm geseufzt hast, und nicht weiß, wo man dich in diesem Augenblick suchen soll? Läßt man den Jüngling laufen, ohne zu wissen, wann man ihn das nächstemal wieder erwischt? O nein! Nicht ein Vernunftwesen wie ich. Ich gehe mit ihm in den Ulpia-Keller. Sitze da einen ganzen Abend mit Kopfweh und erzähle die bezaubernsten Dinge von Kati. Nicht ein Wort davon, was für ein seltsames Schaf sie im Grunde ist.«

Ich fiel ihr um den Hals und lachte und weinte durcheinander.

»Verzeih mir, verzeih mir«, schluchzte ich. Mir war, als sei ich aus einem bösen Traum erwacht. Auch wenn ich Lennart nie wiedersehen würde, war Eva doch jedenfalls noch immer meine Freundin. Das erschien mir in diesem Augenblick weitaus wichtiger als irgend etwas anderes.

Aber wenn ich daran dachte, daß ich Lennart hätte treffen können, wenn ich nicht mit Viktor Malmin ausgegangen wäre, daß ich vielleicht meine einzige große Chance dadurch eingebüßt hatte, daß ich »Rom bei Nacht« mit Malmin erlebte, dann wurde ich von einem tiefen und ungerechten Zorn ergriffen.

»Eva, ich hasse Viktor«, sagte ich. »Ich hasse ihn. Er hat mir alles zerstört.«

»Hab' ich es mir nicht gedacht!« erwiderte Eva. »Ich dachte mir, daß du auf den armen Viktor wütend werden würdest, der so nett ist. Deshalb wollte ich das von Lennart erst erzählen, wenn wir hier wären.«

»Das war vernünftig von dir«, sagte ich. »Hier sind so schöne steile Klippen. Ich werde Viktor hinunterstoßen.«

»Oh, du wirst ihm schon verzeihen, wenn du Lennart wiedersiehst«, sagte Eva.

»Ich werde Lennart nie wiedersehen«, sagte ich und seufzte.

»Meinst du?« erwiderte Eva. »Wenn mich nicht alles täuscht, so kommt er da!«

Ich drehte mich um. Jemand kam die Terrasse entlang. Wirklich, es war Lennart.

Kapitel 20

Früher Morgen am Mittelmeer.

»Mir gefällt dein Nacken«, sagte Lennart, »er ist so kindlich.«

Ich lag in der Morgensonne bäuchlings auf dem Steg, und Lennart lag neben mir. Nur wir zwei, sonst niemand. Das Hotel dort hoch oben schlief wohl noch. Eva war natürlich wach. Sie saß auf der Terrasse, trank Kaffee, war feinfühlig und wollte mich mit Lennart allein lassen.

»Aber sobald Viktor aufwacht, komme ich zu euch«, drohte sie mir, ehe ich im Badeanzug den steilen, gewundenen Klippenpfad zum Steg hinuntereilte. »Ich lasse dir eine Stunde – mit Lennart allein. Mehr kannst du nicht haben. Ich bin hergekommen, um zu baden, auch wenn meterweise Liebespaare auf dem Steg liegen.« Aber jetzt war ich allein mit Lennart an diesem frühen Morgen am Mittelmeer, und ich biß vorsichtig in meinen Arm, an dem noch salzige Wassertropfen hafteten – nur um mich zu überzeugen, daß ich nicht träumte.

Ihm gefiel mein Nacken. Schrecklich, daß er alles so stückweise nahm. Zuerst meine Ohren und jetzt mein Nacken – wenn ich am Leben und gesund bliebe, könnte ich ihn vielleicht dahin bringen, mich ganz haben zu wollen. Aber man mußte offenbar etappenweise vorgehen.

Ich lag eine Weile schweigend da und war mir immerfort intensiv der Nähe Lennarts, der Sonnenwärme, des Salzwassergeruchs und des außerordentlichen Vorzugs bewußt, einen kindlichen Nacken zu haben. Der mußte wohl eine Seltenheit sein, da er Lennart gefallen konnte. »Warst du nicht überrascht, als ich auch hier in Sorrent auftauchte?« fragte Lennart. »Was dachtest du, als du mich gestern abend sahst?«

Ich konnte ihm nicht sagen, daß ich vor Entzücken fast ohnmächtig geworden wäre, obgleich er das wohl eigentlich hören wollte. Ich sagte nur:

»Tja, was denkt man? . . . ›Die Welt ist klein‹ und so etwas.«

»Pfui, Kati«, sagte Lennart, »ist das der Dank dafür, daß man seine Reisepläne völlig über den Haufen wirft?«

Mein Herz klopfte wild. Hatte er sich wirklich die Mühe gemacht, meinetwegen hierherzukommen?

»Warum hast du das getan? Warum hast du deine Reisepläne über den Haufen geworfen?« fragte ich hoffnungsvoll.

»Eva hat mich überredet«, sagte er. »Wir waren im Ulpia-Keller, wie du wohl gehört hast. Aber du hast dich diesem Malmin gewidmet.«

Also Eva hatte ihn überredet. Ich überlegte, ob es sehr schwer gewesen sei. Es war, als habe Lennart meine Gedanken erraten, denn er sagte:

»Übrigens war nicht so viel Überredung nötig. Ich fand, es könnte ganz nett sein, dich noch einmal zu sehen. Ja, und dann natürlich den Vesuv. Vor allem den Vesuv!«

»Sehr liebenswürdig, Lennart«, sagte ich.

Dann lagen wir wieder schweigend da. Und ich dachte über das Phänomen Lennart nach.

Wie kam es, daß ich mich vom ersten Augenblick an so hilflos in ihn verliebt hatte? Man fühlte sich sicher in seiner Nähe, das war das erste. Er hatte eine Sicherheit und Freundlichkeit, die man sofort spürte. Gleichzeitig war er ein wenig überlegen, ein wenig spöttisch, so daß man sich klein vorkam. Klein, aber nicht unterlegen. Ich verglich ihn mit Jan. Jan war auf andere Art überlegen, so als wolle er einen kleinkriegen. Er schalt mich ziemlich oft und wollte mich immer anders haben, als ich war. Aber doch konnte ich ihn zuweilen schlecht behandeln, ohne daß er sich dagegen auflehnte. Ich konnte eklig sein, ohne daß es etwas ausmachte. Und nichts ist so gefährlich wie die Überzeugung, daß man ungestraft eklig zu einem Menschen sein kann. Das könnte man gegen Lennart nicht sein, davon war ich überzeugt. Ihm konnte niemand auf der Nase herumtanzen. Und er würde nie zu schelten brauchen. Er war ruhig und von einer selbstverständlichen Freundlichkeit und verlangte, ebenso behandelt zu werden. In bezug auf sich selbst war er ziemlich zurückhaltend, bezeigte aber ein rührendes Interesse für alles, was ich von mir erzählte.

Wegen all dieser Dinge liebte ich ihn. Und dann liebte ich seine Augen, seinen Mund und seine Hände – Himmel, jetzt fing ich wohl auch an, ihn in Stücke zu zerlegen!

Eva kam und unterbrach meine Grübeleien.

»Viktor Malmin ist erwacht«, sagte sie grimmig und machte einen Kopfsprung ins Mittelmeer.

»Ja, Kati«, sagte Lennart, »dann wird es das beste sein, du machst dich davon und nimmst dich seiner an, meine ich.«

An den Abenden saßen wir auf der Piazza.

»Warum haben wir in Schweden keine Piazza?« fragte Eva. »So einen gemütlichen kleinen Marktplatz, der das bezaubernde Wohnzimmer der ganzen Stadt ist, wo man sich trifft und sich wohl fühlt.«

»Sehr richtig«, sagte Lennart. »Das würden wir brauchen. Unsere Marktplätze daheim scheinen nur angelegt zu sein, damit die Leute Platzangst bekommen. Schickt einige schwedische Architekten her, damit sie etwas lernen können.«

Zum Beispiel Jan, dachte ich. Dann konnte er nach Hause reisen und hier und dort eine Piazza anlegen mit kleinen hübschen Kneipen und schattigen Bäumen, und die Leute würden sich wohlfühlen.

Allerdings wäre es vielleicht nicht so sehr vergnüglich, in Sundbyberg auf der Piazza in einem Schneesturm von 80 Sekundenmetern zu sitzen, aber es gibt ja auch sonnige Frühlingstage und warme Sommerabende.

Ich hatte Jan immer über die Maßen durch die Behauptung geärgert, daß der moderne schwedische Städtebau in seiner Einförmigkeit unheimlich sei und direkt freudetötend auf die Leute wirkte, die in diesen Städten wohnen müßten. Und als ich nun die wunderbare Fähigkeit der Italiener sah, alles so malerisch und behaglich zu gestalten, da begriff ich, daß ich recht hatte. Man sehe nur diese kleine Stadt an mit ihrer Piazza, ihren schmalen Gassen, ihren lustigen kleinen Läden und ihrem Stadtplan, der nicht mit dem Lineal gezogen war, sondern hier und da für unerwartete Krümmungen und

Windungen Raum ließ. War es sonderbar, daß es einem Spaß machte, hier umherzustreifen? Und daß man sich wohlfühlte, wenn man auf der Piazza saß, wo sich abends alle versammelten und wo unser Freund Herculaneum mit den freundlichen Augen uns Kaffee servierte.

Herculaneum hatte in der Nähe der Piazza ein Geschäft, zusammen mit seinen Brüdern Pompeji und Vesuvius (auch die Namen in Italien sind malerisch – warum heißen zu Hause die Leute nur Kalle?), und von diesem Geschäft aus versorgte er das Café.

Es kam vor, daß wir erst mitten in der Nacht auf die Piazza kamen, wenn keine Betrieb mehr war. Aber aus irgendeiner dunklen Ecke kam Herculaneum immer hervorgestürzt, stellte die Tische wieder hinaus und fragte, was wir haben wollten. Eine Polizeistunde gab es nicht.

Es gab überhaupt keine Zeit in diesen sorglosen Tagen in Sorrent. Wenigstens nicht für mich. Ich glitt auf »der Woge des Lebens« dahin, ohne zu denken und ohne Tage und Stunden zu zählen. Wir badeten am Steg, wir saßen auf der Terrasse und sonnten uns, wir ließen uns faul durch die Straßen schaukeln, in uralten Droschken, die von federbuschgeschmückten Pferden gezogen wurden, wir gingen in kleine dunkle Läden und kauften handgestickte Taschentücher und Zigarettenkästen, die wir nicht brauchten, wir fuhren mit dem Boot nach Capri und sahen uns die Blaue Grotte an. Und abends tanzten wir im Sternenschein auf der Terrasse. Ich tanzte mit Lennart, und mein Herz klopfte, daß ich dachte, die Leute müßten sich über den Lärm beschweren. Ich tanzte unter den Sternen, und wenn die Musik verstummte, hörte ich das ewige Murmeln des Meeres in der Tiefe. Und ich saß im Dunkeln unter der Platane, neben Lennart, ich lauschte auf das Wellengeplätscher und blickte auf die glitzernde Lichterkette von Neapel, und ich war so ganz und gar Frida Strömbergs Meinung, wenn sie zum hundertsten Male sagte:

»Menschenskinder, ist das wunderbar!«

Aber ein Tag war der letzte. In den Wohnungen der Glückseligen darf man nie lange bleiben.

»Dieser Tag ein Leben« – ich kenne einen, dessen

Wahlspruch dies ist. Und gerade dies empfand ich an meinem allerletzten Tage in Sorrent, dem letzten in einer Reihe seliger Tage, die nie mehr wiederkehren würden.

Morgen würde ich geradewegs heimreisen zu Alltag und Herbstdunkel. Die Reise war zu Ende. Frau Berg würde geradewegs heim zu ihren Miethäusern fahren, Frida Strömberg zu der Küche ihrer Hotelpension, Viktor Malmin zu einem sehr einsamen Dasein ohne eine Eva. Herr Gustafsson würde geradewegs zu seinem Chef zurückkreisen.

»Er versteht keinen Deut von Tulpenzwiebeln«, versicherte Herr Gustafsson und spuckte ins Mittelmeer. Sein letzter Tag in Sorrent wurde gründlich von dem Gedanken verbittert, wie wenig der Chef im Grunde von dem allermeisten in der Welt begriff.

Ich wollte nicht, daß irgend etwas *meinen* letzten Tag verbittern sollte. Aber in mir war eine nagende Unruhe. Für Lennart und mich kam nun das Auseinandergehn. Es war wie eine Fahrt auf der Berg- und Talbahn zwischen Seligkeit und Verzweiflung.

Alles, wovon ich jetzt leben mußte, war eine einzige Hoffnung, daß wir uns in Stockholm wiedertreffen würden. Aber wer konnte das mit Sicherheit wissen? Für ihn war dies hier vielleicht nur ein kleines Urlaubserlebnis, das er schnell vergessen würde. Er hatte nicht ein einziges Wort gesagt, das mir ein Recht gegeben hätte, etwas anderes anzunehmen. Und daher war der letzte Abend schwer zu ertragen.

Wir waren den ganzen Tag umhergegangen und hatten von all den freundlichen Menschen und all den lieben Plätzen Abschied genommen, und als der Abend kam, saßen Lennart, Eva und ich unter der Platane. In einiger Entfernung von uns saßen Viktor Malmin und die andern. Viktor war schrecklich munter. Er machte Witze und erzählte Anekdoten, und Frida Strömberg kreischte vor Lachen. Auch Frau Berg war ungewöhnlich guter Stimmung, wohl weil diese Reise der Prüfungen jetzt bald vorbei war. Aber Herr Gustafsson saß allein abseits und sah weltschmerzlich aus. Ich fühlte die tiefste Verbundenheit mit ihm. Auch mir war weltschmerzlich zumute.

Viktors Geschichten wurden immer lustiger. Aber auf einmal verstummte er und saß schweigend da, und man sah nur die Spitze seiner Zigarre als einen Punkt in der Dunkelheit glühen.

Zuweilen frage ich mich, ob in Eva eine kleine Sadistin steckt, obwohl sie so gutherzig ist. Plötzlich begann sie zu singen, leise und etwas abwesend: »Reich mir zum Abschied noch einmal die Hände . . .«

Da erhob sich Viktor Malmin und verschwand.

Und da ich wußte, daß in wenigen, armseligen Stunden Lennarts Hände sich mir zum Abschied hinstrecken würden, ertrug ich es auch nicht länger. Ich erhob mich und lief davon, ohne eine Erklärung abzugeben. Ich mußte eine Weile allein sein. Ich eilte auf dem Klippenweg hinunter.

»Buona sera«, sagte der junge Italiener, der dort als Badewärter Dienst tat. Vom Steg führte eine Treppe zum Wasser hinunter, aber nach Einbruch der Dunkelheit, wenn niemand mehr baden wollte, wurde sie hochgezogen. Damit war er jetzt gerade beschäftigt.

Aber ich hielt ihn zurück. Ich wollte hinunter in das schwarze lockende Wasser. Nein, ich wollte mich nicht ertränken. Aber ich wollte baden. Ein letztes Mal wollte ich im Mittelmeer baden. Mein Badeanzug hing auf dem Geländer. Er war feucht und kalt, aber das Wasser umschloß mich wie ein warmer Arm.

Dieser Tag ein Leben! Ich schaukelte auf dem Rücken in der schwachen Dünung und blickte zu den Sternen hinauf. Ich hatte Salzwasser im Gesicht, ich weiß nicht, ob es das Mittelmeer war oder meine Tränen.

Auf dem Steg stand der Wärter und wunderte sich wohl, was für eine Närrin ich sei. Ich sah seinen schwarzen Schatten sich unruhig hin und her bewegen. Er wollte wohl die Leiter hinaufziehen und nach Hause gehen. Nur noch ein paar Minuten, mein redlicher Freund! Du verstehst, ich werde vielleicht nie wieder im Mittelmeer baden. Nie wieder diese glitzernden Lichter sehen, die Neapel sind, nie wieder das leise Glucksen der Wellen hören, die an die Klippen von

Sorrent schlagen. Dieser Tag ist mein einziges kleines Leben, weißt du!

Was jetzt? Wollte er ins Wasser springen und mich herausholen? Es kletterte jemand die Treppe hinunter. Oh, diese feurigen Italiener! Komm nicht hierher, denn dann schwimme ich hinüber nach Neapel, das schwöre ich! Komm nicht hierher, sage ich!

Da hörte ich eine wohlbekannte Stimme:

»Kati, kann man ein Wort mit dir reden, ehe du versinkst?«

Ach, es war ja gar nicht der Wärter. Es war Lennart. *Es war Lennart!*

KAPITEL 21

Lennart, mein Geliebter!

Ich liebe Dich! Ich muß es sagen dürfen, solange ich daran denke. Dies ist mein erster Brief an Dich, und es wäre traurig, wenn ich zu sagen vergäße, daß ich Dich liebe. Willst Du wissen, wie sehr? Oh, es ist nicht so leicht, genau zu sagen, wie sehr. Man kann ja Liebe nicht messen und wiegen, wie der Sonntagsfischer es mit den Fischen macht, mit denen er prahlt. Aber das eine kann ich Dir jedenfalls sagen: Ich bin erstaunt darüber, daß so viel Liebe in einem einzigen Menschen Platz haben kann. Vor allem in einem, der nicht größer ist als ich.

Du, erinnerst Du Dich an den alten, bösen Kaiser Tiberius, der auf Capri saß und das Römische Reich regierte, indem er seine Befehle von einem Berggipfel zum andern zwischen Capri und Rom signalisieren ließ?

Genauso möchte ich es machen. Ich möchte mich auf einen hohen Berg stellen und meine flammende Botschaft signalisieren: Ich liebe Dich! Und dann würde es weitergehen über die ganze Erde. Es würde vom Mont Blanc gerufen werden, vom Gaurisankar, Kilimandscharo, Fudschijama und Vesuv: Ich liebe Dich! Nur hier zu sitzen und es in einem Brief zu schreiben, wirkt so armselig. Ein Brief, der in einen gewöhnlichen, prosaischen Briefkasten gesteckt und gestempelt und mit beklemmender Gleichgültigkeit von der Königlichen Post befördert wird. Ich wünschte, ich könnte wenigstens einen purpurgekleideten Herold zu Dir schicken, der es Dir mit Posaunenstößen verkündete: Ich liebe Dich!

Darf man einen Menschen so sehr lieben, oder steht eine Strafe darauf? Ich meine, glaubst Du, daß die Götter mir zürnen und Dich mir nehmen werden? Oh, hohe Götter, tut das nicht, ihr lieben, guten Götter, denn ihr ahnt nicht, wie ich mich abgemüht habe, ihn zu bekommen! Er war so widerspenstig. Er hat ein so träges, altes Herz . . . drei ganze Wochen waren nötig, um Leben hineinzubringen, und ich mußte um seinetwillen ins Wasser gehen!

Du, Lennart, ich kenne kein Mädchen außer mir, die sich direkt im Mittelmeer verlobt hat. Oder Du? Ich bin so froh darüber. Wenn doch eine Zeitschrift auf den Gedanken käme, mich zu interviewen: »Wann und wo hat Ihr Bräutigam sich Ihnen erklärt?« Mit welchem Übermut würde ich dann antworten: »Während ich im Mittelmeer Wasser trat!« Du mußt zugeben, das klingt exklusiv.

»Kati, ich denke eben daran, ich möchte dich überreden, mich zu heiraten. Aber ich weiß nicht, wie ich beginnen soll. Hast du einen Vorschlag?«

Das sagtest Du. Ich werde es in Erinnerung behalten, solange ich lebe. Es war wohl eigentlich keine großartige Werbung, aber in meinen Ohren klang es wunderbarer als das Hohe Lied und alle andern berühmten Liebeslieder zusammengenommen.

Ich sitze hier und betrachte meinen Ring. Die Türkise haben dieselbe Farbe wie der Himmel über Florenz an dem Tage, als ich es zum erstenmal sah. Ich betrachte den Ring, und das regnerische Stockholm verschwindet vor meinen Augen. Ich stehe wieder vor dem kleinen Laden am Ponte Vecchio, und Du stehst hinter mir und sagst mit Deiner spöttischen Stimme: »Schrei lauter, Kati!« Und jetzt frage ich Dich, Lennart Sundman: Warum gingst Du hinterher dorthin und kauftest gerade diesen Ring? Wußtest Du schon damals, daß ich diejenige war, der Du ihn schenken wolltest? Wenn

Du jetzt ja sagst, verzeih ich Dir nie. Ich werde Dir nie verzeihen, daß Du mich völlig unnötig durch ganz Italien trotten ließest ohne ein einziges kleines Hoffnungswort. Oh, Du wirst dafür bestraft werden, warte nur! Jeden Tag bekommst Du gekochten Dorsch zum Mittagessen. Glaube ich! Ja, ja, ich werde sehen, was ich tue. Heute regnet es in Stockholm. Es klatscht gegen die Fensterscheiben, es ist Herbst. Ist es nicht ungerecht, daß Du noch immer da unten in der Sonne bist? Jawohl, das ist es! Aber ich bin froh, daß die Sonne Dich bescheint, mein Geliebter. Wenn ich Sonne, Mond und Sterne für Dich herunterholen könnte, würde ich es tun. Es gibt nichts, was ich nicht für Dich tun würde. Bei näherer Überlegung bin ich sogar bereit, das mit dem gekochten Dorsch zurückzunehmen. Glaubst Du, daß Du dann mit mir glücklich wirst?

Man müßte immer verliebt sein, das habe ich gestern abend zu Eva gesagt. Und weißt Du, was sie antwortete:

»Das fand Oscar Wilde auch, und deshalb dürfe man sich nie verheiraten.«

Der schreckliche Oscar Wilde! Er soll nicht herkommen und mir meinen frohen Mut nehmen wollen! Ich gedenke, mit Gottes Hilfe, solange ich lebe, verliebt zu sein. Ich sehe ein, daß man es nicht immer genau auf diese Weise empfinden kann, aber etwas von meinem Entzücken will ich durch die Jahre zu retten versuchen. Ich verspreche Dir, daß ich Dich in Leid und Lust lieben werde, Lennart, auch wenn es anstrengend ist. Ich kann nicht versprechen, Dir untertan zu sein, das kann ich nicht. Aber einigermaßen lieb und nett zu Dir zu sein, dazu verpflichte ich mich. Reicht das? Ja, ich glaube, es reicht. Zum Teufel mit Oscar Wilde! Ich habe keine Furcht!

Eva backt Waffeln in der Küche. Ich spüre den Dunst bis hierher. Ich muß jetzt schließen, denn ich muß den Kaffee zu den Waffeln kochen. Warum bist Du jetzt nicht hier? Komm heim, mein Geliebter! Kati aus der Kapitänstraße gibt sich hiermit die Ehre, Lennart in Pompeji zu einem einfachen gekochten Dorsch am Samstag in acht Tagen einzuladen.

Sei bis dahin vorsichtig. Wenn Du einen Vulkan siehst, bei dem ein Ausbruch bevorsteht, so mache einen weiten Umweg, um meinetwillen. Ich habe ja nur Dich!

Kati

PS. Weißt Du was? Ich liebe Dich!

Kati in Paris

KAPITEL 1

»Ich kenne ein kleines, billiges Hotel am linken Seineufer, dort können wir wohnen«, sagte Lennart und zog nachdenklich an seiner Pfeife. »Robespierre hat dort gewohnt – und Madame Curie – und ich.«

»Tja, wie das bergab gehen kann mit alten, feinen Hotels«, sagte Eva. Ich selbst sagte nichts. Paris! Hochzeit in Paris – warum nicht? Von dieser Stadt hat man nur Gutes gehört. Als ich so weit gedacht hatte, fühlte ich schon, wie die Begeisterung in mir aufsprudelte. Aber ich beschloß, sie wieder einzukorken und nur immer ein wenig davon herauszulassen. »Das wäre phantastisch, aber . . .«

»Außerdem hat es einen großen Vorteil«, versicherte Eva. »Ich kann euch eine Brautjungfer verschaffen.«

Nun ist ja eine Brautjungfer nicht gerade das, wonach man sich in Paris in erster Linie umsieht, aber ich fragte dennoch: »Kannst du das? Wen denn?«

»Unterzeichnete, Eva! Da ich meinen Urlaub unter den Brücken von Paris zu verbringen gedenke.«

Das war eine Neuigkeit.

»Ich dachte, Brautjungfern wären kleine, blondlockige Fünfjährige in rosa Tüll«, wandte Lennart ein.

»Ich kann euch eine stattliche Brautjungfer in schwarzem Rips bieten«, sagte Eva. »Take it or leave it!«

Wir nahmen dankbar an.

Dies war an einem der ersten Abende im Mai. Ein ganzer Herbst, ein ganzer Winter und ein kleines Stück Frühling waren seit jenem denkwürdigen Tage vergangen, als Lennart im Mittelmeer um mich geworben hatte. Sieben Monate lang war ich hier umhergegangen und hatte darauf gewartet, mich mit ihm verheiraten zu können. Es war eine unendliche Zeit. Und wenn man dann daran dachte, daß der arme alte Jakob sieben Jahre auf Rahel gewartet hatte! Die Leute in früheren Zeiten hielten alles mögliche aus. Sieben Monate waren für mich völlig ausreichend.

Lennart war keineswegs der erste Mann in meinem Leben.

Er war der zweite. Und ich hoffte, daß er mit Gottes Hilfe der letzte sein würde.

Der erste hieß Jan. Erst vor einem Jahr hatte ich Jan gesagt: Nun ja, ich würde mich wohl mit ihm verheiraten, aber vorher müsse ich versuchen zu erfahren, wie es wäre, selbständig zu sein und auf eigenen Füßen zu stehen, ohne einen Menschen, der sich meiner annähme und alles für mich regele.

Da kam Lennart. Und da zeigte sich, daß dies alles nur Geschwätz war.

Ich war bereit, in jeder Sekunde meine Selbständigkeit aufzugeben, und hatte keinen größeren Wunsch, als jemanden zu haben, der sich meiner annahm. Vorausgesetzt, daß dieser Jemand Lennart war!

»Sieh einer an!« sagte Eva überlegen. »Da braucht nur eine Mannsperson zu kommen und mit dem kleinen Finger zu winken – und schon ist es aus mit der Selbständigkeit!«

Eine Mannsperson – das war ungerecht! Jan war doch auch eine Mannsperson, und ich hätte meine Selbständigkeit seinetwegen nicht aufgegeben, und wenn er mit allen zehn Fingern und auch noch mit den Zehen gewinkt hätte! Bei Lennart war es ja etwas ganz anderes. Daß Eva das nicht begriff! Aber die Ärmste war wohl auch nie ernstlich verliebt gewesen!

Man darf nicht annehmen, daß außer mir und Lennart noch irgend jemand wußte, was Liebe ist. Lennarts Mama begriff es überhaupt nicht. Sie sagte nur, man brauche Zeit, um sich gegenseitig richtig kennenzulernen, und junge Juristen könnten es sich eigentlich nicht leisten, zu heiraten, und es sei für die Laufbahn hinderlich, wenn man zu früh eine Familie gründe.

Nein, glaubt nur: Wenn junge Menschen auf all das hören wollten, was alte Leute reden, so würde die Entwicklung stocken und die Erdkugel stillstehen.

»Sich kennenlernen!« Als ob ich Lennart nicht kenne! Ich weiß, er ist klug und intelligent und ruhig und zärtlich und aufrichtig, und er lacht über dieselben Sachen wie ich, und er hat einen schwermütigen Zug und einen gewissen Zug von

Kindlichkeit und ist ein klein wenig eitel und überhaupt bezaubernd. »Er könne es sich nicht leisten, zu heiraten« – hatte man nicht immer sagen hören, daß »zwei ebenso billig leben können wie einer«? Und was die »Laufbahn« betrifft ... wartet nur ab, Lennart würde sicherlich in viel jüngeren Jahren Hofgerichtsrat werden, als sein Vater es geworden war, wenn er eine so einfallsreiche und ermunternde Frau wie Kati hatte.

Dies alles sagte ich nicht zu Lennarts Mama. Sie brachte auch nicht all ihre Einwendungen auf einmal vor, sie ließ nur hier und da eine kleine vorsichtige Andeutung fallen. Aber wenn Lennart mich dann nach Hause begleitete, machten wir immer erst einen Umweg durch den Tiergarten, küßten uns wild und schworen, daß wir heiraten würden, sobald wir auch nur ein kleines Mauseloch zum Wohnen auftreiben könnten.

Ich hatte allerdings die Zweizimmerwohnung in der Kapteensgatan. Aber die teilte ich mit Eva, und ich hatte nicht das Herz, sie auf die Straße zu setzen. Jahrelang hatte sie in kleinen, schauerlich möblierten Zimmern gewohnt, und in diese Hölle konnte ich sie nicht zurückschicken. Eva war verzweifelt. Es sei schrecklich, dem Glück zweier junger Menschen im Wege zu stehen, sagte sie. Und sie kniff in ihre wohlgerundeten Hüften und seufzte: »Oh, könnte sich dies allzu feste Fleisch in Tau auflösen und verdunsten! Damit die Turteltauben ihren Taubenschlag für sich allein hätten. Wenn man doch in Rauch aufgehen könnte! Oder wenn man ein Mann wäre! Dann könnte man sich bei den Panzertruppen anwerben lassen. Aber jetzt ist man eben Stenotypistin in einem Anwaltsbüro in der Kungsgatan.«

»Ja, und dafür ist es unstreitig etwas ungünstig, bei den P 2 in Strängnäs zu liegen«, gab ich zu.

Eva hatte verzweifelt nach einer neuen Wohnung gesucht. Lennart und ich suchten noch verzweifelter. Aber so verzweifelt waren wir doch nicht, daß wir viertausend Kronen hintenherum für eine Zweizimmerwohnung bezahlt hätten, die »teilmöbliert« war mit einer widerwärtigen, schwarzen Eßzimmereinrichtung, – das war eines der schönen Angebote, die wir bekamen. Unser Unwille, so leichtsinnig viertausend Kronen wegzuwerfen, beruhte vielleicht zum Teil darauf, daß wir sie nicht hatten.

Schließlich sagte ich ganz verzweifelt zu Lennart: »Wir können wohl erst heiraten, wenn es Zeit ist, Goldene Hochzeit zu feiern.«

Aber da geschah etwas. Wand an Wand mit Eva und mir wohnte ein älteres Paar. Ein kleiner, reizender, rosenwangiger Herr und eine silberhaarige, sanfte, kleine Dame. Ich kannte sie so flüchtig, wie man seine Nachbarn auf demselben Treppenflur kennt. Wir grüßten uns, wenn wir uns trafen, und sagten manchmal, es sei schönes Wetter oder es sei ja mächtig kalt geworden. Es kam auch wohl vor, daß ich der alten Dame den Marktkorb die fünf Treppen hinauftrug, wenn ich denselben Weg hatte.

Aber dann eines Samstagnachmittags im Vorfrühling, als ich vom Büro nach Hause gestürzt kam, läuteten die Glocken der Hedwig-Eleonoren-Kirche so traurig, und die Frau im Milchladen erzählte mir, daß unser Nachbar, der rosenwangige Herr, gestorben sei und nun begraben würde. Oh, mir tat seine Frau so leid, die jetzt ganz einsam sein würde. Und ich dachte, ich müsse bei ihr klingeln und ihr ein paar Blumen bringen. An einem anderen Tage. Nicht heute. Heute wollte ich mit Lennart essen. Nur wir beide. Und ich vergaß alle Toten und alle Einsamen um Lennarts willen, der lebte und mit dem ich den ganzen Abend allein sein würde. Ich vergaß alles. Aber vierzehn Tage später traf ich die silberhaarige kleine Dame in tiefer Trauer unten an der Haustür. Das Gewissen schlug mir. Jetzt war es zu spät, ihr Blumen zu bringen. Um wenigstens etwas zu tun, nahm ich ihren Marktkorb, und wir begannen unseren mühsamen Aufstieg die Treppen hinauf.

»Oh, diese Treppen!« seufzte sie. »Aber jetzt werde ich sie bald los sein. Ich ziehe am ersten Juli zu meiner Schwester in Norrköping.«

»Ach so«, sagte ich.

Da klopfte die alte Dame mir sanft auf den Arm und sagte: »Ich hörte unten im Milchladen, daß Sie heiraten wollen. Möchten Sie meine Wohnung haben? Aber Sie haben diese

Treppen wohl auch satt und würden lieber in einem Hause mit Fahrstuhl wohnen?«

Ich stellte den Korb hin und starrte sie an. Dann sprudelten die Worte aus mir heraus. Ich versuchte, ihr zu erklären, daß ich gern ohne Fahrstuhl ganz oben im Turm zu Babel wohnen würde, wenn ich nur eine Wohnung bekommen könnte, und daß ... oh, oh, oh, ich könne mir nichts Wunderbareres denken, als in der Kapteensgatan wohnen bleiben zu dürfen.

»Dann paßt es ja gut«, sagte sie und nickte freundlich. »Drei Zimmer und keine unerschwingliche Miete ...«

Ich drückte ihren Arm und versuchte, ihr zu zeigen, wie dankbar ich wäre. Da nickte sie wieder und sagte: »Es wäre mir ein lieber Gedanke, mir vorzustellen, daß es Ihr erstes Heim als junge Frau sein würde. Mein Mann und ich haben hier dreiunddreißig Jahre gewohnt, und wir sind immer glücklich gewesen.«

Ich drückte ihren Arm nur noch fester. Oh, ich hatte doch gewußt, daß es so etwas gab! Es gab glückliche Ehen. Es gab Menschen, die zusammenhielten, die gut zueinander waren und alles teilten in dreiunddreißig langen Jahren. Und das werden Lennart und ich auch tun – am liebsten noch länger als dreiunddreißig Jahre!

Ich mußte sie hineinbegleiten und mir die Wohnung ansehen, und ich wurde ganz wild bei dem Gedanken, wie wunderbar es werden würde, wenn nur Lennart und ich sie so einrichten könnten, wie wir wollten. Es war jetzt ein altes Heim und in seiner Art nett und gemütlich. Aber es sollte ein neues Heim werden, ein neues, schönes, behagliches und praktisches Heim, – und es würde *unser* Heim sein, hurra!

Fünf Minuten später stürzte ich zu Eva hin, schlug mir vor die Brust und schrie: »Wer, glaubst du, steht hier vor dir?«

»Er erinnert an Kati«, sagte Eva trocken. »Ich kenne sonst keinen, der annähernd so albern aussehen kann.«

»Du hast recht!« rief ich. »Es ist Kati aus der Kapteensgatan und wird es auch bleiben. Aber außerdem siehst du den glücklichsten Menschen auf der Erde vor dir.«

Dann lief ich zum Telefon und rief Lennart an. »Lennart!« schrie ich und versuchte, ihm alles zu erzählen.

»Die Leitung muß nicht in Ordnung sein«, sagte Lennart, »es blubbert so komisch darin.«

»Ach, Lennart«, rief ich, »das bin doch nur ich, die so blubbert.«

Er glaubte es nicht, als ich es ihm erzählte. Er weigerte sich absolut, zu glauben, daß es stimmte, und warnte sehr, mich himmelblauen Hoffnungen hinzugeben, bevor der Mietvertrag abgeschlossen sei.

Aber acht Tage später war es in Ordnung, und ich hatte den Vertrag über meinem Bett aufgehängt, damit ich ihn sehen konnte, wenn ich morgens aufwachte, und Lennarts Mama hatten wir davon überzeugt, daß eine frühe Heirat ein Gottesglück sei und zum Wohl der Gesellschaft und des einzelnen.

Kurzum: das Leben lachte!

Und nun Paris! Lennart wollte durchaus, daß wir in Paris heirateten. Natürlich konnten wir es uns nicht leisten, natürlich war es Wahnsinn – aber wie schön war es, daß er es wollte!

Und wer war denn ich, daß ich mich gegen meinen Herrn und Gebieter auflehnen sollte! Es wäre ja reizend, eine Ehe damit zu beginnen, daß man den unschuldigsten und harmlosesten kleinen Einfällen seines Mannes Hindernisse in den Weg legte!

Während die Maidämmerung vor unserem Fenster dichter wurde, saßen wir da, tranken unseren Tee, schwatzten und machten Pläne. Ja, wir würden in Paris heiraten, die Sache war abgemacht.

»Das ist eine Erinnerung fürs Leben«, versicherte Eva.

»Ja, besonders bei so einer Brautjungfer«, sagte Lennart.

An diesem Abend konnte ich fast nicht einschlafen.

Ich war noch nie in Paris gewesen.

KAPITEL 2

Pläne machen, packen, reisen . . . wie amüsant ist das alles! Außer dem Packen natürlich. Wie steht es doch in »Drei Mann in einem Boot«: »Wenn George aufgehängt ist, wird Harris der schlechteste Packer der Welt sein.« Das paßt ausgezeichnet auf Lennart und mich. Wenn Lennart aufgehängt ist, kann nur noch eine Dose Puder in einem Koffer eine größere Verwüstung anrichten als ich. Wie anders bei Eva. Sie ist zur Packerin geboren. Alles verstaut sie ordentlich, hat Platz für alles und steht nie, wenn der Koffer fertig gepackt ist, mit den Händen voller Schuhe da, die zuunterst hätten liegen müssen.

Lennart und ich wollten in seinem zweisitzigen alten Fiat nach Paris fahren. Die Brautjungfer würde mit dem »Nachtpariser« nachgeflogen kommen. Und da Eva ihre Reise vier Tage später antreten mußte als wir, fiel ihre Packtätigkeit leider nicht mit meiner zusammen. Ich mußte selbst einpakken, so gut ich konnte. Eva saß hartherzig dabei und starrte in ihren französischen Sprachführer.

»Hab’ keine Zeit«, sagte sie, als ich vorsichtig andeutete, sie möge mir helfen. »Ich habe absolut keine Zeit. Muß Französisch lernen. Schon zu Hause in Aamaal war mein Lehrer sehr verstimmt, wenn ich statt ›c’est moi‹ ›je le suis‹ sagte, und ich wage nicht, daran zu denken, wie es werden wird, wenn ich nach Paris komme.«

In diesem Augenblick klingelte es an der Korridortür. Es war Lennart, der nachsehen wollte, wie weit ich mit dem Packen gekommen sei.

Er selbst sei damit fertig, behauptete er. Damals wußte ich noch nicht, daß er mir als schlechter Packer noch überlegen war, und ich zog ihn erfreut zu dem Koffer, der halbgefüllt am Boden stand.

»Du kannst mir helfen«, sagte ich.

»Danke«, erwiderte er. »Hej«, wandte er sich zu Eva. Dann kippte er den ganzen Inhalt auf den Boden. Ich hätte eine falsche Methode angewandt, behauptete er. Und nun begann er, nach *seiner* Methode zu packen. Ich konnte nicht sehen, daß zwischen unseren Methoden ein anderer Unterschied war, als daß er noch etwas verschwenderischer mit dem Puder um sich streute – es war aber auch so eine alberne Dose, die immer aufging.

»Wirf die ganze Dose weg«, schlug ich vor, »Paris ist voll von Puder! Denk doch, wir fahren nach Paris!«

Dann verloren wir uns in Träumereien. Saßen zu beiden Seiten des Koffers und packten, während wir schwatzten, zerstreut dann und wann einen Gegenstand ein.

»Ach, wird das schön, die Seine zu sehen«, sagte ich. »Ich sammle Flüsse.«

»Die Seine wird dir gefallen«, sagte Lennart.

»Aber wir müssen billig leben, vergiß das nicht, Lennart! Zu essen brauchen wir eigentlich überhaupt nicht. Käse, Brot und Rotwein, ça suffit, wie der Franzose sagt, nicht wahr, Eva?«

»Davon weiß ich nichts«, brummte Eva. »Ich bin erst bis zu den ›Einleitenden Schreibübungen‹ in der französischen Sprache gekommen.«

»Unser Hotel liegt im Quartier Latin«, sagte Lennart, »und ich versichere dir, das ist die bezauberndste Gegend von Paris.«

»Ich muß etwas Trauriges mit euch besprechen«, unterbrach uns Eva. »Der Schmerz und die Überraschung haben die Nichte des Korporals noch wahnsinniger gemacht.«

Lennart sah sie fragend an. »Was für ein Korporal? Kenne ich ihn?«

»Das möchte ich nicht annehmen. Der Korporal ist nur ein Beispiel aus meinen ›Einleitenden Schreibübungen‹«, erklärte Eva. »Ein sehr trauriges Beispiel übrigens.«

Lennart hörte nicht auf sie. Er nahm meine Wildlederschuhe und schob sie sachte und vorsichtig unter eine weiße Bluse, die das nicht zu mögen schien. »Wir haben doch einen Spirituskocher im Auto mit, da können wir uns am Straßenrand Eier und Kaffee kochen. Das wird billiger, als in teure Restaurants zu gehen.«

»Es ist schändlich, daß ihr euch so wenig um die arme Nichte des Korporals kümmert«, sagte Eva mißvergnügt. »Denkt doch nur, im Anfang war sie bloß so im allgemeinen ein bißchen verdreht, jetzt haben Schmerz und Überraschung sie noch wahnsinniger gemacht, aber das nehmt ihr ganz ruhig hin und faselt nur von eurem alten Spirituskocher.«

»Was liest du denn da für einen Blödsinn?« fragte ich.

»Nicht diesen Ton, wenn ich bitten darf«, erwiderte Eva. »Ich habe das Buch gerade heute von meinem französischen Lehrer bekommen, und es gefällt mir. Wenn die Lehrbücher nur Sätze enthalten wie zum Beispiel: ›Wieviel kostet ein Einzelzimmer mit Bad?‹ und ›Zeigen Sie mir bitte den Weg zum Eiffelturm‹, dann gebe ich das Lernen auf. Dies hier ist etwas ganz anderes. Dies spricht zur Phantasie. Hört nur zu: ›Sollte Maria diesen Wächter nicht leicht mit einer hübschen kleinen Lüge bestechen können?‹ Und: ›Der Kapitän mit dem roten Backenbart wird den zweirädrigen Wagen nie an die Grünkramhändlerin verkaufen.‹«

»Wenn das ›Einleitende Schreibübungen‹ sind, solltest du dich, glaube ich, vor fortgeschritteneren Studien hüten«, warnte Lennart und fuhr, zu mir gewendet, fort: »*Einmal* müssen wir jedenfalls in ein richtiges Restaurant gehen, damit du siehst, was französische Küche ist.«

»Quartier Latin, Montmartre und Montparnasse«, sagte ich und stopfte meinen Lieblingshut in den Koffer. »Bisher waren das für mich nur Worte. Wenn man sich vorstellt, daß ich bald in Wirklichkeit dort sein werde!«

»Liebling«, sagte Lennart, »wie schön wird es sein, dir alles zeigen zu können.«

»Mein Fischer wurde gezwungen, sein bestes Boot an den alten Wilddieb zu verkaufen«, behauptete Eva. »Seine taubstumme Frau ist beunruhigt über dieses schlechte Geschäft. Ihr müßt zugeben, daß eine tiefe Tragik hierin liegt! Die Frau ist taubstumm, denkt doch nur! Da geht sie umher und ist so beunruhigt, daß sie beinahe zerspringt wegen der wahnsinnigen Bootsgeschäfte ihres Mannes. Aber kann sie ein einziges vorwurfsvolles Wort herausbringen? Nein! Sie kann höchstens etwas mißbilligend grunzen, und ihr müßt nicht glauben, daß das einen Mann hindern kann, wenn er erst einmal angefangen hat, Boote zu verkaufen«, sagte Eva zornig und sah Lennart an, als hätte er irgend etwas damit zu tun. Aber Lennart blieb völlig ungerührt. »Notre-Dame in Paris«, sagte er. »Das ist die schönste Kirche, die ich kenne. Eigentlich ist es schade, daß wir nicht dort getraut werden können.«

»Ach, es ist ganz einerlei, *wo* wir getraut werden«, erwiderte ich. »Es wird jedenfalls in Paris sein. – Eva, freust du dich nicht auf Paris?«

»Doch«, meinte Eva. »Aber«, fügte sie hinzu und warf einen Blick in das Buch, »wir kehrten nach Hause zurück, nachdem man uns mitgeteilt hatte, daß der Keller mit Wein und jungen Kapaunen gefüllt sei.«

»Natürlich. Aber das wird eine Weile dauern. Bis dahin wollen wir es genießen. Lennart, du bist doch nicht böse, wenn Eva und ich manchmal in Läden gehen? Lafayette und Printemps und das alles . . .«

»Ich weiß nicht, ob ich das erlauben kann«, sagte Lennart streng. »Nein, ich denke, das werden wir zu verhindern suchen. Wenn nichts anderes hilft, kann ich dich ja immer im Hotelzimmer einschließen.«

»Pah«, sagte Eva, das Buch zuklappend, »sollte Kati diesen Wächter nicht mit einer kleinen Lüge bestechen können?«

»Das kann sie bestimmt«, sagte ich und küßte den strengen Wächter zuversichtlich auf seinen schönen Haaransatz.

KAPITEL 3

Jeder Mensch, der an einem sonnigen Maimorgen in einem Auto gesessen hat, auf dem Wege nach Paris, um sich mit Lennart zu verheiraten, weiß, daß dies ungefähr das Aufregendste ist, was man unternehmen kann. Man kommt sich fast noch wahnsinniger vor als die Nichte des Korporals – wahrhaftig haben nicht nur Schmerz und Überraschung eine solche Wirkung, ich selbst werde immer etwas verdrehter, wenn ich grenzenlos froh bin.

»Nach Paris«, sagte Lennart ausgelassen und stieg in das Auto, in dem ich schon zitternd vor Eifer und Erwartung saß. Dann rollten wir zum Strandweg, und eine Viertelstunde später hatten wir Hornstull hinter uns.

»Södertälje« stand auf den Wegweisern.

Oh, da hätte »Paris« stehen müssen – denn dorthin wollten wir.

»Ich hoffe, daß du dies nie zu bereuen brauchst«, sagte Lennart und sah mir so ernst in die Augen, daß wir beinahe in den Graben gefahren wären.

Dies bereuen! Bereuen, daß man an einem sonnigen Maimorgen nach Paris fährt, um sich mit Lennart zu verheiraten, – das hat wohl noch kein Mensch bereut!

So glücklich und so frei fühlt man sich bestimmt nie wieder im Leben. Und zugleich ist man ein klein, klein wenig bange, daß die Götter zornig werden und finden könnten, daß man es zu gut hat – man könnte doch wenigstens ein bißchen Leibweh haben oder so etwas. Aber als ich das zu Lennart sagte, erwiderte er, nach seiner Ansicht sei es der Sinn des Lebens, daß die Menschen glücklich sein sollten. Und da stimmte ich den Parademarsch des Södermanland-Regiments an und sang so laut, daß die sörmländischen Kühe, die wahrscheinlich glaubten, es sei die Nationalhymne, am Wegrand Spalier bildeten. Sie starrten mich mit großen, vorwurfsvollen Augen an – sie wußten ja nicht, daß ich nach Paris fahren und mich mit Lennart verheiraten wollte.

War das ein Tag! Apfelbäume und Flieder blühten, und die

Sonne leuchtete über samtgrünen Äckern und gelben Raps-
feldern.

»Es gibt keinen Monat außer dem Mai!« sagte Lennart und
sah sich beglückt um.

Ich sah mich auch beglückt um. Sah Lennart an. Es gab
keinen anderen Monat außer dem Mai und keinen anderen
Mann außer Lennart. Er war nicht so schön, daß man
geradezu erschrak, wenn man ihn sah, aber ich wollte ihn
nicht anders haben. Genauso sollte mein Mann aussehen. Ein
etwas kantiges Gesicht und dunkelbraunes Haar und blaue
Augen und starke Brauen. Drollig: als ich ihn kennenlernte,
gefielen mir die Brauen gar nicht. Sie waren so dick und gaben
seinem Gesicht etwas Schweres. Wie konnte ich so dumm
sein! Gerade diese Art Brauen waren jetzt meine Lieblings-
brauen. Und dann liebte ich Lennarts Hände. Sie waren
sehnig und sahen so zuverlässig aus, wie sie das Steuer hielten.
An so einer sehnigen, mageren Hand würde ich mich für den
Rest meines Lebens festhalten können, dieses Bewußtsein gab
ein merkwürdiges Gefühl von Sicherheit. Oh, ich war so
dankbar, daß das Schicksal mir vergönnt hatte, Lennart zu
treffen, denn ich könnte nicht ohne ihn leben, und wenn ich
ihn nicht getroffen hätte, so hätte ich das ja im Grunde nicht
gewußt! Bedeutete ich für ihn ebensoviel? Ach, ach, ach, das
war wohl ganz unmöglich, da ich noch ein so unreifer Apfel
war. Aber ich fand doch, wenn ich ihn nun so grenzenlos
anbetete, dann konnte er wirklich auch . . .

»Wenn ich so wäre wie du«, sagte ich, »so könnte ich nicht
ohne mich leben.«

Er stimmte nicht so rasch zu, wie ich erwartet hatte, und ich
fuhr eifrig fort: »Denk übrigens an Turgenjew!«

»Warum soll ich an Turgenjew denken?« fragte Lennart.
»Turgenjew hat gesagt, er würde gern auf seinen Ruhm und
alles andere verzichtet haben, wenn es in der ganzen Welt nur
eine Frau gegeben hätte, die sich Sorgen gemacht haben
würde, wenn er zu spät zum Essen gekommen wäre.«

»Muß ich deswegen jetzt hier an ihn denken?« fragte
Lennart.

»Ach, begreifst du nicht, daß du ein Glückspilz bist im

Vergleich mit Turgenjew. Ich werde einen Himmelskrach machen, wenn du zu spät zum Essen kommst.«

Lennart bestätigte, er sei überzeugt, daß er im Vergleich mit Turgenjew ein Glückspilz sei.

Wer es eilig hat und irgendwohin will, muß frühmorgens aufbrechen. In den frühen Morgenstunden, wenn die Straßen leer sind, muß man den größten Teil der Tages-Etappe hinter sich bringen. Das hatte Lennart mir eingeprägt, und ich hatte wirklich auch schon um fünf Uhr morgens fertig angezogen und abholbereit dagestanden, während Eva wie ein Murmeltier schlief und auf meine herzlichen Abschiedsworte nur damit antwortete, daß sie ein Auge öffnete und knurrte: »Halt dich in den Kurven fest!«

Dank unserem frühen Aufbruch waren wir lange vor Abend in Helsingör und konnten uns auf fremdem Boden die Beine vertreten. Ein richtig fremder Boden ist Dänemark wohl nicht. Aber wenn man in den traulichen Straßen umherschlenderte und die vollgestopften Schaufenster betrachtete und auf das gemütliche Gerede um einen her lauschte, dann spürte man doch dieses anregende Gefühl von Andersartigkeit. Es war hier ganz und gar nicht wie in der Kapteensgatan. Und das war gut, womit über die Kapteensgatan nichts Böses gesagt sein soll.

»Vor allem sind die Fische anders«, sagte ich zu Lennart, als wir uns zum Essen niedergelassen hatten und die goldbraunen, duftenden Schollen vor uns auf den Tellern lagen. »Eine gebackene Scholle von diesem Umfang kannst du auf schwedischem Boden nicht auftreiben.«

»Ach, die Backfische daheim sind im Umfang auch nicht so übel«, sagte Lennart und lachte hinterlistig.

Es war ein sehr nettes Restaurant, in das wir gekommen waren, und auf jedem Tisch lag ein kleiner Zettel, der verkündete: »Jeden Abend geschieht etwas.«

Das klang wirklich verheißungsvoll, und wir beschlossen dazubleiben, bis etwas geschehen würde. Während wir darauf warteten, begannen wir, das Volksleben an den umstehenden Tischen zu studieren, und da sahen wir eine einzigartige Erscheinung. Wir sahen nämlich einen betrunkenen Dänen.

Unser erstes Gefühl war Dankbarkeit und Erleichterung – weil es kein Schwede war. Das pflegen sonst alle Betrunkenen in Helsingör zu sein, wird behauptet. Aber das stimmte offenbar nicht. Dieser kleine Mann mit den Pfefferkornaugen in der dicken Isländer Jacke war so dänisch, wie man nur verlangen konnte, und in hochgradig guter Laune. Er sah zärtlich zu einer stolzen Dame am Nebentisch hin und sang sie an:

»Komm, Caroline, komm, Caroline, komm,
wir wollen nach Klampenborg gehn . . .«

Sie sah nicht aus, als sei sie gewillt, mit ihm nach Klampenborg oder überhaupt irgendwohin zu gehen. Vielmehr sah sie ihn sehr streng und strafend an, und dasselbe taten die drei anderen Damen an ihrem Tisch. Aber der kleine Pfefferkornäugige war in einem solchen Zustand, daß er offenbar auch aus den strengsten Blicken Liebe und Zärtlichkeit herauslas. Wahrscheinlich schätzte er auch die Anzahl der Damen auf mehr als die vier, die nachweislich in der Sinneswelt vorhanden waren, denn nachdem sie ihn genügend böse und lange angestarrt hatten, drohte er ihnen mit dem Finger und sagte: »Na na, Frauen können mich gern lieben – aber nicht scharenweise, nicht ganze Frauenklubs!«

Dann wankte er auf recht unsicheren Beinen hinaus, und die vier Damen, die augenscheinlich alle sehr eßlustig waren, kehrten zu den Tischgenüssen zurück. – Und wir saßen da und warteten darauf, daß »etwas geschehen« würde. Aber es geschah nichts anderes, als daß der Pfefferkornäugige den Kopf wieder zur Tür hereinstreckte und quer durch das ganze Lokal rief: »Nicht ganze Frauenklubs! Es muß ja seine Grenzen haben!«

Und am nächsten Tage setzten wir in »drei raschen Sprüngen« über die dänischen Inseln. Seeland, Fünen und Jütland – überall blühte es so lieblich und war so grün, und ich wurde in meiner Auffassung bestärkt, daß eine Ebene mit Hügeln und Tälern, die Altes Dänemark heißt, zu dem Schönsten gehört, was man sehen kann. Mitten in all dem

Grün lagen die weißen Bauernhäuser und sahen aus, als hätten sie immer dort gestanden und seien ganz von selbst aus dem Boden aufgewachsen. Es sah ein bißchen märchenhaft und ein bißchen nach H. C. Andersen aus, und ich erwartete jede Minute, den Kleinen Klaus um eine Stallecke biegen zu sehen und ihn rufen zu hören: »Hü, alle meine Pferde!«

Unser kleiner Fiat schoß lebenslustig dahin, aber zuweilen überholten uns große, starke Autos, was Lennart unsäglich reizte. Auch ich bekam ein gewisses Minderwertigkeitsgefühl à la Kleiner Klaus und verspürte eine tolle Lust, den Fiat zum äußersten anzutreiben: »Hü, alle meine Pferdekräfte!« Lennart behauptete, das Siedlerhaus auf dem Verdeck vergrößere den Luftwiderstand und störe das Gleichgewicht des Autos, wodurch die Geschwindigkeit beeinträchtigt werde. (Das Siedlerhaus, so nannte Lennart seinen großen Schrankkoffer, der auf dem Verdeck thronte.) Ein aufreizendes Stockholmer Auto überholte uns dreimal. Es machte dann und wann halt, um zu tanken und weil die Insassen frühstücken wollten, und dann holten wir den Vorsprung wieder ein. Aber dann plötzlich tauchte es, verächtlich hupend, wieder hinter uns auf und sauste geradezu herausfordernd an uns vorbei. Der Fahrer winkte uns überlegen zu, und Lennart brummte. Ich dachte an die Liste, die Eva im Büro in ihrer Schreibtischschublade liegen hatte: »Falls ich Tollwut bekomme, hier das Verzeichnis derjenigen, die ich beißen muß.« Wenn Lennart eine entsprechende Liste gehabt hätte, so würde sicherlich der Fahrer dieses Autos an oberster Stelle gestanden haben.

»Ich glaube, wir müssen uns allmählich ein etwas kräftigeres Auto anschaffen«, sagte Lennart, der langsam wütend wurde auf seinen treuen alten Fiat.

Ich sagte zunächst nichts, dachte aber angestrengt nach. »Lennart«, verkündete ich schließlich, »wir werden uns überhaupt kein Auto leisten können. Wenigstens nicht, wenn wir einen Kinderwagen haben müssen.«

Lennart sah mich überrascht an.

»Willst du so plötzlich einen Kinderwagen haben?« fragte er.

»Ja, einen mit einem kleinen, süßen, rosigen Kind darin. Kinder sind billiger als Autos. Und es ist fast dieselbe Lieferzeit.« Ich schwieg und ließ meine Begründungen wirken.

»Hm, vielleicht«, sagte Lennart, nachdem er eine Weile überlegt hatte. »Ja, dann müssen wir natürlich den Fiat abschaffen.«

»Und dann werden wir nicht mehr überholt, hurra!« rief ich. »Aus einem Kinderwagen können wir beide die Höchstgeschwindigkeit herausholen, da gehe ich jede Wette ein! Keiner wird unsern Rekord brechen können. Denn dann haben wir ja kein Siedlerhaus auf dem Verdeck, das Widerstand leistet.«

»Du weißt nicht, wieviel Widerstand ein kräftiges Kind leisten kann«, meinte Lennart. »Aber es wäre schön!«

Wir tranken mit deutschem Bier auf das Wohl unseres ungeborenen Kindes, während wir zwischen blühendem Ginster irgendwo in Norddeutschland am Wegrand saßen.

Wenn man zum erstenmal nach Paris reist, und noch dazu, um sich mit Lennart zu verheiraten, ist man wohl nicht ganz gerecht. Es ist etwas ungerecht gegen Dänemark, Deutschland, Holland und Belgien, daß man an allem Schönen und Interessanten so schnell vorbeisaust und nur darauf wartet, möglichst bald den Eiffelturm auftauchen zu sehen. Ich hatte das Gefühl, Dänemark, Deutschland, Holland und Belgien wegen dieser unpassenden Eile um Entschuldigung bitten zu müssen, aber Lennart hatte vielleicht recht, wenn er sagte, daß Dänemark, Deutschland, Holland und Belgien nicht weiter beunruhigt seien.

Wir fuhren mit der höchsten Geschwindigkeit, die wir erzielen konnten, nach Paris. Und als wir durch Hamburg und Bremen, durch das blühende Holland, durch Brüssel, durch das liebliche, grüne, hügelige Nordfrankreich gesaust waren, wußte ich nur, daß ich kurze, lockende Bilder von Städten und Menschen, Straßen und Plätzen gesehen hatte, zu denen ich gern eines Tages zurückkehren würde.

Aber jetzt spähte ich nach dem Eiffelturm aus. Und fünf

Tage nachdem ich die Kapteensgatan verlassen hatte, sah ich wirklich seine charakteristische Silhouette sich am Himmel abzeichnen. »Wir scheinen tatsächlich richtig gefahren zu sein«, sagte ich zu Lennart. »Der Eiffelturm, n'est-ce pas?«

Es war ein Sonntag. Es wäre so günstig, an einem Sonntag in Paris anzukommen, hatte Lennart gesagt, dann sei der Verkehr so schwach.

»Wenn dies hier schwacher Verkehr sein soll, dann bin ich der Großmufti von Jerusalem«, murmelte Lennart bitter, als der Fiat wie ein gehetzter Hase in einem Gewimmel von boshaften und zudringlichen Autos um den Arc de Triomphe herumschoß. Aber wir schafften es und glitten sorglos die Champs Elysées hinunter. Ich rang nach Atem. Nicht vor Schreck, sondern vor Entzücken. Die großartigste Straße der Welt lag vor uns. Die Hauptstadt der Welt war es, die uns eingefangen hatte.

Lennart sah mich befriedigt an, ungefähr als sei es sein Verdienst, daß die Champs Elysées eben die Champs Elysées waren. Myriaden von Autos füllten die gewaltige Straße vor uns und warfen den Sonnenschein in tausend kleinen glitzernden Lichtpunkten zurück. Es war um die Zeit des Apéritifs, und die Cafés auf den Bürgersteigen waren voll von Menschen, die unseren Einzug mit ansahen. Nicht etwa, daß sie ihm so große Aufmerksamkeit geschenkt hätten, wie sie hätten tun müssen, aber dennoch!

»The first time I saw Paris,
her heart was warm and gay«

sang ich Lennart ins Ohr. Ja, sicherlich war das Herz dieser Stadt warm und fröhlich. Mein Herz war in diesem Augenblick auch so warm und froh in mir.

Wir fuhren um die Place de la Concorde. Und dort war die Seine, die liebe alte Seine, genau wie ich sie mir vorgestellt hatte. Ich hatte solche Angst gehabt, enttäuscht zu werden, aber nein, die Leute saßen da unten an den Kais und angelten, genau wie sie tun mußten.

Und dann langsam weiter am linken Ufer entlang und den

Boulevard St-Michel hinauf. Zum Panthéon. In einer kleinen Straße hier im Herzen des Quartier Latin lag ein kleines, unansehnliches, weißes Haus, das unser Hotel war. Und wer stand in der Haustür und sah aus, als gehöre ihm das Hotel und ganz Paris? Wer anders als Eva! Die Hand kokett auf die Hüfte gestützt und sehr pariserisch. Aber sie war ja auch schon seit mehreren Stunden hier.

»Bonsoir, madame, bonsoir, m'sieur«, sagte sie eilig. »Kommt bloß und hört hört!«

Sie führte uns auf einen kleinen französischen Hausflur, von dem eine schmale Holztreppe sich nach oben wand. Man hörte fröhliches Lachen von oben und laute Rufe und ein Saxophon, das laut glucksend alles übertönte.

»Die halbe Sorbonne ist hier versammelt«, sagte Eva, »daher dieser Lärm.«

»Das klingt gut«, erwiderte Lennart. »Wie sollte es sonst klingen im Quartier Latin?«

KAPITEL 4

Eine Nachtigall weckte mich an meinem Hochzeitstage. Irgendwo unten in dem schattigen kleinen Garten des Hotels saß sie und sang aus voller Kehle. Eva schlief und hörte nichts. Es ist vielleicht so, daß man an seinem Hochzeitstage für Nachtigallen besonders hellhörig ist.

Ich schlich mich leise ans Fenster und blickte hinaus. Waren nur ich und die Nachtigall wach? Nein, ein Pater von der Klosterschule nebenan war auch wach und lustwandelte in seinem Garten, eifrig in einem Gebetbuch lesend. Ganz still und friedlich war es überall. Man konnte wirklich nicht annehmen, daß man sich mitten in einer brausenden Weltstadt befand. Aber der Himmel, der sich sanft und perlgrau über kleinen Dächern und über grünen Baumkronen wölbte, war der Himmel über Paris!

Ich setzte mich auf das Fensterbrett. Es war schön, einmal mit seinen Gedanken allein zu sein. Die Nachtigall störte mich nicht. Was eine Braut am Morgen des Hochzeitstages denkt, kann wohl eigentlich keine passendere Begleitung haben als das Trillern einer kleinen Nachtigall. Wenigstens wenn es eine glückliche Braut ist – so eine wie ich! Glücklich war ich, ungeheuer. Aber jetzt, da der große Augenblick so nahe war, plötzlich auch etwas unruhig. Glaubst du, Nachtigall, daß Lennart und ich glücklich sein werden? So viele scheitern, viele, die sich anfangs ebensosehr liebten wie wir jetzt. Warum? Was ist nötig, damit eine Ehe bis zum Lebensende hält?

Tirili, sagte die Nachtigall.

Nein, du kleiner Lügner, mit Tirili und Verliebtheit ist es nicht getan, das weiß ich, obwohl ich sonst nicht so viel weiß. Ich glaube schon, daß mehr dazu gehört. Etwas, was mit Treue zu tun hat und mit Ehrlichkeit und mit Güte, – oh, wenn ich das alles doch lernen könnte!

Tirili, versicherte die Nachtigall aufmunternd.

Und gerade da streckte mein Bräutigam seinen zerzausten Kopf zum Nebenfenster heraus. Er sah so kindlich aus mit dem wuscheligen Haar, und er war so fröhlich. Wie ein Schuljunge am ersten Tag der Sommerferien sah er aus. Und ich fühlte plötzlich in einem jähen Erschrekken, daß es meine Schuld sein würde, wenn dieses Fröhliche und Jungenhafte jemals aus seinem Gesicht verschwände.

»Hej, meine Braut!« sagte er und streckte seine Hand nach mir aus. Ich streckte meine Hand auch so weit aus, wie ich konnte, und unsere Fingerspitzen berührten sich. Nur das Alleräußerste seiner Fingerspitzen fühlte ich, aber Mut und Trost strömten in mich. Ich war nicht mehr unruhig. Wir würden sicher nicht scheitern.

»Ich verstehe nicht, daß ich heute so froh bin«, sagte Lennart und blinzelte zum Himmel hinauf, wo die Sonne gerade das Grau durchdrang. »Es wird doch heute nichts Besonderes geschehen, soviel ich weiß.«

»Oh, doch, wollten wir nicht heute auf den Eiffelturm steigen?«

»Rede nicht mit mir über den Eiffelturm, ehe ich Kaffee

bekommen habe«, sagte Eva irgendwo im Hintergrund mürrisch.

Da verschwand der Bräutigam, und eine Viertelstunde später trat er frischgekämmt zu unserer Tür herein.

»Kaffee und frische Hörnchen«, sagte er und stellte das Tablett auf das Bett.

Nachdem Eva zwei große Tassen getrunken hatte, war sie bereit, nicht nur vom Eiffelturm zu sprechen, sondern auch von allem möglichen anderen, was wir nach ihrer Meinung im Lauf des Tages unternehmen müßten. Nämlich einen Rundgang über die großen Boulevards, eine Flußfahrt auf der Seine, einen raschen Gang durch einige der größten Warenhäuser und vielleicht einen kurzen Besuch bei den Impressionisten im Jeu de Paume, und hier einen Lunch und dort einen Apéritif, und schließlich fragte Lennart sehr höflich: »Glaubst du, daß am Nachmittag ein paar Minuten übrig bleiben, damit Kati und ich heiraten können?«

Eva sagte, das sei nicht ganz unmöglich, auch wenn das Programm sehr umfangreich sei.

»Ich will euch einen guten Rat geben«, sagte Lennart. »Geht nicht so mit einem Satz auf Paris los. Nehmt es lieber im Anfang etwas ruhiger!«

Und so entschlossen wir uns, es im Anfang etwas ruhiger zu nehmen.

»Umherschlendern und sich ein bißchen umsehen«, sagte Lennart, »das reicht für den ersten Tag.«

Und wir schlenderten umher und sahen uns um.

Nirgends in der Welt fühlt sich ein Fremder, wenigstens oberflächlich, so leicht heimisch wie in Paris. Nach zwei Stunden glaubt man, dort geboren zu sein. Alles ist doch so wohlbekannt. Alles ist genau so, wie es in tausend Büchern und Filmen geschildert, in tausend Liedern besungen und auf tausend Bildern gemalt ist. Ich habe alles schon früher gesehen. Diesen Hausknecht mit der blauen Schürze, der in der frühen Morgenstunde den Bürgersteig abspült, die Cafés auf den Bürgersteigen, wo die Leute in dem hellen, klaren Sonnenschein ihren Kaffee trinken und ihre Zeitung lesen, die alte Frau hinter dem Blumenstand mit den schönsten

Frühlingsveilchen, ∘die klapperigen Autodroschken, die Hausfrauen mit ihren langen Weißbroten unter dem Arm, das alles habe ich schon früher gesehen. Ich habe die Bouquinisten am Seinekai gesehen und den gemächlich dahingleitenden Fluß am Pont Neuf.

Ich habe die weißen Zwiebeltürme von Sacré-Cœur unter dem Himmel von Montmartre gesehen. Ich habe die Straßenlaternen sich in dem regennassen Asphalt der Place de la Concorde spiegeln sehen, die alten Straßen im Quartier Latin und in Saint-Germain-des-Prés sind mir seltsam wohlbekannt, und im Luxembourgpark fühle ich mich so heimisch wie im Humlegaarden daheim. Denn über dieses alles ist so viel geschrieben und gesungen, es ist so oft gemalt und fotografiert, und so viele Kilometer Film sind an diese Stadt verschwendet worden, daß nichts darin mir fremd ist.

Daher ist mein erster Besuch in Paris wie ein Wiedersehen. Aber etwas ist mir doch neu. Nichts kann einen darauf vorbereiten: auf dieses herrliche Gefühl von Freiheit, Sorglosigkeit und kindlicher Lebensfreude, das die schönste Gabe ist, die Paris für seine Kinder hat.

Wir begannen damit, unser eigenes Stadtviertel und die umliegenden Straßen zu erforschen. Denn Lennart sagte, ein echter Pariser hält sich, wenigstens hier am linken Seineufer, an sein eigenes Viertel und macht keine Ausflüge in andere Stadtteile. Eva sagte, sie wolle gern eine echte Pariserin sein, aber sie gedenke doch in aller Heimlichkeit gewisse Ausflüge nach dem rechten Ufer zu machen, um sich dort das Leben und Treiben anzusehen.

Wir wohnten ja oben auf dem Heiligen-Genoveva-Berg, und ich wollte an meinem Hochzeitstag gern der Schutzheiligen von Paris meine Ehrerbietung bezeugen. Denn wenn das kleine Hirtenmädchen Genoveva nicht so mutig Attila und seinen Hunnen entgegengegangen wäre, als sie im fünften Jahrhundert dahergezogen kamen, um Paris zu zerstören, – wer weiß, dann hätte es vielleicht heute kein Paris gegeben, wo ich mich mit Lennart verheiraten könnte!

Hab Dank, gute Genoveva! Ewig brennen Kerzen um

ihren Reliquienschrein in St.-Etienne-du-Mont, und ich zünde auch ihr zu Ehren eine Kerze an.

Der Sonnenschein wirkte noch blendender, als wir aus dem Dunkel der Kirche traten, und ich sagte zu Lennart: »Bist du nicht froh, daß an unserem Hochzeitstag die Sonne scheint?«

»Ja, aber sicherheitshalber bin ich auch, ganz abgesehen vom Wetter, froh. Denn nichts ändert sich schneller in Paris. Nicht einmal die Damenmoden!«

»A propos Damenmoden«, sagte Eva listig, »wie wäre es, wenn wir mit der Métro zum rechten Ufer hinüberführen und uns die Schaufenster ansähen und . . .«

»So rasch ändern sich die Moden nicht«, sagte Lennart. »Du kannst ruhig bis morgen warten.«

Und er führte uns im Quartier Latin umher, wo man überhaupt nichts von Damenmoden sah und nicht ahnen konnte, daß es Männer wie Dior und Fath gab. Dies hier war die Stadt der Bücher und die Stadt der Jugend. Gab es hier überhaupt irgendwelche alten oder älteren Leute, und wo hielten diese sich versteckt? Man sah nur junge Menschen, junge Menschen aller Rassen und Hautfarben, die auf den Straßen umherbummelten und sich an den Cafétischen drängten. Aus China und Siam, aus Tunis und Algier, aus allen Teilen Europas und der ganzen Erde waren sie gekommen, um von dem Baum der Erkenntnis zu essen, der hier wuchs und seine Wurzeln tief im Mittelalter hatte.

»Es ist fast, als ob einem der Bücherstaub in die Nase dringt«, sagte Eva, die wohl erwartet hatte, daß ganz Paris nach »Scandale« und »Amour-Amour« duften müsse.

Ich persönlich zog den Bücherstaub vor. Aber jetzt waren wir in die Rue Mouffetard gekommen, und dort gab es keinen Bücherstaub, dort quoll der Reichtum des Bodens bis auf die Bürgersteige, Obst und Gemüse, so weit das Auge reichte. Und dort herrschte ein sehr gemütliches Gedränge.

Und wieder sah Lennart so zufrieden aus, genau als sei es sein Verdienst, daß die Rue Mouffetard eben die Rue Mouffetard war.

»Wir gehen auch mal abends hierher, dann sollt ihr ein noch amüsanteres Volksleben sehen«, sagte er, ungefähr als meine er: Dann werde ich noch lustigere Kunststücke machen.

Aber der Tag verging, und die *Stunde* näherte sich.

Eva stand vor dem kleinen Spiegel und setzte den Hut auf. »Die Brautjungfer ist fertig«, sagte sie, »aber wie ist es mit der Braut?«

Die Braut war nervös, saß auf dem Bettrand und fuhr mit zitternden Zehen behutsam in die Nylonstrümpfe und dachte, es würde nie gut gehen mit dieser Hochzeit oder überhaupt mit irgend etwas.

»Kannst du begreifen, was er an mir sieht?« fragte ich verzweifelt. »Kannst du verstehen, daß er sich mit mir verheiraten will?«

Eva hatte Erklärungen für alles. »Das hat Kurre mir erklärt«, sagte sie. »Kurre hat Schopenhauer und alle Philosophen, die es gibt, gelesen. Es ist so, sagt Schopenhauer, sagt Kurre: Das junge Mädchen ist der Knalleffekt der Natur. Sie wird für einige wenige Jahre im Übermaß mit Schönheit und Holdseligkeit ausgestattet, nur damit es ihr gelingen soll, die Phantasie des Mannes so zu berücken, daß er es übernimmt, während ihres weiteren Lebens für sie zu sorgen. Das könnte nie geschehen, wenn vernünftige Überlegungen die Gedanken des Mannes leiteten, sagt Schopenhauer, sagt Kurre.« Sagte Eva.

Ich betrachtete mich unruhig im Spiegel. Ein Knalleffekt der Natur – nein, damit konnte Schopenhauer mich nicht gemeint haben! Aber ich sah jedenfalls einigermaßen manierlich aus in meinem marineblauen Kostüm und mit Lennarts rosa Rosen am Jackenaufschlag.

»Du hast Lennarts Phantasie berückt, das ist alles«, sagte Eva mit einer überlegenen Handbewegung. »Und ich glaube, es war für dich ein leichtes Spiel. Denn unter uns gesagt: – es ist nicht so viel nötig!«

Der arme Berückte kam gerade in diesem Augenblick herein, und ich warf mich in seine Arme. »Wie gut ist es, daß du dich nicht auf vernünftige Überlegungen einläßt«, sagte ich zärtlich.

Und dann fuhren wir zur Schwedischen Gesandtschaft, und in ungefähr fünf Minuten waren wir getraut. Ehe ich recht zur Besinnung kam, hatte ich versprochen, Lennart Sundman zu meinem Ehegatten zu nehmen. Es kam so plötzlich. Ich fühlte mich keine Spur verheirateter als vorher. Aber dann fuhren wir zur schwedischen Kirche (denn eine Heirat in Paris zerfällt in zwei Teile), und dort war es anders. Dort war ein netter, junger Pastor, der mich wieder fragte, ob ich nun wirklich Lennart Sundman in Leid und Lust lieben wolle. Und ich hätte so laut »ja« rufen mögen, daß man es in ganz Paris gehört hätte, aber ich konnte es fast nur flüstern, denn ich hatte so ein merkwürdiges Gefühl in der Kehle. Ich sah nur Lennart. Wir waren plötzlich allein in der Welt. Und ich dachte: Oh, wenn du nur wüßtest, wie ich dich liebe!

Und Lennart sah mich an, und bestimmt muß ich seine Phantasie mehr berückt haben, als ich ahnte, denn in seinen Augen lag so viel Zärtlichkeit. Mein Geliebter, vielleicht findest du, daß ich doch der Knalleffekt der Natur bin, du armer, verblendeter Liebling!

Die Kirche war bis auf Eva leer. Sie saß in einer Bank und hantierte ziemlich viel mit einem kleinen Spitzentaschentuch.

»Daß Frauen bei Hochzeiten immer weinen müssen!« sagte Lennart hinterher etwas spöttisch.

Eva wies das zornig zurück. »Ich habe nicht geweint«, fauchte sie. »Ich habe nur mit den Zähnen geknirscht, weil ich nicht auch einen habe, den ich in Leid und Lust lieben kann.«

Wenn wir alt sind, werden Lennart und ich einmal wieder hierherkommen. In das kleine Gasthaus in dem schönen, grünen Chevreusetal, wo wir unser Hochzeitsdiner einnahmen. In dies liebliche Chevreusetal, wo die Wiesen von Mohnblumen leuchteten und Margeriten und Glockenblumen sich im Abendwind wiegten und wo in der Dämmerung der Kuckuck rief. Wenige Kilometer nur von Paris, aber so ländlich friedlich und idyllisch, als läge es in Arkadien. Zwischen schützenden Mauern ein blühender Garten, in dem einige Stadtbewohner mit einem würdigen Pater in ihrer Mitte bei einem Glas Bier munter schwatzten, wo wir aber im übrigen allein waren. Ja, Eva war natürlich dabei. Wir bekamen ein Hühnchen, das im Munde zerging, und spülten es mit einem ganz leichten Anjouwein hinunter. Wir aßen und tranken und sprachen sanfte Worte, die weißen Turteltauben im Käfig neben uns gurrten zärtlich miteinander, die Rosen auf dem Tisch dufteten und leuchteten, und es war wirklich gut, zu leben. Und als wir bei den Erdbeeren angelangt waren, sagte Eva:

»Ich will dir ein Wort auf den Weg mitgeben, Kati. Sei fröhlich! Das ist notwendiger als alles andere. Alle verheirateten Frauen, die ich kenne, kriegen ihre Anwandlungen: sie kommen sich als Märtyrerinnen vor. So wirst du dir auch vorkommen. O doch, widersprich mir nicht. Aber wenn du das findest, so finde es im dunklen Kämmerlein. Finde es, soviel du willst, aber zeige es nicht, wenn du aus dem Kämmerlein herauskommst. Sei fröhlich, sage ich dir. Im übrigen kannst du dich verhalten, wie du willst, ja, du brauchst Lennart vielleicht nicht gerade zu *schlagen*, aber immerhin!«

»Was«, sagte ich, »ich darf ihn nicht schlagen? Eine Frau, die ihren Mann schlägt, bleibt flink und beweglich, sagt das Sprichwort. Und du willst doch eine flinke Frau haben, Lennart?«

»Nun, es wird sicher eine glückliche Ehe werden«, sagte Lennart. »Meine Frau sitzt jeden Tag einige Stunden im stillen Kämmerlein und bedauert sich selbst, und wenn sie wieder guter Laune ist, kommt sie herausgestürzt und macht sich Bewegung, indem sie auf mich los-schlägt!«

»Nun ja«, rief Eva in einem Tonfall, als wollte sie sagen: Was ist daran falsch?

»Redet nicht so viel Unsinn, Mädels«, sagte Lennart. »Trinkt euren Wein und betrachtet die Sterne.«

Wir betrachteten die Sterne und schwiegen.

Es war dunkle Nacht, als wir endlich nach Paris zurück-kehrten.

KAPITEL 5

Vielleicht vergoldet man hinterher alles in der Erinnerung. Ich weiß, daß dies Hotel, in dem wir wohnten, ein kleines Studentenhotel allereinfachster Art war. Ich erinnere mich wohl, daß die Ecken ziemlich schmutzig waren und daß man manchmal, wenn man aus seinem Zimmer kam, beinahe erstickte von dem Essengeruch, der aus der Küche im unteren Stockwerk bis zu uns hinaufdrang. Ich weiß, daß La bonne, die fröhliche, dralle Nicole, unsere Betten nie anders machte, als indem sie notdürftig das Laken glattstrich, und daß jeder Gegenstand, den wir auf die Kommode gestellt hatten, wie auf einer kleinen, von Staub unberührten Insel stand. Ich weiß, daß in den kleinen Studentenbuden nebenan so gelacht, geschrien und gelärmt wurde, daß man zuweilen die halbe Sorbonne nicht nur im Hause, sondern in seinem eigenen Zimmer zu haben glaubte. Aber ich fühlte mich dort wohl. Ich fühlte mich wohl in unserem unaufgeräumten Zimmer mit der alten braunen Holztäfelung, den rosengemusterten Tapeten und der brüchigen Stuckdecke, die dann und wann, wenn das Studentenleben oben am schlimmsten brauste, in kleinen Stücken zu Boden fiel. Ich fühlte mich wohl bei der fröhlichen und ziemlich zänkischen Nicole, obwohl sie so liederlich aufräumte. Wie sollte sie übrigens auch Staub wischen können, sie mußte doch auch schwatzen und uns ihre Ansicht über die Fragen des Tages erläutern. Ich liebte die schmale, gewundene Holztreppe und die Stiche von den sieben Todsünden, die die Wand darüber schmückten. Ich liebte den kleinen Garten vor unserem Fenster und die Nachtigall, die jede Nacht sang, und die schwarzgekleideten Pater jenseits der Mauer, die man zu allen Tageszeiten unter frommen Gesprächen oder in ihren Gebetbüchern lesend auf den Gartenwegen wandern sehen konnte. Kurzum – ich fühlte mich wohl.

Ich weiß nicht, ob es wahr ist, daß Madame Curie hier als junges Mädchen gewohnt hat, aber ich stellte es mir gern vor. Daß die junge, arme Marie Sklodowska vielleicht einmal hier gerade in unserem Zimmer über ihre Bücher gebeugt gesessen hat, daß ihre Füße gerade auf diesen Treppen gegangen und daß sie durch dieselbe Haustür wie wir jetzt auf unsere kleine Straße hinausgeeilt ist. Lagen auch zu ihrer Zeit zwei Landstreicher schlafend in einem Winkel? Das war jetzt der Fall, jede Nacht, und ich hatte auch diese Landstreicher gern. Am ersten Abend, als wir spät nach Hause kamen und ich fast auf sie getreten hätte, war ich sehr unangenehm berührt und fand es unheimlich, daß Menschen auf der Straße schlafen mußten. Aber bald kamen wir dahinter, daß diese Landstreicher es so haben wollten. Sie fühlten sich in ihrer Straßenecke so wohl, wie wir uns in unserem Zimmer.

Doch, ich glaube, es lagen auch ein paar Landstreicher da, als Marie Sklodowska mit leichten Schritten diese Straße entlangeilte. Ich konnte sehen, wie sie den langen, weiten Rock an sich raffte, wenn sie an ihnen vorbeilief. Wohin ging sie? Vielleicht zur Rue Mouffetard, um etwas zu essen einzukaufen? Ich konnte sehen, wie sie ihr dünnes Portemonnaie öffnete und einige Francs heraussuchte, um sich etwas fertig zubereiteten Kartoffelbrei zu kaufen und damit den schlimmsten Hunger zu stillen. Sie starrt mit Augen, die nichts von dem lebhaften Betrieb in der Straße sehen, vor sich hin, sie denkt wohl an irgendein Experiment, das sie in Angriff nehmen will, sobald sie wieder heimkommt, nehme ich an. Ich nehme es so intensiv an, daß ich Eva und Lennart frage, ob sie es nicht auch glauben.

»Sicher«, sagte Eva. »Und darauf, daß Robespierre hier gewohnt hat, setze ich meinen Kopf! Denn hier riecht es nach Blut!« behauptete sie und witterte mit den Nasenflügeln.

»Hier riecht es nach Pommes frites, die in etwas ranzigem Öl bereitet sind«, sagte Lennart.

»Hier riecht es nach Blut«, beharrte Eva. »Hier hat er gesessen, gerade in diesem schmuddeligen kleinen Zimmer, in das man mich verwiesen hat, weil du, Lennart, in einem prachtvollen Brautgemach mit Kati wohnen mußt. Hier hat er gesessen, sage ich, hier an diesem Tisch, der unverkennbar aus den Tagen der Revolution stammt und seither nicht abgestaubt ist. Hier hat er ganz vergnügt gesessen und sich ausgedacht, wen er am nächsten Tag köpfen lassen wollte . . .«

Ich fuhr eifrig fort: »Und wenn ihm ein neuer Name einfiel, schnalzte er vor Entzücken und murmelte vor sich hin: ›Der wird gut!‹«

»Ihr beide habt eine schauerliche Phantasie«, sagte Lennart. »Robespierre hielt sich hier versteckt, als er selbst verhaftet zu werden fürchtete, hat man mir gesagt. Und im übrigen ist es wohl Lüge.«

»Immer mußt du alles zerstören!« sagte Eva ärgerlich. »Wir

fanden es so gemütlich ... und es riecht hier doch nach Blut!«

»Hier riecht es nach Pommes frites«, sagte Lennart. »Und wie wird es übrigens mit dem Eiffelturm?«

Ach, dieser Eiffelturm, der war uns ein Dorn im Auge! Wir waren richtig böse auf den armen Herrn Eiffel, denn wir wollten durchaus nicht auf seinen Turm steigen. Aber wir sahen keine Möglichkeit, dem zu entgehen.

»Wir *können* nicht nach Hause kommen und sagen, daß wir nicht oben gewesen sind«, erklärte Eva energisch. »So kann man sich nicht benehmen.«

»Man braucht doch nicht immer mit dem Strom zu schwimmen«, wandte ich ein. »Besonders dann nicht, wenn es dreihundert Meter hoch hinaufgehen soll. Ich möchte so ein feiner Tourist sein, der heimkommt und nur so etwas gesehen hat, was ›Touristen im allgemeinen nicht zu sehen bekommen‹.«

»Ja, aber das muß seine Grenzen haben«, sagte Eva. »Um den Eiffelturm, den Invalidendom und den Louvre kommt man nicht herum.«

»Du willst doch nicht etwa behaupten, daß du nur aus reinem Pflichtgefühl in den Louvre gehst«, sagte Lennart, in seiner kunstliebenden Seele erschüttert.

»Nein, nein, nein«, versicherte Eva und machte kleine, beruhigende Handbewegungen. »Die Sehnsucht nach Mona Lisa und der Nike von Samothrake verzehrt mich. Aber ich möchte sie möglichst bald hinter mich bringen, damit ich ausgehen und mir einen Hut kaufen kann.«

Lennart schüttelte den Kopf und schwieg. Schließlich lachte er und sagte: »Ja, du meine Güte, für was für verschiedene Dinge die Leute sich interessieren, wenn sie nach Paris kommen. Wir drei sind eigentlich eine gute Musterkarte für Touristen verschiedenen Typs.«

»Sind wir das?« fragte ich. »Das mußt du erklären!«

»Eva gehört zu der Sorte, die eigentlich auf dem rechten Seine-Ufer wohnen müßte«, sagte Lennart, »denn dort ist alles, wofür sie sich interessiert. Dort sind Modehäuser, dort sind große Warenhäuser, und dort ist die Rue de Rivoli . . .«

»Was ist mit der Rue de Rivoli?« rief Eva und riß lüstern die Augen auf.

»Dort rennen die Frauenzimmer sich in den Geschäften die Beine ab. Kaufen billige Ringe und solchen Kram.«

»Wie komme ich zur Rue de Rivoli?« wollte Eva wissen.

»Nein, erst muß Lennart sagen, was *ich* für ein Typ bin«, wandte ich ein.

»Du bist ein sehr süßer kleiner Typ«, sagte Lennart und küßte meinen Arm. »Aber ich bin mit Eva noch nicht fertig.«

»Nein, laß hören, wofür ich mich sonst noch interessiere«, sagte Eva. »Auf diese Weise kann ich eine ganze Menge gute Tips bekommen.«

»Du möchtest auf den großen, eleganten Boulevards spazierengehen. Du möchtest in den Cafés an den Champs Elysées sitzen und schöne Französinnen in entzückenden Kleidern sehen. Jaja, glaub nur nicht, daß ich das nicht auch möchte, aber . . .«

»Was möchte ich sonst noch tun?« fragte Eva und machte ein Gesicht, als sei dies alles seit langem ihr heißester Traum.

»Du möchtest gern in den Lido und den Drap d'or und andere teure Nachtklubs gehen.«

»Ja, aber das kann ich mir nicht leisten«, sagte Eva betrübt. »Dann muß ich erst einen geeigneten Millionär auftreiben, und ich habe doch bloß zehn Tage Zeit . . .«

»Kati ist von der Sorte, die auf dem linken Ufer wohnen muß«, sagte Lennart.

»Das klingt, als wäre es feiner, so eine zu sein, die am linken Ufer wohnen muß«, bemerkte Eva mißtrauisch.

»Feiner, das weiß ich nicht genau«, erwiderte Lennart. »Kati interessiert sich für eigenartige Menschen und alte Straßen und Häuser und Atmosphäre und so etwas. Sie interessiert sich für Bücher. Sie könnte sicher einen ganzen Tag in den Bücherkästen wühlen und völlig glücklich sein.«

»Man merkt deutlich, daß das eine viel feinere Sorte ist«, sagte Eva. »Kati interessiert sich für Bücher und für das einfache, arbeitende Volk, während ich am rechten Ufer sitze und den Wechsel der Mode verfolge und La Vie Parisienne lese, nicht wahr?«

»Wir wollen uns jetzt nicht aufregen«, besänftigte Lennart. »Ich möchte darauf hinweisen, daß ich am Quai Malaquais ein Buch gekauft habe, – was sagst du jetzt? Ich habe ›Les fleurs du mal‹ von einem gewissen Herrn Baudelaire gekauft.«

»Hast du darin gelesen?« fragte Lennart.

Eva sah tief beleidigt aus. »Ich glaube, du bist verdreht«, sagte sie. »Wann sollte ich das getan haben? Sollte ich in der Nacht wachgelegen und Herrn Baudelaire studiert haben? Ich möchte darauf hinweisen, daß ich nachts *schlafe*, daher bin ich so munter«, betonte sie und sah wirklich sehr munter aus.

»Erzähle uns, was du für ein Typ bist, Lennart«, sagte ich ablenkend.

»Ja, was bist du für ein feiner Typ?« wollte Eva wissen. »Du möchtest wahrscheinlich in Notre-Dame sitzen, bis es Zeit zur Heimreise ist, nicht wahr?«

Lennart wickelte eine von Evas blonden Locken um seinen Zeigefinger und zupfte behutsam daran. »Ich habe dich wohl geärgert. Das war nicht meine Absicht.«

»Ich will wissen, was für ein Typ du bist«, sagte Eva. »Laß mein Haar los! Sag uns genau, was dich nach Paris getrieben hat!«

»In erster Linie bin ich hergekommen, um mich mit Kati zu verheiraten und um ihr eine Stadt zu zeigen, die ich liebe. Außerdem aber . . . ach, ich bin gar kein Typ, aber ich meine nur, daß von uns dreien vielleicht ich der einzige bin, dem es wirklich Freude macht, in Museen zu gehen. In Kunstmuseen, meine ich.«

»Ja, da sitzt man nun als ein Barbar unter lauter seelisch verfeinerten Menschen«, sagte Eva. »Es ist wohl nutzlos, euch daran zu erinnern, daß *ich* schon am ersten Tag ins Jeu de Paume gehen wollte.«

»Ja, ich habe dich wohl verkannt, Evita mia«, meinte Lennart.

»Übrigens«, warf ich ein, »ist es sehr gut, daß wir uns alle drei für verschiedene Dinge interessieren und daß wir herdenweise ausgehen. Denn auf diese Weise bekommen wir alle Seiten von Paris zu sehen.«

»Wir wollen eine Liste machen«, rief Eva und staubte hastig Robespierres Schreibtisch ab. »Zuerst wollen wir eine Liste von dem Allernotwendigsten machen, was wir sehen müssen.«

Eva macht Listen über alles, angefangen bei »Falls ich Tollwut bekomme . . . Verzeichnis derjenigen, die ich beißen muß« bis zu den »Männern in meinem Leben«. Jetzt holte sie einen Briefbogen heraus und setzte sich an den Tisch. »Verzeichnis derjenigen, die ich morgen köpfen lasse«, sagte sie. »Ich versichere euch, daß Robespierre hier gesessen und dies geschrieben hat. Jetzt werden wir sehen, was für Rubriken wir anlegen müssen. ›Wenn man zum erstenmal nach Paris kommt, Verzeichnis der Dinge, die man nicht vermeiden kann‹: Lennart, du weißt Bescheid, diktiere du!«

»Ja, das kann ich aus dem Handgelenk sagen«, erwiderte Lennart. »So macht es jeder Spießer, der nach Paris kommt. Und dann fährt er wieder nach Hause, schlägt sich vor die Brust und sagt: Ob ich Paris kenne? Na, das sollte ich meinen!«

»Was macht er?« fragte ich.

»Er fährt auf den Eiffelturm«, sagte Lennart, »sieht sich das Grab Napoleons im Invalidendom an, besucht den Louvre – pflichtschuldigst! Notre-Dame und Sacré-Cœur – auch pflichtschuldigst. Nimmt einen Apéritif im Café de la Paix – mit größter Begeisterung. Rennt in die Läden in der Rue de Rivoli – wenn er eine Sie ist. Läuft zu Lafayette und in die anderen Warenhäuser – wenn er eine Sie ist. Sitzt einen Abend auf der Place du Tertre oben auf Montmartre. Sitzt einen Abend im Dôme in Montparnasse oder im Flore in Saint-Germain-des-Prés – vielleicht. Bois de Boulogne und Luxembourgpark. Die Markthallen und die Zwiebelsuppe dort. Der

Flohmarkt. Die Bouquinisten am Seinekai. Da habt ihr die Hauptsehenswürdigkeiten.«

»Ich habe doch von etwas erzählen hören, was Pigalle heißt«, sagte Eva.

Lennart zog die Brauen hoch. »Hast du?« sagte er. »Kleines, unschuldiges Mädchen! Aber du hast recht. Manche Touristen kommen nie weiter als bis zur Pigalle und dem Vergnügungsbetrieb dort in der Nähe. Und von allem Langweiligen, worauf man in Paris verfallen kann, ist dies das Allerlangweiligste. Es ist nicht französischer als meine alten Schuhe.«

»Aber man könnte vielleicht doch studienhalber einmal hingehen«, versuchte Eva, ihn zu überreden. »Nur studienhalber.«

»Wollen wir nicht den Tag damit beginnen, studienhalber den Eiffelturm zu besuchen, wovon wir schon so lange geredet haben?« fragte Lennart.

Man hatte eine herrliche Aussicht von dort oben. Man sah ganz Paris wie einen Pfannkuchen zu seinen Füßen. Und an den Wänden waren Automaten, und wenn man fünf Francs hineinsteckte, konnte man alles mögliche erfahren: was für einen Glückstag man habe und wen man heiraten werde.

»Das habe ich mich schon lange gefragt«, sagte Eva. »Jetzt werden wir sehen.«

»Abgeordneter« würde Evas künftiger Mann sein, behauptete der Automat. Lennart glaubte nicht, daß sie damit rechnen könne, einen französischen Abgeordneten einzufangen. Eher sei ein schwedischer Reichstagsabgeordneter durch diese Prophezeiung bedroht, behauptete er.

»Glaubst du?« lächelte Eva und sah sehr erfreut aus. »Na ja, dann muß man auf den Reichstag losgehen, sobald man wieder zu Hause ist und das Notwendigste ausgepackt hat.«

KAPITEL 6

Evas Hunger nach der Mona Lisa und der Nike von Samothrake und den Bildern der Impressionisten im Jeu de Paume wurde allmählich gestillt. Aber als sie Manets berühmtes »Déjeuner sur l'herbe« sah, erwachte in ihr ein anderer Hunger. Sie wolle auch im Grase frühstücken, wenn auch nicht ganz so leichtbekleidet, sagte sie.

»Lieber Lennart, können wir das nicht machen?« bat sie. »Frühstück im Bois de Boulogne – heute, wo so schönes Wetter ist.«

Auch ich sah ihn flehend an. »Ja, *lieber* Lennart«, sagte ich.

»Ihr tut wie zwei arme kleine Kinder, die einen hartherzigen Vater um etwas bitten«, meinte Lennart. »In unserer Firma habe wohl nicht nur ich zu bestimmen.«

»Nein, aber du mußt das Auto fahren«, sagte Eva.

»Und Eva und ich besorgen alles andere«, stimmte ich zu. »Komm, Eva, jetzt gehen wir einkaufen!«

Wir stürzten die Treppe hinunter, an den Sieben Todsünden vorbei, und Eva bekannte, sie habe bei sich selbst deutliche Neigungen zu allen Todsünden bemerkt, außer dem Geiz.

»Prassen geht über alles!« sagte sie und blieb vor dem Bild des unnatürlich dicken Mannes stehen, der diese Todsünde illustrierte. »So wird man dann nachher aussehen, jajajaja!«

Der samtäugige Student, der im Zimmer neben Eva wohnte, kam gerade in diesem Augenblick die enge Treppe herauf. Er hüllte sie in eine ganze Serie von Samtblicken ein, und sie gingen mit vielen »Pardon« hier und »Pardon« da aneinander vorbei. Auf mich wirkte es, als zögen sie es unnötig in die Länge. Denn so eng war die Treppe nicht, und noch hatte Eva trotz ihrer Prasserei nicht einen solchen Umfang erreicht, daß er selbst auf engen Treppen ein Verkehrshindernis gebildet hätte.

»Ich werde vielleicht einmal abends mit ihm bummeln gehen«, sagte Eva, als er in seinem Zimmer verschwunden war.

»Aber du kennst ihn doch nicht«, wandte ich ein.

»Tu' ich nicht?« sagte Eva. »So dünne Wände, wie in diesem Hotel sind! Wir pflegen uns gegenseitig etwas vorzusingen, obwohl wir natürlich nicht so tun, als ob es für den andern bestimmt ist. Er singt mir jeden Morgen, wenn er sich die Zähne putzt, ›Comme un petit coquelicot‹ vor, und wenn er aufhört, singe ich: ›Als ich zum erstenmal dich sah . . .‹ Er kann es übrigens jetzt pfeifen. Manchmal pfeift er falsch, dann korrigiere ich ihn.«

»Er wird vielleicht Abgeordneter, wenn er groß ist«, warf ich hin.

»Nein, er studiert Medizin«, berichtigte Eva.

»Hast du das auch durch die Wand gehört?« fragte ich verblüfft.

»Nein, das habe ich von Nicole gehört. Sie erzählt jeden Morgen etwas Neues von Henri und den anderen.«

»Henri?«

»Henri Bertrand heißt er. Ja, ich werde vielleicht wirklich einmal abends mit ihm bummeln gehen, wenn ich es mir recht überlege. Man ist nun doch einmal in Paris! Na ja, aber jetzt das Essen! Wo kaufen wir ein?«

Wir bogen in die Rue de l'Estrapade ein. »Vor allem etwas Schinken«, sagte ich. »Diderot hat in dieser Straße gewohnt. Wußtest du das?«

»Nein, und es ist mir im Augenblick auch einerlei. Aber weißt du, was ich gestern abend im ›Paris Soir‹ gelesen habe? Sie haben einen Film gedreht, der heißt ›Rue de l'Estrapade‹. Über diese Straße. Mit dem reizenden Daniel Gelin in der Hauptrolle.«

»Er wurde dort in Nummer drei verhaftet, als er die ›Lettres sur les aveugles‹ geschrieben hatte.«

Eva blieb mit einem Ruck stehen. »Haben sie Daniel Gelin verhaftet?« rief sie.

»Diderot, du Schaf!« sagte ich.

Sie sah erleichtert aus. »Ach, Diderot!« sagte sie in einem Tonfall, der deutlich erkennen ließ, daß Diderot ruhig auf Lebenszeit im Gefängnis sitzen könnte, wenn es so sein sollte.

»Sieh mal, die Kleine mit dem Trall ist noch nicht aufgewacht.«

Wir waren an die Place de la Contrescarpe gekommen, und
in ihrer gewohnten Ecke lag die Kleine Trallige und schlief.
Sie war ein Wrack, wie es hier so viele gibt. Eine kleine Frau,
die wir abends in der Rue Mouffetard umherirren sahen,
fröhlich und freundlich und ein bißchen komisch, deshalb
nannten wir sie die Kleine Trallige. Hier in der Gegend
wohnten so viele arme Emigranten, hier gab es wirklich das
»einfache, arbeitende Volk«, wie Eva es nannte, aber auch
bedeutend dunklere Existenzen, Taschendiebe, und andere
Strolche, die den größeren Teil ihres Lebens im Freien
verbrachten. Wenn der Abend kam, waren die Rue Mouffe-

tard und all die unzähligen Kneipen in dieser Straße zum Bersten gefüllt. Die eigentümlichsten Typen lungerten an den Zinktheken und tranken ihr Bier oder einen Pernod. Es wurde geschrien und geschwatzt und gelacht, und mitten dazwischen lief die Kleine Trallige umher und lachte und schrie ebenfalls.

Wir mochten sie. Die Kleine Trallige hatte Charme. Aber jetzt schlief sie in ihrer gewohnten Ecke auf der Place de la Contrescarpe. An diesem kleinen Platz lag einst in fernen Zeiten die berüchtigte Kneipe Pomme de Pin, weißt du das, Kleine Trallige? Weißt du, daß Rabelais und Villon abends hier saßen und plauderten? Das wären ein paar lustige Brüder für dich gewesen, mit denen du deinen Spaß hättest haben können, wenn du damals gelebt hättest!

Aber jetzt schlief die Kleine Trallige. Und wir wollten etwas zu essen einkaufen.

»Schinken, sagtest du? Und sonst?«

»Gebratenes Huhn und Käse, verschiedene Sorten, und Brot.«

»Und einen leichten, leichten, leichten Wein«, sagte Eva. »Vauvray«!

Wir gingen im Zickzack zwischen den Ständen in der Rue Mouffetard umher und kauften nach Herzenslust.

»Etes-vous triste«, sagte ein ziemlich dunkler Herr zu mir, als ich einige Augenblicke allein stand, während Eva Erdbeeren einkaufte. Er klappte aufmunternd mit den Augen, um anzudeuten, daß er allerlei raffinierte Mittel kenne, um mich froh zu machen, falls ich wirklich traurig wäre. Haha, er sollte nur wissen, wie wenig traurig ich war! Ich war fast noch fröhlicher als die Kleine Trallige, die jetzt gerade aufgewacht war und sich anschickte, einen neuen Tag zu beginnen.

Ich steckte ihr einen zerknüllten Hundertfrancschein zu, als wir an ihr vorbeigingen. Sie sah mich an wie ein Kind, wenn am Weihnachtsabend die Lichter im Tannenbaum angezündet werden, und lächelte ein weiches, warmes Lächeln.

Lennart hatte das Auto geholt, als wir zurückkamen, und wir zwängten uns alle drei hinein.

Eigentlich mochte ich es nicht, wenn Lennart in Paris fuhr. Es war so aufregend. Hier am linken Ufer ging es ja, aber sobald wir in das Verkehrsgewirr auf der Place de la Concorde kamen, begann es, mich in der Magengrube zu kitzeln. Wenn wir hier mit dem Leben davonkommen wollten, mußte ich wohl wie gewöhnlich helfen, so gut ich konnte: Ich machte die Augen zu, wenn es besonders gefährlich aussah, bohrte die Nägel in die Handflächen und krümmte die Zehen, daß ich einen Wadenkrampf bekam. Das pflegte nie fehlzuschlagen, und es ging auch diesmal gut. Ich krümmte die Zehen während der ganzen Fahrt die Champs Elysées entlang so kräftig und kniff die Augen so nachdrücklich zusammen, als wir den Triumphbogen umrundeten, daß wir ohne ein Mißgeschick in die Avenue Foch einbiegen konnten. Hier war der Verkehr ruhiger, und ich versuchte vorsichtig, die Zehen zu strecken. Es ging gut, die Gefahr war für diesmal vorbei. Wir rollten langsam die vornehme Avenue entlang. Hier wohnten die Reichen in ihren schönen Häusern mit Rasenflächen davor.

»Ist es nicht sonderbar«, überlegte Lennart, »die Reichen und die Armen sind interessant zu beobachten. Um all die anderen in der Mitte kümmert sich keiner.«

»Da hast du recht«, sagte ich. »Den Millionärspalast und die elendeste Hütte sieht man sich an, wohin man auch kommt. Nur die Extreme. Um das, was weder das eine noch das andere ist, kümmert man sich nicht.«

»Das ist mit allem so«, sagte Eva. »Man muß extrem sein, wenn man wirklich auffallen soll. Entweder muß man die Kleine Trallige oder mit Aga Khan verheiratet sein. Entweder unheilvoll schön oder so häßlich, daß es den Leuten den Atem verschlägt, wenn sie einen sehen.«

Hierüber dachten wir nach, während wir in das helle Grün des Bois de Boulogne hineinrollten, und wir kamen zu der angenehmen Schlußfolgerung, daß jedenfalls wir, die so irgendwo in der Mitte standen, die Glücklichsten seien, auch wenn nicht viel an uns zu sehen war.

»Wenn wir nur einen freien Platz finden könnten, dann solltet ihr ein Frühstück ›sur l'herbe‹ sehen«, sagte Eva.

»Wollen wir nicht zuerst etwas rudern?« schlug Lennart vor.

»Ach, können wir das wirklich tun?« rief Eva. »Wie reizend! Ich bin nicht gerudert, seit ich als Kind bei meiner Großmutter in Edsleskog war und abends auf dem Edsla ruderte. Wie heißt dieser See hier?«

»Lac Inférieur«, sagte Lennart.

»Ja, er ist dem Edsla bedeutend unterlegen«, stellte Eva fest. »Lange nicht so groß.«

Der See glitzerte im Sonnenschein. Er sah einladend aus, auch wenn er nicht mit dem Edsla zu vergleichen war. Kleine Boote mit jungen Parisern und Pariserinnen glitten langsam an den schattigen Ufern entlang. Wir mieteten zwei Boote, denn Eva wollte unbedingt ihre Kindheitserinnerungen auffrischen und allein rudern.

»Wenn ich die Augen zumache, kann ich mir einbilden, daß es der Edsla ist«, flüsterte sie.

»Wenn du die Augen zumachst, rennst du gegen jedes Boot an, das dir in den Weg kommt«, sagte Lennart und ergriff die Riemen. Wir glitten auf das stille Wasser zu den vielen anderen Booten hinaus. In den meisten saßen junge Paare, aber auch freundliche Papas, die mit fröhlich zwitschernden Kindern umherruderten.

»Denk doch nur«, sagte ich weise zu Lennart, »wenn diese Kinder erwachsen sind und von dem See ihrer Kindheit sprechen, so meinen sie einen kleinen künstlichen See im Bois de Boulogne. Ist das nicht merkwürdig? Welches ist der See deiner Kindheit, Lennart? Das hast du mir noch nie erzählt.«

»Der Kanholmsfjord«, sagte Lennart. »Dort wohnte ich bis zu meinem zehnten Jahr jeden Sommer. Dann bevorzugte Papa die Westküste. Aber im Kanholmsfjord habe ich schwimmen gelernt, und dort habe ich meinen ersten Barsch gefangen, das vergesse ich nie.«

»Ich finde es schrecklich, mir vorzustellen, daß du sechs Jahre und zehn und fünfzehn Jahre warst und ich dich damals nicht kannte. Der zehnjährige Junge, der Lennart war, existiert nicht mehr. Er ist verschwunden, als wäre er an seinem zehnten Geburtstag gestorben, und ich werde nie erfahren, wie er war.«

»Sei froh darüber«, sagte Lennart, »ich war ein ungewöhnlich ruppiges Kind.«

»Das warst du sicher nicht«, widersprach ich.

»Doch, ich habe nichts als dumme Streiche gemacht, soweit ich mich erinnere.«

»Jetzt bist du sehr ungerecht gegen den zehnjährigen Lennart«, sagte ich. »Kannst du nicht etwas Gutes von ihm erzählen?«

»Er hatte Tiere gern«, sagte Lennart. »Es hat nie einen größeren Hundefreund gegeben, das schwöre ich. Ich hatte einen Hund, den ich fast mehr liebte als Papa und Mama. Das ist vielleicht so bei Kindern, die keine Geschwister haben.«

»Alle sind zu bedauern, die keine Geschwister haben«, beteuerte ich. »Ich spielte immer, ich hätte sieben Schwestern und sieben Brüder. Das brauchen meine Kinder nicht zu tun, das habe ich beschlossen.«

»Wieviel willst du haben?« fragte Lennart und bog einem entgegenkommenden Boot aus.

»Ungefähr so eine Bootsladung«, erwiderte ich und deutete auf das Boot, das voll reizender Kinder verschiedenen Alters war.

Lennart sah mich an und lächelte. »Das ist gut«, sagte er. »Wenn sie nur so flink werden wie ihre Mutter.«

»Ich will zuerst einen Jungen haben«, sagte ich, »und er soll aufwachsen und wie der zehnjährige Lennart aussehen, damit ich erfahre, wie der arme kleine Junge aussah!«

»Gott behüte uns!« sagte Lennart.

In einiger Entfernung sahen wir Eva. Sie befand sich mitten in einem Schwarm von Booten, die alle mit einzelnen Mannspersonen besetzt waren. Aber Eva ruderte genau so, als sei sie allein auf dem See ihrer Kindheit.

Sie erschien, als ich an einer schattigen Stelle das Frühstück aufgetischt hatte. Sie hat eine außerordentliche Witterung, wenn es ums Essen geht.

»Superb«, sagte sie und nahm von dem Hühnchen.

»Kati versteht, alles so aufzutischen, daß es gut aussieht«, sagte Lennart anerkennend.

Ich hatte ihn so lieb, weil er dies sagte. Ich freute mich während des ganzen Essens darüber. Lennart holte die kleinen Trinkbecher heraus, die wir im Auto hatten, und wir tranken von dem leichten Vauvraywein zu Preis und Ehren des Tages.

Als unser Frühstück sur l'herbe beendet war, streckten wir uns im Grase aus.

»Wenn man sich vorstellt, daß man im Bois de Boulogne liegt!« schwärmte Eva. »Ich finde, das ist doch etwas mehr, als in einem gewöhnlichen schwedischen Bauernwald zu liegen. Warum finde ich das eigentlich?«

»Weil du von allem beeinflußt bist, was du über den Bois de Boulogne gelesen hast«, sagte Lennart. »Eine Unmenge französischer Romane spuken dir im Kopf herum.«

»Ja, wie viele Duelle man hier mitgemacht hat«, sagte ich. »Wie oftmals man in aller Frühe aus dem Bett gesprungen ist, um zum Bois de Boulogne hinauszufahren, bevor noch die leichten Nebel sich gehoben hatten.«

»Ich habe keine französischen Romane gelesen«, murmelte Eva, »aber ich finde es trotzdem merkwürdig, hier zu sein. Warum duellieren sich die Leute jetzt nicht mehr? Es wäre so interessant, hier zu sitzen und zuzusehen.

Aber Eva mußte sich mit dem Schauspiel begnügen, das der heutige Bois de Boulogne bieten konnte. Allmählich begannen mehr Leute zu kommen, der Strom der Autos wurde dichter. Die Pariser Damen wollten hier draußen ihren Nachmittagstee trinken, und wir folgten ihrem Beispiel. Wir tranken Tee in einem eleganten Lokal und stellten fest, daß es ebensoviel kostete wie Kost und Logis für einen Tag in unserm kleinen Hotel. Da beschlossen wir einesteils, nie mehr im Bois de Boulogne Tee zu trinken, und andernteils, uns künftig an Kaffee zu halten, der in Paris offenbar ein viel billigeres Getränk war.

»Aber gerade jetzt könnte ich mir ein Glas kaltes Bier denken«, sagte Lennart.

Das war am Abend desselben Tages, und es war sehr warm. Ein warmer, herrlicher Juniabend in Paris – oh Götter! Wir saßen im Café Flore, in einem Gewirr von Menschen aus aller Welt.

Einer von ihnen war Peter Björkman.

Kapitel 7

Im Flore an einem warmen, herrlichen Juniabend gegen neun Uhr einen Tisch bekommen – kann man eigentlich nicht. Freilich ist der ganze Bürgersteig mit kleinen Tischen vollgestellt, aber an jedem sitzen doppelt so viele Menschen, wie dort sitzen müßten, und sie sitzen lange. Der Kellner schüttelte bedauernd den Kopf, als wir kamen, aber Eva lächelte einschmeichelnd, und zwei Minuten später saßen wir an einem kleinen Tisch, dicht an die Wand gedrückt, und Lennart bekam sein Bier und wir unsern Kaffee.

Es müßte interessant sein, zu wissen, was für geheimnisvolle Gesetze die Schicksale der Cafés in Paris lenken. Warum müssen sich alle Menschen gerade jetzt im Flore zusammendrängen? Warum sitzt man nicht ebenso gern in Deux Magots, das beinahe daneben liegt und auch so berühmt ist? Genau so in Montparnasse, wo wir an einem andern Abend waren. Die Leute sitzen sich im Dôme fast gegenseitig auf dem Schoß, aber in La Rotonde gerade gegenüber ist reichlich Platz. Man stelle sich das vor! La Rotonde! Würden sie nicht trauern, wenn sie es wüßten, all die Künstler und Literaten, die einstmals La Rotonde mit ihrem fröhlichen Lärm erfüllten und der Meinung waren, es sei das einzige Café in Montparnasse? Aber heute muß es eben Café du Dôme sein. Nicht Rotonde, nicht Coupole, nicht Closerie de Lilas, obwohl auch sie alte, berühmte Cafés sind, sondern eben gerade Café du Dôme. Außerdem erhebt sich natürlich die Frage, ob man überhaupt in Montparnasse sein soll. Die Touristen, die sich im Dôme drängen, wissen wohl nicht, was geschehen ist. Wissen sie nicht, daß Montparnasse passé ist? Wissen sie nicht, daß man in St-Germain-des-Prés sein muß, wenn man den Künstlern auf ihren Spuren folgen will? Und das tun doch die Touristen und haben es in Paris immer getan. So eifrig, daß die Künstler verzweifelt vor ihnen fliehen, vor langer Zeit von Montmartre, dann von Montparnasse, bald vielleicht auch von St-Germain-des-Prés nach irgendeinem anderen Teil des großen Paris. Und morgen ist es ein neues Café, in dem man sitzen muß, wenn man mit der Zeit gehen will. Morgen hat ein neues Café einen geheimnisvollen Nimbus um seinen Namen bekommen, der ihm einen Platz in der langen Reihe der berühmten Pariser Cafés gibt.

»Ich sehe keinen Vollbart«, sagte Eva und blickte über der Kaffeetasse anklagend umher. »Mir sind Vollbärte versprochen worden, aber ich sehe keine!«

»Wer hat dir das versprochen?« fragte Lennart.

»Die Zeitungen«, sagte Eva. »In jeder Zeitung daheim steht, daß in Saint-Germain-des-Prés Existentialisten in Trauben sitzen, und alle haben zottige Vollbärte.«

»Das ändert sich so schnell in Paris«, sagte Lennart. »Die Zeit des Vollbartes ist wohl vorbei.«

»Und daheim gehen Kurre und all die anderen Bärtigen umher und ahnen nichts Böses«, klagte Eva. »Mit den treuherzigsten Vollbärten und klotzigen Jacken und wer weiß was noch.«

»Schreib an Kurre«, empfahl ich ihr. »Letzter Schrei aus Saint-Germain-des-Prés: Versuch' auszusehen wie ein gewöhnlicher Mensch!«

»Das wird ihn schwer treffen«, murmelte Eva.

Aber auch das bartlose, weichliche Geschlecht, das jetzt das Café Flore bevölkerte, war sehenswert, und mit dem Recht eines kleinen, schäbigen Kaffeerestes in der Tasse saßen wir da und hielten unsern Tisch bis ins Unendliche, obwohl uns alle so leid taten, die da standen und warteten und uns in irgendein Café in Otaheiti wünschten.

Ein winzig kleiner Platz wurde dicht neben uns frei, und wir sahen einen großen jungen Mann zielbewußt darauf zusteuern. Er war wirklich groß und lang und breit, und die Tische standen nicht viele Millimeter voneinander entfernt,

aber er wußte die Zwischenräume auszunutzen. Er bewegte sich geschmeidig und leicht wie ein Tänzer trotz seines kräftigen Körpers, und er gewann das Wettrennen um den Stuhl.

»Der hält nicht«, flüsterte Eva mir zu. Aber der Große ließ sich geschmeidig und sacht neben mir nieder, lächelte gutmütig und sagte: »Wir sind auch Schweden, wenn wir auch klein sind.«

»Sieh einer an!« sagte ich. Dann wurde es ganz still. Denn wir waren uns noch vor einer kleinen Weile darüber einig gewesen, daß man mit Landsleuten nicht gern zusammentreffen wollte, wenn man im Ausland reiste, abgesehen davon, daß man in Italien mit Lennart gern zusammengetroffen war. Aber der Große sah uns entwaffnend an und sagte: »Peter Björkman heiße ich. Und ihr müßt nett zu mir sein, denn ich werde verrückt.«

»Hej, Peter«, sagte Lennart freundlich. »Meine Frau hier heißt Kati, und das ist Eva. Ich selbst heiße Lennart Sundman. Und warum wirst du verrückt?«

»Ich bin allein in Paris. Und ihr begreift, was das für einen redseligen Menschen wie mich bedeutet. Übrigens sieht es so aus, als brauchtet ihr einen vierten Mann.«

»Danke, ich spiele nicht Bridge«, sagte Eva.

»Ihr müßt nett zu mir sein, habe ich gesagt«, beharrte Peter. »Seid ihr je allein in Paris gewesen? Nein? Na also! Dann wißt ihr nicht, wie das ist. Nach ein paar Tagen sehnt man sich nach einem Menschen, mit dem man reden kann, so daß man vor Freude weint, wenn man vor dem Café de la Paix Tante Augusta aus Aamaal trifft.«

»Ist es nicht immer schön, Leute zu treffen, die aus Aamaal stammen?« fragte Eva tückisch. Der arme Peter Björkman wußte ja nicht, daß Eva aus Aamaal stammte, und er sagte also, Tante Augusta sei ungefähr das Schlimmste, was er sich vorstellen könne. »Aber ihr versteht: wenn man allein in Paris ist, so nimmt man mit jeder Gesellschaft fürlieb«, schloß der Unglückliche.

Lennart und ich lachten laut und herzlich, aber Eva war offenbar nicht in der Stimmung, Kränkungen hinzunehmen.

»*Wir* nicht, wir nehmen nicht mit jeder beliebigen Gesellschaft fürlieb«, erklärte sie und wandte sich demonstrativ von ihm ab.

Peter war ganz zerknirscht. »Das sieht mir ähnlich«, sagte er und schlug sich in komischer Verzweiflung vor die Stirn. »So mache ich es immer. Ich sage alle möglichen dummen Sachen, die ich gar nicht so meine.« Er griff nach Evas Hand. »Liebes Kind, machen Sie nicht so ein Gesicht, denn dann springe ich in die Seine! Und Sie wissen, wie schmutzig das Wasser ist. Können wir nicht Freunde sein?«

Eva sagte, da das Wasser der Seine so schmutzig sei, wolle sie ihm diesmal verzeihen, und Peter stieß einen Seufzer der Erleichterung aus.

»Ich wußte doch, daß Sie ein vernünftiger Mensch sind und nicht so dickköpfig, wie Sie aussehen. Wissen Sie, Sie gefallen mir so gut, ihr gefallt mir alle drei wirklich. Können wir nicht irgendwohin gehen und tanzen?«

Wir sahen uns zweifelnd an. »Meinetwegen«, sagte Lennart, »ich habe mit meiner jungen Frau noch nicht getanzt – seit wir geheiratet haben, meine ich.«

»Seid ihr ganz jung verheiratet?« fragte Peter interessiert. Lennart und ich nickten.

»Daß ihr es wagt! Daß ihr es gewagt habt! Ich würde nie wagen, mich zu verheiraten.« Er wandte sich hastig zu Eva: »Darüber müssen Sie sich von Anfang an klar sein.« Eva lachte ihr sonnigstes Lächeln.

»Beruhigen Sie sich, ich heirate ein Mitglied der Zweiten Kammer des Reichstags. Und solche wie Sie kann man wohl im Reichstag nicht brauchen – obwohl dort ja auch schrecklich viel Dummheiten geredet werden.«

»Sie sind mit einem Reichstagsmann verlobt?« fragte Peter verwundert.

»Nein, aber ich werde mich verloben«, sagte Eva. »Es wird in eingeweihten Kreisen im Eiffelturm behauptet.«

Peter verstand wohl diese wirre Rede nicht, aber er fragte nicht weiter, und wir standen auf und gingen.

In den kleinen Seitenstraßen am Boulevard Saint-Germain gab es viele Tanzlokale , die sich hinter verschlossenen Türen und herabgelassenen Vorhängen verbargen. Aufreizende Rhythmen drangen auf die Straße hinaus, und ich fühlte in meinen Füßen, wie gern ich tanzen wollte. Peter klopfte an eine Tür, die sehr geheimnisvoll aussah.

»Nur für Mitglieder«, erklärte ein Zerberus, der den Kopf zu einer kleinen Luke heraussteckte, aber Peter winkte mit einer Dollarnote und sagte in breitem Amerikanisch, wir seien doch Mitglieder, und das schienen wir zu sein, denn wir wurden eingelassen.

Da standen nicht viele Tische, und die Tanzfläche war nicht groß. Aber Lennart und ich brauchen nicht viel Platz. Er hielt mich in seinen Armen, und wir tanzten in kleinen Kreisen mitten in dem tollsten Gedränge, und er sagte:

»Ich liebe dich. Hast du das gewußt? Ich habe es bestimmt bisher noch nicht gesagt.«

»Nein, ich habe es nicht geahnt«, flüsterte ich und machte einen kleinen Freudensprung, so daß wir aus dem Takt kamen. Lennart und ich tanzen sonst gut zusammen. Lennart pflegt zu sagen: »Wenn wir alt und arm und abgelebt sind und die Kinder uns nicht versorgen wollen, dann können wir uns noch als Berufs-Tanzpaar an der Riviera durchschlagen.«

Peter tanzte mit Eva. »Du tanzt unverschämt gut«, sagte Eva, als sie nach dem ersten Tanz an den Tisch zurückkehrten. »Du tanzt viel zu gut, und du weißt es.«

Peter lachte und sah sehr befriedigt aus. »Natürlich weiß ich es. Es ist das einzige, was ich wirklich gut kann.«

»Bist du im Zivilberuf Tänzer?« fragte Lennart.

»Im Gegenteil«, erwiderte Peter. »Geschäftsmann. Ich verkaufe Druckmaschinen.«

»Du tanzt gut, Druckmaschinen-Peter«, sagte Eva.

Dann tanzte auch ich mit ihm, und da benutzte ich die Gelegenheit, ihn zu fragen, was er mit der Bemerkung gemeint habe, er wage nicht, sich zu verheiraten. In meinem glücklichen neuvermählten Zustand erschien mir jeder unverheiratete Mann als eine Herausforderung.

»Nein, ich würde es nicht ertragen«, sagte er. »Nicht für längere Zeit. Ich muß Abwechslung haben. Und wer, meinst du, würde es mit mir auf die Dauer aushalten?«

»Warum sollte es keine mit dir aushalten?«

»Ich bin so langweilig«, sagte er. »Bin mir selbst oft langweilig. Und wie würde sich da erst ein armes Mädel langweilen!«

»Wie dumm du redest«, begann ich, aber Peter unterbrach: »Alle, alle junge Frauen wollen die anderen verheiraten«, sagte er. »Aber hier siehst du einen, bei dem das nicht glückt.«

Und da schwieg ich und widmete mich nur dem Tanzen. Und es war, als schwebe man auf einer Woge dahin. Wenn das Fenster offen gewesen wäre, so wäre ich bestimmt geradewegs in die warme Pariser Nacht hinausgeflogen.

So gut Lennart auch tanzte, war es nichts, aber auch gar nichts im Vergleich mit Peter. Die Götter mögen wissen, wie er es anfing, seinen großen Körper so vollendet zu beherrschen. Er hatte ein Gleichgewicht und eine Sicherheit, die fast erschreckend wirkten, hier waren Schwere und Beschwingtheit im richtigen Verhältnis, und ein untrügliches Gefühl für Rhythmus kam hinzu. Es war eine Wonne, mit ihm zu tanzen. Man war so leicht auf dem Boden wie ein Korken im Wasser, und man spürte den Rhythmus bis in die kleine Zehe.

Warm und lieblich war die Nacht über Paris, als wir einige Stunden später nach Hause wanderten.

Wir gingen durch die schmalen, engen Gassen hinunter zum Fluß. Um diese Zeit waren sie leer und verlassen, und das Geräusch unserer Schritte hallte zwischen den Häusern wider. Dort ging ein alter Herr mit einem Hund. Er tappte vorsichtig die Straße entlang. Hier waren viele Antiquitätenläden, und im Schein der Straßenlaternen blieb er dann und wann stehen und blickte kurzsichtig in die Schaufenster. Ach, hier durch diese Straße ging früher einmal ein anderer alter Herr und suchte unter Büchern und Antiquitäten nach irgendeiner Seltenheit, um sie mit nach Hause zu nehmen.

»Der da könnte fast Anatole France sein«, flüsterte ich Lennart zu. »Wenn er nicht tot wäre, heißt es. Und wenn er einen Hund gehabt hätte.«

»Du kannst ja so tun, als wäre er es, wenn es dir Spaß macht«, sagte Lennart.

Aber das wollte ich nicht. Und doch konnte ich mich kaum zurückhalten, auf den armen alten Mann zuzustürzen und zu sagen: »Cher Maître, Sie sind so alt und klug und fein, und ich bin jung und gar nicht klug, aber eines haben wir gemeinsam. Ich liebe Ihr Paris ebensosehr, wie Sie es tun, lieber Meister, verzeihen Sie mir, aber ich muß es Ihnen sagen, lieber Monsieur France!«

Glücklicherweise beherrschte ich mich, und der alte Herr verschwand in einer Haustür, ohne zu wissen, in welcher Gefahr er geschwebt hatte.

Und dort war der Fluß, dort war die Seine mit ihrem dunklen Wasser, auf dessen schwarzer Oberfläche sich die Lichter der Stadt spiegelten. Die Läden der Antiquare waren für die Nacht geschlossen. Einige einsame Wanderer streiften am Kai entlang, im übrigen aber war alles still. Ein schlafender Fluß in einer schlafenden Stadt. Eine schlafende Stadt? Ja. In Montmartre und Montparnasse, in eleganten Nachtklubs an den Champs Elysées und in den volkstümlichen Tanzlokalen in der Rue de Lappe, dort schlief man jetzt wohl nicht. Dort war die Nacht von Paris anders als hier. Aber das alles war so fern von diesem dunklen Fluß, als wäre es auf einem anderen Planeten.

Wir gingen am Kai entlang bis zum Pont Neuf und dann durch die altertümlichen Straßen des Odéonviertels zurück zu unserer eigenen Gegend.

»Es ist doch wirklich eine alte Stadt«, sagte Lennart und blieb mitten auf der Straße stehen.

Auch wir spürten, was für eine alte Stadt es war!

Ich hängte mich an Lennarts Arm und flüsterte, so daß die anderen es nicht hörten: »Wie bin ich froh, daß du über alles mögliche ebenso empfindest wie ich. Daß du nachts durch solche alten Straßen gehst und nicht in einem Nachtklub an der Pigalle sitzt.«

Lennart faßte meine Hand, und dann wanderten wir weiter durch andere schmale Straßen, mit Eva und Peter in unserem Kielwasser. Dort lag der Luxembourgpark dunkel und still hinter seinem hohen Gitter. Ein kleiner, schmaler Mond blickte über dem Palais du Luxembourg – zur Freude für

Frankreichs Königinnen, deren Statuen dort zwischen den schattigen Bäumen standen. Es ist Nacht, der Park ist verschlossen, und Ihre Majestäten herrschen uneingeschränkt über ihre grünen Reiche. Aber es wird allmählich Morgen, und mit ihm kommen all die munteren Studenten der Sorbonne lärmend zu den Toren herein und nehmen rücksichtslos den Park in Besitz.

»Wo wohnt ihr eigentlich?« fragte Peter, als wir uns dem Panthéon zu nähern begannen.

»Wir wohnen hier oben auf dem Heiligen-Genoveva-Berg«, sagte ich. »Imponiert dir das nicht, wenn du das hörst? Seit Dantes Tagen sind Licht und Klarheit und Wissen von hier aus über die Welt hingeströmt wie von einem Leuchtturm. Wie habe ich das gesagt?«

»Und jetzt wohnt *ihr* hier – welch ein Dunkel!« sagte Peter.

Eva warf ihm einen strafenden Blick zu. »Hier ist unsere Straße, und da hinten kommen unsere zwei Strolche«, setzte sie stolz hinzu.

Wirklich! Unsere zwei Clochards wollten gerade in ihrer gewohnten Straßenecke zu Bett gehen. Sie schlenderten den Bürgersteig entlang, der eine voran, der andere hinterher, und tauschten dabei tiefe Gedanken miteinander aus. Schmutzig waren sie und zerlumpt, aber sie bewegten sich würdevoll. Eine kleine Abendunterhaltung zwischen zwei Gentlemen vor dem Zubettgehen war das, was wir hörten. Der eine von ihnen, ein Patriarch mit langem Bart, gestikulierte eifrig mit den Armen, und um seinen Worten mehr Nachdruck zu geben, ging er zuweilen ins Deutsche und dann wieder ins Italienische über.

»So ist das Leben«, sagte er und nickte philosophisch. Und nachdem er dies festgestellt hatte, legte er sich ruhig und still zum Schlafen nieder.

»Daß die Strolche auch Deutsch und Italienisch sprechen, das habe ich nicht gewußt«, sagte ich.

»Das tun sie wahrscheinlich hier im Quartier Latin«, sagte Lennart. Er öffnete die Hoteltür. Wir waren zu Hause.

Erst jetzt begriff Peter, daß er wieder allein sein würde. Sein Gesicht verdüsterte sich vor Kummer.

»Gute Nacht, kleiner Peter«, sagte Eva. »Gute Nacht, ihr meine kleinen Strolche! Gute Nacht, Paris!«

Das Unglück in seinem ganzen Umfang wurde dem armen Peter klar.

»Wir können uns doch jetzt nicht trennen«, stammelte er eifrig, »jetzt da wir uns gerade getroffen haben!«

»So ist das Leben!« sagte Eva und verschwand durch die Tür.

KAPITEL 8

Aber so leicht wurde man Peter nicht los. Schon früh am nächsten Morgen klopfte Nicole an unsere Tür und sagte, Herr oder Frau Sündmang würden am Telefon verlangt, und da Lennart sich gerade rasierte, mußte ich die Treppen zur Telefonzelle im unteren Stück hinunterstürzen.

Ich nahm den Hörer.

»Kann ich dich und Lennart und diese Eva nicht heute zum Essen einladen?« hörte ich Peters energische Stimme.

Lennart und ich waren arm, und das war Eva auch. Wir hatten volle Pension im Hotel und aßen jeden Tag anspruchslose Mahlzeiten zu anspruchslosen Preisen in einem anspruchslosen kleinen Speisesaal unter anspruchslosen Studenten. Unsere Restaurantbesuche beschränkten sich im allgemeinen auf eine Tasse Kaffee oder ein Glas Bier am Abend und irgendeinen Apéritif zur Apéritifstunde, wenn wir uns das Volksleben ansehen wollten. Es war verlockend, Peters großzügiges Angebot anzunehmen, aber ich fürchtete, daß nur seine Abneigung gegen das Alleinsein ihn zu solcher Verschwendung verleitete.

»Tu es nicht, Peter, es wird so teuer, und es tut dir hinterher nur leid!«

»Hör zu, kleines Menschlein«, erwiderte Peter, »ich will dir im Vertrauen etwas sagen. Es ist lohnender, Druckmaschinen zu verkaufen, als die Leute ahnen.«

Und da sagte ich, ich bedankte mich schön, und ich würde Lennart fragen.

»Und diese Eva auch.«

»Diese Eva auch«, versprach ich.

»Ich hole euch um zwei Uhr ab«, sagte Peter, und ich dachte, das sei ziemlich zeitig, da in ganz Paris nicht vor sieben Uhr gespeist wird.

Er kam wirklich um zwei Uhr, aber da war diese Eva verschwunden. Henri Bertrand, der Samtäugige, hatte sie bisher bei jeder Mahlzeit vom Nebentisch her unablässig angestarrt. Aber zu Evas Verwunderung hatte er keine Annäherung gemacht. Er sagte nur »bonjour« und »bon soir«, genau wie all die anderen Studenten. Aber gerade heute beim Lunch hatte er die Gelegenheit wahrgenommen, als Eva und er gleichzeitig nach ihren Serviettentaschen suchten.

»Er will mir die Sorbonne zeigen«, erklärte Eva nachher. »Das ist allerdings nicht das, was ich unter bummeln gehen verstehe. Aber die Sorbonne ist immerhin die Sorbonne, das wird der Druckmaschinen-Peter hoffentlich einsehen.«

Etwas enttäuscht war Peter wohl, aber er zeigte es nicht, sondern ging brav mit Lennart und mir ins Musée Carnavalet und zur Place des Vosges. Und schließlich trafen wir Eva im Hotel wieder.

Ich ging in ihr Zimmer. Sie lag auf ihrem Bett und blickte zur Decke hinauf. »War es nicht interessant im Carnavalet?« fragte sie.

»Ich habe gesehen, wo Madame de Sévigné saß, wenn sie all ihre schönen Briefe schrieb«, sagte ich. »Und dann habe ich das Bett gesehen, in dem Victor Hugo gestorben ist. Und du, was hast du erlebt?«

»Er findet, ich habe schöne Augen und schönes Haar«, sagte Eva träumerisch. »Und in der Ecole de Médecine haben sie ein Museum mit einer Menge abgeschlagener Verbrecher-köpfe, die sie aufgehoben haben.«

»Hast du sie gesehen?« fragte ich entsetzt.

»Gott sei Dank, nein. Aber er sagte, sie wären da. Und dann sagte er, ich hätte schöne Augen und schönes Haar.«

»Ja, und nun komm«, ermunterte ich sie.

Wir fuhren mit einer Taxe zum Montmartre, wo Peter mit uns essen wollte. Er sei müde nach all dem Umhertraben zwischen den Revolutionserinnerungen, behauptete er und weigerte sich hartnäckig, Métro zu fahren, die sonst für Lennart, Eva und mich das Beförderungsmittel war. In den ersten Tagen war Eva sehr ängstlich, daß wir uns in den unterirdischen Labyrinthen verlaufen würden, aber Lennart versicherte ihr, daß nicht einmal der Dorfidiot von Aamaal falsch fahren könne, da überall so deutliche Anschläge seien. Und wir kamen bald dahinter, daß die Pariser Métro eine vortreffliche Einrichtung war, mit deren Hilfe man schnell von einem Ende der Stadt zum anderen kommen konnte. Es gab Erste und Zweite Klasse. Eva behauptete, soweit sie habe feststellen können, bestehe der Unterschied nur darin, daß es in der Zweiten Klasse verboten sei, zu rauchen und auf den Boden zu spucken, in der Ersten Klasse sei nur das Rauchen verboten.

»Wenn ich das Gefühl habe, daß ich spucken muß, nehme ich eine Karte Erster Klasse«, sagte sie, »aber einstweilen fahre ich Zweiter.«

Peter wollte jedoch überhaupt nicht Métro fahren. »Wir sind mehrere Kilometer gelaufen. Museen sind ja ganz schön, aber es hat seine zwei Seiten, wenn der eine unermüdlich und man selbst der andere ist«, sagte er mit einem anklagenden Blick auf Lennart.

Wir nahmen eine Taxe. Aber wir waren zu früh draußen, und ich schlug vor, auf dem Friedhof von Montmartre zu bleiben.

»Ich bin in Paris noch auf keinem einzigen Friedhof gewesen«, sagte ich.

Peter schüttelte den Kopf. »Wie vergnügungssüchtig! Reist du von Stockholm nach Paris, um auf Friedhöfe zu gehen?«

»Ich möchte das Grab der Kameliendame sehen«, sagte ich.

Er schüttelte wieder den Kopf. »Sie ist doch tot.«

»Das sind die meisten, die auf dem Friedhof liegen«, sagte ich und stieg aus dem Auto.

Auf dem Grabe der kleinen Alphonsine Plessis lagen frische Blumen, obwohl sie vor mehr als hundert Jahren

starb. Weder Stendhal noch Madame Récamier noch irgendeine der anderen Berühmtheiten, die hier ruhten, hatten
frische Blumen. Aber sie waren auch nicht nur um der Liebe
willen berühmt geworden.

»Ici repose Alphonsine Plessis, née le 15 janvier 1824,
décédée le 3 février 1847. De profundis«, las Lennart. »Meine
Güte, sie war ja erst dreiundzwanzig Jahre alt.«

»Ja, denk nur, wie herrlich«, sagte ich, »so jung und schön
sterben zu dürfen und für ewig von der Nachwelt beweint zu
werden.«

Lennart sah mich traurig an. »Sie war ebenso alt wie du«,
sagte er.

Er grübelte weiter über die Kameliendame, während wir
langsam die steilen Hänge zur Place du Tertre hinaufstiegen.

»Du mußt zugeben, daß es wehmütig stimmt, an all die
schönen Frauen zu denken, die nicht mehr da sind«, sagte er
zu Peter.

»Nun ja, aber es gibt jetzt doch auch niedliche Wesen«,
versuchte Peter, ihn zu trösten.

»Du verstehst nicht, was ich meine. Wenn du eine schöne
Rose hast und sie verwelkt, kannst du eine andere ebenso
schöne Rose bekommen. Ein schönes Bild bleibt ein schönes
Bild, und eine schöne Skulptur ist und bleibt eine schöne
Skulptur. Aber wenn eine schöne Frau dahin ist, ist sie dahin,
und niemand kann sie ersetzen. Gewiß können nach ihr
Schönheiten kommen, die ebenso schön sind oder vielleicht
schöner, aber keine genau wie sie. Und man kann sich doch zu
Tode grämen, daß man sie nie zu sehen bekommen hat.«

»Wen denn? Redest du von der Kameliendame?« fragte ich.

»Ich rede von allen schönen Frauen, die es seit Erschaffung
der Welt gegeben hat«, erklärte Lennart.

Eva blieb mitten auf der Straße stehen und stemmte die
Hände in die Seiten. »Na, ich muß schon sagen!« rief sie.
»Deine arme Frau! Noch keine acht Tage bist du verheiratet,
und schon trauerst du über alle Frauen, die es seit Erschaffung
der Welt gegeben hat!«

Da lachte Lennart, daß die Leute sich umdrehten und ihn
anschauten. Aber er wurde gleich wieder ernst. Er faßte mich

unters Kinn, sah mich forschend an und sagte: »Hinter dem süßesten Gesicht ist ein Totenschädel, das ist ein unheimlicher Gedanke.«

»Wozu mußten wir auch auf den Friedhof gehen!« bemerkte Peter aufgebracht.

Aber jetzt waren wir auf La Butte, dem alleröbersten Gipfel von Montmartre, und von der Terrasse neben Sacré-Cœur blickten wir auf die Stadt zu unseren Füßen, und Lennart vergaß seinen Kummer über die Vergänglichkeit der Schönheit. Durch den Dunst sahen wir in der Ferne unser Panthéon auf den Heiligen-Genoveva-Berg. Wie anders war die Atmosphäre hier auf Montmartre, dem Berg der Märtyrer! Früher einmal muß Montmartre wunderbar gewesen sein, früher, als es eine kleine friedliche Stadt mit vielen Windmühlen, vielen kleinen malerischen Straßen und einem idyllischen Marktplatz war, der Place du Tertre, wo Künstler und Stadtbewohner sich nach des Tages Arbeit niederließen. Ja, die Straßen waren noch da, der Marktplatz war noch da, aber jetzt versammelten sich hier nur Touristen. Etwas von der Kleinstadtstimmung konnte man vielleicht noch an einem Vormittag erleben, bevor der Vergnügungsbetrieb in Gang gekommen war, aber nicht um diese Tageszeit. Jetzt umbrauste uns der Vergnügungsrummel von Montmartre, und es war ein abstoßender Lärm, ganz anders als die zarten Töne, die wir vom linken Ufer gewohnt waren.

»Konntest du kein teureres Lokal finden?« sagte Lennart sarkastisch, als Peter uns durch die niedere Tür zu Mère Cathérine hineinschob.

»Nein, welches sollte das sein?« fragte Peter. Er schob sich durch das Gedränge wie ein geschmeidiges Tier durch dichten Urwald und hatte bald einen ausgezeichneten Tisch für uns draußen im Garten erobert.

Ich bin bestimmt stolz auf mein schwedisches Blut. Aber so schwedisch will ich in Paris nicht aussehen, daß ich kein Restaurant betreten kann, ohne daß ein kleiner Geiger auf meinen Tisch zustürzt und mir zu Ehren »Karl Herman und ich« zu spielen beginnt. Das tat der Geiger in Mère Cathérine. Er spielte lange für uns »Karl Herman und ich«. »Das muß dir gelten, Peter«, sagte Eva. »Denn Kati und ich sehen doch so französisch aus, und Lennart sieht wie gar nichts aus.«

»Wir sind auch Schweden, wenn wir auch klein sind«, wiederholte Peter mit sichtlichem Wohlbehagen. Er reckte seine stattliche Figur auf und sah schwedischer aus als Knäckebrot.

Wir bekamen ein Essen, das unsere Mahlzeiten zu Hause im Hotel als richtige Armenspeisung erscheinen ließ.

»Über diesen Schinken in Sahnensoße werde ich mich mit dem Prasser auf unserer Hoteltreppe noch unterhalten«, sagte Eva.

Hinterher begaben wir uns auf die Place du Tertre und tranken dort unsern Kaffee.

»Das muß man tun«, behauptete Lennart. »Das ist ebenso unvermeidlich wie der Eiffelturm.«

»Denkt nur, wenn man doch ein bißchen in allen Zeiten und an allen Orten der Welt leben könnte!« sagte ich. »Es gibt eine bestimmte richtige Zeit für alles. Die richtige Zeit, hier zu sein, war im vorigen Jahrhundert. Warum durfte ich nicht an einem Juniabend um 1880 hier sitzen und mit Künstlern reden? Und warum durfte ich nicht im siebzehnten Jahrhundert ins Carnavalet-Palais gehen und mit Madame de Sévigné plaudern? Warum durfte ich nicht zur Zeit Ludwigs XIV. mit einem eleganten Kavalier unter den Arkaden der Place des Vosges promenieren?«

In Peters blauen Augen blitzte es auf. »Oder mit Victor Hugo, als er dort wohnte. Da hättest du es amüsant gehabt.« Er wandte sich eifrig zu Eva. »Kannst du dir vorstellen, was dieser Hugo tat? Ja, er war in ein Mädchen verliebt, das Juliette hieß. Aber da traf er eine andere und begann, dieser Liebesbriefe zu schreiben. Und was macht er? Er schickt Abschriften von diesen Briefen an Juliette, um ihr gewissermaßen auf feine Art klarzumachen, daß es jetzt aus ist zwischen ihnen.«

Nichts von allem, was wir gesehen hatten, sei es im Musée Carnavalet oder im Victor-Hugo-Museum an der Place des

Vosges, hatte Peter tiefer berührt als diese Enthüllung aus dem Privatleben des großen Schriftstellers.

»Und dann war er auch verheiratet«, fuhr er fort. »Aber seiner Frau hat er wohl keine Briefe geschrieben, nehme ich an.«

»Das war nicht nett von Victor«, sagte Eva.

»Nein«, sagte Peter bestimmt, »das war es nicht. So könnte ich mich nie benehmen.« Aber ein helles Lächeln glitt über sein Gesicht, und er fuhr fort: »Obwohl ich aus Abwechslung liebe, wenn ich ehrlich sein soll. In diesem Augenblick bin ich fast ein bißchen verliebt in dich, Eva . . . Nein, du brauchst nicht unruhig zu sein, es wird bald vorbeigehen, es geht immer vorbei.«

»So ein Glück!« sagte Eva. »Ich bin auch so eine, die Abwechslung haben will. In diesem Augenblick bin ich ein bißchen verliebt in Henri Bertrand, aber es geht vorbei, es geht immer vorbei.«

Und sie sahen sich entzückt an und waren ganz beglückt, daß sie beide Abwechslung haben wollten.

»Obwohl ich finde, diesen Henri könntest du gleich aufgeben«, sagte Peter.

»Er findet, ich habe so schönes Haar«, sagte Eva und strich zärtlich über ihren blonden Scheitel. Und Peter legte den Kopf auf die Seite, sah Lennart und mich an und sagte:

»Ihr seid mutig! Jetzt seid ihr natürlich glücklich. Aber wie ist es in fünf Jahren? Werdet ihr dann auch glücklich sein?«

Da drückte Lennart ungeduldig seine Zigarette aus: »Ist es nicht ein bißchen kindisch, zu erwarten, daß man in eine Art permanenten Glückszustand hineinkommt, nur weil man heiratet? Warum verlangst du, daß die Ehe wie ein unendlicher Sommergarten ist, wenn das Leben im übrigen es nicht ist?«

»Aber es steht in den Märchen«, sagte Eva. »Dann lebten sie glücklich bis an ihr Ende.«

»In den Märchen, ja«, erwiderte Lennart. »Aber nicht in der Wirklichkeit. Ich glaube keinen Augenblick, daß Kati und ich auf Rosenwolken schweben werden, weder morgen, noch in fünf Jahren. Aber ich hoffe auf jeden Fall, bis an meinen Tod mit ihr verheiratet zu sein. Wir müssen wohl das Schlechte mit dem Guten hinnehmen, denke ich. Ich habe jedenfalls nicht die Absicht, in einem fort darüber nachzudenken, ob ich ›glücklich‹ bin.«

»Aber du wirst glücklich sein, lieber Lennart«, sagte ich zärtlich. »Ich sage wie Madame de Sévigné: ›Ach, liebes Kind, wie leicht ist es, mit mir zu leben! Ein wenig Freundlichkeit, ein wenig Geselligkeit, ein wenig Vertrauen, mehr ist nicht nötig, um mich zu erobern.‹«

Lennart streichelte meine Hand. »Ein wenig Freundlichkeit, ein wenig Geselligkeit, ein wenig Vertrauen . . .« wiederholte er.

»Neben einem gewissen Mangel an Widerspenstigkeit«, fuhr ich fort. »Das ist alles, was ich von dir verlange! Oh, das Leben wird bestimmt wie ein Sommergarten sein . . . . Sagtest du nicht Sommergarten?«

»Ja, mein Liebling, das wollen wir hoffen. Aber ich versuche nur, Peter zu predigen, daß man nicht erwarten darf, das Glück wie in einem Geschenkkarton von einem anderen Menschen überreicht zu bekommen.«

»Ich bin mit dem klügsten Mann der Welt verheiratet«, rief ich, »und ich liebe ihn!«

»Obwohl er um alle schönen Frauen trauert, die es seit Erschaffung der Welt gegeben hat«, fügte Eva hinzu. Sie zog ihre große Puderdose heraus, rieb den Spiegel blank, blickte gedankenvoll hinein und sagte: »Die Kameliendame ist tot, Madame de Sévigné ist tot, und, offen gesagt, ist es mit mir auch mies. Ich glaube, ich muß abends früher zu Bett gehen.«

»Aber nicht heute abend«, sagte Peter beunruhigt.

Nein, an diesem Abend schlief Eva nicht. Sie tanzte in Montmartre, daß die Schuhsohlen glühten.

»Sehr reizend sind die beiden«, sagte Lennart, als er Peter und Eva über die Tanzfläche des Tabarin gleiten sah, eng aneinander geschmiegt und so hingenommen vom Tanz, daß sie weder hörten noch sahen. Als sie an unseren Tisch zurückkehrten, war es, als wären sie aus einem Rausch erwacht, und Eva sagte zu mir:

»Er tanzt so teuflisch gut. Wenn ich mit ihm tanze, erinnere ich mich kaum noch, wie Henri aussieht.«

»Darf ich bitten?« sagte Peter hastig.

»Nein, jetzt will ich hier sitzen und überlegen, wie Henri aussieht«, entgegnete Eva. »Paris ist auf jeden Fall eine herrliche Stadt«, fügte sie hinzu.

Und wohin fuhren wir nach unserer Nacht in Montmartre? Natürlich zu den Markthallen.

»Unvermeidlich wie der Eiffelturm«, sagte Lennart.

Aber ein größeres Erlebnis als der Eiffelturm, fand ich. Ich habe Märkte und Verkaufshallen geliebt, seit ich als Kind jeden Samstag mit meiner Tante zum Östermalmsmarkt trabte. Ich erinnere mich noch jetzt an einen Frühlingstag, als der Markt voll war von Flieder, Narzissen und Maiglöckchen, und ich, toll von den Düften, der Tante weglief und eine Stunde später eingefangen wurde, wie ich selig schlummernd in einem großen Haufen Flieder lag. In meinem Kinderleben spielte der Geruch eine entscheidende Rolle – ich muß umhergelaufen sein und geschnuppert haben wie ein kleiner Hund –, und dieser Fliederduft hatte mich mit Jubel erfüllt. Es war herrlich, in einer Welt zu leben, in der es so gut roch!

Und dann in Paris in den Hallen losgelassen zu werden! Ich schrie vor Wonne, als ich den Blumenmarkt meiner Kindheit in tausendfacher Vergrößerung sah. Ich wanderte zwischen Meeren von Rosen und Bergen von Veilchen und Wäldern von Lilien und glaubte, im Garten Eden zu sein. Und dort waren Berge von Erdbeeren, Berge von weißen Blumenkohlköpfen, Berge von gelben Mohrrüben, Berge von roten Tomaten, und es war so schön, daß ich am liebsten alles gegessen hätte.

Aber die Zwiebelsuppe wollte ich nicht essen. »Muß man das?« fragte ich Lennart.

»Unvermeidlich wie der Eiffelturm«, sagte Lennart. »Übrigens bin ich hungrig.«

Lennart und Peter aßen Zwiebelsuppe im Rauchenden Hund, Chien qui fume. Eva und ich saßen daneben, sahen zu und kamen überein, daß wir es als eines der schmählichsten

Geheimnisse unseres Lebens bewahren würden, daß wir in Paris nie Zwiebelsuppe gegessen hatten.

Eva sagte: »Wenn die Mädchen im Büro mich fragen: ›Na, wie war die Zwiebelsuppe?‹, dann sage ich: ›Tralala . . . ich weiß noch genau, wie es im Louvre war, tralala.‹«

Am Schenktisch drängten sich große, starke Männer mit behaarten Armen, einige von den »Les forts de la halle«, und sie sahen wirklich danach aus, einen Sack Kartoffeln mit ausgestrecktem Arm heben zu können.

»Obwohl ich mich nicht scheuen würde, einen von ihnen zu einer Kraftprobe herauszufordern«, meinte Peter.

»Peter ist mindestens so stark wie ein ›fort de la halle‹«, bemerkte Eva, und es machte den Eindruck, als sei ihr das eine Genugtuung.

Nach der Zwiebelsuppe streiften wir weiter durch das bunte Gewimmel von Menschen, Autos und Karren, auf beschmutzten Bürgersteigen, auf denen Stroh und Gemüse-abfälle herumlagen. Wir verirrten uns in dunkle Neben-straßen.

Der Garten Eden . . . unter Rosen, Lilien und Veilchen, ja. Aber nicht hier. Hier lebten die Elenden, die Verlorenen, les misérables. »Lebten« – ist zuviel gesagt. Sie lagen auf den Bürgersteigen und überall in den Ecken, Geschöpfe, die nicht menschlich aussahen. Seltsame, bärtige alte Männer und magere alte Weiblein in den elendsten Lumpen. Hier war nichts von der fröhlichen Armut unserer Clochards in der Straßenecke in unserer Gegend. Hier waren Geschöpfe, die so tief in Not versunken waren, daß sie mehr Tieren glichen als Menschen.

Eine Großstadt hat viele Gesichter. Paris ist eine herrliche Stadt, sagte Eva, als sie eine ganze Nacht in Montmartre getanzt hatte. Sollte ich dieses stinkende Bündel im Rinnstein fragen, ob nach seiner Meinung Paris eine herrliche Stadt sei?

Ich zweifle, ob er überhaupt weiß, daß er in Paris wohnt.

Kapitel 9

Alte Städte sind merkwürdig. Menschen scharen sich zusammen, sie leben ihr kurzes Leben, arbeiten, lieben, lachen und weinen eine Zeitlang in dieser Stadt, die sie Paris nennen. Dann allmählich sterben sie, und auf ihren Straßen gehen andere Menschen, die arbeiten und lieben und lachen und weinen und bald dahingegangen sein werden. Aber hinterlassen sie keine Spur von sich? Hinterlassen sie nichts von ihrem Glück und ihrem Schmerz, ihrer Lust, ihren Gedanken, ihrem Leid und ihrer Sehnsucht, ihrem Haß, ihrer Furcht? Und empfinde ich nicht etwas von dem, wenn ich in ihrer Stadt umhergehe? Murmeln nicht selbst die Pflastersteine einen leisen, kleinen Bericht von denen, die vorher hier lebten? Wo ich auch in Paris umhergehe, und obwohl diejenigen, die jetzt ihre kurze Spanne hier verleben, so laut lärmen und schreien, wie sie nur können, höre ich den gemurmelten Bericht der Pflastersteine. Es gibt so viele Plätze. Pont Neuf, Place de la Concorde, Place de la Bastille, Place de l'Hôtel de Ville – ich höre keinen wirklich schönen Bericht. Wie in allen anderen alten Städten handelt er meistens von Blut, Schweiß und Tränen, denn so sind die Menschen!

Blut, Schweiß und Tränen! Die Stimme einer unglücklichen Königin wispert in der kalten Zelle der Conciergerie, und ich weine ein bißchen um Marie Antoinette. »Mein Gott, hab Erbarmen mit mir! Meine Augen haben keine Tränen mehr für Euch, meine armen Kinder!« Das schrieb sie an dem Tage, als sie sterben sollte, auf ein Blatt ihres Gebetbuches, hier an dieser Stelle, einsam, bitter einsam, getrennt von ihren Kindern und von dem Mann, den sie liebte . . . Oh, diesen Gedanken kann ich nicht ertragen. Ich verstecke mich hinter Lennart und Eva, denn sie sollen nicht sehen, daß ich um Marie Antoinette weine.

»Sag ihm, daß alle Meilen und Länder der Welt Herzen nicht trennen können«, schrieb sie einmal, und ihre Gedanken flogen nach einem etwas fernen Schweden, dem Lande, wo der Geliebte war. Hat Axel von Fersen jemals ihren Gruß bekommen? Das weiß ich nicht – und jetzt weine ich auch deshalb. Und ich gräme mich wieder ebenso bitter wie damals in der Schule, als ich von dem traurigen Ende der Flucht der Königsfamilie las und mich über Ludwig XVI. ärgerte, weil er in Varennes seine lange Nase aus der Kutsche heraussteckte und erkannt wurde. Sonst wäre es vielleicht glücklich ausgegangen und es hätte keine Zelle der Königin in der Conciergerie gegeben. Und ich hätte nicht hier zu stehen und die Tränen hinunterzuschlucken brauchen.

Glücklich ausgegangen? Ist das nicht ein glücklicher Ausgang, so zu sterben wie Marie Antoinette? Sonst hätten wir ihrer wohl nur wie einer kleinen Tanzpuppe gedacht, die ihre Tage spielerisch verbrachte, während ein ganzes Volk hungerte und litt. Jetzt verzeihen wir ihr Gedankenlosigkeit und Torheiten um der Größe willen, die sie offenbarte, als sie sterben sollte.

Nein, ich weine nicht mehr über ihren Tod. Ich trauere nur über ihre wehmütige Liebesgeschichte und darüber, daß ihre Kinder ihr so grausam genommen wurden, und darüber, daß dieser Brief, den sie an einem frühen Oktobermorgen des Jahres 1793 schrieb, nie bei ihrer Schwägerin, Madame Elisabeth, angekommen ist. Ich hasse Robespierre deswegen mehr als wegen aller anderen Grausamkeiten, die er begangen hat. Was hätte es ausgemacht, wenn er Madame Elisabeth diesen Brief ausgehändigt hätte, so daß sie den armen Kindern hätte erzählen können, wie ihre Mutter bis zum letzten Augenblick an sie dachte? So daß sie einen letzten heimlichen Gruß über alle Meilen und Länder der Welt zu einem armen kleinen schwedischen Edelmann hätte schicken können, der in Unruhe und Angst wartete? Nein, ein so menschlicher und natürlicher Gedanke konnte in Robespierres kaltem Schlangenhirn nicht entstehen. Statt dessen versteckte er den Brief sehr sorgfältig zwischen den Matratzen seines Bettes. Oh, ich kann ihn vor mir sehen! Sicher holt er ihn jeden Abend hervor und liest etwas darin, ehe er das Licht für die Nacht auslöscht. »»Herzen nicht trennen‹ – hehe«, lacht er mit seinem boshaften Mund und steckt zufrieden den Brief wieder unter die Matratze. Und neun Monate lang liegt er Nacht für Nacht auf diesem Brief. Aber in einer Julinacht 1794 liegt kein Monsieur Robespierre mehr im Bett, sein Kopf ruht nicht auf dem weichen Kissen. Nein, denn Monsieur Robespierre hat keinen Kopf mehr, er hat ihn an diesem Tage auf der Place de la Révolution verloren.

Und nun kommt der Brief zum Vorschein. Aber die Adressatin ist nicht mehr vorhanden. Seit zwei Monaten ist die Adressatin nicht mehr vorhanden. Madame Elisabeth ist denselben Weg gegangen wie ihre unglückliche Schwägerin. Dieselbe Guillotine, derselbe Platz. Nur der Brief ist noch da. Arme Marie Antoinette! Einmal war sie jung und fröhlich, schön und geliebt und wohnte in dem prächtigsten der Schlösser, das der Mittelpunkt der Welt war. Ich muß Versailles sehen – um Marie Antoinettes willen!

Diesen Weg zwischen Paris und Versailles, den wir jetzt fahren, hat sie oft zurückgelegt. Das erste Mal an einem strahlenden Maitage als kleine, fünfzehnjährige Braut. Und dann während der fröhlichen Jahre zu so vielen lustigen Festen in Paris, zu nächtlichen Maskeraden, zu Theaterbesuchen – ihre seidengepolsterte Karosse ist so oft und so leicht hier entlanggerollt. Hier fuhr sie als stolze junge Mutter nach Paris, um als Wöchnerin ihren ersten Kirchenbesuch in Notre-Dame zu machen. Und zum letztenmal fuhr sie hier an einem dunklen Oktobertag des Jahres 1789. Damals war ihr Wagen von rasenden Weibern aus den Hallen in Paris umgeben. Von rohen Fäusten wurde sie aus ihrer seiden-schimmernden Rokokowelt herausgerissen und kehrte nie mehr dahin zurück.

Himmlische Mächte – fünfzehn Jahre zu sein, jungver-mählt, und dann in dieses ungeheure, größenwahnsinnige Schloß zu kommen! Wie bin ich froh über meine drei kleinen Zimmer zu Hause in der Kapteensgatan!

Wie mag sie sich in der ersten Zeit heimgesehnt haben! Wie schrecklich mag sie sich gelangweilt haben! Und dann wird sie sich gefragt haben, was die schöne Madame Dubarry für eine Gestalt war und warum der alte Großvater Ludwig immer das tat, was Madame Dubarry wollte. Eine Fünfzehn-jährige von einem tugendsamen österreichischen Hof mochte schwer verstehen können, daß ein ganzes Land von den Maîtressen des Königs beherrscht wurde.

Wir gehen durch die Säle, wo keine ausschweifenden Könige, keine schönen Kurtisanen und keine lieblichen Rokokoprinzessinnen mehr sind, sondern nur Scharen von neugierigen Touristen aus allen Teilen der Welt.

»Heute sind viele Leute in Versailles«, sagte Eva.

Diese Worte haben diese Wände schon früher gehört, obwohl sie damals natürlich auf Französisch gesagt wurden. Sehr widerstrebende Lippen sprachen sie, und die Lippen gehörten der damals siebzehnjährigen Marie Antoinette.

Sie steht hier in diesem Raum – wer weiß, vielleicht gerade an der Stelle, wo ich jetzt stehe, – und sieht die Damen des Hofes vorbeidefilieren. Oh, wie erbittert sie ist! Sie will nicht ... will nicht! Aber diese Dubarry kommt immer näher, und sie weiß, daß sie etwas sagen muß, irgend etwas sagen zu dieser schrecklichen Person. Der königliche Großvater hat befohlen, daß sie es tun soll. Zwei Jahre lang hat sie die Dubarry durch ihr Schweigen kaltgestellt, aber jetzt geht es nicht mehr. Die Dubarry hat bei dem König geweint und geklagt und behauptet, Marie Antoinette beleidige sie vor dem ganzen Hof, und sie könne doch wohl ein einziges kleines Wort sagen. Marie Antoinette, die Gattin des Thronfolgers, ist die erste Dame des Reiches. Die Dubarry kann selbst keine Unterhaltung einleiten, das wäre gegen alle Etikette und gegen allen Anstand. Sie kann nur dastehen und warten. Und sie hat warten müssen. Aber jetzt endlich.

Da steht die Dubarry vor der Siebzehnjährigen. Sie zittert in Erwartung der ersehnten Worte. Und die Worte kommen. »Es sind heute viele Leute in Versailles«, sagt Marie Antoinette. Man hört deutlich, daß nach ihrer Meinung mindestens eine zuviel da ist.

Ist die Dubarry jetzt zufrieden? Man muß es hoffen. Denn eine weitere Unterhaltung zwischen den Damen findet nicht statt. Die Dubarry kann auf ihrem Bettrand sitzen und still für sich die einzigen Worte wiederholen, die sie je aus Marie Antoinettes Munde gehört hat: »Es sind heute viele Leute in Versailles.«

Und sehr bald muß dieser und jener Versailles verlassen. Zwei Jahre später wacht die Dubarry am Sterbelager des Königs. Die Blattern verheeren seinen alten, abgelebten Körper, und er weiß, daß er sterben muß. Die Dubarry ist die einzige, die er in dieser Welt hat, die einzige, die um ihn trauern wird, und er will sie gern bei sich haben in seiner schweren Stunde. Aber er weiß, daß seine Sünden zahlreich und groß sind. Einen Beichtvater, nicht eine Maîtresse, muß Frankreichs König jetzt bei sich haben. Die Dubarry muß hinaus, der Geistliche kommt herein. In sechzehn glühenden Minuten bekennt Ludwig seine Sünden – der Hof steht draußen und kontrolliert die Zeit nach der Uhr.

»Wieviel muß er gesündigt haben«, sagt Eva, als wir in dem königlichen Schlafzimmer stehen, in dem dieses Sündenbekenntnis stattgefunden hat.

Und dann, liebliche Marie Antoinette, dann kommt deine Zeit! Jetzt nimmst du die Zügel in deine schönen, verschwenderischen Hände. Und es ist so lustig in Grand Trianon und Petit Trianon, und Ludwig ist so nett und bescheiden und läßt alles geschehen. Man tanzt die Nächte hindurch, und wenn man Abwechslung haben will, zieht man sich zurück in das entzückende Dörfchen ganz hinten im Park. Als Schäferin gekleidet, melkt man parfümierte Kühe in Gefäße aus feinstem Sèvresporzellan und amüsiert sich mit anderen Schäfern und Schäferinnen.

Eine kleine Rokokoschäferin spielt mit ihrem Schäfer . . . Es ist doch nur Spiel? Wie ging es zu, daß es plötzlich Ernst wurde? Wann hat sie begriffen, daß Schäfer und Schäferin zwei Herzen haben, die alle Meilen und Länder der Welt voneinander trennen können?

Vielleicht erst, als die schlimmen Tage kamen. Sie sitzt hier im Park an einem Oktobertage des Jahres 1789. Hier bekommt sie die bedrohliche Nachricht, daß das Volk von Paris auf Versailles marschiert. Ausgehungerte Menschen, die kommen, um »den Bäcker, die Bäckersfrau und den kleinen Bäckerjungen« zu holen, die ihnen Brot geben sollen. Und Marie Antoinette erhebt sich von ihrer Bank und eilt zurück

nach Versailles. Begreift sie, daß sie ihr Trianon zum letztenmal gesehen hat? Arme junge Marie Antoinette. ... Jetzt bin ich müde, ich will zurück nach Paris, und unser Auto fährt so schnell, viel schneller als Marie Antoinettes goldene Karosse, die sie in die Gefangenschaft fuhr.

Müde, müde, müde bin ich, ich sehne mich nach meinem Bett in unserem Hotel. Aber wir sitzen eine Weile im Verkehr auf der Place de la Concorde fest... Place de la... Révolution!

Ich sehe nicht den Luxor-Obelisk. Ich sehe die schmale Silhouette einer Guillotine an einem blassen Herbsthimmel. Place de la Révolution im Schreckensjahr 1793!

Dort sitzen sie im Kreise und warten, die Frauen aus den Markthallen, um zu sehen, wie die verhaßte Österreicherin ihren Kopf unter das Beil legt. Sie sitzen da und stricken und warten. Kommt sie nicht bald? Ja, jetzt hören sie das ersehnte Geklapper des Henkerkarrens, jetzt sehen sie ihn hinten an der Rue Royale. Ha, da kommt sie! Ein Geheul steigt aus ihren Kehlen auf, der Terror schreit nach Blut.

»Mein Gott, hab Erbarmen mit mir! Meine Augen haben keine Tränen mehr ...!« Nein, sie weint nicht, wie sie da auf dem Karren sitzt, eine weiße Gestalt, so aufrecht, so unnahbar, bereits so weit entfernt.

Hab keine Furcht, Marie Antoinette! Bald kannst du schlafen! Hab keine Furcht!

KAPITEL 10

»Es ist mühsam mit Liebe in einer fremden Sprache«, klagte Eva. »Henri und ich, wir saßen gestern abend bei Duponts – à propos Duponts, da müßtet ihr einmal hingehen, Lennart und du, denn das ist ein interessantes Café, – wir saßen den ganzen Abend da, und er sagte in einem fort: ›Je t'aime, je t'adore‹, und ich wußte nicht, was ich antworten sollte. ›Bon‹, sagte ich, aber das klang so entsetzlich schroff, so ungefähr, als wäre ich in einer

Sitzung und sagte: ›Bon, die Sache ist abgemacht, und hiermit erkläre ich die Sitzung für geschlossen.‹ Ich kann nicht auf Französisch zärtlich sein.«

»Dann sei doch auf Schwedisch zärtlich«, sagte ich. »Ich glaube, Peter würde das sehr schätzen.«

»Peter macht sich doch nichts daraus, ob ich zärtlich bin oder nicht«, erwiderte sie. »Du bildest dir doch nicht ein, daß er meinetwegen immer herkommt?«

»Nja . . .«

»Der kleine Druckmaschinen-Peter, ach, der hat es bloß satt, in Paris allein zu sein«, unterbrach sie mich. »Aber die Welt wimmelt von einsamen Jünglingen, und ich kann mich nicht um alle kümmern.«

»Du pflegst dein Bestes zu tun«, sagte ich.

Ich mochte Peter gern. Ich fand ihn gar nicht langweilig, wie er sich selbst zu finden behauptete. Der lustige Unsinn, den er redete, sobald wir alle vier zusammen waren, hörte auf, wenn man allein mit ihm war. Dann war er ernsthaft und ziemlich schweigsam, zugleich aber in einer sehr entwaffnenden, etwas kindlichen Art offenherzig.

»Mein Vater, weißt du«, sagte er einmal zu mir, »mein Vater hat sich sein ganzes Leben lang nur um eine einzige Frau gekümmert, und das war meine Mutter. Und sie betrog ihn, sooft sie nur konnte. Und als sie vor einigen Jahren starb, trauerte mein Vater sich fast zu Tode. So möchte ich es einmal nicht haben. Ich liebe Frauen ungeheuer, aber ich gedenke, nicht alles auf eine einzige Karte zu setzen, das habe ich mir geschworen!«

Im nächsten Augenblick sagte er lachend: »Kümmere dich nicht um das, was ich rede. Mit Lennart und dir wird es prima gehen. Du bist prima. Lennart ist prima. Es wird prima gehen.«

Lennart fand Peter auch »prima«. Sie wurden richtig gute Freunde in den wenigen Tagen, die wir zusammen waren. »Aber einen Fehler hat er«, sagte Lennart zu mir. »Er wirkt so sicher. Er weiß, daß er ein guter Geschäftsmann ist und die Leute richtig behandeln kann und was du willst, aber ich möchte wissen, ob er nicht innerlich an sich selbst zweifelt.

Ich glaube nicht, daß er Peter Björkman so sehr schätzt, wie er es tun müßte.«

Wir waren weiterhin alle vier zusammen. Zuweilen ließ Eva uns im Stich und widmete sich Henri. Peter ließ sich nie ein Mißvergnügen darüber anmerken, aber einmal sagte er zu ihr:

»Was bist du für ein Kamerad? Ich habe dir doch gesagt, daß ich ein bißchen verliebt bin in dich, und dann ist es doch klar, daß ich dich bei der Hand haben möchte, falls ich dir plötzlich eine Liebeserklärung machen will.«

»Du kannst mitkommen, wenn ich einen Hut kaufe«, sagte Eva. »Dann kannst du deine Erklärungen machen, während ich Hüte probiere!«

»Nimm dich nur in acht!« warnte Lennart.

Aber Peter hörte auf keine Warnungen. Und das Ergebnis war, daß wir alle zusammen gingen. Ich wollte doch wahrhaftig auch nicht ohne einen Hut aus Paris nach Hause kommen.

»Mein Hut muß wie ein Traum sein«, erläuterte Eva. »Wenn ich mit dem Hut den Strandweg entlanggehe, muß es wie ein Rauschen durch die Menge gehen: P-a-r-i-s!«

Und sie rauschte anschaulich, damit wir begreifen sollten, wie es auf dem Strandweg klingen würde.

Wenn man einen Hut finden wollte, der ein solches Rauschen hervorrufen könnte, mußte man eine Menge Hüte probieren. Es sei ein Tag des Prüfens und der Prüfungen, sagte Lennart. Eva und ich fanden es herrlich.

Unsere Verkäuferin in der Hutabteilung bei Lafayette fand es wohl nicht so herrlich, aber im Anfang war sie geduldig und kroch in alle Winkel, um ständig neue Traumhüte für uns herbeizuholen.

Eva beim Hüteprobieren ist ein Studium für sich. Ihr Gesichtsausdruck ist unergründlich, sie sieht aus, als befolge sie einen geheimen Ritus. Ihr ganzes weibliches Wesen scheint träumend in sich selbst zu ruhen, und mit anmutigen Bewegungen setzt sie zärtlich den Hut auf ihren Kopf. Und der Hut sitzt da und fühlt sich wohl und sieht aus, als dächte er: Hier will ich bleiben! Wenn ich denselben Hut aufsetze, kann man ihn förmlich schreien hören: »Hilfe, Hilfe, man mordet mich!« Trotzdem versuchen die Verkäuferinnen zuweilen in unklugem Eifer, mich und den Hut davon zu überzeugen, daß wir zusammengehören. Zu unserer Ehre muß ich sagen , daß wir uns selten überlisten lassen, weder ich noch der Hut. Der Hut jedenfalls nie.

Manchmal aber kann eine energische Verkäuferin sein Klagegeschrei so weit übertönen, daß ich es nicht höre. Der Hut wird in eine Tüte gesteckt, und ich eile fröhlich damit nach Hause, ohne zu ahnen, daß er da liegt und sich zu einer Abrechnung rüstet. Aber dann kommt die unselige Stunde, wenn »ich mit meinem Hut allein bin«, wie Eva es zu nennen pflegt. »Ich hasse dich!« sagt der Hut. »Ich hasse deine Stirn und deine Augen und dein Haar. Armes Kind, was hast du für Haar? Ist das Roßhaar?« Ich schleudere den Hut erbittert auf den Boden. »Von allen widerwärtigen Hutgespenstern, die ich je gesehen habe«, beginne ich, aber dann kommt Eva herein und kauft mir den Hut für den halben Preis ab. Sie drückt ihn keck aufs rechte Auge, und der Hut schnurrt zärtlich. Wie der reinste Traum einer Modistin steht Eva vor dem Spiegel, und der Hut streckt mir die Zunge heraus: »Wer hat hier Hutgespenst gesagt?« So durfte es nicht gehen, wenn ich meinen Pariser Hut kaufte, auf keinen Fall!

Ich probierte Hüte, bis die Verkäuferin aussah, als überlege sie, zu einem anderen Beruf überzugehen, ehe sie zu alt geworden wäre. Und Lennart entfernte sich so weit von mir, wie er nur konnte, damit niemand ihn im Verdacht haben sollte, daß er irgendwie mit mir zusammenhänge. Ich probierte Hüte aller Größen und Formen, aber ich konnte nicht dafür, daß keiner von ihnen so war, wie er sein sollte. Ich wollte auch auf dem Strandweg ein Rauschen hervorrufen und nicht ein schallendes Gelächter.

Schließlich hatte ich fast das ganze Lager durchprobiert, und ich sah mich um wie ein Feldherr, der nach überstandener Schlacht nur einige gewohnheitsmäßige Aufräumungsarbeiten auszuführen hat.

Da sah ich ihn. Ein kleiner, unschuldiger, weißer Matrosenhut, der auf einem Ständer stand und nett aussah. Es war genau der Hut, den ich zu meinem marineblauen Kostüm haben mußte. Das fand der Hut auch. »Jaja«, sagte er, als ich ihn auf meinen Kopf gedrückt hatte, »eine Schönheit bist du nicht, aber ich hätte es schlechter treffen können. Du gefällst mir. Okay, gehen wir!«

Zu der Zeit hatte Eva längst eine kleine schwarze Pillenschachtel gewählt, die sich vom ersten Augenblick an wild in ihr pikantes Profil verliebt hatte und offenbar dafür leben und sterben wollte, daß dieses Profil richtig zur Geltung käme.

Ach, Eva und ich waren so froh, als wir mit unseren neuen Hüten Lafayette verließen.

»Über eines muß ich mich immer wieder wundern«, sagte Peter.

»Worüber mußt du dich immer wieder wundern?« fragte Lennart.

»Über diese Begeisterung, die Frauen für so etwas so Unwichtiges wie einen Hut aufbringen.«

»Aber er ist reizend!« sagte Lennart.

Peter sah Eva an.

»Ja, er ist reizend«, sagte er. »Aber jetzt wäre ein Apéritif nicht dumm!«

Und Lennart und Peter gingen mit großen Schritten vor uns her zum Café de la Paix.

»Über eines muß ich mich immer wieder wundern«, rief Eva hinter ihnen her, »über die Begeisterung, die Männer aufbringen, wenn sie in eine Kneipe rennen!«

Wir ließen uns an diesem Nabel der Welt nieder, von dem man schon so viel gehört hat. Aber es dauerte mehrere Minuten, bis wir einige Schweden sahen, so daß wir fast schon glaubten, am falschen Ort zu sein.

»Ruhe! Ruhe!« sagte Lennart. »Da kommen sie!«

Das taten sie. Und als wir genau hinhörten, merkten wir, daß an den Nebentischen fast nur Schwedisch gesprochen wurde. Hier und da war eine kleine Französin dazwischen. Man erkannte sie an den Schuhen, die nur aus einigen Riemen und einem wahnsinnig hohen Absatz bestanden, und an etwas Abenteuerlichem in ihrem Blick.

»*Muß* ich heute nacht nach Hause reisen?« jammerte Eva. »Muß ich es wirklich?«

Nicht der Anblick unserer Landsleute veranlaßte ihr Gejammer, obwohl es fast so wirkte. Es war wohl eher so, daß einem, wenn man einen neuen Hut hat und im Café de la Paix sitzt und wenn die Sonne scheint und das Volksleben um einen braust, der Gedanke widerwärtig ist, daß man nach Hause reisen und in einem Anwaltsbüro schuften muß.

»Wenn das Leben da draußen braust, mag ich nicht daheim sitzen und Strümpfe stopfen«, hörte ich einmal eine finnische Dame aus tiefstem Herzen ausrufen – und so ungefähr fühlte sich wohl Eva jetzt.

Peter sah sie eine lange Zeit an und schien etwas zu überlegen. »Wir werden uns wohl auch daheim in Stockholm einmal treffen, hoffe ich«, sagte er endlich.

»Ja, warum nicht?« sagte Eva. »Wir können uns ja mal treffen – zur Abwechslung.«

Peter nickte. »Eben«, bestätigte er zufrieden. »Wir können uns manchmal treffen – zur Abwechslung.«

»Aber wollen wir nicht zur Abwechslung noch etwas Parfüm kaufen?« sagte Eva zu mir. »Wieviel Geld habe ich noch? Ach was, ich kriege neues Gehalt, wenn ich nach Hause komme, ich werde also leben, als wäre jeder Tag der erste.«

»Findest du diese beiden Mädchen nicht ungeheuer eifrig?« sagte Lennart zu Peter. »Glaubst du nicht, daß es für uns am besten ist, wenn wir so lange hier bleiben?«

Das glaubte Peter. Aber wir schleppten sie mitleidlos mit zur Rue de Rivoli.

Ach, war das eine Straße! Eva und ich liefen mit verzückten Aufschreien von einem Schaufenster zum anderen. Hier war alles, was ein Frauenherz begehren konnte. Bijouterieläden mit billigen Ringen, die in unseren Augen sehr raffiniert aussahen, aparte Armbänder und Perlenketten aller erdenklichen Art, und Parfümläden, wo man gute Parfüms weit unter den Preisen der bekannten Marken herstellte.

Wir gingen in so ein Geschäft, und die charmante Dame hinter dem Ladentisch erklärte uns, daß wir nur zu sagen brauchten, was für eine Art Duft wir haben möchten:

»Amour-amour« oder »Ma griffe« oder »Chanel Nr. 5«, dann könne sie eines heraussuchen, das genau so rieche, aber nur etwa die Hälfte koste.

Eva wußte nicht, für welchen Duft sie sich entscheiden sollte. »Ich möchte eines haben, das ungefähr so riecht, wie eine Schlangenbändigerin aussieht«, sagte sie zu mir. »Eines, das man nur mit Polizei-Eskorte anzuwenden wagt.«

Die Dame hinter dem Ladentisch bespritzte uns reichlich aus all ihren verschiedenen Flaschen, und Eva und ich rochen Probe, und Peter und Lennart rochen auch Probe, ja, Peter roch so intensiv an Eva Probe, daß sie entzückt ausrief: »Dies scheint das richtige zu sein!«

Und wir gingen mit vielen winzig kleinen Flaschen voll der lieblichsten Wohlgerüche davon und begaben uns in den nächsten Laden, um Ringe anzuprobieren.

»Wir wollen keinen kaufen«, sagte Eva, »wir wollen nur probieren.«

Da war ein Ring mit einem großen »Diamanten«, und sie seufzte vor Verlangen, ihn zu besitzen. Es war ein ganz billiger Diamant, er kostete nicht mehr als fünfunddreißig Kronen in schwedischem Gelde, aber das war doch mehr, als sie sich leisten konnte.

»Darf ich dir nicht lieber ein Armband schenken?« sagte Peter.

»Warum nicht den Ring?« fragte Eva.

»Einen Ring werde ich nie einem Mädchen schenken«, erklärte Peter.

»Es war meinerseits eine rein theoretische Frage«, erwiderte Eva. »Ich nehme keine Juwelen von Herren an, nicht einmal, wenn sie unecht sind, – die Juwelen, meine ich.«

Wir streiften weiter unter den Arkaden der Rue de Rivoli umher. Da waren auch elegante Herrensachen, und ich flüsterte Eva zu, ich möchte Lennart gern ein Geschenk kaufen. Da lag ein wunderbarer blauer Schlafanzug in einem Fenster, und ich gab Eva einen Stoß und sagte: »Was sagst du zu dem?«

Aber Eva sah nach, wieviel er kostete, und stellte fest, für diesen Preis müsse wenigstens ein Mann darin sein.

Ich kaufte also für Lennart ein Taschentuch. Mit einem kleinen hübsch gestickten Spruch, der versicherte, daß die im Mai geborenen Mädchen schön, klug und romantisch seien. Das konnte ihm jedesmal eine Erinnerung sein, wenn er sich die Nase putzte. Ich bin im Mai geboren.

»Diese Straße wird zu meinen schönsten Pariser Erinnerungen gehören«, sagte Eva, als wir mit Einkaufen fertig waren. »Viel besser als der Flohmarkt.«

Ich stimmte ihr zu. Der Flohmarkt war für mich eine bittere Enttäuschung gewesen.

Alle Menschen daheim, die nach Paris zu reisen pflegen, hetzen einen zu den wildesten Erwartungen auf. »Der Flohmarkt«, himmeln sie, »was kann man da für Funde machen!« Und dann zeigen sie einem ein paar vergoldete Leuchter, die meist aus dem siebzehnten Jahrhundert stammen und für einen »Spottpreis« gekauft sind. Es gibt Wohnungen, in denen nicht die kleinste Kleinigkeit schwedischen Ursprungs ist, alles ist vom Pariser Flohmarkt nach Hause geschleppt, und alles sind lauter Kleinodien. Ich begreife nicht, wie sie es anfangen. Es ist einerlei, wohin sie gehen. Sie betreten einen kleinen Trödlerladen in einer Hintergasse und kommen mit einem der besten zeitgenössischen Rembrandtportraits in der Hand wieder heraus. Es pflegt rund zwanzig Kronen zu kosten. Und der Ladenbesitzer rennt ihnen nach und fleht sie an, noch ein anderes, kleines, dunkles Bild mitzunehmen. Es schlägt nie fehl, auch das ist ein alter Meister. Der Besitzer des Ladens denkt sich wohl, daß sein Laden kein Louvre ist und es auch nicht sein wird, solange er gesund bleibt und ihn für alle Rembrandts und Van Dycks, die die Regale füllen, sauber halten kann. Warum kann ich nie einen Fund machen wie diese Leute? Wenn sie zu den Bouquinisten am Seinekai kommen, beginnt es in den Bücherständen von alten, schönen Erstausgaben zu wimmeln. Wenn ich dorthin komme, liegt nur die »Madonna im Schlafwagen« in äußerst schäbigen Exemplaren dort herum.

Aber ich hatte auf den Flohmarkt gehofft. Und Eva auch.

»Ich kaufe mir einen schönen, kleinen, antiken Anhänger«,

sagte sie. »Einen kleinen Smaragd oder so etwas.« Diesmal waren Lennart und Peter nicht bei uns. Als wir in Porte Clignancourt aus der Métro stiegen, stürzte Eva auf einen alten Mann zu und fragte, wo unser Flohmarkt sei.

»Marché aux puces, Abteilung für antike Anhänger?«

»Marché aux puces!« sagte der Alte und deutete auf einige lange Reihen mit Verkaufsständen, wo sie alte Kleider und allen möglichen Krimskram verkauften.

Wir wurden von bösen Ahnungen erfaßt und näherten uns mißtrauisch. So weit das Auge reichte, ein Stand neben dem andern, wo schäbige Broschen, billige Uhren, Halsketten, Aschbecher, kleine Miniatur-Eiffeltürme und andere geschmacklose Andenken an Paris bunt durcheinander lagen. Antike Anhänger sahen wir nicht. Eva wühlte eine Weile in den Halsketten, um zu sehen, ob die Smaragde vielleicht nach unten geraten wären, aber nein!

Nun, schließlich kamen wir doch zu der Abteilung, wo es die Antiquitäten gab. Aber es war leider unverkennbar, daß vor uns irgendein hervorragender Schatzfinder dort gewesen war und mit seiner gewohnten erschreckenden Sicherheit alles Wertvolle mitgenommen hatte. Ich versuchte, mir einzureden, daß ein kleiner, zerlumpter Polsterstuhl ein außerordentlicher Fund sei, und überlegte, ob wir ihn im Auto mitnehmen könnten. Aber Eva sagte, wenn ich diesen Stuhl mit nach Schweden nehmen wolle, so solle ich nur rechtzeitig an eine Entlausungsanstalt telegrafieren, damit sie mit der größten Insektenspritze bereitständen.

Einen antiken Anhänger fand Eva nicht. Aber wir kauften uns beide einen soliden Hornkamm, denn dafür hat man immer Verwendung.

Nein, man komme mir nicht mit dem Flohmarkt in Paris! Denn dann schwinge ich meinen Hornkamm und rufe: »Der Flohmarkt! Ja, da kann man Funde machen!«

»*Muß* ich heute nacht nach Hause reisen?« jammerte Eva. »Muß ich wirklich?«

Wir feierten ihren Abschied in einem netten kleinen Restaurant am Odéon. Sie blickte düster in ihren Pfirsich-

Melba und sagte: »Ich will nicht. Ich habe noch keine Nachricht von daheim, daß der Keller mit Wein und jungen Kapaunen gefüllt ist.«

»Wir müssen doch alle nach Hause fahren«, versuchte Lennart, sie zu trösten.

»Ich nicht«, sagte Peter. »Du kannst mit mir an die Riviera kommen, Eva.«

»Rede nicht so«, stöhnte Eva. »Es könnte einen Kurzschluß im Gehirn geben, so daß ich völlig die Besinnung verliere und mitlaufe.«

»Nicht, solange der alte Lennart wacht«, sagte Lennart. »In fünf Stunden hebt der ›Nachtpariser‹ Evita mia nebst der übrigen Bagage in die Lüfte.«

Aber das Flugzeug flog erst mitten in der Nacht ab, und der alte Lennart wollte bis dahin doch nicht wachen. Dagegen erbot sich Peter sehr freundlich, Eva während der letzten Stunden in Paris Gesellschaft zu leisten.

»Sorry«, sagte Eva. »Henri ist schon vorher auf diesen Gedanken gekommen.«

Peter lachte. »Die Franzosen sind flink«, sagte er. »Das ist anders als bei uns Faultieren von der nordischen Rasse.«

»Ja, ihr daheim in Schweden seid ein bißchen langsam«, sagte Eva. »Das Land der Holzfiguren«, setzte sie hinzu und sah ihm tief in die Augen.

KAPITEL 11

Meine Nachtigall wird ihre fröhlichen Morgentriller wohl fortsetzen, obwohl ich abgereist bin. Sie weiß nicht einmal, daß es mich gibt. Aber ich werde an sie denken, solange ich lebe. Die Pater, die in ihrem Garten umherwandern, wissen auch nicht, daß es mich gibt, aber ich werde sie immer in all ihrer schwarzgekleideten Feierlichkeit unter grünen Bäumen vor mir sehen. Nicole, die fröhliche, dralle und zänkische, vergißt mich über neuen Gästen, die sie in ihre Ansichten über die Rätsel des Daseins einweihen muß. Die Clochards in der Ecke werden ihre Gespräche über das Leben fortsetzen und auf ihren Pflastersteinen einschlafen, ohne zu wissen oder zu fragen, ob ich lebe oder gestorben bin. Aber alles, die Nachtigall, die Pater, Nicole und die Clochards sind mein Besitz für immer. Sie gehören mir ebenso, wie mir die Dämmerung der Juninacht über den Seineufern gehört und das sonnenglitzernde Wasser der Fontänen auf der Place de la Concorde, die tiefe Stille unter den Wölbungen von Notre-Dame, die kleinen mittelalterlichen Straßen um St-Julien-le-Pauvre, das Gewimmel in der Rue Mouffetard am frühen Morgen und am späten Abend, die Kleine Trallige, die schöne Mama im Luxembourgpark mit all ihren Kindern, der freundliche Polizist, der am Rond-Point der Champs-Elysées seinen weißen Stab schwingt, die Eckensteher an der Place Maubert, die Blumenhändlerinnen am Quai aux Fleurs. Mir gehört das alles, es ist mein Paris, so wie ich es zum erstenmal sah.

»Ich bedaure die Pariser«, sagte ich zu Lennart.

»Warum denn?«

»Sie können nie zum erstenmal nach Paris kommen.«

»Aber sie brauchen nicht wegzureisen«, sagte Lennart mit einem neidischen Blick auf das junge Paar, das vor uns die Rue de l'Estrapade entlangging.

Wir waren unterwegs, um von Paris Abschied zu nehmen.

Zum letztenmal wollten wir durch unsere Straßen gehen.

Die Tournee der Großfürsten, »La tournée des grands-ducs«, nennt man in Paris den nächtlichen Rundgang reicher Touristen von einem teuren Vergnügungstempel zum andern. Lennart und ich hatten auch eine Tournee, la tournée de Lennart et Kati. Die Großfürsten würden sie nicht gebilligt haben, aber für uns war sie der Inbegriff alles dessen, was wir in Paris am meisten liebten und in Erinnerung behalten würden, wenn wir fort waren.

Es hat fast den ganzen Tag geregnet, sacht und still, und eben hat es aufgehört. Silbergrau wölbt sich der Himmel über

Paris, lieblich und mild, melancholisch wie ein Abschied. Wir gehen unsere Straßen.

Vor St-Etienne-du-Mont steht die Kleine Trallige. Allein und regungslos. Worauf wartet sie? Sanft und mild und melancholisch sieht auch sie aus. Erst wenn es Abend wird und die Laternen in der Rue Mouffetard angezündet werden, erst dann wird die Kleine Trallige munter und beweglich wie ein fröhlicher kleiner Fisch.

Leb wohl, Kleine Trallige. Du siehst uns niemals wieder. Wir sehen dich niemals wieder.

Wir gehen unsere Straßen. Lauschen auf ihre murmelnden Berichte. Jede Straße hat ihre Geschichte, ihre besondere Farbe und Atmosphäre, die man in seinen äußersten Nervenspitzen fühlen muß, sonst ist es nur eine stumme Wanderung zwischen stummen Häusern.

Wir beide spüren das Leben der Straßen.

Die Rue de la Montagne-Ste-Geneviève ist eine meiner Lieblingsstraßen, holperig, hügelig und mittelalterlich. François Villon, der Dieb und Poet, ist einstmals über dieses Pflaster gegangen. Und wie einen huschenden Schatten kann ich ihn spüren, wenn wir den Hang zur Place Maubert hinuntergehen und weiter bis St-Julien-le-Pauvre.

In den kleinen Straßen um die Kirche ist die mittelalterliche Stimmung stärker als irgendwo sonst in Paris. Hier ist es volkstümlich wie zu Villons Zeit und arm, wie es wohl auch damals war. Die elendsten Strolche halten sich hier in Gäßchen und Winkeln auf, und wenn Villon sie sehen könnte, würde er ihnen wohl wie alten Bekannten zunicken: Seht da meine hungrigen Brüder!

Wir sitzen eine Weile in den kleinen Anlagen, die die Kirche umgeben, und sehen den fröhlichen Kindern zu, die Versteck spielen: zur einen Kirchentür hinein, zur anderen wieder heraus. Was wohl Saint Julien dazu sagen würde?

Gerade vor uns auf La Cité haben wir das mächtige Schiff von Notre-Dame, grau wie der Himmel. Ich will dorthin gehen, das gehört zu unserer Tournee. Noch einmal will ich die Schönheit und den Frieden dort drinnen genießen. Wir gehen langsam über den Pont au Double. Dort unten unter der Brücke fließt die Seine, still und geduldig nach Art der Flüsse. Ebenso unermüdlich wie damals vor etwa zweitausend Jahren, als hier auf La Cité die erste Siedlung und Befestigungswerke errichtet wurden und der erste Beginn zu dem gemacht worden war, was Paris werden sollte. Ebenso unberührt wie in den fernen Zeiten, als Notre-Dame jung war. Flüsse kümmern sich nicht um Städte und Kirchen, sie kümmern sich nur um das, was ewig ist.

Wir gehen unsere Straßen. Folgen dem Kai zur Ile St-Louis, der ödesten aller Inseln, la plus déserte de toutes les îles. Nein, öde ist sie nicht. Aber es ist so still auf ihren Straßen und Kais, der regenschwere Himmel hängt so melancholisch über den schönen alten Häusern, und auch ich fühle mich etwas melancholisch, als wir den Quai Bourbon entlanggehen. Wir gehen am Franc-Pinot vorbei, dem alten, ehrwürdigen Gasthaus, und ich streichle das Haus hastig und dankbar. Dies Streicheln gilt eigentlich Cécile Renault, die hier geboren wurde und im Alter von neunzehn Jahren mit Vater, Mutter und Geschwistern kläglich hingerichtet wurde, weil sie an einem Maitage 1794 Robespierre zu töten versucht hatte.

»Wieder dieser Robespierre! Oh, ihn möchte ich . . .«

»Jaja«, sagte Lennart, »ich bin überzeugt, du hättest Cécile geholfen, wenn du damals gelebt hättest.«

Ich denke ein wenig darüber nach, während wir am Quai d'Anjou weitergehen. Ich sehe mich selbst zum Richtblock wandern im roten Mantel der Meuchelmörderin . . . nein, Cécile, dies wage ich doch wohl nicht mitzumachen!

Ich trenne mich von Cécile vor dem Hôtel de Lauzun.

»Was für ein wunderbares Gesprächsthema«, schrieb Madame de Sévigné in einem ihrer berühmten Briefe. Und dieses wunderbare Gesprächsthema war kein anderer als Monsieur de Lauzun, dem einstmals dieses merkwürdige Haus gehörte. Der ganze Brief ist ein einziger Entzückensschrei über das Unglaubliche, daß La grande Mademoiselle, die Kusine des Königs und über vierzig Jahre alt, sich mit dem kleinen häßlichen Lauzun verheiraten würde, der Charme hatte, aber nichts sonst in dieser Welt, und obendrein fünf

Jahre jünger war als seine Braut. »Damen meines Ranges sind immer jung«, erwiderte die Braut hochmütig auf alle Einwendungen. »Das Ganze ist wie ein schöner Traum ... vor allem aber ein herrlicher Stoff für endlose Diskussionen«, schrieb Madame Sévigné dann entzückt über dieses Ereignis, das ihre Welt erschütterte.

Wir gehen unsere Straßen.

Wie ein Traum ... diese ganze Insel, auf der die Zeit stillsteht. Wie ein Traum ... das milde, graue Licht über dem rinnenden Wasser des Flusses, über den melancholischen Pappeln am Kai, über den Dächern und Türmen der Stadt.

Wir gehen um die Insel herum und kehren zu Notre-Dame zurück und zum Quai aux Fleurs.

Ach, Abaelard und Héloïse, hier gehen Lennart und Kati und erinnern sich an eine Liebesgeschichte, die vor achthundert Jahren so traurig endete. Viele Tränen sind seither über euch vergossen worden – kann das euch ein Trost sein? Gerade hier wohnte sie, die holde Héloïse.

»Ich bin froh, daß wir nicht Abaelard und Héloïse sind«, sagte ich zu Lennart. »Wenn ich einen Sohn bekomme, brauchen wir deswegen nicht ins Kloster zu gehen.«

»Nein, Gott sei Dank«, sagte Lennart. »Wenn du einen Sohn bekommst ... denk nur, wenn du einen bekommst!«

Er lief zu einer der Blumenhändlerinnen am Kai und kaufte ein großes Bund Veilchen.

»Veilchen für Mutter«, sagte er und befestigte die Blumen an meinem Kostüm. Und er nahm meinen Arm, und wir wanderten weiter und waren froh, obwohl es unser letzter Tag in Paris war.

Wir gehen unsere Straßen, gehen den Seinekai entlang bis zum Pont au Change, genießen die Farbenpracht der Blumenstände und spüren den leichten Sprühregen nicht. Aber der mittelalterliche Turm der Conciergerie und die dünne Spitze von Sainte Chapelle zeichnen sich an einem Himmel ab, dessen Silber in Dunkelgrau übergegangen ist. Bald wird es richtig regnen.

Das Sicherste ist, zum linken Ufer zurückzueilen. Place St-Michel – das ist wie Heimkommen. Die Rue du Chat-qui-

pêche, die Straße der fischenden Katze, gehört auch zu unseren Straßen, obwohl sie die kleinste Straße von Paris ist.

Rue de la Huchette, Rue Saint-Sévérin, Rue de la Bucherie. Oh, all diese gewundenen, dunklen Straßen – hier murmeln schon die Steine ihre Berichte auf Latein. Hier war der Mittelpunkt des alten Gelehrtenviertels um Europas älteste Universität, hier saßen die Studenten auf ihren Strohbündeln mitten auf der Straße und hörten ihre verehrten Lehrer durch ein offenes Fenster in einem benachbarten Hause Vorlesungen halten. Hier fühle ich mich wohl, obwohl es so unwirtlich ist. Die Häuser sind verfallen, die Menschen, die hier wohnen, vielleicht auch. Aber ich fühle mich hier jedenfalls wohl.

Jetzt ist der Regen da. Aber wir wissen, wo wir Schutz finden können. Saint-Sévérin nimmt uns auf, die wunderbarste kleine Kirche, die Paris hat, nimmt uns auf mit Weihrauchduft und dem milden Schein der Wachskerzen. Hier bleiben wir, während der Himmel das ganze Quartier Latin und alle, die darin sind, zu ertränken versucht. Aber alle, die darin sind, eilen in die Hausflure und warten dort in aller Ruhe. Denn sie wissen, daß Regen vorübergeht und daß der Himmel von Paris nicht nur im April launisch ist.

Meinetwegen kann es ruhig regnen. Ich habe eine so interessante Beschäftigung. Ich lese im Buch. Hier in Saint-Sévérin gibt es ein großes Buch, in dem bedrückte Menschen ihren Kummer dem Höchsten unterbreiten, eine Art direkten Schriftwechsels mit Gott. Einmal wöchentlich, in der Messe, werden alle Wünsche verlesen, vielleicht, damit Gott sie besser hören soll. In rührender Zuversicht bitten die Unglücklichen um Hilfe. Einer möchte ein Heilmittel für seine schlechten Geschäfte haben, ein anderer will seine Krankheit loswerden, einer hofft auf ein gutes Examen, eine arme Mutter wünscht, daß Gott dem ständigen Zank zwischen ihrem Sohn und seiner Frau ein Ende mache.

Ich lese und lese, indes der Regen draußen niederflutet, und wende eifrig die großen Blätter um. Ganz unten auf dem letzten steht in einer kleinen, pathetischen Schrift: Seigneur, rendez-moi mon ami! Herr, gib mir meinen Freund zurück!

Ja, Herr, tu es, im Namen aller Liebenden, in Lennarts und Katis Namen bitte ich dich, gib dem armen Mädchen den Freund zurück! Du allein weißt, wie sie leidet.

Oh, ich möchte auch etwas hierher schreiben. Aber Saint Sévérins Buch ist vielleicht nur für Katholiken? Sonst weiß ich wohl, was ich schreiben würde. Herr, gib mir einen Sohn . . . oder . . . wenn du so willst . . . eine kleine Tochter, tu es, o Herr . . . bald!

Der Himmel ist blau, und die Sonne scheint, als wir aus der Kirche kommen. Die Straßen sind reingewaschen, und die Luft ist frisch. »Boul. Mich.« wimmelt von Jugend, Jugend, Jugend aus allen Ländern der Erde. Lennart und ich gehen mitten dazwischen und nehmen Abschied von Paris. Leb wohl, Paris, altes Paris! Junges Paris!

Die Regentropfen glitzern auf den Bäumen im Luxembourgpark, und auf einer noch feuchten Bank im Park sitzen ein Student und sein Mädchen und küssen sich heiß und innig.

> »The last time I saw Paris,
> her heart was warm and gay.«

Ihr Herz ist warm und froh. Eine alte Stadt mit einem jungen Herzen. Wie sagte doch La grande Mademoiselle?

»Damen meines Ranges sind immer jung.«

KAPITEL 12

Das Schloß an der Korridortür knackte. Es war Eva, die vom Büro nach Hause kam. Ich hörte sie draußen singen. »Comme un petit coquelicot«, sang sie, und ich wußte, daß sie vor dem Spiegel stand und sich kämmte.

Dann ging sie in ihr Zimmer. Und dann kam sie zu mir herein.

Sie blieb auf der Schwelle stehen und blickte auf die

Verwüstung. Und ihre Augen füllten sich langsam mit Tränen. »Hier wohnt Kati«, sagte sie leise. »Ehre ihrem Andenken!«

»O Eva«, sagte ich, aber dann konnte ich nichts mehr sagen. Ich streckte meine Hand aus und streichelte ihr zaghaft die Wange. Meine Finger hinterließen fünf schwarze Streifen. Man wird so schmutzig von der Umzugsarbeit.

Ich konnte mir vorstellen, was Eva fühlte. Hier war nur ein leerer Raum mit allerlei Kram auf dem Fußboden und fleckigen Tapeten, denen man ansehen konnte, wo die Bilder gehangen hatten.

Wir standen schweigend da, und ich weiß, daß wir beide daran dachten, wie es sonst gewesen war.

Wäre dies ein Tag gewesen wie alle anderen, so würden wir zusammen vom Büro nach Hause gegangen sein. Wir hätten uns gegenseitig geholfen, das Essen zuzubereiten, und wir hätten es am Tisch hier in meinem Zimmer verzehrt. Wir hätten am Abend vielleicht einige Freunde bei uns gehabt und hätten gemeinsam Tee gekocht und Butterbrote gestrichen, oder vielleicht wären wir auch ins Kino gegangen und hätten hinterher auf Evas Couch gesessen und über den Film geredet und über andere wichtige Dinge. Wir würden viel gelacht haben, und Eva hätte mit großen Handbewegungen von Kurre und Albert und Göran und Bosse und noch einigen anderen erzählt. Und ich hätte von Lennart geredet. – Mit alledem war es aus. Vorbei war unsere fröhliche Gemeinschaft in dieser Zweizimmerwohnung. Erst jetzt begann dieser Gedanke, weh zu tun. Ach, warum bekam man hier im Leben nichts, ohne dafür mit etwas anderem zu zahlen?

Ich war den ganzen Tag froh gewesen. Ich hatte mit größter Befriedigung gesehen, wie die Dienstmänner meine Möbel über den Treppenflur in mein neues Heim trugen. Ich hatte Bücher und Bilder geschleppt und Schränke ausgeräumt und alten Kram weggeworfen und dabei kleine vergnügte Lieder vor mich hingesummt. Ich hatte mich auf den Augenblick gefreut, da Lennart von seiner Arbeit kommen und sehen würde, wieviel ich schon ausgerichtet hatte. Wenn der Abend kam, würden Lennart und ich ein eigenes Heim haben – ich

hatte jedesmal, wenn ich daran dachte, leise gejubelt. An Eva
hatte ich bis jetzt nicht gedacht.

»Es wird morgen früh komisch sein, wenn keiner mich am
Haar reißt, damit ich aufwache«, sagte Eva schließlich.

»Ich kann herkommen und dir die ganze Perücke abreißen,
wenn du willst«, sagte ich dienstbereit. Oh, ich wollte alles
Mögliche tun, damit sie nur nicht traurig wäre!

Da weinte Eva. »Wie lieb du bist!« schluchzte sie an meiner
Schulter. »Aber du weißt doch, wie empfindlich ich an
meinen Haaren bin.« Dann trocknete sie sich die Augen.
»Obwohl es ja recht schön sein wird, ins Badezimmer zu

kommen, ohne erst die Tür einschlagen und dich hinauswerfen zu müssen«, sagte sie.

Am Boden lag eine alte Fotografie, da, wo der Eckschrank gestanden hatte. Ich hob sie auf und drehte sie um.

»Hier kannst du etwas sehen, was dich erheitern wird«, sagte ich.

Und zusammen betrachteten wir das Bild eines langbeinigen Mädchens in zu weitem Pullover, das idiotisch grinste, um so deutlich wie möglich die Metallspange an den Vorderzähnen zu zeigen. Das war ich, obwohl es bitter war, es zugeben zu müssen. Ich erinnerte mich noch, wie es aufgenommen wurde. Es war ein Sonntag am Strandweg. Tante und ich hatten die Wachtparade gesehen, und ein Fotograf kam und bot uns seine Dienste an. Und ich war grenzenlos entzückt über meinen neuen roten Pullover und wollte schrecklich gern darin fotografiert werden.

Seltsam, daß man so schnell erwachsen wurde! Es war ja noch nicht lange her, daß dieses Bild gemacht worden war. Es war noch nicht lange her, daß ich hier in der Fensternische saß und meine ersten Schulaufgaben machte. Und vor noch gar nicht langer Zeit schenkte Tante mir die schönste Puppe der Welt zu Weihnachten und sagte, meine Mama im Himmel habe sie geschickt.

In diesem Zimmer hatte ich . . . warte mal . . . siebzehn Jahre gewohnt. Nun ja, da hatte man ein Recht, ein bißchen zu weinen. Man wurde nur so schön streifig im Gesicht, wenn die Tränen durch den Schmutz rannen.

Eva weinte auch. »Zeige d-d-dieses Bild keinem«, sagte sie, »die Leute d-d-denken sonst, Lennart hat dich wegen des Geldes genommen.«

Dann verschwand sie im Badezimmer, um, wie sie sagte, »sich selbst Vernunft zu predigen und ein neues Gesicht anzulegen.«

Aber ich stand da mit meinem streifigen, als Lennart an der Korridortür klingelte. Das machte nichts. Lennart ist so klug. Er verstand, daß man etwas streifig sein kann, auch wenn man nur quer über den Flur zieht.

Und wir gingen zu »uns«, und er bewunderte alles, was ich

geleistet hatte, genau so sehr, wie er es tun mußte, und dann zog er seinen Rock aus und sagte: »Ist es eigentlich gescheit, daß man dies alles hier, mit Möbeln und so, so nett findet?«

Er sah wieder aus wie ein Schuljunge am ersten Tag der Sommerferien. Ich legte meine schmutzigen Arme um ihn, und wir hüpften eine lange Zeit mitten im Zimmer herum, in einem schweigenden, ausgelassenen Wahnsinnstanz.

Dann lief ich hinüber und holte Eva. »Auf keinen Fall«, sagte sie zuerst. »Ich finde wirklich, das könnt ihr allein schaffen.«

»Nicht das Schrankpapier einlegen«, sagte ich. »Du weißt, daß keiner so gut Schrankpapier einlegen kann wie du.«

Da ging sie widerstrebend mit. Lennart legte seinen Arm um ihre Schulter und sagte: »Du bist unser erster Gast. Willkommen!«

Ach, es war so lustig an diesem Abend! Lennart und ich richteten ein, hängten Bilder und Vorhänge auf, und Eva schnitt Schrankpapier.

»Keiner kann küssen wie du«, sang eine schmelzende Stimme im Radio. Sie spielten »alte Plattenbekannte«.

»Keine kann küssen wie du, Kati«, sang Lennart, daß man es sicher mehrere Straßen weit hörte.

»Keine kann Schrankpapier einlegen wie ich«, sang Eva draußen in der Küche.

Da klingelte es an der Tür.

»Keine kann öffnen wie ich«, sang ich, und um das zu beweisen, ging ich hin und öffnete die Tür.

Es war Lennarts Mama. Ich war froh, daß ich mich gewaschen hatte.

»Ich bringe euch ein paar Brötchen«, sagte sie und reichte mir einen Korb. Ich dankte ihr. Ich dankte ihr fast übertrieben. Ich wünschte so sehr, daß sie mich gern haben möge, deshalb fiel es mir schwer, richtig natürlich zu sein, wenn wir zusammen waren.

Sie war nie anders als freundlich zu mir gewesen. Aber im innersten Herzen konnte sie wohl die Frau nicht gerade lieben, die ihr den einzigen Sohn genommen hatte. Sie war Witwe, sie hatte nur Lennart, und ich hatte ihn ihr genommen. Eine besonders erstrebenswerte Schwiegertochter war ich wohl auch nicht. Ein armes Büromädel ohne einflußreiche Familie oder so etwas. Allerdings sagte Lennart, eine erwerbstätige Frau in der Hand sei besser als zehn Erbinnen auf dem Dach, aber ich bin nicht sicher, daß seine Mama dieselbe Ansicht hatte. Sie war immer freundlich zu mir, das kann man nicht anders sagen. Aber ich wußte, wie schwer es ihr wurde, Lennart herzugeben. Sie fühlte sich einsam und alt, so viel begriff ich.

Einsam und alt, sagte ich zu mir selbst. Denk daran, Kati, denk immer daran!

»Reizend, daß du herkommst«, sagte ich. Ich meinte es auch, und deshalb ärgerte es mich sehr, daß es so unnatürlich klingen mußte, als ich es sagte. Aber Lennarts Mama war vielleicht nicht ganz so hellhörig für den Tonfall.

Ich tischte all ihre leckeren Brötchen auf dem runden Tisch im Wohnzimmer auf, und wir aßen. Es war unsere erste Mahlzeit in unserem eigenen Heim.

»Mögt ihr glücklich werden«, sagte Lennarts Mama und sah sich im Zimmer um. »Mögt ihr es werden!«

»Ach, diese Ehe wird sicher wie alle andern«, warf Eva hin. »Wenn es köstlich gewesen ist, dann war es Heulen und Zähneklappern oder wie in der Bibel steht.« Eva ist oft etwas achtlos, wenn sie zitiert, und Lennarts Mama sah ziemlich schockiert aus.

»Ihr jungen Leute habt wirklich einen Ton . . .«, sagte sie. Aber dann verstummte sie und betrachtete weiter die Einrichtung. Unser geblümtes Sofa hätten wir falsch gestellt, fand sie. Es müsse in der Ecke zwischen dem offenen Kamin und dem Fenster stehen, sagte sie.

Lennart erwiderte ziemlich schroff: »Ich finde, das muß Kati selbst bestimmen!«

»Jaja, natürlich«, stimmte seine Mama willfährig zu.

Aber ich sagte schnell, daß ihr Vorschlag viel besser sei. Das war er nämlich wirklich.

Auch wenn es nicht so gewesen wäre, glaube ich, daß ich ihr den Willen getan hätte. Ich wäre bereit gewesen, das Sofa an einer Schnur an der Decke aufzuhängen, wenn es ihr

Freude gemacht hätte. Ich hatte Lennart, ich konnte großmütig sein. Und man soll lieber beizeiten aufpassen. Keiner weiß, wie ich werde, wenn ich eines Tages alt und einsam bin!

Aber im innersten Herzen freute ich mich, daß Lennart dies gesagt hatte. Ich wußte, daß ich einen Mann bekommen hatte, der »Vater und Mutter verlassen und zu seiner Frau halten würde«, falls es jemals zu einer Wahl kommen sollte. Er hing an seiner Mutter, und darüber war ich froh. Aber er würde deswegen nie vergessen, daß er mein Mann und dies hier unser Heim war.

Lennart und ich begleiteten seine Mama zur Tür, als sie gehen wollte.

»Kirikiriki«, sagte Lennart und kitzelte sie unter dem Kinn. »Und jetzt gehen wir nach Hause und nehmen ein kleines Schlafpulver und schlafen gut heute nacht. Und träumen von der glücklichen Zeit, wenn wir Babysitter werden, kirikiriki!«

Seine Mama lächelte, aber es war ein etwas blasses Lächeln.

»Kleine süße Enkelkinder willst du doch haben«, sagte Lennart fragend.

»Ja natürlich, natürlich will ich das«, antwortete seine Mama.

»Nun also«, sagte Lennart. »Du begreifst, daß es für dich technisch unmöglich ist, Großmutter zu werden ohne *ihre* Mitwirkung.« Und er deutete auf mich.

Lennarts Mama streichelte mich und nickte freundlich.

»Komm oft her!« sagte ich, und das klang ganz natürlich.

Ich hatte das Gefühl, heute abend ein klein wenig ihre Zuneigung gewonnen zu haben. Nicht gerade durch das Sofa, aber doch.

»Gute Nacht, liebe Kinder!« sagte Lennarts Mama, und dann ging sie.

Lennart stürzte sich sofort wieder auf die Arbeit, aber ich blieb noch eine Weile in der Diele stehen und dachte nach. Warum mußten Lennart und ich zwei Menschen traurig machen, nur weil wir glücklich sein wollten? – Wie sonderbar das Leben war!

»Keine kann Schrankpapier einlegen wie ich«, sang Eva im

Zimmer. »Und keine kann auch, was das betrifft, küssen wie ich . . .«

Gott sei Dank, ihr Kummer war so geartet, daß er schnell vorübergehen würde.

Um halb zwei nachts waren wir fast fertig.

Als Eva ging, begleitete ich auch sie zur Tür.

»Eva, wenn du wüßtest . . .«, sagte ich.

»Ja, ich weiß«, sagte sie kurz. Und ich stand da und starrte auf die Tür, die hinter ihr zufiel.

Dann lief ich zu Lennart ins Zimmer.

Kapitel 13

Der Ruf meines Herzens in Saint-Sévérin wurde erhört, es geschah mit mir so, wie ich gewünscht hatte. An dem Tage, als die ärztliche Wissenschaft es bestätigt hatte, stürzte ich spornstreichs vom Büro nach Hause, um es Lennart zu erzählen. Die Neuigkeit war so groß, daß ich sie nicht noch eine Minute allein für mich behalten konnte, und ich wußte nicht, wie ich schnell genug unsere fünf Treppen hinaufkommen sollte. Lennart war ausnahmsweise vor mir nach Hause gekommen und deckte in der Küche den Tisch.

Ich fiel wie ein Orkan über ihn her, aber ich sagte nichts. Ich küßte ihn nur und zwang ihn, unsern stummen Freudentanz mit mir zu tanzen. Wir tanzen immer so, wenn irgend etwas so schön ist, daß es ein besonderes Ventil braucht. Lennart nennt das den »stillen Wahnsinn«, und vielleicht ist es das auch, was weiß ich!

»Darf man erfahren, was so erfreulich ist?« fragte Lennart.

Ich ließ die Arme sinken, stand still und sah ihn an. »Ich hoffe, daß er deine Augen bekommt«, sagte ich.

»Wer?« sagte Lennart. »Nein, ist es wirklich wahr?«

»Ja, aber es dauert so lange, so lange, acht Monate mindestens, *wie* kann ich bis dahin warten?«

Wir tanzten wieder, schweigend und entzückt.

»Dies muß Mama erfahren«, sagte Lennart. »Ich möchte

wissen, ob sie lieber einen Enkel oder eine Enkelin haben will.«

Ich fragte Eva am nächsten Tage, ob sie glaube, daß ich einen Jungen oder ein Mädchen bekommen würde, und sie erwiderte ruhig: »Ja, das glaube ich. Das pflegen die meisten zu bekommen.«

Es war ja auch einerlei, was es würde. Aber es war so merkwürdig, ein Familienmitglied zu haben, von dem man nichts wußte, ein Wesen, das sein eigenes, stummes Leben zu leben begonnen hatte und auf dem Wege war, ein Mensch mit besonderen Charakterzügen und seinem eigenen besonderen Aussehen zu werden, das sich aber bis auf weiteres jeder näheren Bekanntschaft entzog.

Ich sagte zu Lennart, ich sei froh, daß ich nicht zu Großmutters Zeiten lebe. Denn damals sei es wohl beinahe peinlich gewesen, zuzugeben, daß man ein Kind kriegen würde. Wenigstens bekommt man diese Auffassung durch die unheimlichen Schilderungen in den Romanen der damaligen Zeit. Wenn die junge Ehefrau, gewöhnlich nicht vor dem vierten Monat, begreift, was geschieht, geht sie nicht freudestrahlend zu ihrem bärtigen Gatten und erzählt es ihm. Nein, sie geht in aller Stille hin und kauft etwas rosa Wolle und beginnt zu stricken. Einige Monate lang sitzt sie jeden Tag bei den Familienbildern im Salon und strickt, aber wenn ihr bärtiger Gatte nach Hause kommt, dann schiebt sie schnell die kompromittierende Handarbeit unter das nächste Deckchen. Aber eines schönen Tages überrascht er sie. Schnell von Begriff, wie er ist, reimt er sich die Sache zusammen. Diese graurosa Socken in Verbindung mit dem in letzter Zeit so unverantwortlich dicken Leib seiner Frau können nur eines bedeuten. Und wirklich bohrt sie ihr errötendes Gesicht in seinen Bart und flüstert: »Karl, ich trage dein Kind unter meinem Herzen!« Worauf Karl, heiser vor Entzücken, errötet und sagt, er sei der glücklichste Mann der Welt. Wirklich? Kann er darüber so glücklich sein? Daß seine Frau ihr Kind an einer so eigentümlichen und völlig falschen Stelle trägt? Müßte er nicht den nächsten Arzt rufen und etwas dagegen zu tun suchen?

Nein, ich bin froh, daß ich nicht zu Großmutters Zeiten lebe. Ich bin froh, daß ich sofort und ohne Umschweife Lennart klarmachen kann, daß wir bald zu dreien sein werden.

An diesem Abend konnte ich schwer einschlafen. Ich lag im Dunkeln wach und küßte einen flaumigen kleinen Kopf, der in meiner Einbildung neben mir auf dem Kissen lag. Ich legte den Arm schützend um mein Kind: Hab keine Angst, deine Mutter schützt dich!

Einige Meter von mir schlief der Vater des Kindes friedlich und ruhig. Für ihn war es noch keine Wirklichkeit. Nicht so wie für mich . . . Eine tiefe und wunderbare Wirklichkeit war es für mich. Ich schlief spät ein und wachte erst auf, als Lennart schon fertig angekleidet war, hereinkam und ein Teebrett auf mein Bett stellte.

»Du«, sagte er, »gestern abend habe ich in der Aufregung etwas vergessen. Rate, wer zu uns kommt.«

»Ach was!« sagte ich.

»Rate dreimal! Wenn du alle Male falsch rätst, küsse ich dich!«

»Seine Majestät der König, Ihre Majestät die Königin und der Weihnachtsmann«, sagte ich. »Nimm dich in acht, du stößt das Tablett um!«

»Peter Björkman«, sagte Lennart nach einer Minute. »Ich habe ihn gestern in der Arsenalsgatan getroffen.«

»Wie nett!« sagte ich. »Ich bin gespannt, was Eva sagen wird!«

»*Wo* habe ich dies Gesicht schon gesehen?« fragte Eva und stellte sich nachdenklich vor Peter hin. »Wo in aller Welt . . . Warten Sie mal . . . War es nicht im Polizeibericht?«

Ich glaube, Eva war erstaunt und ein klein wenig beleidigt, weil Peter nichts hatte von sich hören lassen, obwohl er schon seit mehreren Wochen wieder daheim sein mußte. Sie war es gewohnt, die Männer ungefähr nach ihrem Willen kommandieren zu können – »komm und geh, bleib hier oder lauf!« –, ganz wie es ihr einfiel. Und ich glaube, es war ihr eingefallen, daß Peter sich, sobald er in Stockholm war, eilig ihr zu Füßen werfen müsse.

»Was hast du inzwischen unternommen?« fragte sie und setzte sich neben ihn auf unser geblümtes Sofa.

»Druckmaschinen verkauft«, erwiderte Peter und lächelte. »Und du? Einige neue Henris und Franzosen und so?«

»Nein, die blühen hier so hoch im Norden nicht. Aber es gibt eine kleine, zähe, einheimische Art, die sehr ausdauernd und gut ist.«

»Daran zweifle ich nicht«, sagte Peter.

»Du hast mich sicher schrecklich vermißt«, bemerkte Eva spöttisch.

»Ja, merkwürdigerweise«, gab Peter zu. »Mehr als du verdienst. Aber sei nicht traurig, jetzt ist es vorbei.«

»Kann ich mir denken. Jetzt bin ich ja hier«, sagte Eva.

Peter kam in der Folge oft zu uns. Es wirkte nicht so, als komme er ausgesprochen Evas wegen – im Anfang nicht.

Er saß in seiner Sofaecke und plauderte mit Lennart und mir und fühlte sich offenbar sehr wohl. Aber irgendwie war es doch, als brauche er Evas anregende Gesellschaft, um in richtig gute Stimmung zu kommen. Seine Miene erhellte sich immer, wenn er ihre hastigen, ungeduldigen Notsignale an der Türklingel hörte, und er beeilte sich, ihr zu öffnen, bevor ein anderer es tun konnte. Wir hörten, wie sie sich in der Diele neckten.

»Na, Eva, wie viele Scheichs hast du heute gesammelt? Ein neuer seit dem letztenmal?«

»Und ob!« protzte Eva. »Er ist Künstler. Er wird mich malen. Er sagt, ich sehe aus wie eine Dryade im Wald.«

»Teufel auch! Darauf wäre ich nie gekommen! Wo kriegen manche das alles her?«

»Sie strengen sich ein bißchen an«, sagte Eva. »Im Unterschied zu anderen.«

Nein, Peter strengte sich wirklich nicht an. Er wollte Eva neben sich auf unserm Sofa haben, aber er machte nie irgendwelche Versuche, sie allein unter vier Augen zu treffen. Ich fragte ihn einmal, warum.

»Das will ich dir sagen«, erwiderte er. »Ich stehe so ungern

Schlange. Und um diese Walddryaden ist ein so verwünschtes Gedränge!«

Das mit der »Walddryade« mußte Eva lange hören. Sie saß da in der Sofaecke und sah so dryadenhaft aus, wie sie nur konnte, und verbreitete sich über diesen Künstler und darüber, wie interessant es sein würde, von ihm gemalt zu werden.

»Dann werden wir wohl in der nächsten Zeit nicht viel von dir sehen«, sagte Lennart. »Wann soll die Malarbeit beginnen?«

»Morgen«, antwortete Eva. »Da will er anfangen, mich zu studieren. Damit er meine Seele einfangen kann, sagt er.«

»Ja, wenn er die einfangen will, muß er sich schon anstrengen«, sagte Lennart. »Deine Seele flattert wie ein kleiner unruhiger Lerchenflügel.«

»Hast du dir gedacht«, sagte Eva. »Meine Seele ist tief, klar und schön wie eine Quelle.«

»Behauptet das dieser Künstler?« fragte Peter.

»Jaa«, antwortete Eva. Dann warf sie den Kopf nach hinten und lachte, so laut sie konnte. »Ich sage wie du, Peter: ›Wo kriegen manche das alles her?‹«

Mir tat der arme Künstler leid. Er mochte sich in acht nehmen. Wenn er glaubte, Eva sei ein kleines Fräulein, das alles schluckte, war er in einem ungeheuren Irrtum.

»Gute Nacht, Dryade«, sagte Peter, als Eva an diesem Abend in ihre Wohnung ging.

Am nächsten Morgen klingelte ich wie gewöhnlich bei ihr, um mit ihr zusammen ins Büro zu gehen. Und was da nun den Kopf zur Türspalte herausstreckte – eine Walddryade war es keinesfalls. »Um alles in der Welt«, sagte ich. »hast du Ziegenpeter bekommen?«

»Der Weisheitszahn«, wimmerte Eva kläglich. »Es hat die ganze Nacht wehgetan.«

Die eine Backe war wie eine aufgegangene Semmel, Eva sah geradezu grotesk aus, und ich hatte Mühe, ernst zu bleiben. »Kommst du nicht mit ins Büro?« fragte ich.

Eva warf mir einen gekränkten Blick zu. »Ihr könnt euch ja ein paar gute Witzblätter kaufen, wenn ihr lachen wollt«, sagte sie. Dann fing sie an zu jammern. »Ich muß mir diesen elenden Zahn ausziehen lassen! Aber wenn man im Juli bei einem Zahnarzt drankommen will, muß man wohl schon im März Zahnschmerzen haben, glaube ich.«

Es gelang ihr offenbar trotzdem, einen Zahnarzt zu erwischen, und zwar einen, der seine Sache gründlich machte.

Ich sah zu ihr hinein, als ich nach Hause kam, und fand eine verzweifelte Eva, die mit Stummheit geschlagen war. Sie kritzelte ein paar Worte auf einen Zettel und hielt ihn mir unter die Nase. »Er hat mich betäubt, so daß ich nicht sprechen kann«, stand darauf. Ich erschrak. Von einer so stark wirkenden Betäubung hatte ich noch nie gehört. Hier war guter Rat teuer, ich mußte den Zahnarzt anrufen und mir sagen lassen, was ich mit ihr machen könne. »Wie heißt der Zahnarzt?« schrieb ich hastig auf den Zettel. Da sank Eva auf der Couch zusammen und kreischte vor Lachen. Dann nahm sie mir den Bleistift ab und schrieb: »Ich bin nicht taub, nur betäubt!«

Naja, manchmal versagt selbst bei mir das Gehirn!

Eva ist bestimmt kokett. Gleichzeitig aber ist sie erstaunlich natürlich. Sie kam nicht auf den Gedanken, daß sie ihr verschwollenes Gesicht vor uns verstecken müsse. Sie kam am Abend wie gewöhnlich zu uns und ließ sich ruhig von Peter und Lennart auslachen.

»Walddryade«, sagte Lennart, »solltest du nicht heute abend gemalt werden?«

»Das ist verlegt worden«, sagte Eva. Ihr Zungenband hatte sich wieder gelockert, und ihre geschwollene Backe trug sie, als wäre es eine Rose im Haar.

Peter half mir, die Teetassen hineintragen, und als wir allein in der Küche waren, sagte er bekümmert:

»Kati, ich bekomme Angst. Mir gefällt sie so, wie sie heute abend aussieht, fast noch besser als sonst. Denk doch, wenn ich mich nun ernstlich verliebe!«

Da fragte ich ihn, warum er nie versuche, sie allein zu treffen, und er sagte, er wolle nicht unter so vielen andern Schlange stehen.

»Nun ja, du bist ja auch so einer, der immerfort Abwechslung haben will«, sagte ich.

»Ja«, gab Peter zu. »Aber mit Eva ist es merkwürdig. Wenn man mit ihr zusammen ist, *hat* man ja immerfort Abwechslung.«

Ich erzählte Eva nicht, was Peter gesagt hatte. Ich dachte mit den Worten des Hohen Liedes: »Weckt die Liebe nicht auf, bevor es ihr selbst gefällt!«

Es gibt kleine Augenblicke, an die man sich erinnert. Kleine Augenblicke der Vollkommenheit, da man nichts mehr begehrt, sich nichts mehr wünscht. Man hält den Becher des Lebens in seinen Händen und wagt nicht, sich zu regen, um nicht einen einzigen kostbaren Tropfen zu verschütten. Dieses Gefühl hatte ich an diesen Sommerabenden ... Der Himmel vor unserem Fenster dunkelte, aber richtig finster wurde es nicht. Wir saßen da in der Dämmerung, und ich hörte Lennart und Peter und Eva plaudern und lachen. Der Scherz flog auf leichten Flügeln zwischen ihnen umher, ich aber saß still da und wagte nicht, mich zu regen ... Oh, Lennart! Aus welchem fernen Lustgarten kommt der Nachtwind durch unser Fenster? Und ist es wahr, daß dies hier mein Heim ist? Mein Heim ... mein Lennart ... wie ich Eva und Peter liebe ... und meine Teetassen ... meine weiße Vase ... du bist so schön, schön, schön, du wirst bald zerbrechen, dem Vollendeten ist eine so kurze Spanne zugemessen ...

Und dann tief in mir eine warme, herrliche, wunderbare Gewißheit: das Kind!

»Ist Kati heute abend traurig?« sagte Lennart.

Traurig? *Traurig?* Ich hätte weinen können, so glücklich war ich!

Dann gab es natürlich Augenblicke, die nicht so rosenrot waren. Es gab Augenblicke, da ich müde war. Ich verstand eigentlich nicht, warum ich jetzt so viel mehr zu tun hatte als früher. Eva und ich hatten doch auch einen kleinen Haushalt mit zwei Personen gehabt. Warum war ein Haushalt, der aus Lennart und mir bestand, so viel belastender? Lennart half mir doch, so viel er konnte. Er deckte den Tisch und trocknete das Geschirr ab und machte sein Bett. Und manchmal saugte er Staub – mit der Miene eines kleinen Jungen, der ein neues Spielzeug bekommen hat, mit dem er sich amüsiert. Man bekam den Eindruck, daß der Staub nicht so wichtig war, – notwendiger war es, festzustellen, aus wie großer Entfernung der Staubsauger ein Stückchen Papier ansaugen konnte. Oft fand Lennart außerdem das Saubermachen überflüssig.

»Hier ist es doch so fein«, sagte er, »komm, wir gehen in den Tiergarten.«

Ich warf bereitwillig alles hin, was ich in der Hand hatte. Ich hatte mir vorgenommen, Lennart immer obenan zu stellen, und dann erst sollte die Haushaltsarbeit kommen. Der Sommer war doch so kurz und die Abende so schön.

Wir gingen auf dunklen Wegen an der Tiergartenbucht entlang und sahen den Augustmond wie eine große, saftige Apfelsine über den Eichen des Tiergartens aufgehen, und ich sagte zu mir selbst, daß ich mich an diese Sommerabendwanderungen mit Lennart erinnern würde, bis ich neunzig wäre. Unter gar keinen Umständen will ich im Herbst meines Alters sagen müssen: Ich habe einen Sommer reingemacht, das war unser erster Sommer, und dann wurden wir alt, und dann war es aus!

Aber nichtsdestoweniger mußte das Reinmachen zuweilen getan werden. Ich verabscheute ungeleerte Aschbecher und Staubflocken unter den Möbeln und halbverwelkte Blumen und Brotkrümel unter dem Tisch. Ich liebte mein Heim so sehr. Jeden Tag, wenn ich aus dem Büro kam, stellte ich mich in die Wohnzimmertür und bewunderte es. Von dort machte es sich am besten. Ich ließ meine Augen umherwandern: das Bücherregal unter dem Fenster, der schöne alte Schrank aus Lennarts Elternhaus, unser runder, weißer Tisch, das Aquarell über dem geblümten Sofa, die hellen Vorhänge . . . ich liebte alles, und ich wollte mich nicht selbst um diesen genußreichen Augenblick dadurch bringen, daß ich das Reinmachen ganz und gar vernachlässigte.

Und dann war da so viel anderes. Früher hatte ich nur meine eigenen Kleider in Ordnung halten müssen, jetzt lag plötzlich eine Menge schmutziger Hemden im Wäschebeutel, mit denen ich etwas unternehmen mußte. Das Kochen für zwei Personen war etwas ganz anderes, wenn die beiden Personen Lennart und ich waren und nicht Eva und ich. Jetzt mußte ich allein überlegen, was es zu Mittag geben sollte, mußte in der Frühstückspause zur Markthalle laufen und das Essen einkaufen, mußte um fünf nach Hause rennen und kochen und das Essen fertig haben, wenn Lennart etwas später dann auch kam. Zuweilen dachte ich aufsässig, daß es doch eine schreckliche Esserei sei und warum die Gelehrten keine Pillen erfinden könnten. Aber die Gelehrten waren natürlich Männer und brauchten sich nicht jeden Morgen über die schwierige Frage den Kopf zu zerbrechen: Fleischklöße oder Gemüsesuppe? Es war ja geradezu unheimlich, daß man ein ganzes Leben lang jeden Tag zu Mittag essen mußte. Manchmal legten sie sich mir aufs Gemüt, all diese Kohlrollen und Fischklöße und Eierkuchen, die ich in endloser Reihe auf meinem Lebenswege sah. Ich kam auf den Gedanken, daß es vielleicht nur eine dumme Angewohnheit sei, jeden Tag zu essen, und einmal sagte ich versuchsweise zu Lennart: »Du, müssen wir heute zu Mittag essen?«

»Was wir zu Mittag essen wollen . . .«, begann Lennart.

»Nein«, sagte ich, »ich frage, ob wir heute überhaupt zu Mittag essen müssen.«

»Warum sollten wir es nicht tun?« sagte Lennart und riß beunruhigt die Augen auf. Und ich erklärte ihm, ich hätte eine ganz neue Theorie in der Ernährungslehre, die darauf hinausliefe, daß man in aller Stille an drei Tagen der Woche das Mittagessen striche.

Lennart sagte, er habe auch eine Theorie, und die besage, daß meine Theorie falsch sei. Und da ging ich widerwillig in die Küche und bereitete einen kleinen, bitteren Kohlpudding.

Aber kein Kohlpudding der Welt konnte den Glanz von meiner jungen Ehe wegnehmen. Es machte nichts, wenn ich manchmal ein bißchen müde war. Ich war so glücklich, und mein Herz machte immer einen Freudensprung, wenn ich Lennart den Schlüssel ins Schloß stecken hörte. Daß ein so kleines Geräusch einen so froh machen konnte!

Das erste Jahr einer Ehe soll das schwierigste sein, hat man immer gehört, dann zankten und schlügen sich die Leute am schlimmsten.

»Haha, das stimmt aber nicht bei uns«, sagte ich zu Lennart. »Aber wir sind ja auch ungewöhnlich vernünftig. Ich begreife übrigens nicht, worüber sich die Leute entzweien. Verstehst du das?«

Nein, das verstand Lennart auch nicht. Dies war an einem Freitagabend im November, und manche straft Gott sofort. Am nächsten Tag hatten Lennart und ich unsern ersten Streit.

Lennart hatte in der Nacht gehustet, er war erkältet und elend, und ich wollte, er solle im Bett bleiben. Das wollte er nicht. Ich sagte, ich wolle ihm heißes Zitronenwasser machen. Das wollte er nicht. Da sagte ich, heiße Milch sei das Beste, was man trinken könne, und ich wolle gleich einen Topf aufsetzen. Das wollte er nicht. Ich redete eine Weile, nur eine kleine Weile, darüber, wie gut heiße Milch sei, und da sagte Lennart ungeduldig: »Rede nicht! Ich will keine heiße Milch haben und kein Zitronenwasser und nichts anderes! Ich will nur in Frieden husten!«

Oh! Der Ärger stieg in mir auf. »Rede nicht« – mehr ist nicht erforderlich um sich wie das ewige Hauskreuz vorzukommen, wie Joch und Zuchtrute des Mannes seit Adams Tagen. Oh, wie böse ich wurde!

»Nein, natürlich, wenn du Lungenentzündung bekommen willst, dann mußt du Lungenentzündung bekommen«, sagte ich. »Es geht mich ja nichts an. Auch wenn die Witwenpensionen größer sein könnten!«

Lennart saß am Küchentisch und wartete darauf, daß ich

den Morgentee brächte. Er merkte wohl, daß ich böse war, denn er sagte ablenkend: »Glaubst du nicht, daß eine Tasse recht starker Tee gegen den Husten gut wäre?«

»Trink du meinetwegen eine Tasse richtig heiße Blausäure!« sagte ich. »Das ist wirksamer!«

Und dann stürzte ich ins Büro, ohne ihm adieu zu sagen oder so. Ich bereute es, sobald ich auf der Straße war. Mein armer Liebling, jetzt saß er da oben und hustete und trauerte über seine böse Frau. Warum hatte ich das von der Blausäure gesagt? Was war nur über mich gekommen? Warum war ich so unvernünftig böse geworden? Ich hatte große Lust, die ganzen fünf Treppen wieder hinaufzustürzen und ihn um Verzeihung zu bitten, aber es war schon so spät. Ich mußte beinahe laufen, um rechtzeitig ins Büro zu kommen.

Ich hatte den ganzen Vormittag wahnsinnig viel zu tun, aber ich nahm mir doch Zeit, Lennart anzurufen. »Liebling, verzeih mir«, sagte ich hastig. »Ich habe das nicht gemeint, was ich sagte. Verzeih! Verzeih! Verzeih! Wann kommst du nach Hause?«

Zuerst hörte ich nur einen bellenden Hustenanfall am andern Ende der Leitung, aber dann sagte er: »Ich kann wohl nicht vor vier von hier weg. Aber wenn du dann die Blausäure fertig hast, können wir vielleicht eine Tasse zusammen trinken.«

Ich war etwas enttäuscht, weil er nicht früher frei sein würde. Wir pflegten an den Samstagnachmittagen so eine gemütliche kleine Kaffeestunde zu haben. Aber ich sagte nur: »Also spätestens um vier. Komm bitte schnell nach Hause!«

Er hustete hohl zur Antwort.

Unser Büro schließt an Samstagen um zwei Uhr, und ich war schon zur Tür hinaus, noch ehe die Uhr zu Ende geschlagen hatte. Eva wollte in die andere Richtung, ich ging also nicht mit ihr zusammen. Die Kungsgatan war düster in dem trüben Wetter, die Menschen sahen mürrisch und gehetzt aus. Aber ich verzieh ihnen – sie hatten natürlich keinen Lennart und kein kleines, sauberes Heim in der Kapteensgatan und würden dort nicht um vier Uhr den Samstagsnachmittagskaffee trinken. Etwas gutes Gebäck als

Zubiß zu der Blausäure konnte Lennart nach meinen Gemeinheiten brauchen. Ich ging schräg über die Straße, um bei Ogo einzukaufen.

Da hörte ich eine muntere Stimme sagen: »Nein, sieh da, Kati!«

Und vor mir auf dem Bürgersteig stand Jan. Der Mann in meiner Vergangenheit, den ich früher einmal in meiner grenzenlosen Einfalt hatte heiraten wollen.

»Das ist aber nett«, sagte Jan. »Komm, wir gehen zu Ogo, trinken eine Tasse Kaffee und plaudern von alten Zeiten.«

Eigentlich ist man wohl kein guter Mensch. Ich hatte doch ohne Bedenken Jan fast im selben Augenblick im Stich gelassen, als ich Lennart zum erstenmal gesehen hatte. Jan war damals traurig gewesen. Und als ich ihn jetzt hier in der Kungsgatan traf, hatte ich plötzlich das Gefühl, daß es mir lieb sein würde, wenn er noch immer ein bißchen traurig wäre. Nicht sehr traurig, nur ein kleines, kleines bißchen traurig darüber, daß ihm diese wunderbare Frau entgangen war. Ich versuchte, wunderbar und geheimnisvoll auszusehen, während ich überlegte. Sollte ich Kaffee mit ihm trinken oder nicht? Ich hatte meinen kleidsamsten Hut auf, das entschied die Sache. Außerdem kam Lennart erst um vier nach Hause. Wenn Jan auch nur ein bißchen Anstandsgefühl gehabt hätte, so hätte er über der Kaffeetasse etwas wehmütig aussehen müssen. »Und trägst du eines andern Namen und trägst du eines andern Ring« oder so ähnlich hätte er mit leiser, trauriger Stimme deklamieren müssen. Aber leider kann man Männer so selten dazu bringen, sich so zu benehmen, wie sie sich benehmen müßten. Jan tat es nicht. Er zeigte fröhlich einen funkelnagelneuen Verlobungsring. »Die kleine Lundgren in meinem Büro«, sagte er. »Wir heiraten zu Neujahr.«

»Wie nett«, erwiderte ich und meinte es auch. Ich ließ sogleich jeden Anspruch darauf fahren, daß Jan um meinetwillen traurig sein solle. Wir waren die besten Freunde, plauderten, hatten es wirklich nett und waren uns darin einig, daß es ein wahres Glück gewesen sei, daß wir beizeiten entdeckt hätten, daß wir nicht zueinander paßten. Wir

klopften uns kameradschaftlich auf den Rücken, als wir uns trennten. »Alte, brave Kati«, sagte Jan . . .

Naja, immer mit Maßen, so alt und brav war ich ja nun doch nicht!

Dann bekam ich es eilig. Es war halb vier. Ich schoß durch die Straßen mit meinem Kuchenpäckchen in der Hand. Oh, du mein geliebter Lennart, wie bin ich froh, daß ich mit dir verheiratet bin und nicht mit Jan! Das sollst du erfahren, das will ich dir sagen, sobald du nach Hause kommst.

Lennart *war* schon zu Hause.

»Was in aller Welt . . .«, sagte ich, »wann bist du gekommen?«

»Um eins«, sagte Lennart. »Um den Kaffee für dich fertig zu haben. Wo bist du gewesen?«

»Ich war bei Ogo und habe mit Jan Kaffee getrunken«, sagte ich wahrheitsgemäß. »Ich dachte, du würdest erst um vier nach Hause kommen.«

Lennart erhob sich vom Tisch, den er mit unseren schönen blauen Kaffeetassen so hübsch gedeckt hatte. Neben meiner Tasse stand eine einzelne rosa Rose.

Er sah mich kalt an. »Ich verstehe. Du dachtest, ich würde erst um vier Uhr kommen«, sagte er, »und das nimmst du wahr!«

Ooooh! Ich wurde so bitterböse! Was meinte er? War ich nicht ein freier Mensch und konnte treffen, wen ich wollte? Ich konnte doch nicht wissen, daß er hier saß und auf mich wartete!

»Was meinst du damit, daß ich es wahrnehme?« schrie ich. »Schämst du dich nicht?«

Lennart antwortete nicht. Sein Gesicht war verschlossen und verbittert. Es war ein Lennart, den ich noch nie gesehen hatte. Wortlos ging er an mir vorbei auf die Diele hinaus und begann, Mantel und Hut anzulegen.

Ich stürzte ihm nach. »Wo willst du hin?« rief ich. »Du wirst freundlichst hier bleiben, damit ich dich schlagen kann!«

Die Tür fiel hinter ihm zu. Und ich stand da, am ganzen Körper zitternd, noch immer mit dem Kuchenpaket in der Hand. Abscheulich war dies! Abscheulich . . . nur zu schweigen und zu gehen! Typisch männlich! Wir Frauen bleiben und klären die Sache, auch wenn es dabei einiges Geschrei und böse Worte und Tränen gibt.

Zuerst war ich böse. Dann war ich böse und traurig. Dann war ich nur traurig. Ich fand eine kleine Karte auf dem Tisch neben der Rose. »Meiner geliebten dummen Kati« stand da. Und da war ich nicht mehr traurig, sondern zu Tode verzweifelt. Komm heim, Lennart, komm heim, komm heim!

Oh, wo war er? Was tat er? Ging er auf den nebeligen Novemberstraßen umher und fror und hustete, statt daheim zu sein und von einer liebevollen Frau umsorgt zu werden?

Ich räumte die Kaffeetassen weg. Die Stunden vergingen. Kein Lennart kam. Ich rief bei seiner Mama an und fragte unnatürlich ungezwungen, ob Lennart dort sei. Er war nicht dort.

Nein, wie könnte er dort sein. Er war natürlich tot. Ich war jetzt in Panikstimmung und ging im Zimmer auf und ab, weinte und biß in ein Taschentuch. Er war tot. Er war überfahren worden. Menschen sind Verkehrsunfällen besonders ausgesetzt, wenn sie über irgend etwas aufgeregt sind, hatte ich gelesen. Oh, ich selbst hätte in diesem Augenblick nicht durch die Wüste Gobi gehen können, ohne überfahren zu werden! Ich werde bis fünfhundert zählen – wenn er dann nicht nach Hause gekommen ist, rufe ich die Polizei an. Aber wenn er nun nicht überfahren ist? Wenn er . . . wenn er sich etwas angetan hat? Wir hatten uns noch nie gezankt. Wer weiß, wie heftig Lennart reagierte! Vielleicht gehörte er zu »jenen Asra, welche sterben, wenn sie lieben«. Ooooh, ich würde vielleicht nie erfahren, wo er war! Er konnte an einem dunklen Kai ins Wasser gesprungen sein und würde vielleicht nie gefunden werden. Denn er war sicher nicht so umsichtig wie jener Larsson, der einen kleinen Zettel zurückließ: »Hänge im Holzschuppen«. Ich stieß bei diesem Gedanken ein schreckliches, hysterisches Lachen aus, dann weinte ich und biß in das Taschentuch.

Da hörte ich einen Schlüssel im Schloß. Und ich empfand eine so heftige Erleichterung, daß ich fast wieder böse wurde.

Lennart kam herein. Noch immer dasselbe undurchdringliche, verschlossene Gesicht. Er starrte kalt an mir vorbei, genau als sei ich nicht da. Na ja, bocke nur! Wenn wir uns amüsieren wollen, dann wollen wir uns amüsieren.

Schweigend deckte ich den Tisch, schweigend verzehrten wir ein verspätetes Mittagessen. Ich aß sehr wenig von der Roulade. Lennart sollte begreifen, daß man nie weiß, wie lange man seine Frau behält. Sie kann auch dahinsiechen, ja, das kann sie!

Ich wusch allein ab. Lennart half mir nicht wie sonst, und das war schön. Es war schön, so schlecht behandelt zu werden und nie eine Hilfe zu haben bei der mörderischen Haushaltsarbeit. Und obendrein gescholten zu werden, wenn man ein einziges Mal mit einem guten alten Freund eine Tasse Kaffee trank. Mit einem alten Freund? Nun ja, nun ja, man ist geliebt worden, manche hatten sich fast die Schwindsucht angetrauert, als man sie verließ, um sich mit einem ... mit einem ... einem brutalen Ochsen zu verheiraten, der einen nur peinigt und plagt. Oh, es tut im Herzen so weh ... man müßte wohl zum Arzt gehen ... man ist nie besonders kräftig gewesen ...

Meine Tränen tropften in das Abwaschwasser.

Da fühlte ich zwei Arme um mich. »Kati, ich bin so unglücklich«, sagte Lennart. »Du auch?«

Ich warf mich an seinen Hals und weinte, daß es nur so sprühte.

»Und ob!« sagte ich. »Und ob! Ich dachte, du wärst tot!«

Wir standen eine lange Zeit ganz still und eng umschlungen da.

»Liebling, mach die Blausäure heiß!« sagte Lennart.

KAPITEL 15

Eines Tages kurz vor Weihnachten kam Peter zu mir und sagte: »Kati, hilf mir! Was soll ich machen? Kannst du begreifen, daß diese Eva mir so aufs Gehirn geschlagen ist?«

»Ja, das kann ich gut begreifen«, erwiderte ich.

»Aber du weißt nicht, *wie* schlimm es ist«, sagte Peter. »Ich könnte mich ohne weiteres mit ihr verheiraten. Hast du je etwas so Verrücktes gehört?«

»Nun ja, ich glaube, zuweilen etwas Ähnliches gehört zu haben.«

Er saß auf der Abwaschbank, ein bedrückter, grübelnder Mann mit traurigen Augen. »Es ist eine Katastrophe, wie man es auch ansieht«, klagte er. »Natürlich will sie mich nicht haben, und das überlebe ich erstens nicht, und zweitens ... stell dir vor, wenn sie mich gegen alle Vermutung doch haben wollte ...«

»Ja, was dann?« sagte ich.

»Sie ist genau eins von den Mädchen, vor denen ich eine Todesangst habe«, erläuterte Peter. »Gerade so ein Schmetterling, der von einem zum anderen flattert. Es würde mir vielleicht ebenso ergehen wie meinem Vater ... Ja, es stimmt schon, wenn ich sage: es ist eine Katastrophe!« Er schlug sich vor die Stirn und sah völlig verzweifelt aus. »Es ist vielleicht mein Tod«, sagte er, »aber ich muß sie fragen.«

»Warte noch«, schlug ich vor, »nur noch eine kleine Weile.«

Ich dachte bei mir, daß Eva, wenn sie einigermaßen vernünftig wäre, sich mit Peter verheiraten müßte, der wirklich ein Prachtmensch war. Er würde der netteste und freundlichste Ehemann werden. Seine Zuneigung war von dauerhafter Art, obwohl er sagte, er wolle nie alles auf eine einzige Karte setzen. Genau das würde er tun, wenn er sich ernstlich für ein Mädchen entschloß. Abwechslung und Hin-und-Her-Geflatter verabscheute er mehr als alles andere, sowohl bei sich selbst als auch bei seiner eventuellen Zukünftigen. Evas viele Eroberungen steigerten sein Interesse für sie durchaus nicht, sondern hatten eine genau entgegengesetzte Wirkung: Sie schreckten ihn ab und veranlaßten ihn, bis zum äußersten gegen die Anziehung zu kämpfen, die sie auf ihn ausübte. Und wenn er jetzt auf meiner Abwaschbank saß und sagte: »Es ist vielleicht mein Tod, aber ich muß sie fragen«, so war das sicherlich ein Beschluß, dem schwere Kämpfe vorangegangen waren.

Ich wollte, daß er noch etwas warten sollte. Ich wollte Zeit haben, den Boden vorzubereiten, dann und wann ein kleines Wort in Evas Ohr träufeln. Nicht daß ich gewußt hätte, ob es eine Wirkung haben würde, aber auf jeden Fall war Eva gerade jetzt überhaupt nicht darauf eingestellt, sich irgendwo zu binden.

»Ich habe große Anlagen zur Freundschaft«, sagte sie

einmal zu mir, »aber offenbar gar kein Talent zur Liebe, nicht zu so einer richtigen Liebe, die länger als vierzehn Tage dauert.«

Aber konnte man sich nicht auch auf Grund einer starken, guten Freundschaft verheiraten? Ich war nicht geeignet, das zu beurteilen, da ich vom ersten Augenblick an in Lennart so wild verliebt gewesen war. Aber angenommen, ich wäre nach kurzer Zeit dahintergekommen, daß der Mann, in den ich verliebt war, gar nicht zu mir paßte, daß wir viel zu verschieden wären, um uns auf die Dauer zusammen wohlfühlen zu können? Hätte ich ihn dann doch geheiratet – nur weil ich verliebt war? Nein, so töricht wäre ich hoffentlich nicht gewesen, obschon man es ja nie weiß! Aber wenn es nun anders war? Konnte man nicht einen treffen, bei dem man sich selbst sagte: Das ist genau der Typ Mann, mit dem ich gut zusammenleben könnte? Würde man dann nicht eine Ehe wagen, auch wenn man nicht verliebt war?

Oh, ich grübelte so viel darüber. Ich hielt mit Lennart Rat, und Lennart sagte, auf jeden Fall sei es unbedingt notwendig, daß der Mann richtig verliebt sei. »Aber natürlich ist es schrecklich nett, wenn sie auch ein bißchen verliebt ist«, sagte er und zupfte mich herausfordernd am Ohrläppchen.

»Meinst du?« sagte ich. »Jaja, ich habe ja tausendmal *gesagt*, daß ich dich liebe. Aber das kann in verschiedenen Bezirken vielleicht verschieden sein. Glaubst du, daß es mit Peter und Eva gut gehen könnte?«

»Das glaube ich. Er ist wenigstens verblendet genug.«

Das war er ohne Zweifel. Ein sehr verliebter und ziemlich unglücklicher Knabe war es, der auf meiner Abwaschbank saß und auf Evas Klingelsignal an der Tür wartete.

»Findest du nicht, daß sie einen süßen Mund hat?« sagte er etwas schüchtern zu mir.

»Das finde ich«, erwiderte ich. »Sie sieht überhaupt recht annehmbar aus.«

»Recht annehmbar, na hör mal«, sagte Peter, in Evas Namen empört.

In diesem Augenblick hörten wir Evas Signal, und er sagte hastig: »Kein Wort hierüber! Ja, ich werde wohl noch etwas warten, da du es sagst. Aber nicht lange – und wenn es mein Tod ist!«

Eva war an diesem Abend ungewöhnlich aufgekratzt. Sie sang und schwatzte, lachte und gestikulierte, und die ganze Zeit saß Peter in seiner Sofaecke und ließ seine düsteren Augen nicht von ihr. Schließlich unterbrach sie sich mitten in einem Satz und fragte gereizt: »Was ist mit Peter? Was ist los? Was starrst du mich so an? Habe ich einen Rußfleck auf der Nase, oder was ist?«

Peter seufzte und wollte etwas erwidern, aber Lennart kam ihm zuvor. »Er findet sicher, daß du zu laut bist«, sagte Lennart.

»Haha, dann hättet ihr mich gestern abend hören sollen – das habt ihr übrigens vielleicht getan«, sagte Eva. »Kurre und noch ein paar und Agneta und Barbro waren bei mir, und wir haben beinahe das Haus auf den Kopf gestellt. Die Hultgren, die Giftnudel, die unter mir wohnt, hat uns wenigstens gehört, denn ich traf sie heute auf der Treppe, und da sagte sie: ›Haben Sie nicht gehört, daß ich heute nacht gegen die Decke geklopft habe?‹ ›Doch, aber das machte nichts, wir haben ja selbst auch ziemlich Lärm gemacht‹, sagte ich. Aber natürlich, wenn Peter will, daß ich still bin, dann bin ich still . . .«

»Nein, zum Teufel . . « widersprach Peter eifrig.

Aber Eva schwieg zwei Minuten lang, und es wurde merkwürdig still.

»Ungefähr, als wenn man einen Spirituskocher abstellt«, sagte Lennart.

Wir erörterten alles Mögliche im Verlauf des Abends, und aus irgendeinem unergründlichen Anlaß kam Eva auf die Frage, ob Freundschaft zwischen zwei Menschen verschiedenen Geschlechts möglich sei.

»Ich werde richtig wütend, wenn die Leute sagen, daß man mit einem Mann nicht befreundet sein kann«, sagte Eva. »Seht doch mich und Lennart an und mich und Peter. Lennart und mir würde es doch nicht einfallen, etwas anderes zu sein als nur Freunde . . .«

»Ihr solltet es nur wagen«, sagte ich.

»Ich liebe Lennart wie meinen Bruder«, fuhr Eva fort.

»Liebst du mich nicht auch wie deinen Bruder?« fragte Peter langsam.

»Doch Peter, das tue ich wohl. Du bist für mich so ein richtiger zuverlässiger Freund, von dem ich immer weiß, wie ich mit ihm dran bin.« Der zuverlässige Freund sah betrübter aus als je. Eva setzte sich neben ihn auf die Sofalehne und streichelte ihm ermunternd den Kopf. »Ich will dir im Vertrauen etwas sagen: Ich mag dich fast noch lieber als Lennart, denn Lennart ist so streng zu mir.«

Nicht einmal das schien Peter froh zu machen.

Wir hatten alle in diesen Wochen vor Weihnachten viel zu tun und trafen uns nicht so oft wie früher. Aber auf dem Wege zum und vom Büro nahm ich die Gelegenheit wahr und warf dann und wann ein Wort über Peter hin.

Ob Eva ihn nicht sehr reizend finde? Gewiß, das fand sie. Und liebenswürdig? Ja, gewiß, er sei liebenswürdig. Und männlich und breitschultrig, er sehe doch wirklich sehr gut aus, ob sie das nicht finde? Das fand sie.

»Er muß schrecklich viel Geld haben«, sagte ich, denn jetzt scheute ich vor nichts zurück.

»Ja, diese reichen Knöpfe wissen nicht, wie gut sie es haben«, sagte Eva. »Ich habe kaum soviel Geld, daß ich Weihnachten nach Hause reisen kann.«

»Ich bin gespannt, wen er einmal heiratet«, sagte ich. »Das Mädchen bekommt einen guten Mann, das ist sicher.«

»Ja, hoffentlich findet er eine, die zu ihm paßt«, sagte Eva gleichgültig. Das klang nicht sehr ermutigend für Peter. Und er hätte doch auf meinen Rat hören und noch etwas warten sollen. Aber eines Abends klingelte Eva bei mir und bat mich, allein zu ihr zu kommen.

Sie saß mit Tränen in den Augen auf ihrer Couch. »Kati, hilf mir«, sagte sie. »Peter . . .«

»Was ist mit Peter?«

»Er liebt mich . . . ganz im Ernst, weißt du.«

»Ist das denn so traurig?« fragte ich.

»Und ob es traurig ist!« rief sie. »Das kannst du doch begreifen. Jetzt können wir uns doch nicht mehr treffen.«

»Nein, nein, das könnt ihr wohl nicht«, sagte ich düster, denn ich begriff langsam, daß hier nichts zu machen war.

»Oh, mir tut mein kleiner Peter so leid«, sagte Eva und weinte. »Warum mußte dies geschehen?«

»Hast du es nicht längst gewußt?« fragte ich.

»Keine Spur«, erwiderte Eva. »Er hatte in Paris eine kleine Schwäche für mich, das habe ich gemerkt. Aber das ging ja vorbei.«

»Ja, es ging vorbei, aber offenbar in falscher Richtung«, sagte ich.

Ich hatte Peter am nächsten Tage zum Essen eingeladen. Und Eva natürlich auch. Aber Peter rief an und sagte ab. »Es ist so gekommen, wie ich annahm«, sagte er. »Und ich komme natürlich nicht zum Essen. Das verstehst du, nicht wahr? Danke, Kati, es ist so reizend bei euch. Ich komme vielleicht später auch mal wieder, aber vorläufig nicht. Das verstehst du doch?«

Er sagte es so betrübt, und alles war so traurig. Wir sahen nichts mehr von Peter. Am Tage vor Weihnachtsabend schickte er uns einen Korb weißer Hyazinthen. »Fröhliche Weihnachten wünscht Peter, der arme traurige Kauz.«

Ja, und dann kam Weihnachten. Eva reiste zu ihren Eltern nach Aamaal, und Lennarts Mama nach Siljansborg. Lennart und ich feierten allein Weihnachten.

»Nur du und ich«, sagte Lennart. »Es wird später einmal lustig sein, wenn die Kinderschar um den Baum steht und strahlt. Aber jetzt bin ich froh, daß wir nur du und ich sind.«

»Nur du und ich«, wiederholte ich.

Ich erwachte am Weihnachtstag mit einer Erwartung, die ich seit meiner Kindheit nicht gekannt hatte. Ich stand leise auf und zündete das Feuer im offenen Kamin und den großen Holzleuchter auf dem Tisch an. Ich hatte überall weiße Hyazinthen und Maiglöckchen und Narzissen, nur weiße Blumen. Das ganze Zimmer duftete davon, und ihr liebliches Weiß leuchtete mir aus dunklen Ecken entgegen, wohin der Schein des Feuers nicht drang. Nicht nur ich war erwartungsvoll. Dieses ganze Zimmer war ein Raum der Erwartung, es lag in dieser frühen Morgenstunde eine Stille darüber, als halte das ganze Zimmer den Atem an. Ich kochte Tee und weckte Lennart, und er saß vor dem Kaminfeuer und trank ihn, schläfrig und mit wuscheligem Haar. Ich weiß nicht, ob er so ganz verstand, wie wunderbar alles war, obwohl ich mein Bestes tat, es ihm zu erklären.

Lennart, so klug und intelligent und so überlegen er in jeder Weise ist, hat seine kleinen kindlichen Züge, die ich sehr liebe. Er war in bezug auf die Weihnachtsgeschenke wie ein Kind.

»Weißt du, was du bekommst?« fragte er mich schon vier Wochen vor Weihnachten. »Du bekommst ein . . .«

»Ich will es nicht wissen, ich will es nicht wissen, ich will es nicht wissen!« rief ich.

Aber er brannte vor Eifer, davon zu sprechen, und ich hatte große Mühe, ihn zum Schweigen zu bringen.

Jetzt saß er da und rührte in seiner Teetasse, und dann begann er wieder, von den Weihnachtsgeschenken zu reden.

»Aber du brauchst keine Angst zu haben, ich sage nichts«, beruhigte er mich.

Dann saß er schweigend da und trank seinen Tee sehr nachdenklich, und dann sagte er: »Aber wenn du zum Beispiel einen Füllfederhalter bekämst, was für einen würdest du hübscher finden, einen schwarzen oder einen roten.«

»Einen roten«, sagte ich ohne Bedenken; denn man brauchte ja nicht sehr schlau zu sein, um sich ausrechnen zu können, daß er so einen gekauft hatte. Und da sah Lennart so vergnügt aus, als hüte er ein sehr schönes Geheimnis.

Lennart hatte sich eine Jacke gewünscht, »von den eigenen, kleinen, eifrigen Händen meiner Frau gestrickt«, sagte er.

»Was für eine Jacke?« sagte ich. »So einen Cardigan?«

»Eine Jacke, die vorn geknöpft wird, dann kannst du sie Cardigan nennen oder wie du willst. Aber auf Schwedisch heißt sie Jacke.«

Ich kaufte sofort Wolle. Als Lennart das nächste Mal auf die Jacke zu sprechen kam, nannte er sie einen »Corderoj«, nur um mich zu necken. Ein andermal sagte er: »Du strickst doch fleißig an meinem Hickory?« Und einige Tage vor Weihnachten fragte er mich spöttisch: »Glaubst du, daß du meine Majolika bis Weihnachten fertig bekommst?«

Die Jacke *wurde* fertig.

Niemand außer Lennart und mir weiß, daß eine Majolika eine Jacke ist, die vorn geknöpft wird. Vielleicht werden meine Kinder eines Tages fragen: »Mama, wo ist meine Majolika?« Das wird ein sicheres Zeichen sein, daß sie wirklich meine Kinder sind. So gewiß jede Familie ihre eigenen, besonderen Geheimworte hat, ihren eigenen Code, kleine alberne Scherze, die kein Außenstehender begreift.

Wir hatten eine wunderbare Weihnachtsbescherung neben dem brennenden Tannenbaum, nur Lennart und ich. Und wir lasen uns unsere geistreichen Julklappverse vor, waren fröhlich wie Kinder, saßen am Kaminfeuer und bewunderten all unsere Geschenke, und ich probierte meinen roten, roten Füllfederhalter. Und Lennart betrachtete den originellen Schlips, den ich für ihn gekauft hatte, und las mir leise einen kleinen Vers vor:

> »Den Weihnachtsabend
> hinter uns habend,
> könnten wir gut einen zweiten uns denken,
> um manche Gaben gleich weiterzuschenken.«

Das war nicht besonders nett gesagt von Lennart. Aber mit der Majolika war er sehr zufrieden.

»Eva ist verändert«, sagte Lennart eines Abends, als wir im Bett lagen und plauderten. »Was ist mit ihr?«

»Weiß nicht«, antwortete ich. »Im Büro wagen wir kaum, in ihre Nähe zu kommen, und heute hat sie geweint, als der Anwalt ihr einen Brief zeigte, in dem sie einen Klienten Hofmeister genannt hatte und nicht Hofstallmeister.«

»Darüber hätte sie sonst nur gekichert«, sagte Lennart. »Es muß etwas mit ihr los sein.«

»Sie liest Gedichte«, erzählte ich. »Das ist fast das Beängstigendste. Über Angst und die Nichtigkeit des Lebens und so etwas. Bedenke, daß ich von *Eva* spreche!«

»Sie muß zum Arzt gehen«, sagte Lennart. »Es kann Blutarmut sein.«

Ich glaubte nicht, daß es Blutarmut wäre, aber es war schmerzlich, diese traurige, veränderte Eva zu sehen. Sie kam jetzt nicht mehr oft zu uns, und als ich sie fragte, warum, sagte sie: »Ihr seid so unerträglich glücklich.«

Sie saß meistens allein in ihrer Wohnung. All die Jünglinge, die um sie herumzuschwänzeln pflegten, waren nicht mehr zu sehen. Ich ging eines Abends zu ihr. Sie saß im Dunkeln und brütete, und ich glaube, sie hatte geweint.

»Eva, was ist mit dir?«

»Ich mache eine Krise durch«, sagte sie. Aber mehr bekam ich nicht aus ihr heraus.

»Ich möchte fast glauben, daß sie irgendeine heimliche Liebesgeschichte hat, von der ich nichts weiß«, sagte ich hinterher zu Lennart. »Sie hat sich vielleicht endlich ernst in einen verliebt, den sie nicht bekommen kann. Vielleicht in den Anwalt!«

»Das sähe ihr ähnlich«, sagte Lennart streng. »Sie hat ein ungewöhnliches Talent, alles in Verwirrung zu bringen.«

Aber an einem graukalten Februartage, als Eva und ich auf dem Heimweg vom Büro waren, sahen wir in der Birgerjarlsgatan einige Schritte vor uns Peter. Er war nicht allein. Ein greuliches, platinblondiertes Wesen trippelte auf riesenhohen Absätzen neben ihm im Schneematsch. Eva blieb mit einem Ruck stehen und faßte heftig meinen Arm. Wir standen still und warteten, bis das Paar im Riche verschwunden war.

»Nein, ich bin nicht in ihn verliebt«, sagte Eva an diesem Abend zu mir. »Ich glaube es wenigstens nicht. Aber ich habe diese ganze Zeit versucht, es zu werden, und habe geweint, wenn es nicht glücken wollte. Denn ich mag ihn doch gern, weißt du. Keinen mag ich lieber als ihn. Und es ist so leer und langweilig geworden, seit er nicht mehr kommt. Ich vermisse ihn so schrecklich.«

»Nach dieser Schilderung könnte man fast annehmen, daß du ein bißchen verliebt bist«, stellte ich fest.

»Wenn es doch so wäre – oder richtiger gesagt . . . ja, jetzt hat er ja eine andere, da ist wohl gut so, wie es ist.« Sie seufzte schwer. »Und dann geht man hier umher und sieht Lennart und dich und denkt, so könnte man es vielleicht selbst auch haben, wenn man nicht so ein ungewöhnlicher Schafskopf wäre . . . oh, man müßte überhaupt nicht geboren sein!« Dann schwieg sie eine Weile, und später sagte sie: »Aber wenn ich diese platinblonde Elster hier hätte, dann würde ich sie beißen!«

Der Winter – und das Leben – gingen weiter. Das Februardunkel lag schwer über Stockholm und über mir, ich begann, mich so schrecklich nach dem Frühling zu sehnen. Nach Frühling und Sonne und Blumen – und einer neuen Figur. Die, die ich jetzt hatte, war so plump.

Ich gab meine Stellung auf. Es war ein wehmütiges Gefühl im Augenblick des Abschieds. Ich war vier Jahre lang in diesem Büro gewesen, und wir hatten es so nett gehabt.

»Oh, wie leer wird es nach dir werden«, sagte Agneta.

»Ich werde manchmal herkommen und euch besuchen«, sagte ich.

»Das ist nicht dasselbe«, meinte Barbro. »Nein, du bist für uns verloren, Kati!« Ich fühlte mich etwas verloren, als ich zum letztenmal von dort fortging.

Aber ich genoß es ungehemmt in den ersten Tagen danach,

daß ich nicht kurz vor neun außer Atem davonrennen mußte. Ich sah nach der Uhr ... um diese Zeit müßte ich am Stureplan sein ... jetzt hätte ich an der Schreibmaschine gesessen. Und jetzt ging ich hier umher und war eine Luxusfrau, es war herrlich!

Herrlich ... ja, gewiß ... Aber die Stunden wurden so lang. Der ganze Tag war ein einziges Warten darauf, daß Lennart nach Hause kommen würde. Ich sah in einem fort nach der Uhr, und wenn er sich nur ein klein wenig verspätete, war es, als würde ich um etwas betrogen. Ich versuchte, vernünftig zu sein, aber es wollte nicht gelingen. Ich tröstete mich damit, daß es anders werden würde, wenn ich erst mein Kind bekommen hätte. Dann würde jede Stunde inhaltsreich sein.

Ich begann jetzt Säuglingswäsche zu nähen, und das war wirklich Zeit! Einmal täglich ging ich schwerfällig die Treppe hinunter und machte mir etwas Bewegung. Ich watschelte durch den Schneematsch der Straßen und fühlte mich zwanzig Jahre älter, als ich war. Ich sehnte mich zuweilen nach dem Büro zurück.

Eines Vormittags war ich in unserem Milchladen. An der Wand hing ein Kalender, der verkündete, daß es der 26. Februar war. Das ist ein Datum, das ich nie vergessen werde. Ich werde diesen Tag in meinem ganzen Leben nicht vergessen.

Die Frau hinter dem Ladentisch betrachtete mich eingehend und sagte mit einem bedeutsamen Kopfnicken: »Jetzt ist es wohl bald so weit, was?«

»Ich hoffe es«, sagte ich.

Im Augenblick waren keine anderen Kunden im Laden, und sie war ein sehr gesprächiger Mensch. »Nun, es wird bei Ihnen sicher gut gehen, Frau Sundman«, sagte sie. »Obwohl es ja immer das erstemal am schlimmsten ist.«

»Das ist es wohl«, sagte ich und fühlte, daß ich erschrak.

»Jaja, das erstemal ist es am schlimmsten«, beteuerte sie, um sicher zu sein, daß ich ihr glaubte. Dann begann sie eine nette kleine Erzählung von Kindbettfieber und Kaiserschnitt

und Eiweißkrämpfen innerhalb ihres nächsten Bekannten-
kreises. Ich versuchte, mich zu wehren, aber es ging nicht. Ich
lehnte mich schwer gegen den Ladentisch, mein Herz klopfte
unruhig.

»Aber bei Ihnen wird es sicher gut gehen, Frau Sundman«,
erklärte sie mit einem Blick, der deutlich besagte, daß es
vielleicht eine Möglichkeit unter tausend gäbe, daß ich
durchkäme.

Aber dann sagte sie noch etwas. Etwas Gräßliches.

»Meine Schwester hat voriges Jahr einen kleinen Jungen
bekommen«, sagte sie. »Sie sind so traurig über ihn, sie
glauben nicht, daß er ganz richtig ist.«

Da nahm ich meine Milchflasche und lief davon.

Draußen fiel der Schnee in großen, nassen Flocken. Ich
kehrte das Gesicht empor und ließ sie auf meine Augen fallen,
die von Tränen der Angst brannten.

Nie waren meine fünf Treppen mir so schwer gefallen.
Liebes Kind, komm bald, ich kann dich nicht mehr tragen.
Komm bald, damit ich sehe, daß du ein normales, wohlgebil-
detes kleines Kind bist!

Ich umklammerte das Geländer, daß die Knöchel weiß
wurden. Wenn nun . . . wenn nun . . . nein, nein, nicht mein
Kind, hab Erbarmen . . . nicht mein Kind!

Mein Hände zitterten so, daß ich kaum den Patentschlüssel
in das Schloß stecken konnte.

Auf dem Sofa im Wohnzimmer lag ein kleines Hemd. Ein
weiches, weißes, kleines Hemd mit einem Stickereikragen.
Ich setzte mich hin und hielt es in die Höhe. Es ist so weicher
Stoff, damit er deiner zarten Haut nicht weh tun soll. Ich habe
so feine, schmale Säume genäht. Ich habe dir auch eine kleine
Mütze gestrickt und ein warmes Jäckchen, das du anziehen
sollst, wenn wir ausgehen und in der Sonne sind. Aber wenn
nun . . . wenn nun . . . nein, hab Erbarmen! Ja, aber wenn
nun! Hat es einen Zweck, dann in die Sonne zu gehen? Hat es
einen Zweck, dir Sonne und Liebe und Pflege und die richtige
Nahrung zu geben, so daß du vor Gesundheit strahlst und
deine Arme und Beine drall und rund werden? Das alles
verlängert doch nur dein leeres Leben . . . Wäre es nicht

besser für dich, du brauchtest nicht zu leben, wenn du doch nichts von der Schönheit und Liebe um dich her begreifen kannst?

Ich wußte es jetzt! Ich wußte es! Ich würde kein normales Kind bekommen, nie! Mit leeren Augen starrte es mich an, anklagend, ein bedauernswertes, armes, kleines Geschöpf, das sich nicht dazu gedrängt hatte, auf diese Erde zu kommen. Du armes kleines Ding, ich bin ja doch deine Mutter, du hast eine Mutter, die dich liebt, wenn du es auch nicht spüren kannst und überhaupt nie etwas spüren kannst. Oh, du sollst dein Leben nicht in ewiger Leere verbringen müssen! Es gibt wohl eine andere Welt, wo solche wie du in Licht und Herrlichkeit erwachen und kleine, rosige, normale Kinder sind mit fröhlichen Augen und lachendem Mund. Dorthin gehen wir, du und ich . . . ich gehe mit dir, sei nicht bange, es ist nicht schwer. Ich nehme dich in meine Arme, wir gehen nur hinunter zur Tiergartenbucht, und dann sind wir da, mein Liebling.

Der 26. Februar . . . Niemals werde ich diesen Tag vergessen! Wie einsam und unglücklich war ich, wie sehnte ich mich nach Lennart, wie quälte ich mich! Es war still im ganzen Hause. Von irgendwoher hörte man Klaviergeklimper, sonst hätte ich geglaubt, daß keiner außer mir auf diesem Planeten wäre.

Der Schnee fiel und fiel. Ich stand am Fenster und versuchte, meine Tränen wegzublinzeln. Ich lief in die Küche, ich ging in das »Kinderzimmer«, wo schon ein kleines weißes Bett stand. Nein, nein, hab Erbarmen – ich konnte dieses Bett jetzt nicht sehen . . . Und warum, warum, warum kam Lennart nicht?

Er kam, und wie ein großer, schwerer Mühlstein hing ich an seinem Halse und bekannte unter Tränen, daß ich kein normales Kind gebären würde.

Er schüttelte bekümmert den Kopf. »Dem Kind wird nichts fehlen«, sagte er. »Schlimmer ist es mit seiner armen Mutter. Aber, süße Kati, weine nicht!«

Es half nichts, was er auch sagte. Er tröstete mich. Er schalt mich, er redete auf mich ein, aber ich hatte nun ein für allemal beschlossen, daß ich kein normales Kind bekommen würde.

Lennart war sehr geduldig mit mir.

Allmählich kam ich zur Vernunft. Zögernd stahl sich ein Hoffnungsstrahl in mich hinein, und ich fühlte, daß der Krampf in mir nachzulassen begann. Morgen würde ich vielleicht über alles lachen können.

»Wenn jemand gesunde, normale Kinder bekommt, dann bist du es«, sagte Lennart, »eine ganze Reihe, gesund wie kleine Sommeräpfel.«

»Ich will nicht mehr als dieses eine«, sagte ich und preßte trotzig den Mund zusammen.

»Soo?« fragte Lennart. »Früher hast du gesagt, du wolltest vier haben.«

»Ich habe mich anders besonnen«, sagte ich eigensinnig.

»Ich will bestimmt nicht vier Kinder haben. Nach der Statistik ist jedes vierte Kind, das geboren wird, ein Chinese, und ich glaube nicht, daß die Geschwister gegen den nett sein würden.« Lennart lachte. »Hast du dir nicht noch mehr Unglückskinder heute ausgedacht?«

»Nein, es reicht mit diesem«, sagte ich. Denn ich wagte nicht, ihm zu erzählen, daß ich noch eine Zwangsvorstellung hatte, eine, die ich schon lange gehabt hatte und an der die Milchfrau unschuldig war. Ich glaubte, ich würde Zwillinge bekommen oder – und das hielt ich für wahrscheinlicher – Drillinge. Man konnte unmöglich so dick sein wie ich und nur ein Kind bekommen. Die ärztliche Wissenschaft konnte sich täuschen... Ich hatte schon lange den nagenden Argwohn, daß ich aus der Klinik mit drei kleinen, brüllenden Kindern nach Hause kommen würde. O Jammer, wo sollte ich für sie alle Platz finden? Aber im Vergleich mit den schrecklichen Phantasien, die mich diesen langen, entsetzlichen Tag geplagt hatten, war ja die Aussicht, Drillinge zu bekommen, nur erfreulich. Und ich gedachte, auch keine Minute mehr zu trauern. Jetzt wollte ich nur fröhlich sein und mit Lennart ein gutes Mittagessen verzehren und glauben, daß in dieser besten der Welten alles gut sei. Aber gerade als wir mit Essen fertig waren, sagte Lennart plötzlich:

»Hör mal, ich muß übermorgen nach Malmö!«

Oh, das hätte er nicht sagen sollen! Nicht gerade jetzt, bevor meine empfindlichen Nerven sich beruhigt hatten. Er sah mein Entsetzen und sagte tröstend:

»Aber Liebling, ich bin doch längst wieder zu Hause, ehe mit dir etwas passiert.«

Was wußte er davon! Kinder können zu früh geboren werden, das hat man schon oft gehört. Dann würde ich in meiner schweren Stunde allein sein.

»Reise nur«, sagte ich bitter. »Ich kann dir ein Telegramm schicken.«

»Was für ein Telegramm?«

»Habe Drillinge bekommen. Wieviel soll ich ersäufen?« sagte ich und stand weinend vom Tisch auf.

»Werden alle Frauen so, wenn sie ein Kind bekommen?« fragte Lennart später. Wir saßen vor dem Kaminfeuer, und ich war endlich ruhig. Oh, Lennart war so lieb zu mir, er kochte Kaffee und plauderte all meine Kümmernisse weg, und wir saßen da und freuten uns auf unser kleines, gesundes, prächtiges Kind, das wir bekommen würden.

Da klingelte es draußen. Ich öffnete, und wer stand vor meinen Augen? Peter! Mit Schnee auf dem Mantel und mit den traurigsten Augen der Welt.

»Ich kam hier vorbei, und da mußte ich einmal heraufschauen«, sagte er.

»O Peter, Peter, Peter, wie haben wir dich vermißt«, rief ich und sprang mit der Anmut eines jungen Elefanten um ihn herum.

»Ihr seid doch allein?« fragte Peter unruhig.

»Ja, hab keine Angst«, sagte ich und zog ihn zum Kaminfeuer, wo Lennart ihn empfing, als wäre er ein lange vermißter Bruder.

Es tat gut, Peter in der gewohnten Sofaecke sitzen zu haben.

Aber er sah so bekümmert aus. Er war abgemagert. Und er war so ratlos. O Eva, wenn du doch ein Herz hättest!

Ich mußte an die Platinblonde denken, mit der wir ihn gesehen hatten. Über sie wollte ich gern etwas mehr wissen.

»Es war eine schöne Dame, mit der du neulich im Riche diniert hast«, sagte ich listig.

Peter machte ein verwundertes Gesicht und überlegte eine Weile.

»Ach, die!« sagte er dann. »Das war doch keine Bekannte von mir. Das war eine Buchdruckereibesitzerin aus Göteborg. Der hab' ich beim Essen eine Druckmaschine verkauft.«

Er trank seinen Kaffee und versuchte, wie in alten Zeiten zu scherzen, aber es wollte nicht glücken. Er war nicht froh.

»Ja, meint ihr, ich hätte euch nicht vermißt?« sagte er. »Ich habe mich zum Verrücktwerden nach dieser Sofaecke gesehnt. Wie geht es *ihr* übrigens?«

»Danke«, erwiderte ich, aber weiter kam ich nicht. Wir hörten ein Notsignal an der Tür. Es war nicht zu verkennen. Nur eine klingelte so, als brenne es irgendwo. Peter erhob sich halb und atmete heftig.

»Bleib sitzen, ich mache auf«, sagte Lennart.

»Kann ein Selbstmordkandidat hier ein Obdach bekommen?« hörten wir Evas Stimme draußen.

»Das wird gehen«, sagte Lennart. »Noch ist nicht alles mit Lebensmüden besetzt.«

Eva kam herein und erblickte Peter. Er war aufgestanden und sah sie mit einem Blick an, bei dem man blutige Tränen hätte weinen können. Eva lief auf ihn zu, blieb aber zwei Schritte von ihm entfernt stehen und war ganz kreideweiß im Gesicht. Keiner von ihnen sprach ein Wort.

»Lennart und ich gehen noch einmal fort«, sagte ich. »Ich habe mich heute nicht gut gefühlt und brauche frische Luft.«

Sie hörten mich nicht. Sie hörten und sahen nichts.

Wir zogen unsere Mäntel an und schlichen still und leise hinaus. Es hatte aufgehört zu schneien, und es war überall rein und weiß. Es roch so gut nach Schnee. Die Autos, die neben den Bürgersteigen parkten, hatten große, weiße, zottige Hauben.

»Hier gehen wir und können nichts tun«, sagte ich. »Wir

können nur wünschen, wünschen, wünschen ... Oh, Lennart, ich wünsche so brennend, daß die beiden ...«

»Meinst du, ich wünsche es nicht auch?«

Wir gingen und gingen und gingen. Schließlich konnte ich nicht mehr.

»Kommt ihr schon nach Hause?« sagte Peter.

»Hattest du gehofft, wir würden um den Mälarsee herumgehen?« fragte Lennart.

Aber er wurde von Eva unterbrochen, die von Peters Knien auffuhr, und sagte:

»Kati, ich mag ihn so schrecklich gern. Vielleicht bin ich verliebt. Meinst du nicht? Sag, daß du es glaubst!«

Peter sah sie an, ernst wie der Tod.

»Ich kümmere mich nicht darum, ob du in mich verliebt bist, ich kümmere mich nicht darum, was du tust, ich kümmere mich um nichts, aber ich lasse dich nie mehr los.«

Und er legte die Arme um sie und sah so glücklich aus, daß es fast herzzerreißend war. Eva legte den Kopf an seinen Rockaufschlag und seufzte zufrieden:

»Es ist, als wäre ich lange fort gewesen und gerade heimgekommen. Es ist genauso ein Gefühl, als wenn ich lange in Stockholm gewesen bin und nach Aamaal heimkomme.«

»Aber das eine sage ich dir«, meinte Peter etwas später am Abend, »ich erschieße jeden Mann, der sich dir nähert.«

»Da wirst du dir am besten ein Maschinengewehr anschaffen ... ra-ta-ta-ta«, sagte Eva.

Aber da sah Peter ganz traurig aus, und Eva wurde schnell ernst und sagte:

»Peter Björkman, ich verspreche dir, daß du kein Maschinengewehr brauchst.«

Dann streichelte sie zärtlich seine Backe:

»Du wirst mit einer kleinen, guten Knallerbsenpistole auskommen.«

Wir saßen um das Kaminfeuer und waren gute Freunde, und das Leben war herrlich. Der Feuerschein fiel auf Evas blondes Haar, ihre Augen glänzten, und sie sah so süß und glücklich aus. Peter schlug sich dann und wann vor die Stirn und sagte: »Ich kann es nicht glauben! Ich kann es nicht glauben!«

Das ist falsch, Peter, das ist falsch! Man muß glauben, daß es Liebe gibt und daß der Frühling kommt und daß kleine Kinder frisch und gesund sind wie Sommeräpfel und daß Lennart recht hat, wenn er sagt, es sei der Sinn des Lebens, daß die Menschen glücklich sein sollen.

Der 26. Februar war ein unruhiger und anstrengender Tag. Ich glaube, mein Kind fand es auch.

Ich erwachte mitten in der Nacht, mein Kind weckte mich. Ich lag eine Weile im Dunkeln und pfiff munter vor mich hin. Schließlich erwachte Lennart.

»Was ist jetzt wieder?« sagte er beunruhigt. »Bist du noch immer so bedrückt?«

»Ich pfeife, weil ich froh bin«, sagte ich. »Ich bin nur froh und keine Spur ängstlich. Und jetzt machen wir uns auf den Weg. Und du wolltest nach Malmö reisen!«

Wir tanzten unseren stummen Freudentanz miteinander, bevor wir nach einem Auto telefonierten.

»Komm bald wieder heim zu mir, Kati«, sagte Lennart, und es war ein Unterton von Unruhe in seiner Stimme.

KAPITEL 17

Mein Sohn liegt in meinem Arm. Es ist eine so zarte kleine Last, man spürt sie fast gar nicht. Und doch wiegt sie schwerer als Erde und Himmel und Sterne und das ganze Sonnensystem.

Wenn ich heute sterben müßte, so könnte ich die Erinnerung an diese holde kleine Last mit mir ins Paradies nehmen. Ich habe nicht vergebens gelebt.

Mein Sohn liegt in meinem Arm. Er hat so kleine, kleine Hände. Die eine hat sich um meinen Zeigefinger geschlossen, und ich wage nicht, mich zu rühren. Er könnte dann vielleicht loslassen, und das wäre unerträglich. So ein Himmelswunder, diese kleine Hand mit fünf kleinen Fingern und fünf kleinen Nägeln. Ich wußte ja, daß Kinder Hände haben, aber ich habe wohl nicht recht begriffen, daß mein Kind auch solche haben würde. Denn ich liege hier und blicke auf das kleine Rosenblatt, das die Hand meines Sohnes ist, und kann nicht aufhören, zu staunen.

Er liegt mit geschlossenen Augen da und bohrt seine Nase in meine Brust, er hat schwarzes, flaumiges Haar, und ich kann ihn atmen hören. Er ist ein Wunderwerk.

Sein Vater war hier und fand auch, daß er ein Wunderwerk sei. Er muß also ein Wunderwerk sein, da wir beide es finden.

Meine Liebe zu ihm tut fast weh.

Vorhin hat mein Sohn ein bißchen geweint. Wie ein kläglich blökendes Zicklein gebärdet er sich, wenn er weint, und ich ertrage es fast nicht. Wie schutzlos du bist, kleines Zicklein. Mein kleines Vögelchen, wie soll ich dich schützen? Meine Arme schließen sich fester um dich. Sie haben auf dich gewartet, meine Arme, sie waren von Anfang an dafür bestimmt, ein Nest für dich zu sein, du mein Vögelchen.

Du bist mein, du gehörst mir jetzt. In diesem Augenblick bist du ganz mein. Aber bald wirst du anfangen zu wachsen. Jeder Tag, der vergeht, wird dich ein kleines Stück weiter von mir wegführen. Nie mehr wirst du mir so nahe sein wie jetzt.

Vielleicht werde ich eines Tages mit Schmerz an diese Stunde denken.

»Wie die klagende Saite einer Geige, wie ein Kiebitzruf auf der Heide geht die Sehnsucht der Menschen nach Menschen durch die von Menschen bewohnte Welt. Am demütigsten und tiefsten aber sehnen sich die Eltern nach den Kindern, die von den Gesetzen des Lebens in andere Zusammenhänge gerufen wurden.« Das steht in einem Buch, das ich habe.

In diesem Augenblick hast du mich, aber gewiß werden die Gesetze des Lebens auch dich in andere Zusammenhänge rufen. Und dann werde ich vielleicht so ein rufender Kiebitz auf der Heide sein und vergeblich nach meinem Vögelchen rufen. Das Vogeljunge wird wachsen und groß werden. Ich weiß, daß es so sein muß.

Aber jetzt, in diesem Augenblick, habe ich dich. Du bist mein, mein, mein – mit deinem flaumigen Kopf und deinen zarten kleinen Fingern und deinem kläglichen Weinen und deinem Munde, der nach mir sucht. Du brauchst mich, denn du bist nur ein armes kleines Kind, das auf die Erde gekommen ist und gar nicht ohne Mutter sein kann. Du weißt nicht einmal, was das für ein Ort ist, an den du gekommen bist, und vielleicht klingt dein Weinen deshalb so verirrt. Hast du Angst, das Leben zu beginnen? Du weißt nicht, was dich erwartet? Soll ich es dir erzählen?

Hier gibt es so viel Merkwürdiges. Warte nur, dann wirst du es sehen. Es gibt blühende Apfelbäume und kleine, stille Seen und große, weite Meere und Sterne in der Nacht und blaue Frühlingsabende und Wälder – ist es nicht schön, daß es Wälder gibt? Manchmal liegt Rauhreif auf den Bäumen, manchmal scheint der Mond, und im Sommer liegt Tau im Grase, wenn man erwacht. Dann kannst du auf deinen kleinen, nackten Füßen dort gehen. Du kannst auf schmalen, einsamen Skispuren in den Wald hineingleiten . . . wenn es Winter ist natürlich. Die Sonne wirst du lieben, sie wärmt und leuchtet, und das Wasser im Meer ist kühl und lieblich, wenn du badest. Es gibt Märchen in der Welt und Lieder. Es gibt Bücher und Menschen, und einige von ihnen werden deine Freunde. Es gibt Blumen, sie sind gar nicht nützlich, sondern nur, nur schön. Ist das nicht wunderbar und herrlich? Und auf der ganzen Erde gibt es Wälder und Seen und Berge und Flüsse und Städte, die du nie gesehen hast, aber vielleicht eines Tages sehen wirst. Deshalb sage ich dir, mein Sohn, daß die Erde ein guter Ort ist, um dort zu leben, und daß das Leben ein Geschenk ist. Glaub nie denen, die etwas anderes zu sagen versuchen. Gewiß, das Leben kann auch schwer sein, das will ich dir nicht verhehlen. Du wirst Kummer haben, du wirst weinen. Es kommen vielleicht Stunden, da du den Wunsch hast, nicht mehr zu leben. Oh, du kannst nie verstehen, was für ein Gefühl es für mich ist, dies zu wissen. Ich könnte mein Herzblut für dich geben, aber ich kann nicht eine einzige von den Sorgen wegnehmen, die dich erwarten. Und doch sage ich dir, mein liebes Kind: Die Erde ist die Heimat der Menschen, und sie ist eine wunderbare Heimat. Möge das Leben nie so hart gegen dich sein, daß du es nicht verstehst. Gott schütze dich, mein Sohn!

Worterklärungen

Kati in Amerika:

391

Kati in Italien:

Schauspiel ›Der Kaufmann von Venedig‹, der auf seinen Schuldscheinen festgelegt hat, daß der säumige Schuldner ein Pfund Fleisch von seinem eigenen Leibe als Ersatz geben muß

Seite 205 Dante Alighieri war ein berühmter italienischer Dichter des Mittelalters (1265–1321). ›Die göttliche Komödie‹ ist sein Hauptwerk.

Savonarola – Dominikanermönch in Florenz (1452–1498), der als Sitten- und Bußprediger gegen die Genußsucht der Reichen und die Entartung der Kirche eintrat. Er wurde als Ketzer verbrannt.

Michelangelo – italienischer Bildhauer, Maler, Architekt und Dichter der Renaissance (1475–1564)

Lorenzo di Medici (Lorenzo Magnifico) – Stadtherr von Florenz (1449–1492) aus dem florentinischen Patriziergeschlecht der Medici, unter dem Florenz den Höhepunkt seiner geistigen Blüte erreichte

Guelfen – seit 1212 in Italien die Anhänger der Päpste und damit Gegner der Ghibellinen, der Anhänger der Kaiser. Sie bekämpften sich noch bis ins 16. Jahrhundert in fast allen Städten Italiens.

Seite 211 Santa Maria del Fiore – ein mächtiger Dom, das Wahrzeichen der Stadt Florenz

Giotto – italienischer Maler (1266–1337). Er hat Entwürfe zum Campanile des Florentiner Doms gemacht.

Campanile – ein Glockenturm, der frei neben der Kirche steht

Seite 215 Beatrice Portinari – Geliebte des Dante Alighieri (siehe S. 205), die er zum ersten Mal im Alter von 9 Jahren sah

Seite 216 Fra Angelico – italienischer Maler (1387–1455)

Seite 219 Divina Commedia – Göttliche Komödie (siehe Seite 205)

Seite 221 Apennin – ein 1400 km langes Gebirge, das die italienische Halbinsel durchzieht

Seite 228 Colosseum – großes, dachloses Theater in Rom (Amphitheater), das heute noch als Ruine erhalten ist

Die Thermen des Caracalla – eine Badeanlage, die der römische Kaiser Marcus Aurelius Antonius (Caracalla) erbauen ließ

Kati in Paris:

Oetinger
AUSLESE

heißt die Reihe, in der wichtige und interessante, im Rahmen des Deutschen Jugendliteraturpreises ausgezeichnete Bücher erscheinen. Nachstehend die in der Reihe erschienenen Jugendbücher:

Clara Asscher-Pinkhof
Sternkinder

Malcolm J. Bosse
Ganesh oder Eine neue Welt

Willem Capteyn
Sanne

John Christopher
Die Wächter

Ingeborg Engelhardt
Ein Schiff nach Grönland

Frederik Hetmann
Amerika Saga

Isolde Heyne
Treffpunkt Weltzeituhr

Klara Jarunkova
Der Bruder des
schweigenden Wolfes

Nicholas Kalashnikoff
Faß zu, Toyon!

Angelika Kutsch
Man kriegt nichts geschenkt

Myron Levoy
Der gelbe Vogel

Kurt Lütgen
Kein Winter für Wölfe

Scott O'Dell
Insel der blauen Delphine
Vor dem Richter des Königs

Jan Procházka
Es lebe die Republik

Maia Rodman
Der Sohn des Toreros

An Rutgers
Ich bin Fedde
Pioniere und ihre Enkel

Renate Welsh
Johanna

Barbara Wersba
Ein nützliches Mitglied
der Gesellschaft